北京大学"双一流"建设成果
方李邦琴北京大学人文学科文库出版基金赞助

北京大学人文学科文库 | 北大比较文学与世界文学研究丛书

16世纪欧洲文化记忆中的晚明乌托邦
门多萨与《中华大帝国史》研究

The Utopian Imagination of the Late Ming Dynasty in 16th-Century European Cultural Memory: A Study of Juan González de Mendoza and His *The History of the Great and Mighty Kingdom of China*

高博 著

图书在版编目 (CIP) 数据

16 世纪欧洲文化记忆中的晚明乌托邦：门多萨与《中华大帝国史》研究 / 高博著 . -- 北京：北京大学出版社, 2025.1. -- (北京大学人文学科文库). -- ISBN 978-7-301-35782-8

Ⅰ. K22

中国国家版本馆 CIP 数据核字第 2024J0Y432 号

书　　　名	16世纪欧洲文化记忆中的晚明乌托邦——门多萨与《中华大帝国史》研究 16 SHIJI OUZHOU WENHUA JIYIZHONG DE WANMING WUTUOBANG——MENDUOSA YU《ZHONGHUA DADIGUO SHI》YANJIU
著作责任者	高　博　著
责任编辑	初艳红
标准书号	ISBN 978-7-301-35782-8
出版发行	北京大学出版社
地　　　址	北京市海淀区成府路 205 号　100871
网　　　址	http://www.pup.cn　　新浪微博：@ 北京大学出版社
电子邮箱	编辑部 pupwaiwen@pup.cn　　总编室 zpup@pup.cn
电　　　话	邮购部 010-62752015　发行部 010-62750672　编辑部 010-62759634
印　刷　者	北京中科印刷有限公司
经　销　者	新华书店
	650 毫米 ×980 毫米　16 开本　23 印张　350 千字 2025 年 1 月第 1 版　2025 年 1 月第 1 次印刷
定　　　价	148.00 元

未经许可，不得以任何方式复制或抄袭本书之部分或全部内容。
版权所有，侵权必究
举报电话：010-62752024　电子邮箱：fd@pup.cn
图书如有印装质量问题，请与出版部联系，电话：010-62756370

本书是国家社科基金一般项目"16世纪欧洲视域下的《中华大帝国史》与中国形象研究"(19BWW012)的结项成果。

总 序

袁行霈

人文学科是北京大学的传统优势学科。早在京师大学堂建立之初,就设立了经学科、文学科,预科学生必须在五种外语中选修一种。京师大学堂于1912年改为现名,1917年,蔡元培先生出任北京大学校长,他"循思想自由原则,取兼容并包主义",促进了思想解放和学术繁荣。1921年北大成立了四个全校性的研究所,下设自然科学、社会科学、国学和外国文学四门,人文学科仍然居于重要地位,广受社会的关注。这个传统一直沿袭下来,中华人民共和国成立后,1952年北京大学与清华大学、燕京大学三校的文、理科合并为现在的北京大学,大师云集,人文荟萃,成果斐然。改革开放后,北京大学的历史翻开了新的一页。

近十几年来,人文学科在学科建设、人才培养、师资队伍建设、教学科研等各方面改善了条件,取得了显著成绩。北大的人文学科门类齐全,在国内整体上居于优势地位,在世界上也占有引人瞩目的地位,相继出版了《中华文明史》《世界文明史》《世界现代化历程》《中国儒学史》《中国美学通史》《欧洲文学史》等高水平的著作,并主持了许多重大的考古项目,这些成果发挥着引领学术前进的作用。目前北大还承担着《儒藏》《中华文明探源》《北京大学藏西汉竹书》的整理与研究工作,以及《新编新注十三经》等重要项目。

　　与此同时，我们也清醒地看到，北大人文学科整体的绝对优势正在减弱，有的学科只具备相对优势；有的成果规模优势明显，高度优势还有待提升。北大出了许多成果，但还要出思想，要产生影响人类命运和前途的思想理论。我们距离理想的目标还有相当长的距离，需要人文学科的老师和同学们加倍努力。

　　我曾经说过，与自然科学或社会科学相比，人文学科的成果难以直接转化为生产力，给社会带来财富，人们或以为无用。其实，人文学科力求揭示人生的意义和价值，塑造理想的人格，指点人生趋向完美的境地。它能丰富人的精神，美化人的心灵，提升人的品德，协调人和自然的关系以及人和人的关系，促使人把自己掌握的知识和技术用到造福于人类的正道上来，这是人文无用之大用！试想，如果我们的心灵中没有诗意，我们的记忆中没有历史，我们的思考中没有哲理，我们的生活将成为什么样子？国家的强盛与否，将来不仅要看经济实力、国防实力，也要看国民的精神世界是否丰富，活得充实不充实，愉快不愉快，自在不自在，美不美。

　　一个民族，如果从根本上丧失了对人文学科的热情，丧失了对人文精神的追求和坚守，这个民族就丧失了进步的精神源泉。文化是一个民族的标志，是一个民族的根，在经济全球化的大趋势中，拥有几千年文化传统的中华民族，必须自觉维护自己的根，并以开放的态度吸取世界上其他民族的优秀文化，以跟上世界的潮流。站在这样的高度看待人文学科，我们深感责任之重大与紧迫。

　　北大人文学科的老师们蕴藏着巨大的潜力和创造性。我相信，只要使老师们的潜力充分发挥出来，北大人文学科便能克服种种障碍，在国内外开辟出一片新天地。

　　人文学科的研究主要是著书立说，以个体撰写著作为一大特点。除了需要协同研究的集体大项目外，我们还希望为教师独立探索，撰写、出版专著搭建平台，形成既具个体思想，又汇聚集体智慧的系列研究成果。

为此，北京大学人文学部决定编辑出版"北京大学人文学科文库"，旨在汇集新时代北大人文学科的优秀成果，弘扬北大人文学科的学术传统，展示北大人文学科的整体实力和研究特色，为推动北大世界一流大学建设、促进人文学术发展做出贡献。

我们需要努力营造宽松的学术环境、浓厚的研究气氛。既要提倡教师根据国家的需要选择研究课题，集中人力物力进行研究，也鼓励教师按照自己的兴趣自由地选择课题。鼓励自由选题是"北京大学人文学科文库"的一个特点。

我们不可满足于泛泛的议论，也不可追求热闹，而应沉潜下来，认真钻研，将切实的成果贡献给社会。学术质量是"北京大学人文学科文库"的一大追求。文库的撰稿者会力求通过自己潜心研究、多年积累而成的优秀成果，来展示自己的学术水平。

我们要保持优良的学风，进一步突出北大的个性与特色。北大人要有大志气、大眼光、大手笔、大格局、大气象，做一些符合北大地位的事，做一些开风气之先的事。北大不能随波逐流，不能甘于平庸，不能跟在别人后面小打小闹。北大的学者要有与北大相称的气质、气节、气派、气势、气宇、气度、气韵和气象。北大的学者要致力于弘扬民族精神和时代精神，以提升国民的人文素质为己任。而承担这样的使命，首先要有谦逊的态度，向人民群众学习，向兄弟院校学习。切不可妄自尊大，目空一切。这也是"北京大学人文学科文库"力求展现的北大的人文素质。

这个文库目前有以下 17 套丛书：
"北大中国文学研究丛书"
"北大中国语言学研究丛书"
"北大比较文学与世界文学研究丛书"
"北大中国史研究丛书"
"北大世界史研究丛书"
"北大考古学研究丛书"

"北大马克思主义哲学研究丛书"
"北大中国哲学研究丛书"
"北大外国哲学研究丛书"
"北大东方文学研究丛书"
"北大欧美文学研究丛书"
"北大外国语言学研究丛书"
"北大艺术学研究丛书"
"北大对外汉语研究丛书"
"北大古典学研究丛书"
"北大人文学古今融通研究丛书"
"北大人文跨学科研究丛书"①

  这17套丛书仅收入学术新作,涵盖了北大人文学科的多个领域,它们的推出有利于读者整体了解当下北大人文学者的科研动态、学术实力和研究特色。这一文库将持续编辑出版,我们相信通过老中青学者的不断努力,其影响会越来越大,并将对北大人文学科的建设和北大创建世界一流大学起到积极作用,进而引起国际学术界的瞩目。

---

① 本文库中获得国家社科基金后期资助或入选国家社科基金成果文库的专著,因出版设计另有要求,因此在书末的书目中加星号注标,在文库中存目。

丛书序言

张　辉

乐黛云教授领衔编写的《比较文学原理新编》(北京大学出版社1998年初版)一书所附之"比较文学学科发展大事记"中曾有下列记录：1981年,北京大学成立中国第一个"比较文学研究会",出版会刊《北京大学比较文学研究会通讯》。同年1月23日,北京大学第40次校长办公会批准成立"北京大学比较文学研究中心",并开始编辑"北京大学比较文学研究丛书"……1985年,中华人民共和国教育部发布(85)教高一字013号文件批准成立独立建制的"北京大学比较文学研究所"……1994年北京大学校长办公会议第(1994年)58号文件决定北京大学比较文学研究所更名为"北京大学比较文学与比较文化研究所"……

数十年过去,这些看似平凡的事实,又一次生动注解了鲁迅先生"北大是常为新的、改进的运动的先锋"这句话,彰显了北大人的首创精神。

与此同时,这些细致而朴素的记录,无疑也会让我们激动地回忆起北京大学与中国比较文学学科的重要联系,尤其让我们认真重温了中国比较文学学会第一任会长杨周翰先生下面这段意味深长的概括："西方比较文学为什么在学院中兴起当然也有社会原因和其他原因(如哲学),不过直接起因是学院里要解决文学史的问题。而中国比较文学则首先结合政治社会改良,而后进入校园的。"

事实上，和北京大学比较文学与比较文化研究所由教育部批准成立可以相比照的是，1985年由北大人和全国诸多学者同仁共同发起成立的"中国比较文学学会"，也是经国家发展改革委员会批准成立的。

回顾20世纪80年代以来中国比较文学学科发生发展的这段历史，我们完全可以说，这个具有鲜明中国特色的学科，既是新时期改革开放的产物，同时也以自身的方式参与了波澜壮阔的改革开放进程；她既是一个相对年轻的学科，又与伟大的五四传统，与一代又一代放眼看世界的中国人、北大人之精神血脉紧密相通。正是为了继承这一传统，并努力将之发扬光大，在2016年北京大学人文学部发起建设"北京大学人文学科文库"时，我们开始编辑这套"北大比较文学与世界文学研究丛书"，此丛书成为该文库的十多套丛书之一。

这套新启的丛书是乐黛云先生所主持之"北京大学比较文学研究丛书"（北京大学出版社，1983—2003）、严绍璗先生所支持之"北京大学比较文学学术文库"（北京大学出版社，2003—2019）的续编。

百多年前，王国维先生在《论近年之学术界》一文中曾说过："宇宙人生之问题，人人之所不得解也。其有能解释此问题之一部分者，无论其出于本国，或出于外国，其偿我知识上之要求，而慰我怀疑之苦痛者，则一也。同此宇宙，同此人生，而其观宇宙人生也，则各不同。以其不同之故，而遂生彼此之见，此大不然者也。学术之所争，只有是非真伪之别耳。"这段话至今仍发人深省。

破除"彼此之见"，破除"中外之见"，破除"入主出奴之见"，于今之日，依然需要我们如鲁迅先生所说，"运用脑髓，放出眼光，自己来拿！"依然需要我们牢记鲁迅先生的教导并付诸行动："洞达世界之大势，权衡校量，去其偏颇，得其神明，施之国中，翕合无间。外之既不后于世界之思潮，内之仍弗失固有之血脉，取今复古，别立新宗。"

是所愿也，是所祷也。让我们共勉，让我们一起勠力前行。

2020年5月草于燕园，2024年岁末再改

序 言

新历史话语系统与"神圣东方主义"
——西班牙源语语境下的《中华大帝国史》研究

杨乃乔

1. 从现当代上溯贯通古典学传统的底层知识逻辑

2016年下半年至2017年初,我在德国科隆大学东亚系讲学。期间应西班牙著名汉学家雷林科(Alicia Relinque)教授的邀请,于2016年10月9日至16日赴西班牙格拉纳达大学(Universidad de Granada)参加一次国际学术研讨会,并在会议期间开设一个比较文学的讲座。

当时,我们与会学者都集中住在格拉纳达大学的宾馆,那是一座傍依于山麓半腰修筑的西班牙式旅舍,周遭环境是地道的西班牙南部独有的安达卢西亚(Andalucía)风情,从宾馆餐厅的阳台就可以眺望到坐落在对面山上由中世纪摩尔人建造的阿尔罕布拉宫(Alhambra Palace)。我们一日三餐都在这里吃住,西班牙生活的舒缓节奏倏然浓郁地倾泻而来,让疲于奔命的学者们不知所措地在焦虑的释放中陡然惬意了起来。因此学者们在没有时间限制的用餐中谈天说地,话题的兴奋点大都是讲述一路从欧洲走过来的风土人情,大家久违地激动不已。

也就是在宾馆餐厅的阳台上,我们结识了高博老师。当时,她正在格拉纳达大学讲学。而事实上,我与高博老师的聊天,一开始就沉浸于纯粹的学术话题中,一直没有外溢出去从众地谈论这座古旧的城市及其民俗与文化景观什么的,我可以感受到高博对学术研究及前沿学术信息充满了兴趣与执着。

一段交谈之后,她知道我是从事比较文学研究的学者,我也很快地了解到她的学术背景。高博本科和博士都毕业于北京外国语大学西班牙语言文学专业,硕士毕业于巴塞罗那自治大学翻译系,她是一位专业学习西班牙语言文学的青年学者。我想大概也正是如此缘由,高博对在西班牙本土谈论西班牙风土人情多少有些疏淡,因为她一直深处其中。随后我也得知高博曾被外交部录用从事翻译工作,但由于她的事业拓展志向更在于学术研究,而没有兴趣做每日例行的外事公务翻译——"象胥",所以最后选择了来北京大学西班牙语系,从事西班牙语言文学的教学与科研工作。毫无疑义,她的选择是明智的。在日后较长时间的交往中,就我对高博内在气质的了解,她的确更适合在大学做一位研究性学者。那种在任何行政场合遇到任何人都可以表现出游刃有余的流俗聪明,的确与她没有太多的关系。

在我们的第一次对话中,有一个不经意的细节一直留在我的记忆里,多年来间或地闪回,不曾忘记,很有意思!在用餐时,我随口提到晚上要去开设一个关于比较文学研究的讲座。高博听到后,表示自己也很想去参加,想了解一些关于比较文学研究的国内外相关前沿学术信息。于是她郑重其事地对我说:"我也跟您去遛达遛达!"

高博是土生土长的北京姑娘,操着一口很好听的京腔,"遛达遛达"又是表达闲适散步的北京方言,这确实很有意思。也正是这次"遛达遛达",让高博对比较文学有了充分的了解,当然还由于我们接下来几天的讨论,她决定开始从自己的西班牙语口译教学与翻译转向比较文学研究。具体地说,是转向中文与西班牙文的比较文学研究,即中西比较文学研究。

比较文学从20世纪80年代初期在中国汉语本土学界崛起以后,在短期内即勃兴为一门充满争议的显学。四十多年来,无论学界及其相关学者对比较文学投以怎样的诟病性批评,但是比较文学作为一个跨民族、跨语言、跨文化与跨学科的研究方向,在底层逻辑上贴合于全球化时代对多元文化互文审视的普适性诉求,因此依然不可遏制地发展了起来。比较文学总是在频繁宣告的危机及周遭专业学者的置疑中不断地突围,一路艰难地跋涉至当下。

从事比较文学研究对语言的择取是非常敏感的,同时要求也是非常高的。国家、民族与区域这三种概念所指称的人类群体,往往是在语言的覆盖下呈现出各自思维的心理特质及文化内涵,所以在汉语比较文学界也因两种语言文学的交集性思考,而汇通性地成立了一个个具体的二级研究方向:如中英比较文学研究、中法比较文学研究、中德比较文学研究和中日比较文学研究。在中国比较文学界,上述四个二级研究方向,都曾涌现出优秀的学者及研究成果,然而从更为宽阔的语言领域审视,恰恰中文与西班牙文之间的比较文学研究还处在亟需开拓的状态。盘点中国比较文学界,我们的确还无法提出可圈可点的自觉从事中西比较文学研究的优秀学者,那就更不要说与其相关联的科研成果了。

西班牙语隶属于印欧语系罗曼语族的西罗曼语支,在历史上曾有多少国家、民族与区域辖制在西班牙语的思维、言说与书写下,这已不再是学界学者无知的盲点了。并且西班牙语言文学、艺术与文化对中国的影响有着久远的历史,这也是学人所共知的。请注意,我在这里所使用的是"西班牙语言文学"这样一个全球区域的概念,而没有使用"西班牙的语言文学"这个国家文学的概念。当然关于西班牙语覆盖的国家、民族与区域所生成的历史、文化与文学艺术对世界的整体性影响,高博更有言说权。我在这里主要想强调的是,在中国比较文学研究界,中西比较文学研究一直是亟待开拓的领域,这与西班牙语言文学、历史、文化与艺术在世界格局中所处的位置是不对等的。

中国比较文学发展至当下这样一种纠缠于正负张力的显学状态,无论怎样,我们应该呼吁更多能够熟练使用西班牙语的中国学者走进比较文学研究这方领地,拓展中西比较文学研究,以就此研究领域的空白给予补缺。

从语言能力掌握的程度来看,高博的西班牙语是非常漂亮且地道的。然而在大学的课堂上持久地讲授口译与翻译这类技术性课程,定然不是高博的兴趣所在。高博是一位有着问题的诉求就会给出思考的研究型学者,这是她的本然资质所在。

我一直认为,从事学术研究往往需要有一种恰如其分的自然契合,硬性地追求反而会让学者一路走得非常滞重、艰涩且焦虑。从事学术研究本来就应该是一项极少数有兴趣且有资质的人所选择的生存方式,既高贵又清贫,并且其中绝对没有任何赶时髦的外在显摆价值。除了思想在抽象的存在与虚无中或许被周遭少数同行看上一眼,再或许偶尔被投以一种并不情愿的尊重之外,知识分子大多处在无人喝彩的寂寞中。

再递进一步具体而言,不是每一位知识分子都适合从事自己当下所面对的研究专业,又或许长久地被圈入其中却又很少能够体验到学术研究的愉悦,那便是遭遇一场焦虑无穷的隐性压迫。学术与学者之间不尽然是一种扶同捏合的逻辑关系,需要自然生成。

对高博而言,她在第一时间捕捉到比较文学的学科信息,就此决定转向中西比较文学研究,这与她长久沉淀下来的语言能力、基本知识结构储备和一种渴求突围于外语的技术性教学而转向学术研究的诉求之间存在着底层逻辑上的契合。的确,在外国语学院从事外语教学,有时容易沦为重复外语技术能力训练的教书匠,终局是在流利的外语技术能力表达背后,从未体验过言说者自己缘由心生的瞬间思考。对外国语学院的学者来说,让流利的外语技术能力与研究的思想深度相契合,是最为理想的学者资质构成了。

尽管大家都是知识分子,但每个人都在差异性的生存惯性中释放自己的交往兴趣。我们一行学者在格拉纳达大学驻留了一个星期,我也与高博陆陆续续地谈论了一个星期的学术话题。可以说,我们交流的学术信息在知识品质的摄入上是非常高远且广博的，都规范于比较文学这个学科的专业观念下。由于比较文学研究在学科理论上主求"四个跨越"，这种看似无界的"跨越"，也让比较文学的学科边界在非专业或妄生穿凿的误读中几近消亡。比较文学也因此在一种缺失学科边界的假象中，由于所承载的知识信息量过于庞杂和泛化，让人总是感觉一不留神就会走进这个领域，不管什么样的人与什么样的话题都可能向你走来。2023年，在《凯撒的归凯撒，上帝的归上帝——论美国学派的负面影响与中国比较文学的危机症候》这篇长文中，我就曾对此危机症候给出过学术史的反思。

> 历史有着惊人的相似性，这些在"比较"的名义下所攒凑的研究命题及跟风撰写的相关文章，以50年的滞后恰如其分地配合了陈寅恪50年前对比较文学的焦虑与批评。不啻如此，问题在本质上要比想象的严重得多。即便是反思当下21世纪的20年代，90年过去了，这种"比较"的误读观念及什么样的人与什么样的话题都可以强行拉进比较文学的负面现象依然存在，且安然持久地生存在陈寅恪90年前批评的讥讽语境中。很不幸，"比较"在语言陷阱中已成为比较文学经年积久的沉疴痼疾了，所以这不能不引起学界的警惕与反思。①

的确，不是什么样的人都可以在语言能力与知识结构的缺席下抱着侥幸心理窜访比较文学这个领域的。比较文学研究一定是有学科边界的，并且特别需要在学科本体论上持有准确的学科观念与专业的比较视域。

正因如此，我与高博之间关于比较文学谈论的那些国际与国内话题都在自觉地规避过于泛化，其间不经意地经历了一个从聊天到讨论的过程，最终开始向具体的研究方向聚拢过去。我不建议高博站在自己优秀的语言能力上，仅仅从事现当代历史语境下的西班牙语文学与中国文学

---

① 杨乃乔：《恺撒的归恺撒，上帝的归上帝——论美国学派的负面影响与中国比较文学的危机症候》，《文艺争鸣》，2023年第6期，第86页。

之间接受和影响的比较研究,也特别不建议高博去搞现当代中西文学的翻译及翻译研究。需要明确的是,我在这里所使用的"比较"是指称中西文学的汇通性研究,而不是硬性的"比一比"。

因为中国现代学术史驻存着一个显而易见的让学界尊重的大师性族群。那些庚子赔款及其以后于西洋与东洋留学喝足了洋墨水的学者,归返中国汉语本土后,凡在学术研究上走进中国古典学领域的学者,在学养上积累厚重,最终都成为学贯古今和学贯中外的大师;而仅仅只限于讲授外国语言文学的学者,都成了自己教学领域下的专家。

大凡在学术功底上颐养厚重的大师性学者都持有古今中外汇通性研究的学术功底,都是从古典学传统一路做下来的。他们一旦涉及现当代学术问题的思考,背后显然存有一个从现当代上溯贯通古典学传统的底层知识逻辑。这恰恰是中国经学史上所崇尚的"通儒"品质。一开始即把自己的研究方向及其知识积累囿于现当代,特别容易形成对古典知识接受的学术心理屏障,若干年后,再往古典学术传统归返则完全失去了追溯的能力。因为古典时期的语言、文献与历史传统等所沉淀的知识难度与厚度,往往会对一位学者只适应接受现当代知识的学术心理铸成一种拒绝,导致形成再也无法走进古典学传统的学术心理障碍。折返而言,只是把自己的知识结构与学术眼光限定于古典学传统,也特别容易形成一种僵化且封闭的学术心理障碍。其一旦失去了学术能量应变释放的生命力,必然对现当代学术也本能地持有一种拒绝的心理。无疑,上述两种源自学术心理障碍的"拒绝",都是一种偏执,同样是令人惋惜的。我之所以提及此类现象,是希望从事比较文学研究的学者警醒且自觉地规避。高博也非常认同这一点。人类历史与文化的发展有着自身的延续性逻辑,其本来就不应该因学科壁垒的设置与研究方向的分段而被人为地斩断为碎片,在本质上失去原本存在的前后组接逻辑。

2.《中华大帝国史》及西班牙语、英语与汉语的辗转重译

很快,我与高博谈论的话题范围越来越缩小,并且越来越集中,最后

锚定在西班牙著名汉学家门多萨及其所撰写的那部赫赫有名的《中华大帝国史》的研究方向上。我至今还记得当时那一刻的场景：这个研究方向的锚定让高博非常振奋！高博是一位含蓄的青年女学者，但我依然可以捕捉到她当时喜隐于心不表于情的那份内敛的激动。因为，对任何一位学者来说，一个恰切的学术研究方向之抉择，是有效地延续其学术生命的定位。我曾告诫一些困惑于学术研究的青年学者，应该反思一下自己困惑的原因，是不是自己的研究方向一开始就选择错了。这很重要，否则一错就错一辈子，结果一生都把学术研究做得非常勉强。甚至还有这种可能：对学术研究这份职业的选择，一开始就错到底了。在我看来，人世间三百六十行可做的事太多了，并非像北宋观文殿大学士汪洙在《神童诗》所言的那样："天子重英豪，文章教尔曹。万般皆下品，惟有读书高。"①

我不想多说其他，只想说两点。

第一，高博这个研究方向的选择，得益于她前期西班牙语及其相关知识沉淀的储备，同时也有助于把她的语言能力及知识结构调适到最为适合的状态，得以再度可持续性地走下去。因为，把门多萨及其《中华大帝国史》还原到西班牙源语语境及国际汉学中去研究，无疑是一个在长期的积累中可以逐渐见出厚重学问的研究方向。其中所涉及的问题方方面面都是学问，不是烜赫一时的学术泡沫，所以特别值得一位青年学者投入经年积久的时间与精力去思考。

第二，高博告诉我，她将在格拉纳达大学讲学一年。我在返回科隆大学后，一直保持着与她的学术联系。不久高博就告诉我，她走访了西班牙多座城市与多所大学的图书馆，对西班牙语源语的《中华大帝国史》不同版本进行了收集，同时复印或购买了相关资料，其中有历史上西班牙语学者关于门多萨及其《中华大帝国史》研究的源语文献材料，当然还包括相关的英语文献等。关于源语文献的获得与掌握，是从事这项学术研究工

---

① 汪洙、李渔编撰，彦诏校注：《神童诗 笠翁对韵》，济南：齐鲁书社，1998年，第74页。北京大学出版社1991年出版的《全宋诗》只辑录了汪洙的五首诗：《中秋》《喜》《李花》《梨花》《应赟挽诗》，没有辑录他的《神童诗》。因此引齐鲁书社1998年版的《神童诗 笠翁对韵》。

作的基本条件。高博基于自身学术热情的行动就是这么迅速。这种围绕着《中华大帝国史》力图穷尽西班牙语源语文献材料的意识,为她后来拓展性地从事这项科研工作提供了充足的准备,因为脱离源语文献的研究在学术本质上就是质非文是的隔空妄断!

从 2016 年到 2024 年,八年过去了,据我所知,高博在此期间从未做过其他杂事。她专注地从事门多萨及其《中华大帝国史》的研究工作,从而撰写出这部专著:《16 世纪欧洲文化记忆中的晚明乌托邦——门多萨与〈中华大帝国史〉研究》(以下简称《门多萨与〈中华大帝国史〉研究》)。业内学者仅从这部专著的命题就可以见出这个研究方向的知识性、专业性、国际性与厚重性要求。

"门多萨"及"《中华大帝国史》"是中国学界习惯性指称的两个汉语译入语,就此我在这里有必要多说几句。"门多萨"的西班牙源语全称是"Juan González de Mendoza",全称汉译应该是"胡安·冈萨雷斯·德·门多萨"。而"《中华大帝国史》"这部著作的西班牙源语全称是:*Historia de las cosas mas notables, ritos y costumbres, del gran Reyno de la China, sabidas assi por los libros de los mesmos Chinas, como por relacion de Religiosos y otras personas que han estado en el dicho Reyno*。这是一个如此漫长且历史信息陈述详尽的命题。实事求是地评判,汉译转码为《中华大帝国史》,在字面上丢失了太多从西班牙源语命题一眼可以提取的细节历史信息。遗憾得很,但这个题目已经如此翻译且被接受认同了。

在《门多萨与〈中华大帝国史〉研究》这部专著中,高博对上述西班牙源语的书名给予了全称的汉译:《中华大帝国奇闻要事、礼仪和习俗——根据中国典籍和到访中国的教士及其他人士的记述编撰》。一切都明白了!其实门多萨在西班牙语书名的全称中把自己书写的话题与成书的文献参考资源交待得清清楚楚。高博在使用这部西班牙语源语著作的版本上是非常讲究的,她使用的"1586 马德里西班牙语修订本"。

当下中国学者关于门多萨及其《中华大帝国史》的研究所参阅的都是

辗转翻译的汉译本,即重译本。我在这里愿意借用王国维于《人间词话》中的一个术语表达——"隔"得很！1998 年,何高济最早把这部文献翻译为中文。需要说明的是,这部汉语译本是从 1940 年在北京刊印的英文影印本 The History of the Kingdom of China 辗转重译而来的。我们一路追溯到英译本才明白,原来是英文版译者把西班牙语源语版的全称简化译得莫明其妙了,以至于构成了一个如此宏大的译入语命题。也就是说,原来汉译者是从英译版辗转重译为《中华大帝国史》的。首版 The History of the Kingdom of China 是于 1588 年由罗伯特·帕克(Robert Parke)翻译而出版的(Printed by I. Wolfe for Edward White)。这个英译本是从门多萨的"1586 马德里西班牙语修订本"转码而来的,以后的诸种英译本都是从罗伯特·帕克的英译版而来的现代英语的再编本或加注版。问题在于,据高博考查,"仅仅从 1585 年《中华大帝国史》在罗马首次出版到 16 世纪末的短短十余年间,该书就先后被翻译成拉丁文、意大利文、法文、英文、德文、葡萄牙文以及荷兰文等 7 种文字,并在欧洲诸国共刊印了 46 版"①。这部著作的多种语言翻译与重译现象的确是相当复杂,也可见其影响之大。

请注意,我在这里使用了一个中国经学史上指称由多重语言辗转翻译而来的术语——重译。多重语言的辗转重译现象,在中国上古历史的传说中即被著录于文献,重译是中国古代翻译史上的一个重要术语。我们都知道古越裳国"重译献雉"的历史传说,《后汉书·南蛮传》载:"交趾之南有越裳国。周公居摄六年,制礼作乐,天下和平,越裳以三象重译而献白雉,曰:'道路悠远,山川岨深,音使不通,故重译而朝。'"②《韩诗外传·卷五》也载:"比期三年,果有越裳氏重九译而至,献白雉于周公。道路悠远,山川幽深,恐使人之未达也,故重译而来。"③上述两条文献记载

---

① 高博:《误读门多萨:〈中华大帝国史〉中的共情与教化》,《天津社会科学》,2024 年第 6 期,第 95 页。
② 范晔撰,李贤等注:《后汉书》,北京:中华书局,1965 年,第 10 册,第 2835 页。
③ 韩婴:《韩诗外传》,载程荣纂辑:《汉魏丛书》,长春:吉林大学出版社,1992 年,第 47 页。

的"三象"与"九译"都不是实指,而是喻称多位译者与多次翻译的虚指。古越裳国对中原周公的朝觐,由于"道路悠远,山川岨深,音使不通",结果一路借助多种语言的多位"象胥"——"三象"给予多次的辗转重译——"九译",从一种语言翻译到另一种语言,再从另一种语言翻译到另一种语言,如此辗转重译,以献白雉,朝觐周公。在上古先秦期间,"象胥"是指周王朝专设的外交官职,是接待周边藩国来使的翻译人员,即中国古代的翻译。

"重译"是创制(coined)于中国经学史和中国古代翻译史上的一个本土术语,西方学术传统不曾在如此早的历史时期自觉地讨论过此类辗转重译的现象,所以也没有生成过类似的即成术语。我想倘若把"重译"翻译为英文,应该如此表达:"Translation from one language into another language, which then is translated into another one."在英语中无法选出一个像汉语"重译"如此简洁表达的双音节词概念。

在中国经学文献材料上,关于多重语言辗转重译现象的著录,更早的还可以追溯至相传伏生所撰的《尚书大传》中对《尚书·高宗肜日》诠释的一篇。

> 武丁祭成汤,有雉飞升鼎耳而雊。武丁问诸祖己,祖己曰:"雉者,野鸟,不当升鼎。今升鼎者欲为用也。无则远方将有来朝乎!"故武丁内反诸己,以思先王之道,三年,编发重译来朝者六国。孔子曰:"吾于高宗肜日,见德之有报之疾也。"①

这段材料本质上是一段关涉祖己以征兆灵验隐喻地谏策君王推动国家治理朝向兴盛的政治外交文献。武丁在祭祀成汤的仪式中,因有野雉飞落于祭祀之鼎以鸣叫,从而纳谏祖已的训释,励精图治,推动国家三年达向兴盛,以致远方六国虽因语言不通,但还是借助多种语言的辗转重译来朝觐武丁。

我们把思路转至当下的比较文学研究、国际汉学研究、外国文学研

---

① 伏生撰,郑玄注,王闿运补注:《尚书大传》(第四卷),卢见曾吴中本,第4—5页。

究、翻译学研究及汉语语境下的诸种西学研究,上述领域的研究学者最忌讳的就是依据辗转重译的汉语译入语西方文献,而若无其事地从事西学研究。从翻译研究的视域来审度,也从源语向译入语的翻译真值性来评判,多重语言连续转码的辗转重译,是翻译活动中最忌讳的转码行为。因为重译过程中源语意义的一路错译、误译与丢失现象在译入语中存留得太多了,重译过程中所经历的语言种类越多,意义的真值性缺失得就越多,也越不可信。

我始终以为,人文学科研究不同于理工学科研究,其在科学的严谨性与体系的构成性两个维度上表现得更为宽容,也因此为人文知识分子的思想生成及自由言说留下更多的空白点和可能性。这正是人文学科不是"科学"但更"人文"的存在理由。

非常有意思的是,门多萨不懂汉语,并且也没有去过中国。他编撰的《中华大帝国史》涉及了中国传统文化的"奇闻要事、礼仪和习俗"如此大的范围,他所参考的"中国典籍和到访中国的教士及其他人士的记述"主要是由传教士及相关人士用西班牙文和葡萄牙文撰写与著录的。当然,西班牙语与葡萄牙语都是从古拉丁语演化而来的同源语言。从事比较文学研究、国际汉学研究与翻译研究的学者均知晓,中国传统文化中"奇闻要事、礼仪和习俗"的领域,涉及了太多的典章制度、礼仪行为、宗教崇拜、宗族体制、道德政治、家庭观念、名物风俗等。这都是汉字思维以汉字书写的符号化产物,在拼音语言的历史传统中没有此类的文化观念,也就没有同步使意义出场的现成文字表达,因此是很难翻译转码的。但无论怎样,门多萨使用西班牙语就此编写了一部《中华大帝国史》。

西班牙文属于印欧语系,而中文属于汉藏语系,两个语系在语言深层结构之间可翻译转码的通约性与真值性本来就非常小,而罗伯特·帕克把门多萨的这部西班牙语著作再辗转重译为英文,汉语学者再度从英文辗转重译为中文。我在这里借用《后汉书·南蛮传》那句陈述,这真的是"道路悠远,山川岨深,音使不通,故重译而来(朝)"。问题是,这里不仅牵涉到"重译"的问题,还关涉到"回译"(back translation)现象,即中国古代历史传统的相关知识从汉语转码为西班牙语与葡萄牙语,再从西班牙语重译为英语,最后再回译为汉语。经历如此辗转的重译和回译,其中意义的真值性缺失得更多,但同时意义的过度诠释也更多。在语言学和翻译学的领域,回译本来是检验源语与译入语之间翻译真值性的一种技术方法,然而这种辗转重译所形成的曲折回译,其中意义的缺失与衍生性的增值诠释自然是非常严重的了。人文学者的思想往往就是如此生成,还不失时机地构建起自己的研究体系,并且最终还干涉了对历史的评价,又郑重其事地推动了历史的发展。

我想指出的是,在汉语学界从事西学研究,一定要规避重译和回译的汉语译入语文献阅读,应该直接面对源语文献诉求意义,探寻研究的真值性。陈述到这里,我们就不难看出高博能够直接走进西班牙语源语语境展开关于门多萨和《中华大帝国史》及其相关源语文献的研究,这的确是一项特别值得肯定的人文科研工作。特别是门多萨不懂汉语,他是凭借西班牙语的阅读、思考与书写推出了《中华大帝国史》,这反而更需要高博走进西班牙语源语语境中去探索其中的究竟,以提出自己的质疑。

我借此在这里给高博提一个建议。

高博在撰写《门多萨与〈中华大帝国史〉研究》这部专著时,她的思考是从解决一个个实证性的跨国文献案例往前推进的,其中频繁地遭遇了多种语言的重译现象。倘若高博在疏证这些重译现象时,顺手把辗转重译的现象更为自觉地带入翻译理论研究的平台上,以自己的实证性跨国文献考据总结出一套关于重译现象讨论的翻译理论,并且为学界提供了一种关于反思重译研究的翻译理论表达,为比较文学研究、国际汉学研究、历史研究与翻译研究提供了一套关于重译现象评析的理论体系,这将是一个重要的学术贡献。对多重语境下跨国文献考据的实证与重译理论的创建给予互证性的研究,这无疑是一个两全其美且各得其所的研究境界。

3. 比较文学崇尚的是文献与理论的整合性研究

在我看来,对于高博而言,撰写《门多萨与〈中华大帝国史〉研究》这部专著委实不易。这是一个促动她静心读书以达到深度思考的学术历程，对高博知识结构的进一步积累与整合都形成了更高的要求。高博的确在进步！高博是自觉地站在跨语言与跨学科的视域下努力地追求文献与理论两个面向的整合性研究的，这很不容易。我们可以从文献与理论两个层面分别描述高博这部专著所涉及的相关领域。文献层面涉及了比较文学、国际汉学、历史学、文献学、版本学，比较文学研究的法国学派所崇尚的是跨国文献的影响研究与考据。理论层面涉及了比较文学、东方学、翻译学、区域研究、殖民批评、后殖民批评、形象学理论、文化记忆理论等，比较文学研究的美国学派崇尚的是平行研究的理论阐述。从上述所涉及的研究领域，我们不难看出从事比较文学研究与国际汉学研究，需要在文献与理论两个层面均应该有所追求。我想应该从这两个层面来谈谈高博这部专著的一些闪光点。

第一，关于文献层面的讲求，在比较文学领域崇尚的是法国学派的跨国文献考据。

2023年，我曾刊发了《跨国文献学的考据与历史比较语言学的视域——为比较文学法国学派影响研究翻案》这篇文章，投入较长的篇幅推崇比较文学法国学派的跨国文献考据："当下是一个全球化的时代，也是一个学术国际化的时代，比较文学法国学派影响研究的跨国文献学考据，也对中国本土学界从事汉语单一语言文字的文献学研究者提出了更高的要求，即应该持有多种语言的阅读能力及开放的研究视域，以便推动自身的本土性文献整理工作能够与国际学界接轨。"①我始终认为，在中国比较文学界，在法国学派跨国文献考据领域做得最好的当代比较文学研究者，是北京大学比较文学与比较文化研究所已故的严绍璗教授，至今当代学人无出其右者。因此，我也特别向高博推荐阅读严绍璗教授的文章与专著，并了解他从事中日文献跨国整理的观念与方法。我对法国学派跨

———
① 杨乃乔:《跨国文献学的考据与历史比较语言学的视域——为比较文学法国学派影响研究翻案》，《清华大学学报(哲学社会科学版)》，2023年第4期，第58页。

国文献考据的推崇,主要是为了规避美国学派平行研究所带来的理论过度诠释的负面影响及在学科边界消亡下所产生的诸种危机。

高博在这部专著中所秉持的就是法国学派跨国文献考据的研究策略。这部专著所使用的文献主要来源于 16 世纪西班牙语古籍和手稿等多种一手西班牙语源语文献。其中,高博基于对 16 世纪的多种西班牙语本《中华大帝国史》的详细的版本考辨,辨识出"1586 马德里西班牙语修订本"是由门多萨本人认可的西班牙语最终修订本。这项考辨的意义在于,只有基于原著善本的细读才能为研究者提供有效抵达作者意图和文本意图的可靠路径,而版本选用的随意性必然导致研究者对作者意图和文本意图产生不必要的误读,尤其是重译本。

关于《中华大帝国史》诸种版本和译本的疏理问题,高博在《误读门多萨:〈中华大帝国史〉中的共情与教化》一文中有一段陈述很重要。

> 遗憾的是,这一版的重要学术价值仍然鲜为人知,当下海内学人常用的版本是中译本、英译本和现代西班牙语本。需指出的是,英译本和中译本历经跨语际转码之后,已在不同程度上与原著善典产生了疏离。即使现代西班牙语读本也同样值得警惕,其对原著善典也进行了不同程度的删减和改写,因而并不能忠实再现门多萨的原初书写立场。甚至 1585 年的罗马西班牙语首版与"1586 马德里西班牙语修订本"也存在着较大差异。这两版不仅在语言和修辞以及叙事上产生了分化,后者还比前者展现出了更为强烈的教化意图。①

的确,在国内学界关于门多萨的研究中,"1586 马德里西班牙语修订本"的重要学术价值是鲜为人知的。

不仅如此,高博的这部专著还进行了三处重要的跨国文献考辨:一、门多萨是如何借用其他传教士书写中国的文献来建构自己的中国形象

---

① 高博:《误读门多萨:〈中华大帝国史〉中的共情与教化》,《天津社会科学》,2024 年第 6 期,第 96 页。

的,这是一个通过跨国文献疏理以达到形象学思考的从文献到理论的路径。二、门多萨对前人书写的中国报告又进行了怎样的改写,这涉及门多萨书写中国与形塑中国形象之立场的选择问题。三、门多萨这部著作长达四百多页,却并没有在书中就他所引用的文献给出详细的注释以说明来源,这就给后世学者搜索这部著作的引文出处带来了巨大的困扰。要对门多萨这部著作所引用的文献进行还原式梳理,其工作之繁琐让后世学人一直不敢轻易地涉足这项文献考辨的工作,关键还有对西班牙语使用的能力问题。事实上,高博的研究工作是在努力做好这一点的,这也正是《门多萨与〈中华大帝国史〉研究》这部专著的重要贡献之一。

高博在跨国文献的版本考辨工作中疏理了中国学界一直悬而未决的关于《中华大帝国史》版本选用的混乱现象。这就是为什么从事门多萨及其《中华大帝国史》研究必须要具备很好的西班牙语功底,只有如此,才能够让研究者真切地阅读和参考西班牙语源语文献,以便让自己直接沉浸于源语语境营造的历史意义中思考和书写,而不是隔空打牛。学术研究工作在持续的坚守中,前行至每一阶段都会有自己的收获以反照过去的不足。的确,高博的研究工作还有待于进一步向前推进,但高博一定是比较文学法国学派跨国文献考据之西班牙语研究工作的努力践行者。

第二,关于理论层面的讲求,在比较文学领域呈现为多元理论介入的交集性思考。

门多萨是西班牙历史学家、政治家、天主教传教士、奥古斯丁会修士,受教皇格里高利十三世之嘱,编撰《中华大帝国史》。这部著作自1585年在罗马出版以后的四百多年来,一直在国际学术界有着经久不息的文化影响力。这是中国和西班牙交通关系史上的一部最经典的历史文献,从而享有很高的学术赞誉与研究价值。2009年1月31日,时任总理温家宝访问西班牙,在塞万提斯学院(Instituto Cervantes)曾与西班牙文化界人士、青年学生进行座谈,其中还特别提及了此书的重要价值:"16世纪末,西班牙人门多萨写的《中华大帝国史》一书,是西方第一本全面介绍中国历史、文化、宗教以及政治、经济概况的著作,在欧洲引起轰动。"①

多年来,学界众口一词地认为,门多萨这部著作的重要贡献在于把欧洲知识分子对中国文化传统的器物崇拜提升到了精神的层面。而高博在自己的专著中对于当下流行的通说进行了反拨性质疑,并进而给出了自己的学术评价。我一直持有这样一种学术研究的立场,学术观点的流俗从众是知识分子在趋同中证明自己缺憾思想的一种症候。

在这部专著中,高博在理论思考中把"orientalism"(东方学/东方主义)与"imagology"(形象学)整合为自己所持有的一种有效研究视域,即比较视域(comparative perspective)。她认为门多萨对中国书写所铸成的里程碑意义在于,建构了一种关于中国书写的新的诗学话语系统。我这里还是建议高博在术语的使用上把"诗学话语系统"改为"历史学话语系统"(sistema de discurso de la historia / discourse system of history),这样在学理上更为贴切。我理解高博使用"诗学"这个概念的意图,目的主要是强调自己就门多萨及《中华大帝国史》系统性研究的理论性,尤其是可以把形象学的分析打入诗学话语系统中。但我还是认为,历史学这个学科概念的带入,更贴近高博所讨论的"神圣东方主义"的话题,在理论构成的气象上也显得更为宏大。

我特别注意到,高博把这个新的历史学话语系统称为"神圣东方主义"(Sacrado Orientalismo / Sacred Orientalism)。可以说,这是高博在研究中依凭自己的思考所创制的一个重要且具有闪光点的术语。细读《门多萨与〈中华大帝国史〉研究》这部专著,正是这个术语的提出让这部专著在立论与结论上显著于学界。对任何一位知识分子而言,在自己的学术研究中因文献与理论整合性的深度思考,能够提炼且创制一个具有涵盖性的学理术语,且被学界认同与接受,这是很不容易的。

---

① 《温家宝同西班牙文化界人士、青年学生座谈》,https://www.gov.cn/ldhd/2009-02/01/content_1218187.htm(2024年11月24日)。

往往就是如此,在学术研究的立论与结论的逻辑程序中,一篇文章或一部专著,能够浓缩性地提炼出一个具有涵盖性的创制术语(coined term),且可以被同行理解且接续使用,这无疑应该是学者普遍追求的劳绩。而事实上,绝大部分文章与专著是远远做不到这一点的。因为,一个术语的创制及其学理意义得以敞开且公共化,其中承载着创制者与认同者两个维度之学人在知识结构的沉淀和思想的构成上所达成的逻辑契合度,还更有后者是否愿意对前者投出可能性接受的微妙学术心态等。

4. 在历史学、东方学、人类学等级序列参照下的神圣东方主义

书写到这里,在价值判断的逻辑上,我有必要就中国知识分子在当下经常使用的三个西方学科术语给出一个极简主义的逻辑清理,即历史学(history)、东方学(orientalism)与人类学(anthropology)。我之所以想要简约地疏证这三个学科早期的交集意义及其等级序列划分的问题,是因为高博的课题研究深度介入了历史学与东方学,这种介入无疑是一位学者的研究在跨界立场上的展现,那么就应该让这种介入的研究立场澄明于一个开显的状态,以便让学人读者可以清晰地理解。

多年来,这三个学科术语总是不经意同步交叉地进入我的研究视域,所以我也总是在下意识地思考这三个学科术语早期的内在关联逻辑。我逐渐收获了这样一种学理感受。普遍地讲,这三个学科都关涉到对人类历史研究的问题。而西方学界早期对这三个学科的命名及划分,在本质上,使其充斥着鲜明的价值判断之等级序列(hiérarchie)的设定。关于"等级序列"这个术语的操用,我是借自法国另外一位哲学家德里达(Jacques Derrida)的解构主义(deconstruction)理论。谙熟解构主义理论的学者当然知晓"等级序列"所荷载的哲学意义,所以我在这里就没有必要再做概念的解释性界定了。

其实,我们只要把这三个学科术语早期的学术观念,整合在一个共同的历史语境下思考,不难发现欧洲知识分子所投诸三者之间的共同性与差异性价值判断。细思起来,其不仅微妙且很有意思!

首先，欧洲知识分子早期所认同的历史学是指向始源于古希腊文明以来的欧洲历史及其文明、文化及器物等研究的。具体而言，欧洲知识分子视域中的历史学是对有文字记载的欧洲文明且发达的国家、民族与区域的历史进行研究。说到底，从历史学早期作为一门学科所指向的研究对象，即可以见出历史学是一个相当傲慢且充斥着欧洲中心主义（eurocentrism）的学科术语。也就是说，历史学早期在底层逻辑上所指涉的是对文字记载的欧洲文明历史的研究。我本来想把思路终止于此，下面接着讲述东方学的内涵，转念而思，不妨多说一两句。

当然，随着全球化进程的显性发展，历史学在研究观念上不可遏制地继续扩大，逐渐冲出了欧洲中心主义的窠臼，终于把研究视域投向了整个世界。

1978年，英国历史学家巴勒克拉夫（Geoffrey Barraclough）推出了他的一部重要专著《历史学的主流趋势》（*Main Trends in History*）。在这部专著的其中一章"世界史的前景"（"The Prospects of World History"）中，巴勒克拉夫进一步倡导且论证了"全球史观"这个术语是当代历史学研究的前沿标志："认识到需要一种全球史观（a universal view of history）——一种超越国家和地区界限并理解整个地球的历史——这是当前的标志之一。"①

在当代历史学研究的发展逻辑中，全球史观的提出还可以追溯到巴勒克拉夫在1955年出版的一部专著：《变动世界中的历史学》（*History in a Changing World*）。在该书的第十四章，巴勒克拉夫以标题的形式直接宣告了"欧洲历史的终结"（"The End of European History"）。巴勒克拉夫还小心翼翼地给出了一个说明性的诠释：

> 如果说"欧洲历史终结"，那么让我来澄清一下我所说的"终结"是什么意思。当然，这并不意味着欧洲历史将就此画上句号；而是

---

① Geoffrey Barraclough, *Main Trends in History*, New York: Holmes & Meier Publishers, 1978, p. 153.

说,它将不再具有历史意义。①

在我看来,巴勒克拉夫的诠释意图在于:作为本体的欧洲历史当然在延续,那是欧洲历史自在自为存在的本然样态,只是在全球史观下的历史研究在观念的构成上解构了以往偏执于欧洲中心主义的历史叙事,使其不再具有独占世界中心的历史意义了。我在这里补充性地提及西方历史学研究从欧洲中心主义向全球史观的转型,也是为了反证早期历史学是偏执于欧洲文明历史的研究。当然,这是我的理解与解释立场。

其次,东方学是欧洲知识分子对处在欧洲文明历史边缘之外的近东、中东与远东历史进行研究的一个学科术语,研究对象的地缘处在被欧洲学者界定于"东方"——"orient"这个概念下的国家、民族与区域。以欧洲发达且文明的文字历史作为参照,在欧洲学者的视域中,东方还处在落后的文明状态,但是这种落后的文明有着自己的文字所记录的历史。这就是萨义德在其著作《东方学》(Orientalism)中所批判的欧洲知识分子以文化霸权的姿态,对落后的东方历史、文明、文化与器物表现出一种居高临下的猎奇,即欧洲人把东方作为异域的他者给予贬损性审视。

我在这里主要想强调的是:东方学在质性上是一种对落后的异质文化区域的历史学研究,是欧洲人以傲慢的东方学视域对落后的东方历史的审视,萨义德在《东方学》一书中陈述为文明照面落后的异域虚构:

> 东方(The Orient)几乎是欧洲人的虚构(invention),自古以来就是一个充满着浪漫(romance)、异域风情(exotic beings)、萦绕于怀的回忆和风景(haunting memories and landscapes)、神奇经历(remarkable experiences)的地方。②

最后,我们再来反思一下关于历史研究的另外一种学科——人类学。15世纪至17世纪,是欧洲殖民主义者的扩张外溢出欧洲的地理大发现

---

① Geoffrey Barraclough, *History in a Changing World*, Oxford: Basil Blackwell, 1957, p. 204.

② Edward W. Said, *Orientalism*, New York: Random House, Inc., 1978, p. 1.

时期(age of exploration),欧洲人在欧洲之外区域的冒险与掠夺中,发现了没有文字记载的史前文明部落样态。对这种遗存着原始文明印记的人类史前历史的研究,便催生出人类学这门学科。

在《历史学的主流趋势》一书中,巴勒克拉夫曾撰写了"社会学与人类学的贡献"("The Contribution of Sociology and Anthropology")一节,他认为在所有社会科学的本质上,人类学与历史学是最为接近的学科:"如果历史学家转向社会科学以追求新的见解和视域的根本原因,是对历史决定论及其假设和先入之见的强烈反应,那么他们首先向人类学和社会学寻求重新定位就不足为奇了。在全部的社会科学中,这两门学科最接近他们自己的研究方向。"①

由于人类学照面的是没有文字且仅有口述历史的原始文明的生存样态,因此田野调查(field investigation / field study / field research)是早期人类学所使用的主要研究方法论。至于在现代工业文明和后现代高科技时期,人类学于学科观念上的重构与研究方法论上的拓新,则是另外一回事了,那不再是我围绕着高博的专著与论题所需要多做普及性解释的知识。

我只想多说一句,"现代人类学"在研究观念与方法论上的创新已经到了只有想不到,没有做不到的境地;但其依旧还是贴着"人类学"照面史前口述历史进行田野调查的这个古旧标签,以装饰自己的研究身份,让人类学完全不成其为原初意义上的人类学了。我私下以为,其还不如给自己当下的拓新研究形态重新命名,即剪掉古旧的"辫子",换上崭新的"西装",重新量身打造自己的学科形象,以更为准确的学科命名和定义而重新安身立命。

以下让我来做一个总结性陈述。

再三强调的是,我在这里没有兴趣给历史学、东方学与人类学在学科

---

① Geoffrey Barraclough, *Main Trends in History*, New York: Holmes & Meier Publishers, 1978, p. 48.

本质上做固步自封的学科定义,所以诸君不必矫情究竟应该怎样为这三种学科概念下定义而构筑老死不相往来的学科壁垒,即"不可为典要,唯变所适"。历史在周流发展,所以学科研究也在"变动不居"。在此我借用《周易·系辞下》的这个术语,本身这三种学科概念的外延和内涵在本质上始终历史性地处在"变动不居"中,呈现为一种动态的学科存在样态。我们不妨到《周易》之经传那里寻找一些解释的理由。

《周易·系辞下》对《易经》及其荷载之"道"如此释义而言:

> 《易》之为书也,不可远。为道也,屡迁,变动不居,周流六虚,上下无常,刚柔相易,不可为典要,唯变所适。①

确实如此,《易经》之书及其荷载之"道"不仅是"周流六虚"的,并且也是"变动不居"的,所以不应该以典常纲要——"典要"给予封闭性的限定。《周易》之经传以卦象所诠释的是宇宙天地之生成周流的本质动因,如孔颖达等所诠释:"'变动不居'者,言阴阳六爻,更互变动,不恒居一体也。"②放大至中西历史及其文化传统,人类文化大体均是如此,那就不要说上述三种学科概念的本质性定义了。我始终认为,没有本质恰然是历史的本质,没有本质恰然是学术研究的本质,否则在本体论上对历史或学术研究给出一个本质主义(essentialism)的界定,那便封闭了历史或学术研究,而使其在意义的僵化中走向死亡。

我阐明了我的书写立场,即不妨给出一个我所需要陈述的学术语境:其实,历史学、东方学与人类学都是对人类历史的研究,历史学与东方学是研究凭借文字著录与记忆的历史,而人类学研究的是史前没有文字记载的口述历史。然而这三种学科面对历史所持有的价值评判,无论如何,给予人类历史的存在形态以文明、落后与原始的等级序列界分,同时,也

---

① 王弼、韩康伯注,孔颖达等疏:《周易正义》,阮元校刻:《十三经注疏》(上册),北京:中华书局,1980年,第89—90页。
② 王弼、韩康伯注,孔颖达等疏:《周易正义》,阮元校刻:《十三经注疏》(上册),北京:中华书局,1980年,第89页。

因此就这三种学科的存在品质给予了等级序列的界分。

之所以陈述以上相关学科的基本知识,我的学理目的是为印证且阐明高博在自己的专著中所提出的"神圣东方主义",是为了参照性地解释这个崭新的术语及其字面背后所荷载的思想观念。

东方学是西方知识分子审视东方所构成的一套历史话语系统。2024年,我曾发表过一篇长文《后—殖民批评与 Orientalism 逻辑关系的缺失——论当代中国"新时期"与"后新时期"历史转型中的萨义德》,在这篇文章中我曾指出:"萨义德把西方学界的'orientalism'这个概念所荷载的内涵是作为一种话语及系统学科来给予考察与界定的。"①并且我援引了萨义德《东方学》中的一段陈述:

> 我的观点是,如果不把东方主义作为一种话语(a discourse)来考察,人们就不可能理解欧洲文化在后—启蒙(the post-Enlightenment)时期能够在政治上、社会学上、军事上、意识形态上、科学上和想象上管理——甚至生产——东方(the Orient)的庞大的系统学科。此外,东方学具有如此权威的地位,以至于我相信,任何关于东方的写作、思考或行动,都不可能不考虑东方主义对思想和行动的强制(imposed)。②

在这篇文章中,我指出无论是把"orientalism"翻译为"东方学"还是"东方主义",都是以偏概全的转码。因为在汉语语境下,我们无法找到一个既成的且同时含有"东方学"和"东方主义"两个维度意义的汉字概念给予转码。但是无论怎样,萨义德在其思想构成上,对"orientalism"给予反动的强势格局是昭然若揭的,并且掀起了国际和国内学界对东方学与东方主义、殖民主义与后殖民主义大规模的挑战性批判。

萨义德使用"orientalism"拉扯起强力的批判姿态,就对西方知识分

---

① 杨乃乔:《后—殖民批评与 Orientalism 逻辑关系的缺失——论当代中国"新时期"与"后新时期"历史转型中的萨义德》,《文艺争鸣》,2024 年第 7 期,第 89 页。

② Edward W. Said, *Orientalism*, New York: Random House, 1978, p.3.

子当作一种话语体系的东方学或东主方义发出了贬损性的宣战。因此，东方学和东方主义、殖民主义与后殖民主义，在东方本土的知识分子看来，是颇具文化霸权和贬义性学理色彩的一组术语。

毋庸置疑，门多萨是西班牙的历史学家。我们也可以把门多萨的《中华大帝国史》归属于西方历史学家关于东方历史的研究领域。因此，门多萨在学术身份上应该是一位没有去过中国即以想象铸造一种中国形象的东方学家。

在我看来，东方学是一个对东方地缘的历史、文明、文化、宗教与器物等进行研究的宏大概念，其中应该涵盖亚述学（Assyriology）、伊斯兰学（Islamwissenschaft）、阿拉伯学（Arabology）、埃及学（Egyptology）、印度学（Indology）、汉学（Sinology）及日本学（Japanology）等，所以相当一批西方的东方学家是投身于中国研究的汉学家。关键在于，高博在自己的研究课题中带入东方学或东方主义，却导向了一种反潮流的价值评判。这很有意思！

在高博的思考中，她自创了"神圣东方主义"这个术语以定位门多萨，她认为"神圣东方主义"代表了16世纪欧洲知识分子以异质视域审视中国和书写中国的新历史话语系统。这种新历史话语系统把他们对中国的乌托邦想象与神圣化目的恰如其分地融合为一体。学界关于萨义德在《东方学》中对欧洲人的批判始终倾听的是这样一种讥讽的声音："福楼拜的所有小说都把东方与性幻想的逃避主义联系在一起"，"所以东方是一个人们可以找到在欧洲无法获得的性体验的地方"。[①] 而高博的立论恰恰是这种讥讽声音的反调之声。

高博的专著对作为他者的16世纪欧洲知识分子使用异质视域和新历史话语系统书写古代中国的过程进行了颇有创见的解读。高博认为，门多萨编撰《中华大帝国史》，在他瞩望远东中国的形象学视域及其本质属性上，将中国具象化地呈现为一种繁华富庶且亟待救赎的异质文明形

---

① Edward W. Said, *Orientalism*, New York: Random House, 1978, p.190.

象,其中并没有贬损和傲然睥睨的猎奇之意。

5. 结语:"求鸡犬的生存之道"与"求其心的学问之道"

高博的论述也引起了我的思考。当然,门多萨在身份上除却是一位历史学家之外,更是一位天主教神学家及传教士。他是从相关文献间接地阅读且想象中华大帝国的繁华富庶,因此迫不及待地流露出一位传教士在信仰上给予救赎的愿望。对一位神学家而言,面对富庶文明之地的信仰救赎与面对落后文明之地的信仰救赎,在价值动机上是有差异性的。的确,早期的东方学家,他们在身份上大都是传教士,怀揣着差会(missionary society)的召唤,万死不辞地奔赴异质且落后的区域施舍信仰的救赎。

关于门多萨编撰《中华大帝国史》的历史原因,在《重构门多萨的"金蛇王权"想象——论16世纪中西关系史的形象塑造》这篇文章中,高博有一段陈述:

> 可见,菲利普二世由于缺少关于大明王朝的详细资料,在对中国问题的决策上犹豫不决。而《中华大帝国史》正是在这样一种历史语境下编著而成的,门多萨以文学的方式再现了尘封于历史档案中的大明王朝与西班牙那段鲜为人知的关系史。其中,作者在一种委婉迂回的叙事结构中,重现了16世纪的伊比利亚半岛在对待中国问题上的一种和平主张。①

然而,当下的学者一般会从众地持有这样一个共识:认为门多萨在《中华大帝国史》中确实建构了乌托邦式的中国形象,但是却忽视了他所建构的是一种神圣化的中国形象。在门多萨的中国叙事中,恰恰是神圣化目的推动了他对中国形象的乌托邦式构想。换言之,门多萨通过形塑"物丰神空"且亟待救赎的他者之中国形象,在语言文字的层面完成了对中华大帝国的精神驯化。这恰恰是神圣东方主义想象的一种中国形象的乌托邦,

---

① 高博:《重构门多萨的"金蛇王权"想象——论16世纪中西关系史的形象塑造》,《文史哲》,2023年第6期,第160页。

并借此向欧洲读者发出了神圣化寻唤的救赎邀请。在高博看来,这只不过是作者在一种委婉迂回的叙事结构中来建构这种神圣化的他者形象,这就使得门多萨对中国文化充满了钦佩的抒情描写,并且遮蔽了他渗透在文本中的教化立场。而我想,这大概也是一种含情脉脉的文化霸权!

这里还存有一种历史文献研究值得开拓的现象。门多萨没有到过中国,仅仅是凭借传教士及相关人士关于中国书写的文献所提取的阅读体验,从而推动了关于神圣化中国形象的想象。问题在于,门多萨参考大量的文献为他提供了形塑"神圣中国的形象",那么,我们反推之,记忆且著录在相关历史文献中的信息也并非都是一味贬损化地书写中国。多年来,这些能够为门多萨营造中华大帝国繁华富庶形象的文献,又为什么没有被后来的历史学与东方学研究者所重视,抑或干脆就是不知道而处在知识的零度中呢?那么汉语学者对于这些可以神圣化想象中国的海外历史文献又有多少了解呢?

诚恳地讲,当下人文学术研究的量化的非理性要求造成的后果是,一眼看上去量产化的科研丰硕,其本质上也只是文献与观点的大批量重复与模仿性的抄袭而已。因此,我从来就认为,一个课题的完成、一部专著的推出,其中只要原创性地出现一两处或两三处闪光点,那就弥足珍贵了。高博做到了这一点!

就"学问之道"的本心所在,《孟子·告子上》如是说:

> 人有鸡犬放,则知求之;有放心则不知求。学问之道无他,求其放心而已矣。①

当然,孟子的"学问之道"是追求儒家思想在实践理性的本体论上所设定的知识终极——"仁义"。北宋经学家孙奭在对《孟子》的疏解中释义:"能

---

① 赵岐注,孙奭疏:《孟子注疏》,阮元校刻:《十三经注疏》(下册),北京:中华书局,1980年,第2752页。

求放心,则仁义存矣。以其人之所学问者,亦以精此仁义也。"①我在这里就是要把孙奭诠释的孟子"学问之道"去神圣化而落地为普泛知识的表达,高博对学术研究的执着实属求其本心的追求,这是高博持有的学问之道。她投入了八年的时间,集中精力做一个课题、完成一部专著,别无他求,可歌可泣!当下青年学者的生存境遇实属不易,大都是为了完成量化指标而拼凑文字,有多少人在本心上追求"学问之道"呢?这真的是让一代青年学者困惑不堪!其实,我还是反溯历史,更欣赏东汉经学家赵岐就《孟子》的注释所言:"人之求鸡犬。莫之求其心者,惑也。学问所以求之矣。"②这也是儒家经典与中国经学诠释学解经释义的不同立场给当下学界的启示。那我要借喻反问的是:这个年头的青年知识分子在大学任教更多的是为了求"生存之道",又有多少人是为了求"学问之道"而走到这个空间中来隐忍焦虑呢?出于心底的虔诚想做点学问,不容易!

多年来,高博与我一直在网上保持着学术交流,大家都互有启示且互有收获。前几日,高博叮嘱我为她的这部专著写序。事实上,我心里很惭愧,因为她是这个课题研究方向的专家,我又能说些什么呢?我现下的思考兴趣点是做中国经学诠释学思想史与释经文献整理的研究工作,两者知识结构之间的距离相去甚远。转念而言,我想还是要为青年学者说些什么,因为他们为悖离本心的学术研究裹挟得过于紧张了,所以我也就没有任何藻饰地信手写来以示真诚与放松。但有一点我还是要解释一下,这只是一种学术意识流的朴素、诚挚且随性松弛的写法,在我们知识结构的交集地带,依凭学术知识沉积的惯性自动写作而已,所以请高博不必介意!

就人文学者而言,往往对自己撰写的第一部专著投入的思考与付诸

---

① 赵岐注,孙奭疏:《孟子注疏》,阮元校刻:《十三经注疏》(下册),北京:中华书局,1980年,第2752页。
② 赵岐注,孙奭疏:《孟子注疏》,阮元校刻:《十三经注疏》(下册),北京:中华书局,1980年,第2752页。

的心血是最为不惜代价的,而随之以后的著作则有可能越写越粗疏,也有可能攒凑出一个大部头来出版,以威慑学界,还可能翻译为质量粗糙低劣的英文什么的而误导国际学界。其实,无论是其汉语本还是英译本的学术品质高下是一眼可以识见的。这是高博的第一部专著,其中知识含量与思考的闪光点,不是我这篇序言的几句话可以陈述透彻的。有兴趣的学者不妨自己去阅读。

这部专著对"神圣东方主义"进行了讨论,阐述了门多萨是如何在其中国书写中构建"神圣东方主义"新历史学话语范式的,思考了这种新的关于中国形象的书写范式是如何在16世纪的欧洲获得合法性接受与传播的。此外,以16世纪为时间节点,这部专著还分析了在此前后,即中世纪晚期和前现代、现代时期,欧洲知识分子对中国形象的书写范式与门多萨的书写范式之间的差异性。

最后让我援引巴勒克拉夫在《变动世界中的历史学》中的一段陈述:

> 毫无疑问,历史在前进;但它像一只螃蟹绕过一块巨石那样向前移动。新事物总是会出现的,所以我们必须要为新事物留出空间:新事物出人意料地出现,从而把事情推向一个没有人预料到且也没有人想要的方向。①

我想高博还有一个最大的收获在于,在西班牙语的国际学术会议上,她使用娴熟的西班牙语向西语学者陈述自己关于门多萨与《中华大帝国史》研究的思考,从而宣誓一位汉语学者在国际学界的存在感。

历史在前进,新事物总是会出现!面对青年学者在辛劳和焦虑中不惜生命代价的跋涉,应该给予鼓励和期待。尽管他们还存有这样那样的知识不足或是思想的稚气,但任何人都不应该以自己先行一步的阴影老气横秋地遮蔽他们,且指手划脚,甚至绞尽脑汁地挡别人的生存之道和学问之道。我们自己也曾年轻过,至今无法忘却那些一路阻挡我们前行的

---

① Geoffrey Barraclough, *History in a Changing World*, Oxford: Basil Blackwell, 1957, p.204.

斗筲之人。是人才,那是挡不住的,就看你是否是人才!挡别人是成就不了自己的,与其如此,不如大气一些为新事物留出空间,陪伴着青年学者前行与成长。

这,难道不是一种人生的怡悦吗?!

目 录

第一编 文献部分:重新定义门多萨的中国形象

第一章 绪论 ········· 3
第一节 《中华大帝国史》的学术价值 ········· 3
第二节 《中华大帝国史》研究中的四大议题 ········· 7
  一、重新界定门多萨的想象边界 ········· 10
  二、钩沉他者的文化滤镜:门多萨的阅读与阅读门多萨 ········· 17
  三、《中华大帝国史》版本考辨:孰为原著善典? ········· 30
  四、《中华大帝国史》的文化辐射力 ········· 33
  五、《中华大帝国史》研究中的遗留问题 ········· 38
第三节 本书展开研究的学术视域与方法论 ········· 42

第二章 《中华大帝国史》出版史:孰为善典? ········· 46
第一节 《中华大帝国史》的西班牙语本考辨 ········· 47
  一、《中华大帝国史》的古典西班牙语本考辨 ········· 47
  二、《中华大帝国史》的现当代西班牙语本考辨 ········· 55
第二节 《中华大帝国史》英译本考辨 ········· 58
第三节 《中华大帝国史》中译本考辨 ········· 64

第三章　重新界定门多萨想象与记忆的边界 ……… 68
第一节　"意识形态"概念在学术史中的流变 …………… 70
第二节　为"乌托邦"正名：空想主义还是想象中的伊甸园？ …… 73
第三节　异国形象类型学设想：在乌托邦和意识形态两极之间 … 78
第四节　重新定义门多萨的中国形象 …………………… 82

第四章　晚明器物世界在"他者"视域下的转义与再现 …… 86
第一节　他者凝视下的平民社会：富饶宜居的异邦乐土 …… 86
　　一、晚明自然景观和人文景观的理想化再现 …………… 90
　　二、晚明沿海市镇生活在他者视域下的乌托邦式重写 …… 103
第二节　理想化重构的背后："万历中兴"在他者视域下的
　　　　　诗性再现 …………………………………………… 109
　　一、晚明乌托邦想象与资本全球化进程的同构性 ……… 109
　　二、"万历中兴"在他者视域下的历史折射 …………… 113
　　三、门多萨对晚明市井生活的理想化改写 ……………… 126
第三节　门多萨凝视下的官场奢风 …………………… 128
　　一、富丽堂皇的大明官邸 ………………………………… 129
　　二、丰盛的官方宴请 ……………………………………… 130
　　三、慷慨的官方馈赠 ……………………………………… 132
第四节　门多萨过度想象的背后：晚明奢风的诗性再现 …… 135

第五章　晚明政治生活在"他者"视域下的理想化再现 …… 138
第一节　门多萨凝视下的大明平民社会：别处的东方伊甸园 … 139
　　一、完备的行业规则 ……………………………………… 140
　　二、人性化的社会福利制度 ……………………………… 140
　　三、先进的城市治理水平 ………………………………… 146
　　四、严苛的户籍制度 ……………………………………… 147
　　五、先进的教育理念 ……………………………………… 148

第二节　和谐平民社会的背后:大明社会制度的理想化再现 …… 152
第三节　门多萨想象中的大明吏治 …………………………… 155
　一、严苛的监察制度与政治清明的社会 …………………… 156
　二、开明的科举制与开放的社会上升通道 ………………… 160
　三、大明官僚阶层的另一面 ………………………………… 161
第四节　先进吏治想象的背后:对前文本的理想化改写 …… 164
第五节　政治清明想象中的纪实性:"急吏缓民"政策的
　　　　文学再现 ………………………………………………… 170

第六章　晚明精神世界在他者视域下的意识形态化再现 … 173
第一节　门多萨的直接神圣化想象 …………………………… 175
　一、三头神像中的神圣化想象 ……………………………… 175
　二、圣托马斯典故背后的神圣化想象 ……………………… 177
　三、观音像与圣母像之间的同一化想象 …………………… 180
　四、十二圣徒与中国先贤的同源想象 ……………………… 183
　五、门多萨对大明百姓的神圣化想象 ……………………… 184
第二节　门多萨的间接神圣化想象 …………………………… 189
　一、虚构有待救赎的他者形象 ……………………………… 190
　二、虚构祭拜魔鬼的他者形象 ……………………………… 195
第三节　关于第一编文献部分考据的总结:虚构"物丰神空"
　　　　的大明形象 ……………………………………………… 198

第二编　理论部分:门多萨凝视下的中国形象
在欧洲文化记忆中的合法化进程

第七章　"西方的中国形象"研究中的遗留问题 ……………… 208
第一节　"西方的中国形象"是否具有合法性? …………… 208

第二节　在"东方主义""另一种东方主义"和"神圣东方主义"
　　　　　　之间 ·· 210
　　第三节　如何超越单向度的理论危机？ ························· 219

第八章　文化记忆理论的本土化应用 ······················· 223
　　第一节　文化记忆理论的谱系学考古 ··························· 223
　　第二节　文化记忆的文学性与记忆文本 ······················· 235

第九章　神圣化的他者之中国形象在 16 世纪欧洲视域下
　　　　　　的合法化进程 ······································ 242
　　第一节　被遗忘的微观权力：约稿人和资助人对文本的隐形
　　　　　　建构 ·· 243
　　第二节　被忽视的宏观权力语境：反宗教改革运动对文本的
　　　　　　形塑性 ··· 248

第十章　乌托邦式的中国形象在 16 世纪欧洲视域下的
　　　　　　合法化进程 ··· 257
　　第一节　共享的文化记忆：东方仰慕传统的现时化再现 ······ 257
　　第二节　共享的历史编码：资本全球化进程中的"白银帝国" ····· 262
　　第三节　共享的思想史进程：现代性萌芽的南欧续写 ········ 269
　　　一、伊拉斯谟和莫尔与 16 世纪欧洲的现代性进程 ········· 269
　　　二、门多萨理想化社会制度想象中的现代性 ··············· 274
　　第四节　在乌托邦和意识形态之间重构"另一种中国形象" ··· 282

第十一章　门多萨的"另一种中国形象"对历史进程的
　　　　　　　建构性 ··· 289
　　第一节　16 世纪欧洲视域下的和平提议：《中华大帝国史》对中西
　　　　　　关系进程的贡献 ···································· 289

第二节 他者的"金蛇王权"想象：《中华大帝国史》对中西翻译史
　　　　进程的贡献 ……………………………………………… 293
第三节 关于理论部分的总结："另一种中国形象"的解构与
　　　　重构 ……………………………………………………… 303
结论与讨论 ……………………………………………………………… 306

参考书目 …………………………………………………………… 312

第一编

文献部分:重新定义门多萨的中国形象

第一章 绪 论

第一章是本书的绪论部分,由三节组成。第一节阐述了《中华大帝国史》的学术价值。第二节通过对这部读本的海内外学术史进行爬梳,归纳出了关于这本读本的四大热点议题。第三节介绍了本书展开研究的学术视域和方法论。

第一节 《中华大帝国史》的学术价值

毫无疑问,5个世纪以来,《中华大帝国史》一直在国际学术界有着重要的文化影响。这部文献由西班牙学者、政治家和学者胡安·冈萨雷斯·德·门多萨(Juan González de Mendoza)用西班牙语书写而成,并于1585年在罗马首次出版刊印。其完整书名是 Historia de las cosas mas notables, ritos y costumbres, del gran Reyno de la China, sabidas assi por los libros de los mesmos Chinas, como por relacion de Religiosos y otras personas que han estado en el dicho Reyno。① 笔者把上述书名译成中文是:《中华大帝国奇闻要事、礼仪和习俗——根据中国典籍和到

---

① 参见 Juan González de Mendoza, Historia de las cosas mas notables, ritos y costumbres, del gran Reyno de la China, sabidas assi por los libros de los mesmos Chinas, como por relacion de Religiosos y otras personas que han estado en el dicho Reyno, Roma: Vicencio Accolti, 1585。

访中国的教士及其他人士的记述编撰》，这才是《中华大帝国史》的原始书名。该版以下简称为"1585 罗马西班牙语首版"，作者简称为"门多萨"。1998 年，何高济首次把这部文献翻译成中文。①他参考的底本是 1940 年在北京刊印的英文影印本 *The History of the Kingdom of China*②，《中华大帝国史》这一汉语简化命名就是由此翻译而来的。

从"1585 罗马西班牙语首版"的命名上，我们解读到了一条关键信息：门多萨从未到访过中国，《中华大帝国史》实际上是根据相关中国典籍和欧洲教士的中国见闻行记汇编而成的。但这并不妨碍这部读本一经在罗马出版就立即在整个欧洲引起了轰动，并迅速被翻译成多种欧洲语言。这部文本历经 5 个世纪的历史磨砺，直至今日仍然没有中断过再版。

不可否认，在门多萨之前，已有不少欧洲有识之士基于在中国的亲身经历撰写过中国报道或游记，然而那些文本在欧洲的受关注程度和影响力都远不及门多萨之书。从 16 世纪的地理大发现到 18 世纪启蒙运动的兴起，两百年来历经岁月的洗礼，门多萨塑造的中国形象一直传承不息。对此，20 世纪最具影响力的历史学者之一拉赫(Donald F. Lach)在《欧洲

---

① 门多萨：《中华大帝国史》，何高济译，北京：中华书局，1998 年。

② 《〈中华大帝国史〉英译本、中译本和西班牙语本考辨》曾对《中华大帝国史》中译本的源流进行了考辨并得出结论：1940 年北京英文影印本《中华大帝国史》的底本是英国汉学家乔治·托马斯·斯当东(George T. Staunton)编著的"1853—1854 英译本"《中华大帝国史》。这位英国汉学家被史学界称作"小斯当东"，也堪称英国最早的中国通。其父"老斯当东"(George Leonard Staunton)曾作为英国特使马戛尔尼(George Macartney)的副使出使中国，拜见了乾隆皇帝，并把沿途的所见所闻详细记载下来，写成了《英使谒见乾隆纪实》。"小斯当东"曾随其父参与了这次出访并学习了中文。"小斯当东"的"1853—1854 英译本"的参照底本是《中华大帝国史》的英文首译本"1588 伦敦英译本"，而"1588 伦敦英译本"翻译的底本又是"1586 马德里西班牙语修订本"，这一版也是门多萨本人认可的最终西班牙语修订本。此观点参见高博：《〈中华大帝国史〉英译本、中译本和西班牙语本考辨》，《图书馆杂志》，2020 年第 12 期，第 147—150 页。其中，"1853—1854 英译本"参见 Juan González de Mendoza, *The History of the Great and Mighty Kingdom of China and the Situation Thereof*, trans. Robert Parke, ed. Sir George T. Staunton, London: The Hakluyt Society, 1853—1854。"1588 伦敦英译本"参见 Juan González de Mendoza, *The historie of the great and mightie kingdome of China, and the situation thereof: Togither with the great riches, huge cities, politike gouernement, and rare inventions in the same*, trans. Robert Parke, London: I. Wolfe Edward White, 1588。

形成中的亚洲》(*Asia in the Making of Europe*)中论及《中华大帝国史》的学术价值时,曾对这部读本作出了如下评价:"门多萨之书的权威如此之大,以至于其为18世纪前所有欧洲人书写关于中国的著作提供了参考基点和进行对比的依据。"①

从门多萨的书写立场上看,这部作品在16世纪的欧洲视域下,向罗马天主教皇和西班牙国王菲利普二世(Felipe II de España,1527—1598)以及欧洲学者和大众读者全面且详细地介绍了中国的自然地理、历史、政治、经济、军事、文化、风俗、礼仪、法律和宗教信仰。特别是从元朝到西班牙人抵达美洲之时,欧洲人对中国一直尚未形成一个完整的认知。马可·波罗时代的教士和商人对中国的想象仅局限在器物层面,而门多萨则把前人的想象提升至了制度和精神层面。这也正是《中华大帝国史》在西方的中国形象流变中的里程碑意义所在,他为彼时彼地的欧洲读者构建了一个从物质到制度再到精神层面的更为完整的"他者"之中国形象,也为欧洲知识分子阅读和了解中国提供了一条重要渠道。

与此同时,笔者也注意到了门多萨刻画的晚明社会与史实之间的疏离,然而这种差异性也正是门多萨对异质文化之"他性"的一种诗性重现。现下汉语学人往往只关注到被门多萨夸大了的"他性",而忽视了潜藏于"他性"之中的时代编码。值得关注的是,正是门多萨在其中国书写中对其所处时代特征的高度凝练与诗性重构赢得了16世纪欧洲读者的广泛共识。因此,本书旨在对门多萨塑造的中国形象进行重新定义,并以此为逻辑基点对其想象中的"他性"进行解构性批评,最终重构这种新型的中国形象及其背后的文化结构在彼时彼地的欧洲被他者审视的合法化过程。

不容忽视,《中华大帝国史》一经出版就在欧洲立即引起了巨大轰动,根据美国历史学者拉赫在《欧洲形成中的亚洲》中的统计,从1585年在罗

---

① Donald. F. Lach, *Asia in the Making of Europe*, vol.1, book 2, Chicago and London: University of Chicago Press, 1994, p.744.

马首版至16世纪末的短短十余年间,这部文本就先后被译成了拉丁文、意大利文、法文、英文、德文、葡萄牙文以及荷兰文等七种文字,在欧洲诸国共出版印刷了46版。① 此外,金尼阁(Nicolas Trigault)编著的《利玛窦中国札记》(*Regni Chinensis Descriptio*)从1615年到1625年的10年间仅再版了11次,卫匡国(Martino Martini)的《鞑靼战记》(*De Bello Tartarico*)从1654年问世到1674年的20年间也只再版了21次。② 尽管门多萨终其一生也未能如愿踏上中国的土地,他的晚明书写是以前人传教士的史料为蓝本汇编而成的,相比之下,在他之后的欧洲教士或汉学家编写的中国行记是基于在中国的亲身经历撰写而成的,但《中华大帝国史》的文化辐射力却明显更胜一筹。

事实上,在中西交通尚且闭塞的16世纪,门多萨之书也成了欧洲知识分子认知中国的重要渠道。历史学者张铠是较早关注到《中华大帝国史》的学术价值的中国学人之一。他在《16世纪欧洲人的中国观——门多萨及其〈中华大帝国史〉》中论及门多萨的中国书写对同时代欧洲知识分子的影响力时曾指出,英国哲学家佛朗西斯·培根(Francis Bacon)就曾阅读过门多萨之书,并且他在中国的认知问题上深受门多萨的影响。此外,对英国伊丽莎白女王政策颇有影响的外交家瓦特·雷利(Walter Raleigh)在其《世界史》(1614)中论及中国时,有两处使用了门多萨著作中独有的资料。与此同时,《中华大帝国史》也是法国文学家蒙田(M. Montaigne)和思想家孟德斯鸠(Montesquieu)研究中国问题过程中的重要参考文献。③ 可见,自1585年首次在罗马刊印发行直至18世纪启蒙运动的兴起,历经两个世纪的磨砺,《中华大帝国史》作为一部记忆文本一直被不断地复制和传承。这部关于中国的文化读本长期雄踞于欧洲的畅

---

① Donald. F. Lach, *Asia in the Making of Europe*, vol.1, book 2, Chicago and London: University of Chicago Press, 1994, p.744.
② 参见张铠:《16世纪欧洲人的中国观——门多萨及其〈中华大帝国史〉》,载黄时鉴主编:《东西交流论谭》,上海:上海文艺出版社,1998年,第86—87页。
③ 参见张铠:《16世纪欧洲人的中国观——门多萨及其〈中华大帝国史〉》,载黄时鉴主编:《东西交流论谭》,上海:上海文艺出版社,1998年,第91页。

销书之列,并成为欧洲知识分子书写中国的范本。门多萨之书的文化影响力之大,为我们重新审视 16 世纪的全球化初级阶段进程,以及那一特定时期的中西关系进程提供了重要的参考文献,也为我们重新解读他者凝视下的中国形象问题拓展了新的研究视域。

第二节 《中华大帝国史》研究中的四大议题

在 1940 年,《中华大帝国史》全印本才首次被介绍到中国,这意味着从其 1585 年在罗马首次出版算起,门多萨之书迟到了将近四个世纪才抵达中国。需指出的是,这并不是中译本,而是一部英文影印本,其书名是 *The History of the Kingdom of China*,以下简称之为"1940 北京英文影印本"。① 直至 1998 年,中国历史学者何高济才首次把这部英文影印本翻译到汉语语境。如前所述,《中华大帝国史》这一汉译简化书名就是从"1940 北京英文影印本"的书名直译而来的。因此,中国学者也是从 20 世纪 90 年代起才对这部读本进行关注和研究的。

直至 2020 年,汉语学人对门多萨的关注仍然较为有限。笔者曾对 1998—2020 年间中国大陆和港澳台地区以及海外学者在汉语语境下公开发表的《中华大帝国史》专题研究进行了文献梳理。其中,检索范围涵盖了知网、读秀、北京大学未名学术搜索、中国台湾地区博硕士论文知识加值系统总库、华艺线上图书馆和 AHCI 数据库。结果笔者仅检索到了 11 篇关于《中华大帝国史》的专题研究,其中包括期刊论文 8 篇和硕士论文 3 篇。这 8 篇期刊论文分别是:吴孟雪的《从门多萨的〈大中华帝国史〉看欧洲早期汉学和中国明代社会》②、张铠的《16 世纪欧洲人的中国

---

① 参见 Juan González de Mendoza, *The History of the Kingdom of China*, Beijing, 1940,出版社不详。
② 参见吴孟雪:《从门多萨的〈大中华帝国史〉看欧洲早期汉学和中国明代社会》(上篇),《中国文化研究》,1996 年第 1 期,第 127—132 页。吴孟雪:《从门多萨的〈大中华帝国史〉看欧洲早期汉学和中国明代社会》(下篇),《中国文化研究》,1996 年第 2 期,第 120—125 页。

观——门多萨及其〈中华大帝国史〉》①、邹雅艳的《16世纪末期西方视野中的中国形象——以门多萨〈中华大帝国史〉为例》②、汤开建的《明隆万之际粤东巨盗林凤事迹详考——以刘尧海〈督抚疏议〉中林凤史料为中心》③、赵欣和计翔翔的《〈中华大帝国史〉与英国汉学》④、刘捷的《明末通俗类书与西方早期中国志的书写》⑤、张灵的《西班牙人笔下的明代福州——〈中华大帝国史〉福州部分解读》⑥以及高博的《〈中华大帝国史〉首版、善本和中译本源流考述》。⑦ 3篇硕士论文分别是:高岩的《〈中华大帝国史〉中的中国形象——兼论16世纪伊比利亚作家笔下的中国形象》⑧、高宇灏的《前利玛窦时代欧洲人的中国意象——以门多萨〈中华大帝国史〉为中心》⑨以及吴鸿谊的《十六世纪葡西旅行者眼中的"大明"——一个民族志的视角》⑩。

此外,笔者还基于 Dialnet, WorldCat, Web of Science 和 JSTOR 等西文数据库,对用英语和西班牙语书写的关于《中华大帝国史》的专题性

---

① 参见张铠:《16世纪欧洲人的中国观——门多萨及其〈中华大帝国史〉》,载黄时鉴主编:《东西交流论谭》,上海:上海文艺出版社,1998年,第71—104页。

② 参见邹雅艳:《16世纪末期西方视野中的中国形象——以门多萨〈中华大帝国史〉为例》,《南开学报(哲学社会科学版)》,2017年第1期,第43—50页。

③ 参见汤开建:《明隆万之际粤东巨盗林凤事迹详考——以刘尧海〈督抚疏议〉中林凤史料为中心》,《历史研究》,2012年第6期,第43—65页。

④ 参见赵欣、计翔翔:《〈中华大帝国史〉与英国汉学》,《外国问题研究》,2010年第2期,第56—61页。

⑤ 参见刘捷:《明末通俗类书与西方早期中国志的书写》,《民俗研究》,2014年第3期,第35—42页。

⑥ 参见张灵:《西班牙人笔下的明代福州——〈中华大帝国史〉福州部分解读》,《福建史志》,2020年第5期,第61—66页。

⑦ 参见高博:《〈中华大帝国史〉首版、善本和中译本源流考述》,《图书馆杂志》,2019年第2期,第95—104页。

⑧ 参见高岩:《〈中华大帝国史〉中的中国形象——兼论十六世纪伊比利亚作家笔下的中国形象》,北京:北京大学外国语学院硕士论文,2005年。

⑨ 参见高宇灏:《前利玛窦时代欧洲人的中国意象——以门多萨〈中华大帝国史〉为中心》,长春:东北师范大学历史系硕士论文,2015年。

⑩ 参见吴鸿谊:《十六世纪葡西旅行者眼中的"大明"——一个民族志的视角》,台北:台湾大学文学院历史学系硕士论文,2015年。

研究也进行了爬梳,并发现从 1998 年至 2020 年,欧美学人在印欧语境下对这部读本的专题性探讨也不过 20 余篇。① 其中,在近十年的研究中,伊斯马尔·阿提拉(Ismael Artiga)在《胡安·冈萨雷斯·德·门多萨的〈中华大帝国史〉中的中国计划,预言,君主弥赛亚主义和太平洋扩张》中关注了门多萨针对中国的和平扩张主张。② 卡门·胡(Carmen Y. Hsu)在《胡安·冈萨雷斯·德·门多萨的中华大帝国中的人文形象》中对门多萨塑造的中国形象进行了总结,并指出门多萨塑造了一种以理想化形象为主的中国形象,同时她也看到了门多萨书写意图中针对中国的教化主张。③ 托罗斯·福奇(Dolors Folch)在《如何书写一部巨著:门多萨著〈中华大帝国史〉》中对门多萨的参考文献进行了考辨。④ 迭戈·索拉(Diego Sola)在其博士论文《现代欧洲视域下的东方范本的构建:胡安·冈萨雷斯·德·门多萨眼中的〈中华大帝国史〉》中,也指出门多萨塑造了一个强大富庶和崇尚美德的异质文明形象,并对门多萨前往大明王朝,以及又中途而返的历程进行了历史文献上的考辨。⑤

我们对《中华大帝国史》的学术史进行回溯的目的在于发现前人研究中的问题与留白,并以对前人的质疑为逻辑切入点对这部文献进行延展性思考。为此,笔者把现下海内外学人关于这部读本的反思总结为如下

---

① 需指出的是,此检索结果并不涵盖非专题性的研究。尽管有些出版物中也提及了《中华大帝国史》,但并未进行深入研究,也鲜有提出新问题或新的学理性判断,因此,这些成果并未纳入本书的统计之中。

② 参见 Ismael Artiga, "La empresa de China, profecías, mesianismo monárquico y expansión en el Pacífico en *Historia de las coss más notables, ritos y costumbres, del gran Reyno de la China*, de Juan González de Mendoza", *Romance Quarterly*, vol. 58, 2011, pp. 165—179。

③ 参见 Carmen Y. Hsu, "La imagen humanística del gran reino chino de Juan González de Mendoza", *The Bulletin of Hispanic Studies*, vol. 87, No. 2, 2010, p. 187。

④ 参见 Dolors Folch, "Cómo se escribió un gran libro: *Historia de las cosas más notables del reino de la China*, de González de Mendoza", *Album Asia. Del siglo XXI al siglo XV*, Barcelona: Casa Asia, 2005, pp. 587—592。

⑤ 参见 Diego Sola, "La formación de un paradigma de Oriente en la Europa moderna: la *Historia del Gran Reino de la China* de González de Mendoza J", PhD Thesis, Faculty of History of University of Barcelona, 2016。

四大议题:一是门多萨塑造的中国形象及其合法化过程,二是门多萨的参考文献考辨,三是《中华大帝国史》的版本考辨,四是《中华大帝国史》的文化影响力和评价。

一、重新界定门多萨的想象边界

我们先来关注第一个议题,门多萨塑造的中国形象及其合法化过程。当下学人普遍认为门多萨塑造了一种乌托邦化的中国形象。如周宁就对"西方的中国形象"问题展开了一系列研究。① 其中,他在《天朝遥远——西方的中国形象研究》中也关注到了门多萨之书的重要学术价值,并把他塑造的中国形象归入了"乌托邦"式的异国形象范畴之中。② 又如,赵振江和滕威在《中外文学交流史·中国—西班牙语国家卷》中论及 16 世纪中西文学关系进程时也指出,门多萨塑造了一种理想化的中国形象:"在《中华大帝国史》中,无论是对中国的物质文明还是精神文明,都流露出他的仰慕之情。"③"门多萨更加着力塑造一个地大物博、繁荣富庶、政治清明的完美的中国形象,而对中国的负面形象,他或者根本不涉及,或者在提到时尽量用简短的语言加以介绍,并设法消除这些形象所造成的不良影响。"④再如,历史学者张铠在《16 世纪欧洲人的中国观——门多萨及其〈中华大帝国史〉》中,对门多萨的中国形象也进行了总结:"尽管 16 世纪明代中国的疆域以及其在经济、技术和政治制度上的成就,特别是科举文

---

① "西方的中国形象"是一种具有争议性的表述,汉语学人也曾对此进行反思:何谓"西方"? 这是一个地理上的概念,还是政治或文化概念? 这一系列设问对"西方"的合法性提出了质疑。为此,周宁本人也指出,这是他研究中的"软肋"。尽管他也在研究中保持了充分的文化自觉,但因找不到更合适的概念而不得不使用"西方"的表述。本书在引用周宁的观点时也沿用了他的原文表述。

② 参见周宁:《天朝遥远——西方的中国形象研究》(上卷),北京:北京大学出版社,2006年,第 55 页。

③ 赵振江、滕威:《中外文学交流史·中国—西班牙语国家卷》,济南:山东教育出版社,2015 年,第 18 页。

④ 赵振江、滕威:《中外文学交流史·中国—西班牙语国家卷》,济南:山东教育出版社,2015 年,第 37 页。

官制的设计上,都不乏超越同时代的欧洲之处,但问题是门多萨夸大了晚明在物质和社会制度上的优越性……"①此外,张灵基于《福州府志》与《福建省志·外事志》,还对门多萨关于福州的记述进行了考辨并得出结论,他较为真实地再现了福州的政治、经济、地理、历史、文化和庶民以及官僚阶层的社会生活,但门多萨的读本中也不乏对中国文化的误读和误译,如其对中国民间习俗的记述就存在着很多臆想的成分。② 由此可知,汉语学人普遍认为,门多萨在 16 世纪的欧洲视域下塑造了一种理想化的中国形象,而刻意避讳了晚明社会没落的一面。

  与此同时,欧美学人也关注到了这部文献的重要学术价值,如美国历史学者拉赫在《欧洲形成中的亚洲》中指出,门多萨并没有完全尊重史实,而是对一些残缺的史实进行了主观臆想加工,并把大明帝国塑造成了一个完美的异域乌托邦形象。③ 又如,西班牙学者伊斯马尔·阿提拉在《胡安·冈萨雷斯·德·门多萨的中国计划,预言,君主弥赛亚主义和太平洋扩张》中也指出,门多萨塑造了一种宛若伊甸园般的理想化的中国形象④;另一位西班牙学人迭戈·索拉在《现代欧洲视域下的东方范本的构建:胡安·冈萨雷斯·德·门多萨眼中的〈中华大帝国史〉》中同样认为,门多萨塑造了一个崇尚美德与强大富足的中国形象。⑤ 再如,美国华裔学者卡门·胡在《胡安·冈萨雷斯·德·门多萨的中华大帝国中的人文形象》中也得出结论,门多萨形塑了一个在司法机构、公共慈善机构和官

---

① 张铠:《16 世纪欧洲人的中国观——门多萨及其〈中华大帝国史〉》,载黄时鉴主编:《东西交流论谭》,上海:上海文艺出版社,1998 年,第 71 页。

② 参见张灵:《西班牙人笔下的明代福州——〈中华大帝国史〉福州部分解读》,《福建史志》,2020 年第 5 期,第 61—66 页。

③ 参见 Donald F. Lach, *Asia in the Making of Europe*, vol. 1, book 2, Chicago and London: University of Chicago Press, 1994, p. 792。

④ 参见 Ismael Artiga, "La empresa de China, profecías, mesianismo monárquico y expansión en el Pacífico en *Historia de las coss más notables*, *ritos y costumbres*, *del gran Reyno de la China*, de Juan González de Mendoza", *Romance Quarterly*, vol. 58, 2011, pp. 165—179。

⑤ 参见 Diego Sola, "La formación de un paradigma de Oriente en la Europa moderna: la *Historia del Gran Reino de la China* de González de Mendoza J", PhD Thesis, Faculty of History of University of Barcelona, 2016, p. 281。

员选拔任用上都具有制度优越性的晚明社会。①

纵观《中华大帝国史》之中外学术研究史，海内外学人一致认为，门多萨的中国书写夸大了晚明社会的美好，他通过文化改写刻画出了一种他者视域下的乌托邦化的或者是以乌托邦为主导的中国形象。爬梳至此，笔者不禁疑惑：门多萨是否仅仅刻画了单一的乌托邦式的中国形象？又或是栖居于意识形态和乌托邦的两极张力之间重构的中国形象？如果同时存在多种类型的中国形象，究竟哪一种占据统摄地位？这些不同类型的中国形象又是如何有机并存于同一部文本之中并服务于文本意图的？

尽管有些学人也注意到了门多萨的教化目的，但海内外学人迄今都没有解释清楚的问题是：教化目的是如何与乌托邦化的中国想象有机地融合在一起的？换言之，门多萨为何要通过美化而不是丑化中国形象的叙事手法来实现福音目的？诚然，中国并非总是在欧洲视域下以正面形象出场。格里高利·布鲁（Greogory Blue）在《现代中国和西方社会思想》中论及"西方的中国形象"之流变史时曾指出，大约从18世纪中后期起，欧洲对中国的审视姿态就从尊重转为了蔑视。②

这些遗留问题为笔者对这部文献进行重新思考提供了新的逻辑切入点。为此，本书文献部分旨在基于对门多萨的西班牙语原著善典进行文本细读，来重新定义其塑造的中国形象。在理论部分，我们将以重新定义而成的他者之中国形象为理论基点，解读这一过程被欧洲大众读者的合法化审视过程。

不容忽视，我们要在语文学视域下重新定义门多萨的中国形象，首先就要厘清一个基本问题，即以哪个版本为研究底本。这就触及了《中华大帝国史》的版本考辨问题。当下学人在研究中常用的是中译本、英译本和

---

① 参见 Carmen Y. Hsu, "La imagen humanística del gran reino chino de Juan González de Mendoza", *The Bulletin of Hispanic Studies*, vol. 87, No. 2, 2010, p. 187.

② Greogory Blue, "China and Western Social Thought in the Modern Period", in T. Brook and G. Blue eds., *China and Historial Capitalism Genealogies of Sinological Knowledge*, London: Cambridge University Press, 1999, p. 70.

现代西班牙语本。尽管有些学者也选用了古典西班牙语版本,但他们选用的并非门多萨本人认可的西班牙语最终修订本。事实上,门多萨对"1585罗马西班牙语首版"并不满意。尽管《中华大帝国史》首版在意大利刊印出版,但这部读本是用西班牙语书写而成的,而意大利人并不懂西班牙语,这就导致了读本中出现了太多的语法错误且文笔欠佳。因此,1586年,西班牙马德里的克林诺·赫拉尔多出版社(Querino Gerardo)出版了一部修订本。① 经考辨,这一版才是门多萨本人认可的西班牙语最终修订本(以下简称为"1586马德里西班牙语修订本"),或《中华大帝国史》的原著善典。② 需指出的是,善典与首版的差异不仅仅体现在体例和修辞上,还在于对叙事文本的增补和删减上,这就导致两个版本在书写立场上出现了分化。简言之,较之于首版,《中华大帝国史》的原著善典呈现出了一种对异质文化更为强烈的同一化书写立场。对于这个问题,本书文献部分将予以详细考辨,故在此不予以赘述。

遗憾的是,我们似乎一直以来都没有对版本考辨予以充分的重视,也忽视了《中华大帝国史》的原著善典才是认识文本意图的可靠路径。显然,如果我们以译本为研究底本,这就意味着我们只能透过译者的文化滤镜来阅读门多萨的中国想象,而这层隐形屏障很可能阻碍我们直抵作者的真实书写立场。因此,本书以门多萨认可的原著善典"1586马德里西班牙语修订本"《中华大帝国史》为研究底本。文献部分的研究目的是通过文本细读,对门多萨在16世纪欧洲视域下塑造的中国形象进行重新界定。

探讨至此,让我们的思考再递进一层并试问:我们如何对门多萨的中国形象进行分类与界定?对此,赵振江和滕威在《中外文学交流史·中

---

① 参见 Juan González de Mendoza, *Historia de las cosas mas notables, ritos y costumbres, del gran Reyno de la China, como por relacion de Religiosos y otras personas que han estado en el dicho Reyno*, Madrid: Querino Gerardo, 1586。

② 参见高博:《〈中华大帝国史〉首版、善本和中译本源流考述》,《图书馆杂志》,2019年第2期,第104页。

国—西班牙语国家卷》中论及中国和西班牙文学关系史时,把门多萨在《中华大帝国史》中塑造的中国形象分为正面和负面两类。其中,正面形象又被细分为了五种:"一是疆域辽阔、人口众多、资源丰富、商业繁荣,二是奇特有效和先进的手工技艺,三是礼仪之邦,社会风气纯正,四是国家统一、官吏清廉、执法公正,五是历史悠久、易于归化。"负面形象又有七种。

然而,他们并未指出正面和负面形象的分类依据,这就使得读者对正面和负面形象的理解产生了歧义。倘若我们立足于汉语语境并从中国学人的学术立场出发,"易于归化的中国人"恐怕难以归入"正面的中国形象"范畴之中。而如果我们置身于16世纪的海外扩张大潮之中来解读,彼时的欧洲人把基督教视作一种摆脱蒙昧和野蛮的理性工具。在欧洲中心主义和一神教的传统认知模式下,异教徒被视作有待教化的他者。如此看来,这种具有同一化倾向的异国想象承载了彼时欧洲文化的意识形态,成为合法存在于16世纪欧洲视域下的一种异国形象。因此,以对前人研究的方法论的质疑为理论基点,本书文献部分采用了另一种分类方法:我们将从异国形象在他者视域中的社会功能性出发,并在意识形态和乌托邦两极张力之间对门多萨的中国想象进行重新分类与界定。

让我们的思考继续前行,在20世纪中后期,美国历史学者拉赫在《欧洲形成中的亚洲》中论及《中华大帝国史》时,就从三个维度对这部文献在16世纪和17世纪的欧洲被他者审视的合法化过程进行了解读。他认为,首先,罗马教皇的赞助和庇护增加了门多萨之书的权威性。其次,《中华大帝国史》迎合了16世纪欧洲的时代需求,回应了彼时欧洲对中国的集体渴望,解答了中国到底是个什么样的国家的问题。最后,门多萨清晰敏锐的叙述风格也有助于这部读本在欧洲被广泛地阅读。①

此外,20世纪90年代,周宁也对"西方的中国形象"之合法性问题进行了解读。如前所述,他在《天朝遥远——西方的中国形象研究》中把门

---

① 参见 Donald F. Lach, *Asia in the Making of Europe*, vol. 1, book 2, Chicago and London: University of Chicago Press, 1994, p. 347。

多萨塑造的中国形象归入了"乌托邦"式的异国形象之中。此外,他还在《跨文化形象学:思路、出路或末路》中指出,解构"西方的中国形象"的关键在于:"西方人把中国和西方视为二元对立的传统思维格局设置了现代性的基本困境。"①周宁还指出,无论是乌托邦还是意识形态类型的中国形象,这两种话语机制的文化功能都在于构建一个与西方现实有所区别甚至截然相反的他者。16世纪的欧洲处于文艺复兴时期,需要从东方他者中寻找可以利用的价值来实现自我超越,因此把中国视为东方楷模,周宁把这一阶段的西方中国形象归入"乌托邦"式的异国形象。而进入18世纪的启蒙阶段,西方完成了现代文化的自我认同,中国作为二元对立的他者失去了西方中心主义世界秩序构建和自我认同过程中的可利用价值,也因此,中国形象在18世纪的欧洲被普遍否定。周宁认为,彼时西方的中国形象由乌托邦转入意识形态。②

从前辈学人思考中,我们收获了如下启示:首先,我们对"西方的中国形象"之合法性进程的解读主要受到了福柯的话语—权力理论,以及后殖民批评理论等影响。然而,这些理论在本质上都是对西方知识体系的一种反思,他们关注的是在西方文化体系之内的"我"与"他者"之间的关系。其根本目的在于反思"我们"的文化形态及其被他者审视的合法化过程,而并不关心西方之外的"他者"的真实情况,"他者"始终是被"我们"放逐到边缘地位的失语者。因此,如果我们对这些西方理论进行本土化利用时丧失了文化警惕,就会在无意识中陷入西方中心主义的樊笼之中而抛弃了本土学术立场,同时也忽视了中西方交互性历史语境下的具体的政治、经济、文化经验对他者之中国形象形成的建构性。其次,当下学人的解读往往是从历史对文本的建构性这样的单一路径出发的,却很少关注到文本与历史的反向建构性,如这部文献对同时代欧洲知识分子和文学作品的影响力,以及对中西关系进程的策动性都是有待后续解答的议题。

---

① 周宁:《跨文化形象学:思路、出路或末路》,《东南学术》,2014年第1期,第88页。
② 周宁:《天朝遥远——西方的中国形象研究》(上卷),北京:北京大学出版社,2006年,第346页。

最后，现下学人对《中华大帝国史》的研究视域主要集中在形象学上。然而，文学和记忆之间是具有可通约性的。文学文本也是记忆文本。借助于文学文本，作者的个人记忆及其所属社会群体的集体记忆得以客观外化。《中华大帝国史》的文化辐射力如此深远，以至于其成为之后的两个世纪欧洲知识分子认知中国的重要渠道和书写中国的范本。特别是其影响力不仅局限于16世纪和17世纪，这部读本从罗马首次出版印刷至今的500年来一直在多重语境下被不断地出版刊印。借助于文字媒介，门多萨塑造的中国形象不断地被复制和现时化再现的过程表明，这种类型的他者之中国形象已从作者的个人记忆升华为了欧洲对中国的一种文化记忆，这种观察视角也为本书重新解读这部文本提供了新的理论基点。为此，我们不妨继续提出疑问：我们是否可以从社会记忆理论出发，对门多萨关于中国的个人记忆升华为文化记忆的合法化过程进行解构与重构？

对《中华大帝国史》的学术史进行爬梳后，笔者收获了一个重要启示：现下研究对"西方的中国形象"的解读陷入了一种单向度的理论倾向。这主要体现在解释路径上局限于宏观历史语境对他者之中国形象的建构性上，在研究视域上禁锢在了跨文化形象学上，在理论结构上过度使用话语权力机制上的分析而忽视了中西方交际性历史语境以及具体的历史经验对文本的形塑性，以及忽视了情感认同因素对于"西方的中国形象"的合法化进程的重要建构性。从前人思考中的遗留问题出发，本书进行了如下探索以应对当下的理论危机：一是本书重视语文学的方法论。为此，笔者通过对《中华大帝国史》的原著善典和门多萨的参考文献以及晚明史料进行细读，来重新定义门多萨塑造的中国形象。二是本书注重全球史的方法论，特别是笔者立足于16世纪的中西方交际性语境下，对他者之中国形象上升为彼时欧洲文化记忆的过程进行了重构。三是本书注重从历史和文本的双方建构性出发，对门多萨之中国形象被他者审视的合法化进程进行了解读。四是本书不仅注重对宏观和微观权力场域中的具体政治、经济和文化经验进行考辨，还关注到了共情与教化之间的辩证关系对于门多萨塑造的中国形象被他者审视的合法化过程的策动性。

二、钩沉他者的文化滤镜:门多萨的阅读与阅读门多萨

《中华大帝国史》学术研究史中的第二个焦点议题是:门多萨的阅读是如何影响和建构他者的晚明想象的?换言之,门多萨使用了哪些文献?他筛选史料的原则是什么?他是如何使用那些文献的,对前人文献又进行了哪些改写?他改写的目的又是什么?

门多萨在《中华大帝国史》的"献词"中曾指出,1580年,他被时任西班牙国王菲利普二世委任为特使启程前往大明王朝。彼时的西印度院院长堂安东尼奥·德·帕迪利亚-梅内塞斯(Don Antonio de Padilla y Meneses)建议门多萨利用出访的机会记录关于中国的详情,以便返回时向他汇报。[①] 然而,那次访华之行却最终被迫中断了,门多萨也没有在文本和副文本中解释出访发生变故的原因。基于这一细节,我们认识到,《中华大帝国史》并不是作者对其在中国亲身经历的一种文本再现,而是基于文献汇编而成的史志汇编。这种著书方式也引发了笔者的深思:门多萨的阅读是如何影响和建构他的晚明叙事的?

事实上,倘若我们细读"1585罗马西班牙语首版"《中华大帝国史》的书名 *Historia de las cosas mas notables, ritos y costumbres, del gran Reyno de la China, sabidas assi por los libros de los mesmos Chinas, como por relacion de religiosos y otras personas que han estado en el dicho Reyno*[②],就会发现门多萨在读本的命名上就已经澄清了他的著书

---

① 参见 Juan González de Mendoza, *Historia de las cosas mas notables, ritos y costumbres, del gran Reyno de la China, sabidas assi por los libros de los mesmos Chinas, como por relacion de Religiosos y otras personas que han estado en el dicho Reyno*, Madrid: Querino Gerardo, 1586, pp. 11—13。

② 参见 Juan González de Mendoza, *Historia de las cosas mas notables, ritos y costumbres, del gran Reyno de la China, como por relacion de Religiosos y otras personas que han estado en el dicho Reyno*, Roma: Vicencio Accolti, 1585。此书名为"1585罗马西班牙语首版"《中华大帝国史》的完整书名,其与现代西班牙语拼写略有差异,本书引用的此版馆藏于法国国家图书馆(Bibliothèque Nationale de Paris)。

方式。笔者把上述书名翻译成中文是《中华大帝国奇闻要事、礼仪和习俗——根据中国典籍和到访中国的教士及其他人士的记述编撰》。由此,我们认识到门多萨著书使用的参考文献有两类:一类是购自中国的典籍,另一类是前人教士用欧洲语言撰写的中国报道。只不过汉语学人主要是基于中译本来阅读门多萨之书的,而经过汉语译者的跨文化转码,中译本的书名被何高济简化成了《中华大帝国史》。可见,门多萨的西班牙语原著善典旅行到汉语语境后,从读本的命名上就已经遗失了"1585 罗马西班牙语首版"中的重要原语信息。

我们不妨对门多萨参阅的这两类文献予以逐一考辨。首先,我们先来关注门多萨使用的中文文献。对此,《中华大帝国史》在开篇献词《致国王陛下御前会议大臣、西印度院院长,尊敬的费尔南多·德·维加-丰塞卡(Fernando de Vega y Fonseca)先生》中就有如下一段记述:

> 鄙人获悉了帕迪利亚大人的旨意后一直铭记在心,定要全力以赴完成大人的心愿。之后国王陛下又令鄙人前往墨西哥,鄙人只好暂时放弃了前往中国进行实地考察的工作,并与曾经到访过中国的有识之士建立了联系,还请人翻译了从中华大帝国购买的相关史书和其他书籍中的有关章节,以及鄙人搜集到的关于中国的各种文件和报道。①

上述文献明确指出,门多萨参考的中文文献是"请人翻译了从中华大帝国购买的相关史书和其他书籍中的有关章节,以及鄙人搜集到的关于中国的各种文件和报道"②。可见,门多萨并不具备直接阅读中文文献的

---

① Juan González de Mendoza, *Historia de las cosas mas notables, ritos y costumbres, del gran Reyno de la China, como por relacion de Religiosos y otras personas que han estado en el dicho Reyno*, Madrid: Querino Gerardo, 1586, pp. 6—7. 此处及书中他处凡未标出处的译文均为笔者自译。

② Juan González de Mendoza, *Historia de las cosas mas notables, ritos y costumbres, del gran Reyno de la China, como por relacion de Religiosos y otras personas que han estado en el dicho Reyno*, Madrid: Querino Gerardo, 1586, p. 7.

汉语能力,他是借助翻译来阅读中文典籍的。事实上,他参阅的那批典籍是西班牙修士马丁·德·拉达(Martín de Rada,以下简称拉达)在访问福建时从当地购得的,之后拉达又把这批中文图书带到了菲律宾,并请当地华侨和西班牙人一起翻译成西班牙语,这些翻译资料就成为门多萨编著《中华大帝国史》的重要参考文献之一。对此,《中华大帝国史》第一部分第三卷第十七章"拉达神父及其同伴从中国带来的书籍和这些书籍的内容"对这批购自中国福建的中文书籍进行了详细记述:

> 我们曾经讲过,拉达神父一行带来了大量中文书籍,涵盖的内容也十分丰富,具体涉及如下方面:
>
> 中华大帝国概述,它有十五个省以及每个省的位置、面积和邻国的情况;
>
> 向皇帝缴纳的赋税,皇宫,皇帝给大臣的俸禄,大臣的名单和他们的职权范围;
>
> 每省纳贡人的情况,以及享有免税特权的人数和税法介绍;
>
> 造船术,航海术,港口深度,特别是每个港口的质量;
>
> 中华大帝国悠久的历史,世界的起源问题,世界是什么时候创建的,以及是由谁创建的;
>
> 中国历代皇帝,他们的王位继承法,他们治理国家的方式,每位皇帝的生活习惯;
>
> 他们崇拜的偶像以及祭拜偶像的仪式,每个偶像的名称和起源,以及向偶像献祭的时间;
>
> 他们对于灵魂不死、天堂和地狱的看法,殡葬方式,丧礼仪式,随葬品,丧服的规制;
>
> 大明帝国的法律,立法者和法律条款,违法者要遭受的刑罚以及其他有关治理国家的方法;
>
> 草本药典,利用药草治病的方法,历朝历代的医典,书中记载治病和预防的药方;
>
> 金石和其他自然物质的质地,他们在中国文化中是美德的象征,

中国人将珍珠、金银和其他金属用于日常生活的情况,以及对上述物品用途的比较;

天体运动,天体数量,行星和恒星的相互作用和影响;

他们所知道的所有王国和国家的信息,以及他们的具体情况;

被中国人视作圣人的生活,圣人游历过的地方以及过世和下葬之处;

他们如何打纸牌、下象棋、变戏法和玩木偶;

他们的音乐、歌曲和作词,以及词曲作者;

胎儿在母体中对孕妇产生的影响,胎儿每个月生长的情况,以及胎儿诞生的吉时和凶时;

建筑学、建筑形式以及建筑应遵循的宽度和长度;

如何分辨土地质量,以及每种土地适合种植的农作物;

手相和面相等占卜术及其意涵;

写信的格式,给不同身份地位的人写信,信件抬头称谓不同;

养马和驯马法;

解梦占卜,以及在做任何不可预测之事前都要进行占卦;

大明帝国从皇帝到百姓的服饰以及统治者的徽章;

武器的制造和排兵布阵的方式。

与上述内容有关的中文书籍都是由拉达神父及其同伴带到这里的。如前所述,我在编著本书的过程中使用了这些书籍中的史料。拉达神父带来的中文书籍由在菲律宾长大的中国人与当地的西班牙人一起翻译成西班牙语。曾去过中国的人断言在中国的各个城市,尤其是在福州和泉州,都有很多规模很大的书局。[1]

尽管迄今为止,中外学人都没有找寻到拉达从福建购买的这批中国

---

[1] Juan González de Mendoza, *Historia de las cosas mas notables, ritos y costumbres, del gran Reyno de la China, como por relacion de Religiosos y otras personas que han estado en el dicho Reyno*, Madrid: Querino Gerardo, 1586, pp. 91—92.

书籍的下落,但门多萨在副文本和正文本中的叙述证实了这批史料确实曾经存在于世,并且他在编著《中华大帝国史》的过程中也参阅过这批中文文献。因此,这批流失的中文史料也成为《中华大帝国史》研究史上的一桩悬案。以此问题为逻辑切入点,2014年,刘捷在《明末通俗类书与西方早期中国志的书写》中,通过对明末福建市场上出售的图书进行考据作出了一种推断:拉达所购的中文图书是日用通俗读本。其中,他认为《事林广记》《三台万用正宗》和《文林妙锦万宝全书》与拉达神父所购中文图书最为相近。特别是《三台万用正宗》与门多萨对晚明社会的再现最为接近,并且这三部读本都刊印于万历三年(1575年),而拉达也正是在同年到访福建并购进图书的。① 此外,刘捷还指出,迄今梵蒂冈图书馆仍然保存着《文林广记》《万宝全书》《万宝事山》《龙头万宝事山天下一览不求人》《增补万宝全书》等汉籍读本。特别是其馆藏的陈氏积善堂于嘉靖庚申年(1560)刻印的《文林广记》中,还存有大段大约作于1600年的西班牙语注释。这就再次佐证了《文林广记》及其他流传于明末福建的通俗书籍,是门多萨曾经参阅过的中文文献。②

此外,西班牙学者福奇在《马丁·德·拉达的藏书》中基于西班牙图书馆收藏的16世纪汉籍,也对拉达在福建采购的中文图书进行了考据,并指出拉达从大明王朝购买的中文图书很可能是《古今形胜之图》《广舆图》和《筹海图编》。③ 这两位学人的考证为我们进一步探究门多萨的他者之中国形象问题提供了有价值的参考文献。以此为新的理论基点,后

---

① 刘捷:《明末通俗类书与西方早期中国志的书写》,《民俗研究》,2014年第3期,第35页。拉达所著中国见闻札记的西班牙语完整书名是 *Relaçion Verdadera de las cosas del Reyno de Taibin por otro nombre china y del viaje que ael hizo el muy Reverendo padre fray martin de Rada provinçial que fue de la orden del glorioso Doctor de la yglesia San Agustin. Que lo vio y anduvo en la provinçia de Hocquien año de 1575 hecha por el mesmo*,其译成中文是《奥古斯丁会拉达神父于1575年在大明,即中国的福建省的真实见闻记述》。由此可知,拉达在他的中国报道的命名中就已明确指出,他是于1575年前往大明的。

② 刘捷:《明末通俗类书与西方早期中国志的书写》,《民俗研究》,2014年第3期,第42页。

③ 参见 Dolors Folch, "Martín de Rada's Book Collection", *Sinologia Hispanica*, *China Studies Review*, vol.6, No.1, 2018, pp.1—26。

续研究有待于探究门多萨是如何利用这批中文典籍重写大明历史的。

如前所述,除中文典籍外,门多萨的另一个重要的文献参考来源是欧洲早期汉学家和修士们用欧洲语言编撰和书写的中国报道。如《中华大帝国史》的第一部分第二卷第一章就明确指出,门多萨在晚明书写中就引用了克鲁士的中国报道,如其所述:"圣多明我会葡萄牙修士加斯帕·达·克鲁士(Gaspar da Cruz)曾到过广州城,并详细记录了中华大帝国的许多事情,我在本史书中就引用了他的很多记述。"①需指出的是,克鲁士的中国报道是用葡萄牙语书写而成的,其原书名为 *Tractado em que se contam muito por estenso as cousas de China, con suas particulariclaes, y assi do regno dorninz* ②。汉语学人通常把这部读本简称为《中国志》,因此本书也沿用了这种译法。

然而,问题在于,《中华大帝国史》是基于前人文献汇编而成的,而门多萨却并没有标注引文出处。这种学术规范上的疏漏也成为后人诟病的靶心,如拉赫就指出:"门多萨的疏漏之处,在于他不准确地标注他的知识来源,以及他对参考文献的省略和改写。"③对此,笔者不禁追问:门多萨对西文参考文献进行了哪些改写?其改写的目的是什么?他的改写又折射出了作者对中国文化的何种审视和书写立场?以及彼时彼地的欧洲读者为什么广泛接纳了门多萨关于中国的这种审视立场,以至于《中华大帝国史》中塑造的中国形象成为 16 世纪和 17 世纪欧洲知识分子书写中国的参考范本?直至今日,门多萨关于中国的记忆仍然在欧洲视域下被不断地传承。

---

① Juan González de Mendoza, *Historia de las cosas mas notables, ritos y costumbres, del gran Reyno de la China, como por relacion de Religiosos y otras personas que han estado en el dicho Reyno*, Madrid: Querino Gerardo, 1586, p.22.

② 该本的英译本由博克舍收录在《十六世纪中国南部行纪》中,本书引用的就是此英译本,其版本信息参见 Gaspar da Cruz, "Certain Reports of China", in Charles R. Boxer ed., *South China in the Sixteenth Century (1550—1575)*, London and New York: Routledge, 2010.

③ Donald F. Lach, *Asia in the Making of Europe*, vol.1, book 2, Chicago and London: University of Chicago Press, 1994, p.793.

带着上述疑问,我们不妨先对前辈学人的相关思考予以回溯。早在 1853 年,英国汉学家斯当东(George T. Staunton)就在其编辑出版的英文版《中华大帝国史》序言中,对门多萨著述参阅的西文文献进行了梳理。① 1944 年,菲利克斯·加西亚(P. Félix García)在他编辑出版的现代西班牙版《中华大帝国史》(*Historia de las cosas más notables, ritos y costumbres del gran Reino de la China*)的序言中,又对斯当东的记述进行了补充和完善。② 汉语学人中较早关注到此议题的是《中华大帝国史》的中文首译者何高济。这部中译本于 1998 年由中华书局出版,何高济在前言和绪论中对门多萨的参考史料进行了总结。③ 此外,张铠在《16 世纪欧洲人的中国观——门多萨及其〈中华大帝国史〉》中,也对门多萨的参考史料进行了爬梳。

其中,海内外学人一致认为,对门多萨著述贡献最大的史料是葡萄牙教士克鲁士的《中国志》,以及西班牙奥古斯丁会修士拉达编著的《记大明的中国事情》(*Relaçion Verdadera de las cosas del Reyno de Taibin*)。④ 诚然,除此之外,马丁·德·拉达和赫罗尼莫·马林(Jerónimo Marín)带领两名士兵米格尔·德·洛尔加(Miguel de Luarca)和佩德罗·萨米恩托(Pedro Sarmiento)都曾前往福建。1580 年,菲利普二世向中国派出使团时,马林作为使团的成员曾与门多萨同船前往墨西哥并在那里滞留了 10 个月。因此,门多萨有机会向马林请教关于中国的问题,这些口述内容也成为门多萨日后著述的参考来源之一。米格尔·德·洛尔加后来还

---

① Juan González de Mendoza, *History of the Great and Mighty Kingdom of China*, London: The Hakluyt Society, 1853, pp. 55, 88.
② Juan González de Mendoza, *Historia de las cosas más notables, ritos y costumbres del gran Reino de la China*, eds. P. Félix García, Madrid: M. Aguilar, 1944.
③ 门多萨:《中华大帝国史》,何高济译,北京:中华书局,1998 年,第 1—53 页。
④ 参见 Martín de Rada, *Relaçion Verdadera de las cosas del Reyno de Taibin, por otro nombre china, y del viaje que a el hizo el muy Reverendo padre fray martin de Rada, provinçial que fue de la orden del glorioso Doctor de la yglesia San Agustin. Que lo vio y anduvo en la provinçia de Hocquien*, año de 1575 hecha por el mesmo, https://arxiu-web.upf.edu/asia/projectes/che/s16/radapar.htm (2 March, 2024)。

把他的在华见闻写入了《中华大帝国见闻纪要》(Verdadera relación de la grandeza del reino de China con las cosas más notables de allá)。① 西班牙方济各会修士彼得罗·德·阿尔法罗(Pedro de Alfaro)和其他三名同一教宗的修士 1579 年游历广东省后也曾写有游记,这些西文史料构成了门多萨著述的又一个重要参考来源。此外,何高济在《中华大帝国史》首译本序言中在论及门多萨的参考文献时还指出,门多萨关于鞑靼人的记述很可能参考了《马可·波罗游记》(The Description of the World)。②

通过对前人研究进行梳理,笔者发现当下学人主要局限在对门多萨参阅文献的爬梳上,却很少考辨作者是如何使用这些参考文献的,这就使得我们无法认清门多萨对前人文献的改写立场。事实上,这也是被当下学人所普遍忽视的一个细节。因此,我们要认识门多萨关于中国文化的审视和书写立场,不仅要对原著善典进行文本细读,还要厘清作者对参考文献的筛选原则和使用方式。

早在 20 世纪 90 年代,美国历史学者拉赫就关注了门多萨的参考文献问题,他将《中华大帝国史》与拉达、克鲁士、佩雷拉(Galeote Pereira)和埃斯卡兰特(Bernardino de Escalante)等传教士的中国报道进行了比较研究。其中,他在《欧洲形成中的亚洲》中按照报道的内容,把门多萨的中国书写分成了四类主题:一是政治实体、组织和管理,二是经济资源和工艺,三是风俗习惯、社会习俗和学问,四是军备不足、贸易和朝贡制度。基于上述分类,他逐一考辨了门多萨对前人史料的改写之处并得出结论,门多萨在史料选用上的重要筛选标准就是要有利于尽可能全面地对中华大

---

① Miquel de Luarca, *Verdadera relación de la grandeza del reino de China con las cosas más notables de allá*(1575), Mss/2902, Biblioteca Nacional de España.
② Marco Polo, *The Description of the World*, trans. Arthur Christopher Moule, Paul Pelliot, London: George Routledge & Sons Limited, 1938. 参见门多萨:《中华大帝国史》,何高济译,北京:中华书局,1998 年,第 2 页。

帝国进行记述。① 此外，他还指出："一般而言，在门多萨对中国人的评价中，他更倾向于遵从克鲁士的报告，该报告部分是以佩雷拉的著述为基础的。然而，他也并未完全采纳克鲁士的观点，门多萨的中国书写在总体上对中国人持赞赏态度，他摒弃了与这一观点不一致的史料或评价。"②最后，拉赫基于门多萨筛选史料的方式，对他的文化立场作出了一种学理性判断：

  这是一本应运而生的读本，他出现在剑拔弩张的历史时期，一部分人主张武力入侵中国，另一部分人则持反对态度并制订了和平渗透计划。尽管门多萨从未对此予以全面清晰的阐述，但他可能支持的是和平事业。因此，如果他的书具有某种倾向性的话，他希望通过借助《中华大帝国史》来推动教化进程，与此同时，也挫败了那些认为只需要两三千西班牙士兵就能一举攻下"中华大帝国"的谏言。③

拉赫对《中华大帝国史》提出的新见也引发了笔者的进一步反思。首先，拉赫使用的研究底本是"小斯当东"再编的英译本《中华大帝国史》。"小斯当东"分别于1853年和1854年编辑并出版了《中华大帝国史》的英译本上下两部，笔者把该本命名为"1853—1854 英译本"《中华大帝国史》④，拉赫选用的研究底本就是"小斯当东"编辑的这部英译本。

因此，从版本源流上追溯，拉赫在研究中使用的"小斯当东"英译本并非门多萨本人认可的西班牙语原著善典，而是《中华大帝国史》英文首译本在1853年和1854年的再编版本。

诚然，英译本历经了跨语际转码和编者的文化改写之后，已很难忠实

---

① 参见 Donald F. Lach, *Asia in the Making of Europe*, vol. 1, book 2, Chicago and London: University of Chicago Press, 1994, p. 792。

② Donald F. Lach, *Asia in the Making of Europe*, vol. 1, book 2, Chicago and London: University of Chicago Press, 1994, p. 792.

③ Donald F. Lach, *Asia in the Making of Europe*, vol. 1, book 2, Chicago and London: University of Chicago Press, 1994, pp. 793—794.

④ Juan González de Mendoza, *The History of the Great and Mighty Kingdom of China and the Situation Thereof*, trans. Robert Parke, ed. Sir George T. Staunton, London: The Hakluyt Society, 1853—1854.

再现门多萨之西班牙语原著善典的原貌。首先,拉赫使用的英译本书名就遗失了"1586 马德里西班牙语修订本"书名中的原始信息。"小斯当东"的英译本书名为《中华大帝国之历史及其相关形势》(The History of the Great and Mighty Kingdom of China and the Situation Thereof),而"1586 马德里西班牙语修订本"的书名为《中华大帝国奇闻要事、礼仪和习俗——根据到访过中国的教士和其他人士的记述编撰》(Historia de las cosas mas notables, ritos y costumbres, del gran Reyno de la China, como por relacion de Religiosos y otras personas que han estado en el dicho Reyno)。门多萨的西班牙语原著书名清晰地指明,这是根据前人史料和见闻汇编而成的一部关于中国的文献,而英译本则删除了原著书名中的副标题,这就会让读者对作者的著述方式产生误解。不仅如此,英译本在叙事和修辞上也对西班牙语原著善典进行了改写,我们将在之后的章节中予以详细考辨。

　　探讨至此,笔者不禁反思:我们以"小斯当东"的英译本《中华大帝国史》为底本进行释读与研究,是否能直抵门多萨对中国文化的原始审视立场?如拉赫基于英译本解读到的门多萨对中国文化的审视立场是:"中华大帝国在作战中并不是强大的对手",以及"中国人在论英勇可以跟我们欧洲的民族相匹敌,他们足以征服全世界,尽管他们人数多而且有智谋,但他们的勇气和士气仍远远落后"。① 诚然,笔者在"1586 马德里西班牙语修订本"的第 61 页,也检索到了门多萨关于对待战争的态度的相关表述:"中国人论英勇可以跟我们欧洲的民族相匹敌,凭借于此,他们足以征服全世界,但纵然他们人数众多又足智多谋,他们的勇气和士气还是远远落后于我们。"② 从字面上解读,这段记述似乎恰恰佐证了拉赫的前述观

---

① Donald F. Lach, *Asia in the Making of Europe*, vol.1, book 2, Chicago and London: University of Chicago Press, 1994, p.787.

② Juan González de Mendoza, *Historia de las cosas mas notables, ritos y costumbres, del gran Reyno de la China, como por relacion de Religiosos y otras personas que han estado en el dicho Reyno*, Madrid: Querino Gerardo, 1586, p.61.

点,即中华大帝国并不善战,他们在军事上不是欧洲人的劲敌。

然而,倘若我们深入细读门多萨的西班牙语原著善典,不免对拉赫的观点产生了质疑。其中,"1586马德里西班牙语修订本"第一部分第三卷第七章"记中国的一条法律:禁止人到本土外去打仗或离开本土,也禁止外国人不得皇帝许可进入中国"中有如下一段记述:

> 他们从经验中发现,离开本土去他国征战会造成大量人力和物力损失。不仅打仗要耗费大量钱财,维护和管理征服来的土地也需要耗费长期的物力和财力。更不用说当他们忙于新的征战时,他们的敌人鞑靼人和邻近的其他诸侯王又去侵扰他们,让他们吃尽了苦头。此外,他们拥有世界上最广袤、最富饶的国土,既富足又肥沃,物产丰富,他们不仅能自给自足,还能使周边国家受益。他们应有尽有,什么也不缺。因此,他们认为没有必要对外征战。于是,他们召开了一次盛大的朝会,大明王朝十五省的巡抚和其他要员都参加了,他们共同商议如何解决目前的困境。他们仔细地斟酌这件事,并听取了每位与会者的意见。最终,大家一致同意,为了国家更加安定和富强,放弃他们在国外取得和征服的一切土地,特别是放弃对那些遥远国家的占领。考虑到战争带来的巨大消耗,他们决定从此以后不再对外征战了。商议完毕,他们请求皇帝即刻把派往邻国的人都召回来。他们深信,这是明君的英明之举,唯有这样才能国泰民安。皇帝看到大臣们纷纷上奏求和,正合心意,就下令按他们所言予以实施。①

上述文本把大明王朝塑造成了一种他者视域下的爱好和平的异质文化形象,而并非如拉赫基于英译本所解读的那样,描述了一个军备羸弱的中华大帝国形象。可见,英译本中呈现的中国形象偏离了西班牙语原著善典,

---

① Juan González de Mendoza, *Historia de las cosas mas notables, ritos y costumbres, del gran Reyno de la China, como por relacion de Religiosos y otras personas que han estado en el dicho Reyno*, Madrid: Querino Gerardo, 1586, pp. 62—63.

这也导致拉赫对作者意图和文本意图的认识偏离了门多萨的书写立场。

此外,拉赫在《欧洲形成中的亚洲》中评价《中华大帝国史》的书写立场时还指出:"门多萨很可能支持通过教化的方式和平征服中华大帝国,但他并未对此观点予以全面清晰的阐述。"[1]对此观点,笔者不免再度存疑。事实上,"1586马德里西班牙语修订本"在文本和副文本中,多次提出了针对中华大帝国的和平提案,这也是本书文献部分将要详细探讨的议题之一。

借助"小斯当东"的英译本,我们无法认识门多萨的真实书写立场,这一问题的发现也恰恰佐证了版本考辨的重要意义。因此,本书的特点之一就是注重文献考辨。一方面,本书通过对《中华大帝国史》的西班牙语原著善典的细读,重新定义了门多萨塑造的中国形象;另一方面,本书还注重对门多萨的参考文献进行考辨,目的是认识作者对于前人报道的改写立场。需指出的是,拉赫是一位声名显赫的西方学人,直至今日,他的学术观点仍然在国际学术界有着深远的文化影响力。然而,他的身份决定了其文化立场。显然,他对门多萨之书的解释立场是以西方为中心的。事实上,我们从《欧洲形成中的亚洲》这一读本的命名上就洞察到了一种鲜明的西方中心主义学术立场,即亚洲被视为欧洲凝视下的他者,并被置于失语和边缘的客体地位。而本书从中国大陆汉语语境下的学术立场出发,对门多萨的晚明叙事和文化改写进行重新解读的过程,亦是向西方学人展开的一场跨文化对话。

不容忽视,除却西方学人,汉语学人也关注了门多萨对参考文献的改写问题。如赵振江和滕威在《中外文学交流史·中国—西班牙语国家卷》中曾指出,门多萨改写的目的是"着力塑造一个地大物博、繁荣富庶、政治清明的完美的中国形象,而对中国的负面形象,他或者根本不涉及,或者在提到时尽量用简短的语言加以介绍,并设法消除这些形象所

---

[1] Donald F. Lach, *Asia in the Making of Europe*, vol.1, book 2, Chicago and London: University of Chicago Press, 1994, p.794.

造成的不良影响。"①除此之外,他还关注了门多萨在精神信仰层面对前人传教士的文化改写,并指出较之于前人的否定书写姿态,门多萨充分肯定了中国人在道德哲学方面的先进性。让我们来细读其观点:

> 门多萨在借用克鲁士和拉达的文本时,按照自己的意愿对这些文本的相关内容进行了修改。其实,对于克鲁士和拉达来说,两个人可能也意识到了中国人的宗教信仰与基督教文化之间的某种相似性,但他们二人的态度是谨慎的,最后给出的答案是否定的,这或许与其对中国文化的态度有关。而门多萨的态度正好与他们相反,他不仅认为中国的科学技术在某些方面超过了欧洲,而且还相信中国人在道德哲学方面具有很高的水平。这种对中国文化的态度直接影响到他们对中国宗教信仰的态度和认识。②

此外,赵振江和滕威还关注了门多萨的同一化书写倾向:"门多萨不像同时代的其他西方作家那样,将中国的宗教信仰放在天主教文化的对立面上,极力宣扬中国人在信仰上的迷信和无知,从而向欧洲人证明归化中国的必要性,而是试图把中国的宗教信仰纳入天主教文化的理解模式中去,极力寻找两者间的契合点,在深层次上证明在中国推行基督教化的可行性。"③

然而,前辈学人在提出独到见解的同时,也引发了笔者的延展性思考:首先,关于门多萨对负面中国形象的刻画,赵振江和滕威认为,门多萨根本没有涉及中国的负面形象,尽管某些地方提到了也尽量用简短的语言一笔略过,并设法消除负面形象所造成的不良影响④,以及门多萨并未

---

① 赵振江、滕威:《中外文学交流史·中国—西班牙语国家卷》,济南:山东教育出版社,2015年,第37页。
② 赵振江、滕威:《中外文学交流史·中国—西班牙语国家卷》,济南:山东教育出版社,2015年,第42页。
③ 赵振江、滕威:《中外文学交流史·中国—西班牙语国家卷》,济南:山东教育出版社,2015年,第38页。
④ 参见赵振江、滕威:《中外文学交流史·中国—西班牙语国家卷》,济南:山东教育出版社,2015年,第37页。

沿袭前人教士对中国人在信仰上的迷信和无知的指责①。然而,笔者通过文本细读发现,门多萨多次刻画了中国人在精神世界上的负面形象,如中国人迷信无知,对世界的本源缺乏正确的认知以及祭拜魔鬼等。为此,本书在文献部分将专辟一章对门多萨的负面中国书写予以解读。

其次,关于门多萨对中国人精神世界的书写立场,赵振江和滕威认为:"对于克鲁士和拉达来说,两个人可能也意识到了中国人的宗教信仰与基督教文化之间的某种相似性,但他们二人的态度是谨慎的,最后给出的答案是否定的,这或许与其对中国文化的态度有关。"②他们认为门多萨并没有沿袭前人教士对中国的宗教信仰"全盘否定"的看法,而是在寻找中国文化和基督教文化的契合点。③然而,本书在文献部分通过文本细读发现,克鲁士的《中国志》通过想象也多次在中国文化和基督教文化之间建构了某种跨文化可通约性,而这部读本又是门多萨的主要参考文献之一。因此,克鲁士的《中国志》很可能为门多萨的神圣化想象提供了蓝本。只不过门多萨在前人的基础之上进一步夸大了这两种异质文化之间的可通约性,以此向读者发出了一种较之于前人更为强烈的同一化中华大帝国的神圣化寻唤(interpellation)。探讨至此,笔者发现当下学人对于门多萨的参考文献研究中尚未解释清楚的问题是:门多萨对参考文献进行了怎样的筛选和改写?最终又建构了什么类型的中国形象?这些改写投射出他对中国文化的何种审视立场?这也是本书文献部分要解答的核心议题。

三、《中华大帝国史》版本考辨:孰为原著善典?

探讨至此,让我们的思考转向《中华大帝国史》研究中的第三大议

---

① 参见赵振江、滕威:《中外文学交流史·中国—西班牙语国家卷》,济南:山东教育出版社,2015年,第38页。
② 赵振江、滕威:《中外文学交流史·中国—西班牙语国家卷》,济南:山东教育出版社,2015年,第42页。
③ 参见赵振江、滕威:《中外文学交流史·中国—西班牙语国家卷》,济南:山东教育出版社,2015年,第34页。

题——版本考辨。早在19世纪末,欧洲学者维涅萨(Viñaza)在《葡萄牙人和西班牙人关于汉语的书写:书目研究》中就对《中华大帝国史》进行了版本梳理。① 从20世纪至今,维达尔(Vidal)的《16世纪中国的纸张和书籍》②、菲利克斯·加西亚主编再版的"1944马德里西班牙语本"《中华大帝国史》③、桑斯(Sanz)的《西班牙与亚太地区早期关系研究》④、拉赫的《欧洲形成中的亚洲》⑤、维拉(Vilá)的《黄金时代的中国行记》⑥和索拉的《现代欧洲视域下的东方典范:门多萨著〈中华大帝国史〉》⑦,相继对16世纪出版的《中华大帝国史》早期西班牙语版本和20世纪的现代西班牙语版本进行了梳理。其中,他们一致指出,1585年在罗马出版刊印的《中华大帝国史》是这部读本的首版⑧,1586年由马德里的克林诺·赫拉尔多出版社刊印的一版是门多萨认可的最终修订本。⑨ 然而,问题在于,他们并未提出任何考证依据。为此,笔者不禁怀疑:1586年,欧洲同时出版了

---

① 参见 Cipriano Muñoz y Manzano, conde de la Viñaza, *Escritos de los portugueses y castellanos referentes a las lenguas de China y el Japón: estudio bibliográfico*, Madrid: M. Gomes, 1892, p. 46。

② 参见 Francisco Vidal, *El papel, libros y librerías en China durante el siglo XVI*, Madrid: Talles Gráficas González, 1944, p. 16。

③ 参见 Juan González de Mendoza, *Historia de las cosas más notables, ritos y costumbres del gran Reino de la China*, eds. P. Félix García, Madrid: M. Aguilar, 1944。

④ 参见 Carlos Sanz, *Primitivas relaciones de España con Asia y Oceanía*, Madrid: Librería General, 1958, pp. 386—397。

⑤ 参见 Donald F. Lach, *Asia in the Making of Europe*, vol. 1, book 2, Chicago: University of Chicago Press, 1998, p. 307。

⑥ 参见 Lara Vilá, *Viajes y crónicas de China en los Siglos de Oro*, Córdoba: Almuzara, 2009, pp. 99—100。

⑦ 参见 Diego Sola, "La formación de un paradigma de Oriente en la Europa moderna: la Historia del Gran Reino de la China de González de Mendoza J", Tesis doctoral, Barcelona: Universitat de Barcelona, 2016, p. 17。

⑧ 参见 Juan González de Mendoza, *Historia de las cosas mas notables, ritos y costumbres, del gran Reyno de la China, como por relacion de Religiosos y otras personas que han estado en el dicho Reyno*, Roma: Vicencio Accolti, 1585, en Biblioteca Nacional de Catalunya。

⑨ 参见 Juan González de Mendoza, *Historia de las Cosas Mas Notables, Ritos y Costumbres del Gran Reino de la China, como por Relacion de Religiosos y Otras personas que han estado en el Dicho Reyno*, Madrid: Querino Gerardo, 1586。

多部西班牙语版《中华大帝国史》,究竟哪一版才是门多萨本人认可的最终修订本?

《中华大帝国史》版本繁多,仅在1586年,也就是首版出版刊印的次年,欧洲就同时发行了四部西班牙语读本,分别是西班牙的巴塞罗那一版①、葡萄牙的里斯本一版②以及西班牙的马德里两版③。然而,学人们并未对这四版《中华大帝国史》进行版本考辨。为此,《〈中华大帝国史〉首版、善本和中译本源流考述》基于欧洲相关图书馆的西班牙语古籍文献,对《中华大帝国史》的早期古典西班牙语版本予以了详细考辨并最终得出结论,1586年马德里的克林诺·赫拉尔多出版社的西班牙语版就是门多萨认可的最终修订本。④ 笔者把该本命名为"1586马德里西班牙语修订本"《中华大帝国史》,这也是本书选用的研究底本,以下也简称为《中华大帝国史》的原著善典。不容忽视,版本考辨是被当下学人普遍忽视的一个基本问题,而版本选用的任意性很可能导致我们背离作者的书写立场,并对文本产生误读。

诚然,版本考辨的意义不仅限于引领读者通过原著善典直抵作者的想象界。《中华大帝国史》在不同的历史时期被不断地再版刊印,而每一次

---

① 参见 Juan González de Mendoza, *Historia de las cosas mas notables, ritos y costumbres del gran Reyno de la China, sabidas assi por los libros de los mesmos Chinas, como por relacion de Religiosos, y otras personas que han estado en el dicho Reyno*, Barcelona: Jaume Cendrad, 1586。

② 参见 Juan González de Mendoza, *Itinerario y compendio de las cosas notables que ay desde España hasta el Reyno de la China, y de la China a España, boluiendo por la India Oriental, despues de auer dado buelta, a casi todo el Mundo*, Lisboa: Pheplippe el Real, 1586。

③ 参见 Juan González de Mendoza, *Historia de las Cosas Mas Notables, Ritos y Costumbres del Gran Reino de la China, como por Relacion de Religiosos y Otras personas que han estado en el Dicho Reyno*, Madrid: Querino Gerardo, 1586, Biblioteca de la Universitat de Barcelona. Juan González de Mendoza, *Historia de las cosas mas notables, ritos y costumbres del gran Reyno de la China, sabidas assi por los libros de los mesmos Chinas, como por relacion de Religiosos, y otras personas que han estado en el dicho Reyno*, Madrid: Pedro Madrigal, 1586。

④ 参见高博:《〈中华大帝国史〉首版、善本和中译本源流考述》,《图书馆杂志》,2019年第2期,第95—104页。

再版都是对其所处历时性语境中集体政治无意识的一种折射。因此,以《中华大帝国史》的出版史为逻辑出发点,我们还可以探寻时代的变迁和中西关系进程,本书第二章就对《中华大帝国史》的出版史进程予以了回溯。

四、《中华大帝国史》的文化辐射力

让我们的思考继续前行并进入《中华大帝国史》研究中的第四大议题——文本的文化辐射力。如前所述,1585 年,《中华大帝国史》在罗马一经出版就立即在整个欧洲引起了轰动,并成为 16 世纪和 17 世纪的欧洲知识分子认识中国的重要渠道和书写中国的范本。然而,这部读本在收获了大众读者的同时,也引发了争论甚至是恶毒攻击。如门多萨之书在 1585 年首次出版刊印后,卡斯蒂利亚(Castilla)的治安官和前军事统帅胡安·费尔南德斯·德·韦拉斯科(Juan Fernández de Velasco)就迫不及待地向门多萨发起了充满敌意的攻击。他贬低此书到处都充斥着明显的错误和蹩脚的叙述方式。特别是,他强烈质疑门多萨书中提供的关于中国的信息和数据的可靠性①,但门多萨本人并没有对那些恶意攻击作出任何回应。

对此,拉赫为门多萨进行了辩护,他认为韦拉斯科的批评没有丝毫的实质性内容。这种攻击导源于在 16 世纪西班牙盛行的一种观念,即相当一部分西班牙人坚信,中华大帝国将迫于他们的武力而投降。显然,门多萨在《中华大帝国史》中塑造出的强大富庶的异质文明形象并不利于武装入侵中国的主张,而这恰恰是彼时彼地的西班牙相关利益集团所极力推崇的一种外交提议。② 如此看来,门多萨塑造的富庶强大的中国形象隐喻了西班牙面对一个如此强大的对手,只能摒弃武力而诉诸和平外交,这

---

① Cristobal Perez Pastor, *La imprenta en Medina del Campo*, Madrid: Sucesores de Rivadeneyra, 1895, pp. 271—281. Donald F. Lach, *Asia in the Making of Europe*, vol. 1, book 2, Chicago and London: University of Chicago Press, 1994, p. 396.

② 参见 Donald F. Lach, *Asia in the Making of Europe*, vol. 1, book 2, Chicago and London: University of Chicago Press, 1994, p. 792。

种和平提议显然与军事统帅出身的韦拉斯科的利益发生了冲突,他是极力推崇以武力征服中国的倡议者。

此外,《中华大帝国史》在学术书写规范上的疏漏成为后人诟病的另一处靶心。如拉赫就曾指出,门多萨既没有清楚地引述参考文献的出处,也没有指明对参考文献的具体改写之处。① 然而,这些贬损之音并不能遮蔽这部读本的重要学术价值及其深远的文化辐射力。对此,拉赫在《欧洲形成中的亚洲》中就对《中华大帝国史》的文化影响力予以了高度评价。他认为,这是16世纪西方世界编著的关于中国的著作中,最具文化影响力且记述最为翔实的文献,如其所述:"门多萨之书的权威如此之大,以至于其为18世纪前所有欧洲人书写关于中国的著作,提供了参考基点和进行对比的依据。"②

探讨至此,让我们的审视再转向汉语学人对这部读本的评价上。20世纪90年代末,中国历史学者张铠对这部读本的学术价值也给予了充分肯定。特别是针对前人所指责的《中华大帝国史》中存有大量失实的中国报道问题,张铠为门多萨进行了辩解:

> 其实门多萨在《中华大帝国史》中掺杂一些失实的报道完全是可以理解的。他没能亲自到中国进行实地考察,他撰写《中华大帝国史》时所参阅的有关中国的报道,其作者尽管曾到访过中国,但往往时间很短,所考察的地区也只局限于沿海两个省份。他所接触到的中国图书的译文并不能全面反映中国的基本国情,因为这部分图书并不是由中国学者精选的,而是来华教士自行在书市上随意购买来的,凭借它们并不能了解中国的全貌。③

---

① 参见 Donald F. Lach, *Asia in the Making of Europe*, vol.1, book 2, Chicago and London: University of Chicago Press, 1994, p.347。

② Donald F. Lach, *Asia in the Making of Europe*, vol.1, book 2, Chicago and London: University of Chicago Press, 1994, p.744。

③ 张铠:《16世纪欧洲人的中国观——门多萨及其〈中华大帝国史〉》,载黄时鉴主编:《东西交流论谭》,上海:上海文艺出版社,1998年,第98—99页。

诚然,我们不可否认,门多萨的中国报道与史实之间存在着在一定程度上的疏离,但在笔者看来,这种"失实"的描述与夸张的想象正是门多萨对中国文化之"他性"的一种诗性再现。

较之于批评,门多萨之书收获的更多的是肯定与赞扬。为此,张铠从两个维度论述了门多萨之书的重要文化影响力。一是《中华大帝国史》对同时代欧洲知识分子的文化辐射力,二是其对基督教东扩进程的文化影响力。首先,关于前者,张铠指出,英国哲学家佛朗西斯·培根(Francis Bacon)就曾阅读过门多萨之书,他对中国的认知就深受这部读本的影响。如培根在1627年出版的《自然史》中就写道,在全世界都迷恋于点金术之时,中国对赚取白银的兴趣却远超过黄金。他还指出《中华大帝国史》英译本记载的和意大利一样,中国的金价也是经常浮动的,而银价则相对较为稳定。①

此外,张铠还指出,对英国伊丽莎白女王政策颇有影响的外交家瓦特·雷利在1614年出版的《世界史》中也援引了《中华大帝国史》中独有的史料,如雷利在论及印刷术时就写到,中国人早已学会使用印刷术,并且德国人古腾堡有关印刷术的"发明"就是从东方世界得到了启示。又如,门多萨曾指出中国人有一个性格弱点,他们自恃清高地认为其他民族都是愚人;与此同时,雷利在述及中国人的性格时也记述到,他们妄自尊大并把其他民族视为蛮族。②

除培根和雷利外,张铠还发现,法国思想家和文学家蒙田在《散文集》中也多次提及中国。例如,《散文集》第三卷就写道:"我们惊呼为奇迹的火炮和印刷术,世界另一端的中国早在一千年之前就享用了。"③又如,蒙田还记述道:"在社会治理和工艺发展方面,我们拥有某些优于他人之处。

---

① 参见张铠:《16世纪欧洲人的中国观——门多萨及其〈中华大帝国史〉》,载黄时鉴主编:《东西交流论谭》,上海:上海文艺出版社,1998年,第90页。
② 参见张铠:《16世纪欧洲人的中国观——门多萨及其〈中华大帝国史〉》,载黄时鉴主编:《东西交流论谭》,上海:上海文艺出版社,1998年,第90页。
③ 张铠:《16世纪欧洲人的中国观——门多萨及其〈中华大帝国史〉》,载黄时鉴主编:《东西交流论谭》,上海:上海文艺出版社,1998年,第91页。

中国对此并不了解,更不曾与我们进行交流,但在这些方面却超过了我们。中国的历史让我懂得,世界远比我们所知的更大、更丰富多彩。我还从中国的历史中获知,君主派往各省巡视的官员如何惩罚不称职的人员,如何慷慨地奖励恪尽职守、有所建树的人员。这些人员的政绩之所以良好,原因在于他们不求无过,而求有功,他们不仅仅为了俸禄,更想永远保住官职。"①对此,张铠指出,蒙田关于中国的上述观点都可以在《中华大帝国史》中追溯到原型。此外,他还指出,《中华大帝国史》也是法国思想家孟德斯鸠在中国问题上的一个有价值的文献资料。②

张铠还关注了门多萨之书对于西班牙的基督教东扩进程的深远影响。特别是他认为《中华大帝国史》为沙勿略(Fracisco Javier)提出的"适应"策略提供了事实依据。我们不妨再来细读张铠的观点:

> 门多萨渴望前往中国可以说是深受沙勿略的影响,或者说他是追随沙勿略的榜样才决意到东方去创建救世功业的。在《中华大帝国史》中,门多萨用充满激情的笔触赞扬了沙勿略:"由于耶稣会士们,尤其是圣洁的导师沙勿略的努力,神圣的天主教才传入了日本诸岛……直至今日,日本人还承认沙勿略的理论和他使徒般的一生对他们的极大教益并认为他们从洗礼中得到的收获,除上帝外,即应归功于沙勿略。在他去世后,仍然健在的耶稣会士们都在效仿这位榜样。然而在门多萨时代天主教内部并非所有教派的教士都认同沙勿略所倡导的"适应"策略。这种分歧产生的关键就在于对中国国情的认知不一致。事实上,沙勿略本人并没有踏上中国大陆,更没有对中国历史和文化进行过深入研究。他仅仅是凭借超人的悟性,通过在日本获取的一些中国传闻来推知中国的国情。因此,他虽然提出了关于"适应"策略的一些设想,但这些设想缺乏出自中国国情的实际

---

① 张铠:《16世纪欧洲人的中国观——门多萨及其〈中华大帝国史〉》,载黄时鉴主编:《东西交流论谭》,上海:上海文艺出版社,1998年,第91页。
② 参见张铠:《16世纪欧洲人的中国观——门多萨及其〈中华大帝国史〉》,载黄时鉴主编:《东西交流论谭》,上海:上海文艺出版社,1998年,第91页。

根据,更尚未经过实践的检验。门多萨所著《中华大帝国史》恰恰为沙勿略所倡导的"适应"策略提供了相当坚实的根据,此点对东方传教运动有着深刻而广泛的影响。①

可见,张铠发现了门多萨的理想化中国书写与沙勿略提出的"适应政策"之间存在的某种同构性。

此外,赵振江和滕威在《中外文学交流史·中国—西班牙语国家卷》中,也对《中华大帝国史》的文化影响力给予了高度评价。他们指出:"用西班牙文出版的《中华大帝国史》在材料方面是16世纪关于中国的集大成之作,它的出版受到了欧洲公众的普遍关注,在短时间内便被翻译成多种文字,并在欧洲各主要国家出版,这无疑大大增加了欧洲公众对中国的了解,激发了他们对中国的兴趣。"②"门多萨之书的影响力直到17世纪初期,仍有一定的影响力,1621年出版的弗朗西斯科·德·埃莱拉·马尔多纳多(Francisco de Herrera Maldonado)的《中华王国历史概要》(*Epítome Historial del Reyno de la China*)和1624年出版的米歇尔·鲍狄埃(Michel Baudier)的《中国王廷史》(*Historie de la Cour du Roy de la Chine*)都曾以门多萨之书为重要参考资料。"③此外,两位学人也关注到了《中华大帝国史》对西班牙的基督教东扩进程的影响,让我们继续释读他们的观点:

> 和其他西班牙人不同的是,门多萨并不赞成以武力征服中国。在《中华大帝国史》中,无论是对中国的物质文明还是精神文明,都流露出他的仰慕之情。在《中华大帝国史》中,值得一提的是门多萨对中国宗教信仰的态度和看法。他并没有像同时代的其他天主教的教

---

① 张铠:《16世纪欧洲人的中国观——门多萨及其〈中华大帝国史〉》,载黄时鉴主编:《东西交流论谭》,上海:上海文艺出版社,1998年,第93—94页。
② 赵振江、滕威:《中外文学交流史·中国—西班牙语国家卷》,济南:山东教育出版社,2015年,第18页。
③ 赵振江、滕威:《中外文学交流史·中国—西班牙语国家卷》,济南:山东教育出版社,2015年,第17页。

士那样,对中国的宗教信仰采取"全盘否定"的态度,相反,通过对中国宗教的介绍与阐释,他向欧洲公众证明,中国宗教信仰中有与基督教文化相契合的地方。在这一点上,他与利玛窦的观点不谋而合,他们二人属于同一个时代。当《中华大帝国史》在欧洲出版的时候,利玛窦刚刚进入中国,正是他实施"适应性"传教策略的关键时期,虽然我们还没有发现足够的证据表明他们之间发生过相互影响,但这种偶然性背后未必就没有必然性的存在。①

探讨至此,我们发现汉语学人也关注到了《中华大帝国史》的重要学术价值,并对这部文献予以了极高的评价,但学者们的思考主要集中在《中华大帝国史》对欧洲历史进程的影响上。事实上,门多萨之书的辐射力不仅局限于此,其对中西关系史、中西翻译史进程和同时代的知识分子都产生了影响。这也是有待当下学人深入思考的问题。如与门多萨生活在同时代的西班牙文豪塞万提斯(Miguel de Cervantes Saavedra)等欧洲知识分子是否也阅读过《中华大帝国史》,他们的文学创作是否也受到了门多萨中国观的影响?门多萨对中国文化的早期翻译是如何影响中西翻译史进程的?门多萨之书秉承的和平立场与中西关系史之间存在着何种关系?

五、《中华大帝国史》研究中的遗留问题

版本考辨是本书方法论的基石,如前所述,版本选用的任意性很可能导致我们对作者意图和文本意图产生误读。经由笔者考辨,"1586马德里西班牙语修订本"是门多萨本人认可的最终修订版本,但这部文献的重要学术价值却仍然鲜为人知,当下学人更多采用的版本是中译本、英译本和现代西班牙语译本。然而,经过跨语际转码后,英译本和中译本已在不同程度上背离了原著善典。即使现代西班牙语读本也对原著善典进行了

---

① 赵振江、滕威:《中外文学交流史·中国—西班牙语国家卷》,济南:山东教育出版社,2015年,第18页。

删减和改写。因此,这些版本都无法忠实再现门多萨的原初书写立场。甚至"1585 罗马西班牙语首版"与"1586 马德里西班牙语修订本"之间也存在着较大程度的疏离。特别是笔者经多年文本释读发现,较之于"1585 罗马西班牙语首版","1586 马德里西班牙语修订本"凸显了更为强烈的神圣化书写倾向和福音目的。这也正是本书反复强调版本考辨和文献考辨的意义所在,对原著善典的文本细读才是直抵作者书写立场的有效路径。

当下研究普遍认为,门多萨为 16 世纪的欧洲读者塑造了一种理想化的中国形象,但在笔者看来,这只关注到了门多萨中国书写中直观表象的一面,而忽视了作者意图和文本意图。诚然,我们要重新认识作者意图和文本意图,首先就需要对《中华大帝国史》的西班牙语原著善典进行文本细读,并对他的中国想象予以重新界定。与此同时,笔者注意到,一些学人把门多萨的中国形象分为了正面和负面两类。然而,问题在于,他们并未对这种分类的依据进行说明,这就导致我们对这两种形象的理解产生了歧义。倘若我们从不同的学术立场出发,对正面和负面中国形象的定义就会产生分化。因此,本书使用了另一种分类方法,即以异国形象在文本中的社会功能性为逻辑基点,并在意识形态和乌托邦的两极张力之间对门多萨的中国形象进行了重新分类与定义。

此外,除却版本选用上的疏漏和由此引发的对门多萨之中国形象的误读外,现下学人还普遍忽视了门多萨的著述方式,而这一细节很可能影响到我们对作者书写立场的解读。当下研究普遍认为,门多萨塑造了一种理想化的"他者"之中国形象,这种类型的异国形象隐喻了彼时的欧洲对中国文化的充分尊重与钦佩。然而,问题在于,这种观点是通过与晚明史料进行横向比较而得出的结论,但事实上,门多萨从未到访过中国。如前所述,门多萨的中国书写是基于前人教士的相关文献汇编而成的,而并非纪实文学。因此,我们要认清门多萨对中国文化的审视和书写立场,就需要考证他是如何使用参考文献的,以及他对前人的中国报道进行了哪些改写,而这也是当下研究中普遍忽视的一处方法论问题。因此,本书文献部分要解决的另一个核心议题就是通过对门多萨的参考文献进行考辨来认识他对中国文化的改写立场。

对《中华大帝国史》的学术史进行回溯,笔者收获了一个启示:当下研究似乎存在着一种学术趋向,具体表现为对版本考辨的疏忽、对原著善典文本细读的忽视以及对作者使用的参考文献的考辨的忽视。因此,以前人研究中的疏漏为逻辑基点,本书在文献研究部分对《中华大帝国史》的西班牙语原著善典进行了考辨,并以该本为研究底本展开了文本细读;同时,本书还对门多萨的参考文献也进行了考辨。文献研究的目的是对门多萨塑造的中国形象进行重新定义。

以文献研究为基础,让我们的思考进入理论部分并继续设问:我们如何重构门多萨关于中国文化的个人记忆升华为16世纪欧洲文化记忆的合法化过程?文化记忆理论是在20世纪90年代就被翻译和介绍到汉语语境下的,但海内外学人尚未在文化记忆理论的视域下对门多萨形塑而成的中国形象进行解读,前人研究中的遗留问题启发了本书的重新思考。为此,我们不妨把莫里斯·哈布瓦赫(Maurice Halbwachs)和扬·阿斯曼(Jan Assmann)的社会记忆理论带入"西方的中国形象"研究中来,以缓解当下跨文化形象学的理论贫困化现象,同时,这也是对社会记忆理论的一次本土化探索和深化应用。

诚然,门多萨从未造访过中国,他关于中国的记忆主要来源于前人教士的中国报道。因此,《中华大帝国史》实际上是以诗性书写重现了门多萨对中世纪欧洲关于中国的集体记忆。其中,无论是那些亲历过中国的欧洲教士撰写的中国行纪或口述历史,还是西班牙教士在万历年间从福建购买的中国典籍,都承载了前人的记忆并成为《中华大帝国史》的前文本(pre-text)。门多萨就是通过对前人的记忆进行重新"加工",来对欧洲关于中国的集体记忆予以现时化再现的。

此外,关于门多萨塑造的中国形象问题,现下学人主要是从形象学的知识立场出发,将其解读为他者视域下的一种乌托邦式的晚明想象。尽管一些学人也发现了《中华大帝国史》中隐含的神圣化书写立场,但问题在于,多年来,我们一直忽视了门多萨的晚明乌托邦想象与神圣化想象之间的同构性。换言之,门多萨在毫不吝惜地赞赏中国之富庶与强大的同时,又反复表达了归化异质文明的意愿。对此,笔者不禁反思:乌托邦和神圣化的中国形象是基于何种逻辑关系合法存在于《中华大帝国史》之中的? 其中,哪一种中国形象表征了文本意图? 以及为何门多萨塑造的他者之中国形象能够最终上升为欧洲关于中国的一种文化记忆? 在这一过程中,门多萨的个人记忆又是如何与彼时的欧洲读者进行协商对话,并最终获得社会群体的承认的? 这组问题也正是本书理论部分要解读的核心议题。

与此同时,通过对《中华大帝国史》的学术史进行爬梳,我们还发现当下学人对"西方的中国形象"的解读中潜藏着一种单向度危机。这主要体现在如下三方面:第一处是单一的理论框架和解释立场。现下学者对"西方的中国形象"的解读主要受到了福柯的话语和权力理论、萨义德(Edward Wadie Said,又译赛义德)的"东方主义"和后殖民批评以及拉康的精神理论的影响。以此为理论基点,我们通常把他者视域下的理想化中国形象解释为彼时彼地的欧洲人对现实困境的焦虑,以及自我超越的集体无意识折射。然而,这些西方理论结构都是立足于西方学术立场之上,其在本质上是西方知识分子对自身文化体系的反思。他们关心的并不是中国到底发生了什么,而是把西方之外的一切视为客体"他者"用于反思自我之用,这也就使得中国"他者"在西方文化体系中一直处于边缘和失语的境遇。倘若中国学人对这些西方理论予以照搬,不仅会落入"西方中心主义"的文化陷阱之中,还会陷入一种建立在话语机制上的主观演绎延宕。因此,如何在保持文化警惕的前提下对这些理论框架进行本土化应用,是当下学人亦是本书面临的一项艰巨挑战。

第二处是单向度的解释结构。当下海内外学人普遍是从宏观历史语境出发来解读社会历史背景对记忆文本的建构性的,而忽视了记忆文本与其所处历史语境之间的双向形塑性。此外,即使在历史对记忆文本的建构性中解读,我们的视域也主要局限在了宏观权力场域对记忆文本的形塑上,而忽视了微观权力场域与记忆文本之间的权力关系,如约稿人和赞助人对作者立场的意识形态形塑就是有待解读的议题。

第三处是关于西方的中国形象问题,我们的解释路径不是聚焦于话语权力机制的演绎上,就是聚焦于社会历史背景的形塑上,却忽视了情感认同在记忆生成中的重要驱动力。换言之,共情效应在一种异国形象被他者合法化审视的过程中起到了必不可少的情感媒介作用。

第三节 本书展开研究的学术视域与方法论

以《中华大帝国史》学术史中的遗留问题为新的逻辑基点,本书对门多萨在他者视域塑造的中国形象进行了重新解读。本书分为两部分:第一编文献部分和第二编理论部分。其中,第一编文献部分的具体研究目的是:第一,将按照异国形象在文本中的社会功能,对门多萨塑造的中国形象进行重新分类与定义。第二,对门多萨的参考文献进行了考辨,目的是探究作者是如何利用前人教士的中国报道来编写这部读本的。第三,对门多萨塑造的中国形象和晚明具体历史经验进行了横向比较,目的是厘清门多萨是如何再现晚明历史的。文献研究的最终目的是重新认识门多萨对中国文化的审视和书写立场。具体言之,我们要解答的核心问题是:一个从未造访过中国的、生活在16世纪的西班牙的修士是如何对前人的中国记忆进行筛选和加工的,以及又重构出了何种中国记忆?以至于这种记忆被彼时的欧洲大众读者广泛认可,直至今日,这种关于中国的记忆仍然被不断地予以现实化再现。

通过对《中华大帝国史》的学术史进行爬梳,笔者发现,现下学人普遍认为门多萨塑造了一种以乌托邦为主导的他者之中国形象。与此同时,尽管相关学人也意识到了门多萨的神圣化书写立场。但问题在于,首先,我们并没有解释清楚他者的晚明乌托邦想象与神圣化书写立场是基于何种逻辑关系合法并存于同一部文本之中的。其次,我们的解读一直局限在西方知识体系的框架之中,特别是聚焦在话语机制的分析上而忽视了对大明王朝的具体历史经验的解读,也忽视了全球史的研究视域和中西方遭遇性历史语境对作者书写立场的自律性策动。最后,关于门多萨之中国形象的社会生成机制问题,当下学人的批评视域往往禁锢在历史对文本的建构性上,而忽视了历史与文本之间的双向形塑性。

因此,以前人思考中的遗留问题为逻辑切入点,本书第二编理论部分旨在对门多萨关于中国的个人记忆上升为16世纪欧洲的共享文化记忆的合法化过程进行重新解读。门多萨的个人记忆是在社会对话和协商的过程中获得大众读者承认的。因此,这一问题又可分解为三个子问题予以反思:一是乌托邦式的晚明想象是如何获得彼时的欧洲大众读者接纳和认可的?二是神圣化晚明想象是如何在16世纪欧洲视域下获得合法性的?三是神圣化和乌托邦的中国形象是基于何种逻辑关系并存在《中华大帝国史》之中的,其中哪一种表征了作者意图和文本意图?这种新型中国形象又是如何获得彼时欧洲大众读者的认同并升华为彼时欧洲的社会记忆的?

本书共由十一章构成。其中,第一编由第二、三、四、五、六章构成。第二编由第七、八、九、十、十一章组成。第一章是绪论,这部分对《中华大帝国史》的学术史进行了梳理并指出了前人研究中的遗留问题。以这些遗留问题为理论基点,笔者提出了本书要解读的新问题、研究目的以及方法论。第二章对《中华大帝国史》的古典和现代西班牙语版本以及英语和汉语译本分别进行了考辨,目的是认清门多萨认可的西班牙语最终修订本。以版本考辨的结果为依据,本书选用了"1586马德里西班牙语修订本"为研究底本,笔者称之为《中华大帝国史》的西班牙语原著善典。此外,"意识形态"和"乌托邦"是本书要使用的一组重要的学术概念,本书也是以此为依据对门多萨的中国形象进行重新分类的。因此,第三章对这组概念的流变予以了爬梳。

从第四章起,本书对《中华大帝国史》的西班牙语原著善典展开文本细读。其中,第四章的目的是对作者以他者视域形塑而成的晚明器物社会予以释读。以此为逻辑基点,本章还将考据门多萨的想象与晚明历史之间的偏移,并考辨作者是如何利用前人文献来重构晚明器物社会的。基于同样的方法论,本书第五章聚焦于门多萨塑造的晚明政治社会,第六章则关注其凝视下的晚明精神世界。最终,通过文献考辨与文本细读,本书对门多萨形塑的中国形象进行了重新定义,并将之命名为他者的"另一种中国形象",其具象化呈现为一种以他者视域建构而成的物质富足、政治清明、制度先进,却精神有待救赎的半文明化的异国形象。

需指出的是,海内外学人往往把门多萨塑造的中国形象视为一种乌托邦式的他者想象,而忽视了意识形态化的异国形象,其焦点集中在门多萨塑造的强大、富庶以及拥有优越社会制度的异质文明形象上。基于此,一些学人把门多萨的中国想象归入了"另一种东方主义"的范畴之中。本书始终对这一点保持着文化警惕。尽管在"东方主义"的文化滤镜下,"东方"成为愚昧、落后和蛮夷的代名词,而在"另一种东方主义"的审视下,"东方"则是以东方伊甸园的形象华丽出场,然而这两种"东方主义"的学理渊源都是"西方中心主义","东方"是"西方"基于主体需求想象出来的一种"西方"认为应有的"东方"形象。这就导致被他者加工出的"东方异国情调"实际上遮蔽了"西方"在东方叙事中的宰制性。因此,在"另一种东方主义"的审视下,尽管远方的中国被想象成了繁花锦簇般的存在,却仍然没有摆脱边缘和失语的客体地位。

本书从中国大陆汉语学者的本土学术立场出发,把合法存在于16世纪欧洲视域下的这种类型的中国形象命名为他者的"另一种中国形象"。首先,在学术立场上,"另一种中国形象"有别于"另一种东方主义"的审视立场。其次,"另一种中国形象"是在神圣化和乌托邦的两极张力之间生成的一种16世纪欧洲视域下的新类型的异国想象物,而"另一种东方主义"则指的是在乌托邦的单极上建构的一种异国想象。

从第七章起,本书进入理论部分。这部分的研究目的是对"另一种中国形象"背后的深层文化结构进行解构性批评,以及重构这种异国形象上升为16世纪欧洲文化记忆的合法化过程。为此,第七章回溯了现下学人对"海外中国形象"的反思历程。前人思考中的遗留问题,为我们重新解读此问题提供了新的理论基点。面对当下跨文化形象学的理论贫困化现象,本书把社会记忆理论带入"海外中国形象"研究中来以丰富当下形象学研究的理论危机,同时,这也是对社会记忆理论的一次本土化探索和应用。为此,第八章对文化记忆理论进行了谱系学考古,这是本书要使用的重要理论框架,还对文化记忆的文学性和记忆文本之间的辩证关系进行了探讨。

第九章和第十章从历史对记忆文本的建构性出发,对潜藏于门多萨的"另一种中国形象"表象背后的深层文化结构进行了解构性批评,并对这种新文化模式被彼时欧洲读者承认的过程进行了解读。其中,这两章从记忆的理论和事实内核到情感媒介,分别解读了门多萨塑造的乌托邦式中国形象和神圣化的中国形象上升为16世纪欧洲文化记忆的过程。第十一章从记忆文本对历史的反向形塑性出发,探讨了"另一种中国形象"对中西关系进程、同时代的文学作品以及中西翻译史进程的策动性。

第二章 《中华大帝国史》出版史:孰为善典?

回溯《中华大帝国史》学术史,版本选用问题一直未能引起海内外学人的足够重视。如前所述,《中华大帝国史》自 1585 年在罗马首次出版刊印以来,就立即被翻译成了法语、英语、拉丁语、德语和意大利语并在整个欧洲流传开来。直至今日,《中华大帝国史》一直没有停止再版发行。其中,最近一版的西班牙语读本是在 2022 年由西班牙皇家语言学院(Real Academia Española)院士胡安·希尔(Juan Gil)主编完成的,并在西班牙的首都马德里出版发行。① 笔者不禁反思:在如此繁多的版本之中,究竟哪一版才是作者本人认可的最终修订版?我们要以哪个版本为研究底本来解读门多萨以他者视域形塑的中国形象问题?

其中,笔者注意到,汉语学人常用的是《中华大帝国史》的英译本和中译本,西班牙语学者常用的是现代西班牙语本,英语学人则更多地使用了英译本。不容忽视,我们对各种语言的翻译版本和现代西班牙语转写本的释读是建立在译者和编者的文化滤镜之上的,而这些版本在不同程度上都与"1586 马德里西班

---

① 参见 Juan González de Mendoza, *Historia de las cosas más notables, ritos y costumbres, del gran reino de la China*, Madrid: Fundación José Antonio de Castro, 2022.

牙语修订本"产生了偏移。这就使得我们难以透过译者和编者设置的隐形屏障直抵作者的想象世界，从而也就难以准确地认知作者对中国文化的审视立场，而这也是本书反复强调重回语文学方法论的意义所在。

本书注重版本考辨，为此，在进行文本细读之前，我们有必要先对《中华大帝国史》的出版史予以爬梳，目的是阐明本书所用的研究底本及其考辨依据。此外，本章对海内外学人使用频率较高的英译本、中译本和现代西班牙语本以及古典西班牙语本《中华大帝国史》也进行了考辨，以为后续研究提供更多具有学术参考价值的版本信息。

本章由三节构成，第一节对《中华大帝国史》的古典和现当代西班牙语本进行了考辨。其中，古典版本指的是1585年在罗马出版的西班牙语首版，以及1586年在欧洲同时发行的四部西班牙语本《中华大帝国史》。现当代西班牙语本指的是20世纪以来出版的《中华大帝国史》西班牙语本。第二节对海内外学人常用的英译本《中华大帝国史》进行了考辨，分别是"1588伦敦英译本""1853—1854英译本"和"1970纽约英译本"。第三节聚焦于《中华大帝国史》的两部中译本。一部是何高济翻译的首部中译本，另一部是孙家堃翻译的中译本。

第一节 《中华大帝国史》的西班牙语本考辨

本节由两部分组成，分别对《中华大帝国史》的古典西班牙语本和现当代西班牙语版本进行了考辨。其中，本节探讨的古典版本指的是16世纪出版的版本，现当代版本指的是20世纪以来出版的版本。

一、《中华大帝国史》的古典西班牙语本考辨

《中华大帝国史》"1585罗马西班牙语首版"在加泰罗尼亚大区图书馆（Biblioteca Nacional de Catalunya）、西班牙国家图书馆（Biblioteca Nacional de España）、意大利国家图书馆（Biblioteca Nazionale Centrale di Roma）和法国国家图书馆等都有藏本。该版用16世纪的古典西班牙

语编著而成(如图 2.1 所示),正文共 440 页,是 32 开小本。第一页是教皇西斯特五世(Pope SIX V)的出版授权书,之后依次是"献词"、"致作者序"、十四行赞美诗、目录和正文。首版由两部分构成,每部分有三卷。第一部分对中国的国情进行了综合报道。其中,第一卷介绍了中国的自然地理概况,第二卷记述了中国人的信仰和超自然现象,第三卷聚焦于中国的道德和政治。值得关注的是,首版中还出现了三个汉字,分别是"天""皇"和"城"(如图 2.2 和图 2.3 所示)。① 这也是笔者考据到的最早介绍中国汉字的欧洲出版物。"1585 罗马西班牙语首版"的第二部分详细地记述了从 1577 年到 1581 年,西班牙教士在中国大陆的见闻以及对菲律宾华人的观察。②

图 2.1　加泰罗尼亚大区图书馆藏《中华大帝国史》首版首页
(原图载于《图书馆杂志》2019 年第 2 期)

---

① Juan González de Mendoza, *Historia de las cosas mas notables, ritos y costumbres, del gran Reyno de la China, como por relacion de Religiosos y otras personas que han estado en el dicho Reyno*, Roma: Vicencio Accolti, 1585, pp. 104—105.

② 参见 Juan González de Mendoza, *Historia de las cosas mas notables, ritos y costumbres, del gran Reyno de la China, como por relacion de Religiosos y otras personas que han estado en el dicho Reyno*, Roma: Vicencio Accolti, 1585, pp. 151—440。

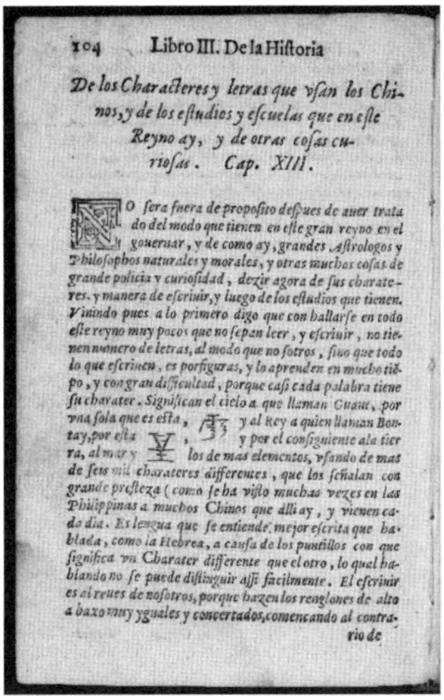

104 Libro III. De la Hiſtoria

De los Characteres y letras que vſan los Chinos, y de los eſtudios y eſcuelas que en eſte Reyno ay, y de otras coſas curioſas. Cap. XIII.

NO ſera fuera de propoſito deſpues de auer tratado del modo que tienen en eſte gran reyno en el gouernar, y de como ay, grandes Aſtrologos y Philoſophos naturales y morales, y otras muchas coſas de grande policia y curioſidad, dezir agora de ſus charateres, y manera de eſcriuir, y luego de los eſtudios que tienen. Viniendo pues a lo primero digo que con hallarſe en todo eſte reyno muy pocos que no ſepan leer, y eſcriuir, no tienen numero de letras, al modo que noſotros, ſino que todo lo que eſcriuen, es por figuras, y lo aprenden en mucho tiẽpo, y con gran difficultad, porque caſi cada palabra tiene ſu charater. Significan el cielo a que llaman Guant, por vna ſola que es eſta, y al Rey a quien llaman Bontay, por eſta, y por el conſiguiente ala tierra, al mar y los de mas elementos, vſando de mas de ſeis mil charateres differentes, que los ſeñalan con grande preſteza (como ſe ha viſto muchas vezes en las Philippinas a muchos Chinos que alli ay, y vienen cada dia. Es lengua que ſe entiende mejor eſcrita que hablada, como la Hebrea, a cauſa de los puntillos con que ſignifica vn Charater differente que el otro, lo qual hablando no ſe puede diſtinguir aſſi facilmente. El eſcriuir es al reues de noſotros, porque hazen los renglones de alto a baxo muy yguales y concertados, comencando al contrario de

图 2.2 加泰罗尼亚大学图书馆藏《中华大帝国史》首版中出现的汉字(1)

(原图载于《图书馆杂志》2019 年第 2 期)

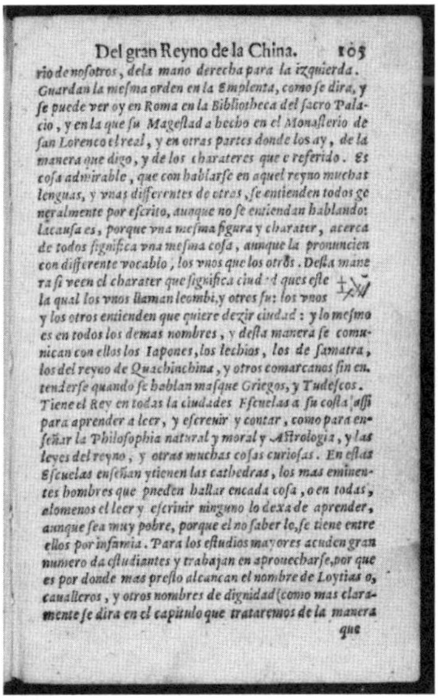

Del gran Reyno de la China. 105

rio de noſotros, dela mano derecha para la izquierda. Guardan la meſma orden en la Emplenta, como ſe dira, y ſe puede ver oy en Roma en la Bibliotheca del ſacro Palacio, y en la que ſu Mageſtad a hecho en el Monaſterio de ſan Lorenco el real, y en otras partes donde los ay, de la manera que digo, y de los charateres que e referido. Es coſa admirable, que con hablarſe en aquel reyno muchas lenguas, y vnas differentes de otras, ſe entienden todos generalmente por eſcrito, aunque no ſe entiendan hablando: la cauſa es, porque vna meſma figura y charater, acerca de todos ſignifica vna meſma coſa, aunque la pronuncien con differente vocablo, los vnos que los otros. Deſta manera ſi veen el charater que ſignifica ciudad ques eſte la qual los vnos llaman leombi, y otros fu: los vnos y los otros entienden que quiere dezir ciudad: y lo meſmo es en todos los demas nombres, y deſta manera ſe comunican con ellos los Iapones, los lechios, los de ſamatra, los del reyno de Quachinchina, y otros comarcanos ſin entenderſe quando ſe hablan maſque Griegos, y Tudeſcos. Tiene el Rey en todas la ciudades Eſcuelas a ſu coſta, aſſi para aprender a leer, y eſcreuir y contar, como para enſeñar la Philoſophia natural y moral y Aſtrologia, y las leyes del reyno, y otras muchas coſas curioſas. En eſtas Eſcuelas enſeñan y tienen las cathedras, los mas eminentes hombres que pueden hallar en cada coſa, o en todas, alomenos el leer y eſcriuir ninguno lo dexa de aprender, aunque ſea muy pobre, porque el no ſaber lo, ſe tiene entre ellos por infamia. Para los eſtudios mayores acuden gran numero da eſtudiantes y trabajan en aprouecharſe, por que es por donde mas preſto alcancan el nombre de Loytias o, caualleros, y otros nombres de dignidad (como mas claramente ſe dira en el capitulo que trataremos de la manera que

图 2.3 加泰罗尼亚大区图书馆藏《中华大帝国史》首版中出现的汉字(2)

(原图载于《图书馆杂志》2019 年第 2 期)

长期以来,海内外学人普遍把"1585 罗马西班牙语首版"视为《中华大帝国史》的原著善典。然而,门多萨在"献词"中明确指出了首版是在罗马出版刊印的,而意大利人不懂西班牙语导致出现了很多拼写错误,并且这一版的文笔也欠佳。因此,他承诺次年在西班牙刊印一部修订版。① 鉴于当下学人使用版本混乱的问题,《〈中华大帝国史〉首版、善本和中译本源流考述》对欧洲各大图书馆馆藏的 16 世纪西班牙语古籍文献进行了考辨并得出结论:门多萨允诺出版的那部最终修订本就是马德里的克林诺·赫拉尔多出版社于 1586 年出版的西班牙语版《中华大帝国史》。

不容忽视,《中华大帝国史》有多部早期西班牙语版本。首版在罗马发行的同年,西班牙的瓦伦西亚(Valencia)也刊印了一部西班牙语本。在首版发行的第二年,欧洲又刊印了四版《中华大帝国史》西班牙语读本,门多萨之书在 16 世纪欧洲的受关注度可见一斑。

我们不妨对这些古典西班牙语版本予以考辨。在"1585 罗马西班牙语首版"出版的同年,西班牙的瓦伦西亚也发行过一版西班牙语本《中华大帝国史》*Historia de las cosas mas notables, ritos y costumbres, del gran Reyno de la China, como por relacion de Religiosos y otras personas que han estado en el dicho Reyno*。② 该书名翻译成中文同样是《中华大帝国奇闻要事、礼仪和习俗——根据到访过中国的教士和其他人士的记述编撰》,以下简称为"1585 瓦伦西亚西班牙语本"《中华大帝国史》。此本正文共有 526 页(如图 2.4 所示)。经笔者考辨,这一版是"1585 罗马西班牙语首版"《中华大帝国史》的再版。

---

① 参见 Juan González de Mendoza, *Historia de las cosas mas notables, ritos y costumbres, del gran Reyno de la China, como por relacion de Religiosos y otras personas que han estado en el dicho Reyno*, Roma: Vicencio Accolti, 1585, pp. 3—4。

② 此本馆藏于巴塞罗那大学图书馆(Biblioteca de la Universitat de Barcelona),参见 Juan González de Mendoza, *Historia de las cosas mas notables, ritos y costumbres, del gran Reyno de la China, como por relacion de Religiosos y otras personas que han estado en el dicho Reyno*, Valencia: Viuda de Pedro Huete, 1585。

第二章 《中华大帝国史》出版史:孰为善典? 51

图 2.4 巴塞罗那图书馆藏"1585 瓦伦西亚西班牙语本"《中华大帝国史》
(原图载于《图书馆杂志》2019 年第 2 期)

1586 年,也就是"1585 罗马西班牙语首版"问世的第二年,西班牙的巴塞罗那和葡萄牙的里斯本各刊印了一版西班牙语本《中华大帝国史》,与此同时,西班牙的马德里则刊印了两版西班牙语本《中华大帝国史》。

让我们对这四部《中华大帝国史》的古典西班牙语读本也予以版本考辨。1586 年,西班牙巴塞罗那的加尔梅·森塔得出版社(Layme Cendrad)刊印了一版《中华大帝国史》西班牙语全本。该本现藏于加泰罗尼亚大区图书馆(如图 2.5 所示),是 32 开小本,正文共有 512 页①,笔者简称为"1586 巴塞罗那西班牙语本"。经笔者考辨,此版是"1585 罗马西班牙语首版"的翻印本。因此,"1586 巴塞罗那西班牙语本"并非门多萨在罗马首版中允诺出版的那部最终西班牙语修订本。

---

① 此本馆藏于加泰罗尼亚大区图书馆(Biblioteca Nacional de Catalunya),版本信息参见 Juan González de Mendoza, *Historia de las cosas mas notables, ritos y costumbres del gran Reyno de la China, sabidas assi por los libros de los mesmos Chinas, como por relacion de Religiosos, y otras personas que han estado en el dicho Reyno*, Barcelona: Jaume Cendrad, 1586。

图 2.5　加泰罗尼亚大区图书馆藏"1586 巴塞罗那西班牙语本"首页
（原图载于《图书馆杂志》2019 年第 2 期）

1586 年，位于葡萄牙的首都里斯本的皇家圣菲利普印刷厂（Philippe el Real）也刊印了一部西班牙语版《中华大帝国史》。但这只是一部节选本，同为 32 开小本，只有 135 页，现馆藏于葡萄牙国家图书馆（Biblioteca Nacional de Portugal）（如图 2.6 所示）①，笔者称之为"1586 里斯本西班牙语本"《中华大帝国史》。该版节选了"1586 马德里西班牙语修订本"的第二部分第三卷，即马丁·伊格纳西奥（Martín Ignacio）及其随从人员于 1584 年在全球航行中的见闻。因此，此版也并非门多萨认可的那部西班牙语最终修订本。

---

①　此本馆藏于葡萄牙国家图书馆（Biblioteca Nacional de Portugal），参见 Juan González de Mendoza, *Itinerario y compendio de las cosas notables que ay desde España hasta el Reyno de la China, y de la China a España, boluiendo por la India Oriental, despues de auer dado buelta, a casi todo el Mundo*, Lisboa: Phelippe el Real, 1586。

图 2.6　葡萄牙国家图书馆藏"1586 里斯本西班牙本"
（原图载于《图书馆杂志》2019 年第 2 期）

1586 年，两部西班牙语本《中华大帝国史》同时在西班牙首都马德里刊印发行。一版由克林诺·赫拉尔多出版社出版发行，以下简称为"1586 马德里西班牙语修订本"《中华大帝国史》，正文共 368 页（如图 2.7 所示）①；另一版由佩德罗·马德蕾加尔出版社（Pedro Madrigal）出版发行，以下称为"1586 马德里佩德罗·马德蕾加尔西班牙语修订本"《中华大帝国史》，正文共 383 页（如图 2.8 所示）②。《〈中华大帝国史〉首版、善本和中译本源流考述》对这两版也进行了详细考辨并指出，"1586 马德里西班牙语修订本"《中华大帝国史》是门多萨在"1585 罗马西班牙语首版""献词"中允诺出版的那部西班牙语最终修订本，而"1586 马德里佩德罗·马

---

① 此本馆藏于巴塞罗那大学图书馆，参见 Juan González de Mendoza, *Historia de las cosas mas notables, ritos y costumbres del Gran Reino de la China*, Madrid: Querino Gerardo, 1586。
② 此版本馆藏于葡萄牙国家图书馆，参见 Juan González de Mendoza, *Historia de las cosas mas notables, ritos y costumbres del gran Reyno de la China, sabidas assi por los libros de los mesmos Chinas, como por relacion de Religiosos, y otras personas que han estado en el dicho Reyno*, Madrid: Pedro Madrigal, 1586。

德蕾加尔西班牙语修订本"是该本的翻印版。①

图 2.7　巴塞罗那大学图书馆藏"1586 马德里西班牙语修订本"的版权页
（原图载于《图书馆杂志》2019 年第 2 期）

图 2.8　葡萄牙国家图书馆藏"1586 马德里佩德罗·马德蕾加尔西班牙语修订本"
（原图载于《图书馆杂志》2019 年第 2 期）

---

① 参见高博:《〈中华大帝国史〉首版、善本和中译本源流考述》,《图书馆杂志》,2019 年第 2 期,第 100—101 页。

二、《中华大帝国史》的现当代西班牙语本考辨

在门多萨的中国形象研究中,当下学人使用的主要是 1990 年在马德里出版的《中华大帝国史》,笔者简称为"1990 马德里西班牙语本"①。对此,笔者曾考辨指出,"1990 马德里西班牙语本"翻印的是 1944 年由马德里的阿奇拉出版社(Aguilar)出版发行的现代西班牙语本《中华大帝国史》(*Historia de las cosas más notables, ritos y costumbres del gran Reino de la China*)。② 该书名译成汉语是《中华大帝国要事、礼仪和习俗》,此本由菲利克斯·加西亚神父编辑和作注完成,以下简称为"1944 马德里西班牙语本"③。从版本源流上追溯,"1944 马德里西班牙语本"的底本是"1586 马德里西班牙语修订本"。④ 然而,无论是"1990 马德里西班牙语本",还是"1944 马德里西班牙语本",都遗失了"1586 马德里西班牙语修订本"中独有的关于欧洲教士于 1583 年前往中国肇庆的记述。⑤ 因此,严格地讲,这两部现代西班牙语本都不能忠实地再现"1586 马德里西班牙语修订本"。这也再次佐证了《中华大帝国史》从 1585 年首次在罗马出版发行至今,在所有的西班牙语版本中,唯有"1586 马德里西班牙语修订本"最为翔实可靠。遗憾的是,我们尚未认识到"1586 马德里西班牙语修订本"的重要学术价值。

---

① 参见 Juan González de Mendoza, *Historia del Gran Reino de la China*, Madrid: Miraguano, 1990。

② 参见高博:《〈中华大帝国史〉首版、善本和中译本源流考述》,《图书馆杂志》,2019 年第 2 期,第 95 页。

③ Juan González de Mendoza, *Historia de las cosas más notables, ritos y costumbres del gran Reino de la China*, ed. P. Félix García, Madrid: M. Aguilar, 1944。

④ "1944 马德里西班牙语本"虽然刊印的是"1585 罗马西班牙语首版"的封面,但经笔者对这部读本的内容进行考辨发现,"1944 马德里西班牙语本"翻印的是"1586 马德里西班牙语修订本"而非 1585 年的首版。其中一个重要佐证是,"1944 马德里西班牙语本"在第二部分第三卷刊印了有关发现新墨西哥的见闻,而这部分内容是"1586 马德里西班牙语修订本"的独有信息,"1585 罗马西班牙语首版"缺失了这部分内容。

⑤ 参见高博:《〈中华大帝国史〉首版、善本和中译本源流考述》,《图书馆杂志》,2019 年第 2 期,第 95,102 页。

探讨至此,我们不妨对 20 世纪以来出版的现当代西班牙语《中华大帝国史》也予以爬梳。笔者检索到了 6 版《中华大帝国史》的现当代西班牙读本,分别是 1944 年、1990 年、2008 年、2009 年、2013 年和 2022 年版,并且这 6 版都是用现代西班牙语刊印而成的。按照年份和出版地,笔者把这 6 版分别命名为"1944 马德里西班牙语本""1990 马德里西班牙语本""2008 马德里西班牙语本"①"2009 科尔多瓦西班牙语本"②"2013 马德里西班牙语本"③和"2022 马德里西班牙语本"④《中华大帝国史》。

其中,"1990 马德里西班牙语本""2008 马德里西班牙语本"和"2013 马德里西班牙语读本"这 3 个版本都是"1944 马德里西班牙语本"《中华大帝国史》的翻印本。如前所述,尽管"1944 马德里西班牙语本"的底本之源头可以追溯到"1586 马德里西班牙语修订本"《中华大帝国史》,但"1944 马德里西班牙语本"却删去了"1586 马德里西班牙语修订本"中独有的欧洲教士前往中国肇庆的重要史料。相应地,1990 年、2008 年和 2013 年出版 3 个现代西班牙语本《中华大帝国史》也无一例外缺失了这份重要史料。此外,"2009 科尔多瓦西班牙语本"的底本是"1585 瓦伦西亚西班牙语本",而"1585 瓦伦西亚西班牙语本"的版本源头又是"1585 罗马西班牙语首版"。如前所述,"1585 罗马西班牙语首版"因纰漏颇多而并非具学术参考价值的一版。"2022 马德里西班牙语本"是最新的一版《中华大帝国史》,正文共 474 页,用现代西班牙语刊印而成,由西班牙皇家语言学院院士胡安·希尔主编完成。这部文本最大限度地再现了"1586 马德里西班牙语修订本"的原貌。特别是该本还列举了现下学人对这部文献的研究成果,附录中还刊

---

① 参见 Juan González de Mendoza, *Historia del Gran Reino de la China*, Madrid: Miraguano, 2008。

② 参见 Bernardino de Escalante, Juan González de Mendoza, Fernán Mendes Pinto, *Viajes y crónicas de China en los Siglos de Oro*, eds. María José Vega, Lara Vilá, Córdoba: Almuzara, 2009。

③ 参见 Juan González de Mendoza, *Historia del gran reino de la China*, Madrid: Miraguano, 2013。

④ 参见 Juan González de Mendoza, *Historia de las cosas más notables, ritos y costumbres, del gran reino de la China*, Madrid: Fundación José Antonio de Castro, 2022。

载了西班牙教士在16世纪撰写的关于中国的多部手稿,为海内外学人研究这部读本提供了颇具学术参考价值的西班牙语第一手文献。

此外,自20世纪以来,在官方语言为非西班牙语的国家,还刊印过两版西班牙语《中华大帝国史》,并且这两版均沿用了16世纪的古典西班牙语书写。其中,2012年,美国的萨宾出版社(Sabin Americana)出版了一部西班牙语版《中华大帝国史》,其书名为 *Historia de las cosas mas notables, ritos y costumbres, del gran reyno de la China: sabidas assi por los libros de los mesmos Chinas, como por relacion de religiosos y otras personas que han estado en el dicho reyno*。该书名译成中文是《中华大帝国奇闻要事、礼仪和习俗——根据到访过中国的教士和其他人士的记述编撰》,本书以下简称为"2012美国西班牙语本"《中华大帝国史》①。另一版是在2018年,由悉尼的温特沃斯出版社(Wentworth Press)刊印发行的,此书名与"2012美国西班牙语本"完全一致,本书以下将此版简称为"2018悉尼西班牙语本"《中华大帝国史》②。

从读本的封面到内容再到页数,"2012美国西班牙语本"和"2018悉尼西班牙语本"都与"1585罗马西班牙语首版"保持一致。特别是笔者注意到,这两版也都缺失了"1586马德里西班牙语修订本"中新增的关于发现新墨西哥的四章内容,以及1583年欧洲教士前往中国肇庆传教的史料,而这两处史料也是"1585罗马西班牙语首版"中缺失的内容。对这两处细节的考证再次佐证了这两版就是"1585罗马西班牙语首版"《中华大帝国史》的翻印本。

---

① 参见 Juan González de Mendoza, *Historia de las cosas mas notables, ritos y costumbres, del gran reyno de la China: sabidas assi por los libros de los mesmos Chinas, como por relacion de religiosos y otras personas que han estado en el dicho reyno*, USA: Sabin Americana, 2012.

② 参见 Juan González de Mendoza, *Historia de las cosas mas notables, ritos y costumbres, del gran reyno de la China: sabidas assi por los libros de los mesmos Chinas, como por relacion de religiosos y otras personas que han estado en el dicho reyno*, Sydney: Wentworth Press, 2018.

第二节 《中华大帝国史》英译本考辨

《中华大帝国史》英译本也是海内外学人常用的研究底本。其中,笔者注意到,在汉语语境下发表的第一篇关于《中华大帝国史》的专题研究是吴孟雪的《从门多萨的〈大中华帝国史〉看欧洲早期汉学和中国明代社会》。① 这篇论文选用的是1853—1854年在伦敦出版的英译本《中华大帝国史》。该英译本在版权页明确指出,该书的原作者是胡安·冈萨雷斯·德·门多萨,此本是乔治·托马斯·斯当东即小斯当东基于罗伯特·派克(Robert Park)的英译本为底本再编而成的,该本在本书中简称为"1853—1854英译本"《中华大帝国史》。

此外,笔者还注意到,截至2020年,汉语语境下发表的10篇关于《中华大帝国史》的专题性研究中,3篇都选用了英译本为研究底本。除吴孟雪选用的"1853—1854英译本"《中华大帝国史》外,吴鸿谊在《十六世纪葡西旅行者眼中的"大明"——一个民族志的视角》中,选用的是1970年在纽约出版的现代英译本《中华大帝国史》(*The History of the Great and Mighty Kindom of China and the Situation Thereof*)。该本首页也指出,这是乔治·托马斯·斯当东在罗伯特·派克的英译本的基础上再编而成的,该本简称为"1970纽约英译本"②。此外,赵欣和计翔翔在《〈中华大帝国史〉与英国汉学》中选用的是1588年伦敦出版的英译本 *The Historie of the Great and Mightie Kingdome of China, and the Situation Thereof: Togither with the Great riches, Huge cities, Politike Gouernement, and Rare Inventions in the Same*,其译成中文是

---

① 参见吴孟雪:《从门多萨的〈大中华帝国史〉看欧洲早期汉学和中国明代社会》(上篇),《中国文化研究》,1996年第1期,第127—132页。

② 参见 Juan González de Mendoza, *The History of the Great and Mighty Kingdom of China and the Situation Thereof*, trans. Robert Parke, ed. Sir George T. Staunton, New York: Burt Franklin, 1970.

《中华大帝国史及其相关情况,以及其拥有巨额财富和巨大的城市、政府建制及奇闻要事》,本书简称为"1588伦敦英译本"①。需指出的是,此处及下文多处都沿用了16世纪的英文书写,其与现代英语有别。

让我们对上述三部英译本《中华大帝国史》分别进行版本考辨。"1970纽约英译本"书名是 The History of the Great and Mighty Kingdom of China and the Situation Thereof,其译成中文是《中华大帝国史及其相关情况》,版权信息中明确指出,该版是罗伯特·派克翻译的英文首译本的再版,这指的就是"1588伦敦英译本"《中华大帝国史》的再版。②"1853—1854英译本"的书名是 The History of the Great and Mighty Kingdom of China and the Situation Thereof,其译成中文同样是《中华大帝国史及其相关情况》。此外,"1853—1854英译本"版权页指出,原编著者是胡安·冈萨雷斯·德·门多萨,该本由乔治·托马斯·斯当东再编而成,并且是罗伯特·派克翻译的英文首译本的再版。③ 可见,"1970纽约英译本"和"1853—1854英译本"在读本的命名上保持一致。此外,笔者又从篇章布局和内容上对这两部英译本进行了比较,发现两者也具有高度统一性。由此可知,"1970纽约英译本"是以"1853—1854英译本"为底本再版而来的。

---

① 此本馆藏于法国国家图书馆。需指出的是,关于此英文首译本的版本源流问题,现下海外学界有三种观点:其一,该英文首译本从《中华大帝国史》的法语首译本翻译而来;其二,笔者提出了另一种观点,根据该英文首译本封面页用英语原书写的版本信息,该英文首译本基于"1586马德里西班牙语修订本"直接翻译而来;其三,赵欣和计翔翔在《〈中华大帝国史〉与英国汉学》中指出,"1588伦敦英译本"直接从"1585罗马西班牙语首版"翻译而来。"1588伦敦英译本"《中华大帝国史》的版本信息,参见 Juan González de Mendoza, The historie of the great and mightie kingdome of China, and the situation thereof: Togither with the great riches, huge cities, politike gouernement, and rare inventions in the same, trans. Robert Parke, London: I. Wolfe Edward White, 1588。

② 参见 Juan González de Mendoza, The History of the Great and Mighty Kingdom of China and the Situation Thereof, trans. Robert Parke, ed. Sir George T. Staunton, New York: Burt Franklin, 1970。

③ 参见 Juan González de Mendoza, The History of the Great and Mighty Kingdom of China and the Situation Thereof, trans. Robert Parke, ed. Sir George T. Staunton, London: The Hakluyt Society, 1853—1854。

让我们对前述探讨予以凝练:"1970 纽约英译本"的底本是"1853—1854 英译本","1853—1854 英译本"又是由乔治·托马斯·斯当东编辑整理完成的,其底本是"1588 伦敦英译本",而"1588 伦敦英译本"是由罗伯特·派克翻译完成的,这也是第一部《中华大帝国史》的英文全译本。因此,从版本源流上追溯,"1853—1854 年英译本"和"1970 纽约英译本"实则同源,他们的底本都可以追溯到"1588 伦敦英译本"。

考辨至此,笔者不禁追问:"1588 伦敦英译本"又是从哪个版本翻译而来的?我们不妨再来细读"1588 伦敦英译本"的完整书名: *The Historie of the Great and Mightie Kingdome of China, and the Situation Thereof: Togither with the Great Riches, Huge Citties, Politike Gouernement, and Rare Inventions in the Same*。其译成中文是《中华大帝国史及其相关情况,以及其拥有巨额财富和巨大的城市、政府建制及奇闻要事》,并且该本是由罗伯特·派克从西班牙语本翻译而来的。但问题在于,该本并未指出究竟是从哪一版的西班牙语本《中华大帝国史》翻译而来的。对此,《〈中华大帝国史〉英译本、中译本和西班牙语本考辨》指出,"1588 伦敦英译本"的底本就是门多萨认可的最终修订版本——"1586 马德里西班牙语修订本"《中华大帝国史》①,而并非赵欣和计翔翔在《〈中华大帝国史〉与英国汉学》中所述的译自"1585 罗马西班牙语首版"②。如前所述,门多萨对"1585 罗马西班牙语首版"并不满意,他在首版的献词中就明确指出,首版有较多印刷错误并且文笔不佳,并允诺在次年于马德里出版一部西班牙语修订本。③ 因此,"1585 罗马西班牙语

---

① 参见高博:《〈中华大帝国史〉英译本、中译本和西班牙语本考辨》,《图书馆杂志》,2020 年第 12 期,第 147—150 页。

② 参见赵欣、计翔翔:《〈中华大帝国史〉与英国汉学》,《外国问题研究》,2010 年第 2 期,第 61 页。

③ 参见 Juan González de Mendoza, *Historia de las cosas mas notables, ritos y costumbres, del gran Reyno de la China, sabidas assi por los libros de los mesmos Chinas, como por relacion de Religiosos y otras personas que han estado en el dicho Reyno*, Madrid: Querino Gerardo, 1585, pp. 3—4。

首版"并非最具学术参考价值的《中华大帝国史》原著善典。然而,迄今为止,学界对"1586马德里西班牙语修订本"的重要学术价值仍然知之甚少,在研究中更是很少使用。

需指出的是,笔者提出"1588伦敦英译本"的底本是"1586马德里西班牙语修订本",这主要是基于以下两点考据。首先,与"1585罗马西班牙语首版"相比,"1586马德里西班牙语修订本"的第二部分第三卷第七、八、九、十章都有新增内容。其中,"1586马德里西班牙语修订本"第七章是"新墨西哥的发现及相关情况"①,第八章是"续谈新墨西哥的发现"②,第九章是"续谈新墨西哥的发现及那里的见闻"③,第十章是"续谈新墨西哥"④。"1588伦敦英译本"在第二部分第三卷中也再现了上述四章。其中,第七章是"新墨西哥的发现及相关情况"⑤,第八章是"续谈新墨

---

① 参见 Juan González de Mendoza, *Historia de las cosas mas notables, ritos y costumbres, del gran Reyno de la China, sabidas assi por los libros de los mesmos Chinas, como por relacion de Religiosos y otras personas que han estado en el dicho Reyno*, Madrid: Querino Gerardo, 1586, p. 286。

② 参见 Juan González de Mendoza, *Historia de las cosas mas notables, ritos y costumbres, del gran Reyno de la China, sabidas assi por los libros de los mesmos Chinas, como por relacion de Religiosos y otras personas que han estado en el dicho Reyno*, Madrid: Querino Gerardo, 1586, p. 289。

③ 参见 Juan González de Mendoza, *Historia de las cosas mas notables, ritos y costumbres, del gran Reyno de la China, sabidas assi por los libros de los mesmos Chinas, como por relacion de Religiosos y otras personas que han estado en el dicho Reyno*, Madrid: Querino Gerardo, 1586, p. 294。

④ 参见 Juan González de Mendoza, *Historia de las cosas mas notables, ritos y costumbres, del gran Reyno de la China, sabidas assi por los libros de los mesmos Chinas, como por relacion de Religiosos y otras personas que han estado en el dicho Reyno*, Madrid: Querino Gerardo, 1586, p. 286。

⑤ 参见 Juan González de Mendoza, *The historie of the great and mightie kingdome of China, and the situation thereof: Togither with the great riches, huge cities, politike gouernement, and rare inventions in the same*, trans. Robert Parke, London: I. Wolfe Edward White, 1588, p. 323。

西哥的发现"①,第九章是"续谈新墨西哥的发现及那里的见闻"②,第十章是"续谈新墨西哥"③。因此,基于对上述四章内容的考证,我们排除了"1588 伦敦英译本"译自"1585 罗马西班牙语首版"的可能性。

其次,除这四章新增内容外,笔者还提出了第二点考证依据:门多萨在"1586 马德里西班牙语修订本"第一部分第三卷第二十四章中,记载了欧洲教士在 1583 年前往中国肇庆传教的信息。④ 并且笔者发现,《中华大帝国史》自 1585 年在罗马首次出版刊印至今的五个世纪以来,除"1586 马德里西班牙语修订本"外,其他所有的《中华大帝国史》西班牙语版本,无论是古典版本,还是现代版本都删去了这段记载。因此,这一细节也就成为考辨一部《中华大帝国史》能否忠实再现"1586 马德里西班牙语修订本"的重要参考依据之一。让我们来细读"1586 马德里西班牙语修订本"对这段重要史料的原文记述,其译成中文是:

> 愿上帝保佑我们的布道心愿尽快实现,因为此地已有圣奥古斯丁教会的教士、圣方济各教会的赤足修士以及耶稣会士,他们在中国被称作圣保罗的神父。肇庆(Xauquin)是总督所在地,已有五六名耶稣会士在城内居住,并且自 1583 年以来,该城就建了一座修道院和一座教堂以作日常弥撒之用。确切言之,他们已得到了当地总督的

---

① 参见 Juan González de Mendoza, *The historie of the great and mightie kingdome of China, and the situation thereof: Togither with the great riches, huge cities, politike gouernement, and rare inventions in the same*, trans. Robert Parke, London: I. Wolfe Edward White, 1588, p. 327。

② 参见 Juan González de Mendoza, *The historie of the great and mightie kingdome of China, and the situation thereof: Togither with the great riches, huge cities, politike gouernement, and rare inventions in the same*, trans. Robert Parke, London: I. Wolfe Edward White, 1588, p. 331。

③ 参见 Juan González de Mendoza, *The historie of the great and mightie kingdome of China, and the situation thereof: Togither with the great riches, huge cities, politike gouernement, and rare inventions in the same*, trans. Robert Parke, London: I. Wolfe Edward White, 1588, p. 335。

④ 参见 Juan González de Mendoza, *Historia de las cosas mas notables, ritos y costumbres del gran Reyno de la China*, Madrid: Querino Gerardo, 1586, p. 112。

允许,可以在全国随意走动。①

与此同时,笔者在"1588 伦敦英译本"第一部分第三卷第二十四章中,也检索到了同样的一段记述:

> 愿上帝保佑我们的布道心愿尽快实现,因为此地已有圣奥古斯丁教会的教士、圣方济各教会的赤足修士以及耶稣会士,他们在中国被称作圣保罗的神父。肇庆(Xauquin)是总督所在地,已有五六名耶稣会士在城内居住,并且自 1583 年以来,该城就建了一座修道院和一座教堂以作日常弥撒之用。确切言之,他们已得到了当地总督的允许,可以在全国随意走动。②

---

① Juan González de Mendoza, *Historia de las cosas mas notables, ritos y costumbres, del gran Reyno de la China, sabidas assi por los libros de los mesmos Chinas, como por relacion de Religiosos y otras personas que han estado en el dicho Reyno*, Madrid: Querino Gerardo, 1586, p. 118. 注:"1586 马德里西班牙语修订本"中的西班牙语原文是:ya hay dentro del Reino religiosos de San Agustín: descalzos de la orden de San Francisco, y del nombre de Jesús, a quien llaman allá los padres de San Pablo, de los cuales hay ya de asiento cinco o seis en la ciudad de Xauquin, que es donde vive el Virrey, y tienen hecho convento desde el año de ochenta y tres acá, con iglesia donde dicen Misa de ordinario, y se dice por muy cierto, han alcanzado licencia del dicho Virrey para poder entrar por todo el Reino de la China libremente, que si ello es así le habrá dado después de haber consultado al Rey, y entendido ser esta su voluntad, porque de otra suerte no se atreviera a ello。

② Juan González de Mendoza, *The historie of the great and mightie kingdome of China, and the situation thereof: Togither with the great riches, huge cities, politike gouernement, and rare inventions in the same*, trans. Robert Parke, London: I. Wolfe Edward White, 1588, p. 134. 注:"1588 伦敦英译本"的英语原文是:And I hope in God it will bee very shortly, for that there be within that kingdome religious men of the order of saint Augustine, and barefoote friers of saint Francis: and of the order of Jesus or Jesuits, who are called there the fathers of Saint Paule: of whom there is placed fiue or sixe in the citie of Xauquin, whereas the vizroy doth dwell, and hath erected a couent in that citie euer since the yeare 1583 with a Church, whereas they doo say masse ordinarily. And it is said of a truth that they haue got license of the saide vizroy for to passe freely thorough out all the whole kingdome of China. But if it bee so, you must thinke that hee did it after that he had consulted with the king, and doone by his authoritie: otherwise I am perswaded he durst not grant any such License illegible letterse. 此处为 1588 年英译本原文,其与现代英语拼写有异。

需强调指出的是,"1585 罗马西班牙语首版"中并未记述欧洲教士在中国肇庆的活动,这是"1586 马德里西班牙语修订本"的新增内容。探讨至此,我们可以得出结论:"1588 伦敦英译本"的底本是"1586 马德里西班牙语修订本",而并非现下学人认为的"1585 罗马西班牙语首版"。

第三节　《中华大帝国史》中译本考辨

截至 2023 年,海内外出版的《中华大帝国史》中文全译本仅有两部,一部是何高济翻译完成的,此处简称为"何高济译本"《中华大帝国史》;另一部中译本是孙家堃翻译完成的,此处简称为"孙家堃译本"《中华大帝国史》。

1998 年,"何高济译本"由中华书局首次出版刊印,是 32 开小本,正文共有 411 页,该版以下简为"1998 何译本"。需指出的是,《中华大帝国史》的西班牙语原著善典也是 32 开小本,从这处细节我们发现,《中华大帝国史》中文首译本在外观上最大限度地再现了门多萨的原著善典。2013 年,"1998 何译本"由中华书局再版,也是 32 开本,共 382 页,以下简称为"2013 何译本"[①]。

此外,2009 年,"孙家堃译本"由中央编译出版社首次在北京出版刊印,是 16 开本,正文共有 294 页,该本以下简称为"2009 孙译本"[②]。截至 2023 年,"孙译本"一共再版过三次。第一次再版是在 2011 年,由南京译林出版社刊印发行,以下简称为"2011 孙译本"[③]。第二次再版是在 2013 年,由北京联合出版公司刊印发行,以下简称为"2013 孙译本"[④]。第三次

[①] 参见门多萨:《中华大帝国史》,何高济译,北京:中华书局,2013 年。

[②] 参见胡安·冈萨雷斯·德·门多萨:《中华大帝国史》,孙家堃译,北京:中央编译出版社,2009 年。

[③] 胡安·冈萨雷斯·德·门多萨:《中华大帝国史》,孙家堃译,南京:译林出版社,2011 年。

[④] 胡安·冈萨雷斯·德·门多萨:《中华大帝国史》,孙家堃译,北京:北京联合出版公司,2013 年。

再版是在 2014 年,由南京译林出版社出版,以下简称为"2014 孙译本"①。

"何译本"和"孙译本"都是汉语学人常用的《中华大帝国史》研究底本,但从版本源流上考据,两部中译本却大相径庭。"何译本"翻译参照的底本是 1940 年在北京影印发行的《中华大帝国史》英文影印本 The History of the Kingdom of China and the Situation Thereof。②《中华大帝国史》这一汉语书名也是由此转码而来的,该本简称为"1940 北京英文影印本"(如图 2.9 所示)。"1940 北京英文影印本"的底本是"1853—1854 英译本","1853—1854 英译本"的底本是"1588 伦敦英译本",而"1588 伦敦英译本"又是从"1586 马德里西班牙语修订本"翻译而来的。因此,从版本源流上考述,"何译本"是先从西班牙语转码到英语,再由英语翻译到汉语的中译本。③

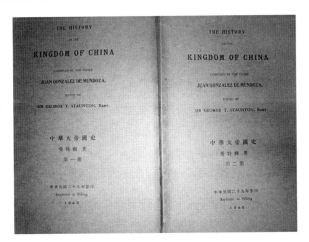

图 2.9　笔者藏"1940 北京英文影印本"

① 胡安·冈萨雷斯·德·门多萨编著:《中华大帝国史》,孙家堃译,南京:译林出版社,2014 年。
② 参见 Juan González de Mendoza, *The History of the Great and Mighty Kingdom of China and the Situation Thereof*, trans. Robert Parke, ed. Sir George T. Staunton, London: The Hakluyt Society, 1853。
③ 参见高博:《〈中华大帝国史〉首版、善本和中译本源流考述》,《图书馆杂志》,2019 第 2 期,第 95 页。

"孙译本"则是从西班牙语直接翻译到汉语的。与孙家堃访谈得知，他使用的底本是"1990马德里西班牙语本"①。《〈中华大帝国史〉首版、善本和中译本源流考述》曾考辨指出，"1990马德里西班牙语本"翻印的是"1944马德里西班牙语本"，而"1944马德里西班牙语本"的底本则是"1586马德里西班牙语修订本"。② 因此，从版本源流上追溯，"孙译本"比"何译本"的底本更接近"1586马德里西班牙语修订本"。

尽管两部中译本的源头都可以溯源到"1586马德里西班牙语修订本"，但从译本对原语信息传递的完整性上考据，"何译本"在第一部分第三卷第二十四章明确记述了欧洲教士前往中国肇庆布道之事③，而"孙译本"却缺失了这段文献，这也是两部中译本在内容上的重要差异之一。这段史料指的就是罗明坚（Michele Ruggieri）和利玛窦（Matteo Ricci）进入肇庆传教之事。不容忽视，"1586马德里西班牙语修订本"对此虽然仅有寥寥几行的记载，但这一事件对彼时的基督教东扩进程却有着里程碑式的意义。在此之前，各个教团曾多次尝试进入中国都无果而终，甚至耶稣会士沙勿略终其一生也未能踏上中国大陆，最终病逝在了广州以南的上川岛。探讨至此，笔者不免追问：此段文献在"何译本"中在场，却在"孙译本"中缺席，这是译者的改写，还是对底本信息的重现？

对此，笔者曾在《〈中华大帝国史〉英译本、中译本和西班牙语本考辨》中，对《中华大帝国史》的中译本、英译本以及"1586马德里西班牙语修订本"都进行了考据并得出结论："1940北京英文影印本""1853—1854英译本""1588伦敦英译本""1586马德里西班牙语修订本"与"何译本"都记载了1583年西班牙人前往肇庆传教的史料。④ 由此可知，英译本一直以来

---

① 参见 Juan González de Mendoza，*Historia del Gran Reino de la China*，Madrid：Polifemo，1990。
② 参见高博：《〈中华大帝国史〉首版、善本和中译本源流考述》，《图书馆杂志》，2019年第2期，第95页。
③ 参见门多萨：《中华大帝国史》，何高济译，北京：中华书局，1998年，第153页。
④ 参见高博：《〈中华大帝国史〉英译本、中译本和西班牙语本考辨》，《图书馆杂志》，2020年第12期，第150—151页。

都传承了"1586马德里西班牙语修订本"中独有的这段关于耶稣会士在肇庆布道的重要文献,因此,"何译本"也得以顺利地向汉语语境转码了这段文献。而"孙译本"是从"1990马德里西班牙语本"翻译而来的,他参照的底本就缺失了这段文献,"孙译本"自然也就遗失了这段史料。

诚然,两部中译本之间还存在着诸多差异,其与西班牙语原著善典之间也在一定程度上发生了偏移。此外,"1585罗马西班牙语首版"为何删去了肇庆传教之事,门多萨又为何在"1586马德里西班牙语修订本"中专门补充了这段文献?这些问题都有待后续研究予以考证。

第三章　重新界定门多萨想象与记忆的边界

  本书第二章基于版本考辨得出结论，门多萨本人认可的西班牙语最终修订本《中华大帝国史》是"1586马德里西班牙语修订本"，因此，本书以该本为研究底本。探讨至此，让我们的思考不妨再回到本书开篇提出的问题：门多萨，一位从未踏上中国土地的西班牙教士，他编著的中国史书为什么能够成为16世纪至18世纪的二百余年间欧洲知识分子书写中国的形象范本和认知中国的重要渠道？他在《中华大帝国史》中究竟塑造了何种类型的他者之中国形象？

  我们要认识门多萨的想象世界，首先就要对这部读本的西班牙语原著善典进行文本细读，并对他者凝视下的中国形象进行重新分类与定义。现下海内外学人使用的分类方法主要有如下三类。第一类按照内容的相似性把门多萨塑造的中国形象分为物质世界和精神世界，又或分为政治、经济和文化等若干方面，这也是当下学人广泛使用的一种分类方法。第二类是正面和负面形象分类法，如赵振江和滕威在《中外文学交流史·中国—西班牙语国家卷》中论及门多萨与《中华大帝国史》在中西文学交流史上的贡献时就使用了这种分类方法。[①] 如前所述，

[①] 参见赵振江、滕威：《中外文学交流史·中国—西班牙语国家卷》，济南：山东教育出版社，2015年，第30页。

这种分类法并未对正面和负面形象予以定义,这就导致了正面和负面形象的界限模糊不清,从而使读者陷入某种主观演绎的循环之中。譬如,倘若我们从中国大陆汉语学人的学术立场出发,易于皈依的中华大帝国形象显然难以被视作一种正面形象。然而,如果在16世纪欧洲视域下审视,这种神圣化想象顺应了彼时彼地反宗教改革联盟所倡导的征服异端和前往非基督教国家救赎迷途的众生的时代大潮,因而在那样一种特殊的时空场域之中,这种形象很可能被纳入一种具有积极意义的异国想象范畴之中。又如,关于门多萨对大明王朝军备的记述,一些读者解读到的是一个军队羸弱的中国形象,然而,另一部分读者在门多萨的西班牙语原著善典中解读到的却是一个远离战争且爱好和平的中国形象。

第三类是按异国形象的社会功能性进行划分。对此,现下学人普遍把门多萨塑造的"他者"之中国形象归入了乌托邦式的异国形象类型之中,正如周宁在《天朝遥远》中论及16世纪欧洲视域下的中国形象时所述:"16世纪的欧洲仍处于文艺复兴时期,其需要从东方他者中寻找可以利用的价值来实现自我超越,故此把中国视为东方楷模并把这一阶段的西方中国形象归入'乌托邦'式的异国形象。"①然而,周宁等学人在跨文化形象学研究中提出新洞见的同时,也为我们留下了延续性思考的空间。笔者不禁反思:门多萨在《中华大帝国史》中塑造的中国形象,是否应被纳入乌托邦式的异国形象范畴之中?与乌托邦式的异国想象相反的另一个概念是意识形态化的异国描写。那么,我们该如何重新界定门多萨的想象边界?门多萨是否在同一部读本中同时塑造了乌托邦和意识形态两种类型的他者之中国形象?以及这两种类型的异国形象的权重又是怎样分配的?两者是势均力敌,还是其中一种类型的他者之中国形象占据了主导地位?此外,除却乌托邦和意识形态的异国形象,门多萨是否还在同一文本中塑造了其他类型的中国形象?

---

① 周宁:《天朝遥远——西方的中国形象研究》(上卷),北京:北京大学出版社,2006年,第346页。

要解答上述问题,我们需要先对乌托邦和意识形态类型的异国形象进行定义。因此,本章将对"意识形态"和"乌托邦"的学术概念流变予以爬梳,目的是以此为理论依据对意识形态和乌托邦类型的他者之中国形象进行定义。

第一节 "意识形态"概念在学术史中的流变

从学理渊源上追溯,首次正式使用"意识形态"这一概念的学者是法国大革命时期的哲学家特拉西(Antoine Destutt de Tracy)。特拉西把两个希腊词汇 $\iota\delta\varepsilon'\alpha$(idea)和 $\lambda o\gamma\iota\alpha$(logy)进行组合创造出了"ideology"的概念。从字面上理解,其意为"理念的罗各斯"或"理念学"。特拉西认为,人们对外部世界的感觉经验是观念学科的唯一基础和来源,人的观念来源于感觉,思考就是在感知事物。① 由此可知,"意识形态"的概念在诞生之初是一门关于观念的科学,这是一个中性词而并不含有贬损性内涵。

德国学者曼海姆(Karl Mannheim)在《意识形态和乌托邦》(*Ideology and Utopia: An Introduction to the Sociology of Knowledge*)中指出,早在文艺复兴时期,培根的"假象说"中就潜藏着意识形态的萌芽(idols)。② 培根归结出了"四种假象":第一,"种族假象"(the idols of the tribe)把人类视为世界的中心并以人为尺度衡量万物,这就导致了我们在审视外部世界的过程中缺乏必要的中立和客观的立场;第二,"洞穴假象"(the idols of the cave)指的是每个人都被迫局限在其所处的"洞穴"之中来对外部世界进行审视与思考,这就使得我们对世界的认知陷入了某种主观演绎和狭隘的思维桎梏之中;第三,"市场假象"(the idols of the market-place)指的是在人际交往中常会出现词不达意或词语使用不当的

---

① 参见 J.B. Thompson, *Ideology and Modern Culture*, Cambridge: Policy Press, 1992, pp. 30—31。

② 参见 Karl Mannheim, *Ideology and Utopia: An Introduction to the Sociology of Knowledge*, London and Henley: Routledge & Kegan Paul, 1979, p.55。

情况,这种语义上的混淆会使我们在语言交流中歪曲和误解对方的意图;第四,"剧场假象"(the idols of the theatre),培根把西方哲学和思想流派比作一幕幕舞台剧,我们对思想和理念的盲从会引发错误的认知,培根称此现象为"剧场假象"。①

尽管我们尚不能证实培根的"四种假象"理论与现代的意识形态概念之间存在着事实联系,但从培根的假象说中,我们解读到欧洲人在16世纪和17世纪就已经从日常经验中认识到了人类思维中的意识形态存在。由此,我们在培根的假象说中察觉到了意识形态学说的萌芽,只是限于时代的局限性,那一时期的学者无法对意识形态的概念给出精准的定义。

进入现代社会,马克思(Karl Marx)推动了"意识形态"作为一种政治学说的发展,他发现了一种理解"意识形态"的新思维模式,以至于整个19世纪的欧洲都在运用并完善这一理论框架。

进入20世纪,曼海姆继承了马克思主义意识形态学说,同时,他又弱化了意识形态的阶级性和批判性,并在知识社会学的视域下对此问题进行了重新思考。其中,他在《意识形态和乌托邦》中把"意识形态"分为两种类型:一种是注重阶级利益格局分析的特殊意识形态,另一种是对总体概念的阐释,其对整个意识和思想结构进行彻底的社会学分析而并不涉及价值评判。换言之,特殊意识形态指的是向对手提出的各种主张和观念质疑,关注对手所持观念的虚假性,认知对手对现实的故意掩饰的根本目的在于达到自身利益最大化。而总体意识形态不包含对虚假意识的怀疑,其并不涉及价值评判和行为动机,只是对某个历史阶段的某个社会群体在特定的社会情境中形成的思想体系和观念进行描述和分析。显然,总体意识形态分析很难把社会群体的各方利益束之于高阁而完全避而不谈,只是其关注点不在于探讨意识形态产生的根源,而是在社会学视域下,深入探究对手的生活状况和思想基础。②

---

① 参见 Francis Bacon, *Novum organum*, Oxford: Clarendon Press, 2008, p. 208。
② 参见 Karl Mannheim, *Ideology and Utopia: An Introduction to the Sociology of Knowledge*, London and Henley: Routledge & Kegan Paul, 1979, pp. 67—74。

此外,曼海姆在《意识形态与乌托邦》中把总体性意识形态进一步划分为特殊阐释和一般阐释两类。他认为,总体意识的特殊阐释是针对对手的观念进行分析,而不论及自己的理论体系;意识形态的一般阐释则指的是在意识形态层面,同时对论敌和本人的观点进行分析。① 在此思维进程之中,随着意识形态总体概念一般阐释方式的提出,单纯的意识形态理论也就发展成了知识社会学。可见,曼海姆借助"意识形态总体概念的一般阐释",开辟了一种意识形态分析的新方法。这种新方法淡化了阶级性,把意识形态泛化为所有社会集团的思想,使其具有了某种超阶级和超政党性。换言之,"意识形态"学说,曾一度被用作党派间相互批判与斗争的思想武器,而经过曼海姆在社会知识学层面上的"改造"之后,"意识形态"成为研究社会学和思想史的一种一般性的研究方法。

深受曼海姆的影响,保罗·利科(Paul Ricœur,又译保·利科)在《从文本到行动》(*Du texte à l'action*)中进一步发展了意识形态学说。其中,他从三个维度对意识形态的意涵进行了解释。第一,他基于马克思主义对"意识形态"的诠释,指出了其中隐含的失调和被掩饰的内在逻辑关系。第二,他把意识形态理解为承认权力的合法性。第三,保罗·利科认识到了意识形态与"任何自塑自我形象、进行戏剧意义上的自我表演、主动参与游戏和表演的社会群体的需求"之间的内在逻辑驱动性。②

引起笔者关注的是,第三个维度的解释为我们在比较文学视域下解读他者的异国形象提供了新的理论基点。事实上,保罗·利科在本质上赋予了意识形态一种整合功能。正如他本人所述:"这就是意识形态的功能,它被当作集体记忆连接站,以便使开创性事件的创始价值成为整个群体的信仰物。"③换言之,意识形态强化了主体在社会联系中的身份认知。因此,以意识形态的整合功能为新的逻辑基点,比较文学学人也推进了异

---

① 参见 Karl Mannheim, *Ideology and Utopia: An Introduction to the Sociology of Knowledge*, London and Henley: Routledge & Kegan Paul, 1979, pp. 67—78。
② 孟华主编:《比较文学形象学》,北京:北京大学出版社,2001年,第32页。
③ 孟华主编:《比较文学形象学》,北京:北京大学出版社,2001年,第32页。

国形象类型学的发展。倘若我们把意识形态的整合功能应用于异国形象类型学之中,就会发现他者塑造的刻板异国形象中潜藏着某种同一化趋向以及对其所处现实进行维护和保存的某种集体政治无意识。正如让·马克·莫哈在《试论文学形象学的研究史和方法论》中所指出的,对异国形象进行意识形态化的再现,其目的是"冒着使用异国情调套话的危险,使想象出的本群体的身份支配被描写的相异性。"①

爬梳至此,我们不妨对"意识形态"概念在西方思想史进程中的流变予以归纳。"意识形态"的概念导源于观念的学说,并且这门学说在诞生之初并不具有负面意涵。当历史的进程跨入 19 世纪,在马克思和恩格斯的推动下,"意识形态"发展成了一门带有浓厚阶级性的政治学说。到了 20 世纪,意识形态的意涵再次发生了转向,曼海姆淡化了"意识形态"概念中的阶级性并将之发展成一门知识社会学,这就使"意识形态"演变成研究社会学和思想史的一种一般方法。深受曼海姆对"意识形态总体概念的一般阐释"的影响,保罗·利科挖掘了意识形态中的社会整合功能。让·马克·莫哈则以这种整合功能为逻辑基点,对具有意识形态功能的异国形象描写进行了重新解读。

第二节 为"乌托邦"正名:空想主义还是想象中的伊甸园?

在跨文化异国形象类型学的理论框架中,与"意识形态化"的异国形象相对应的另一个概念是"乌托邦化"的异国形象。前者在学理上导源于曼海姆在知识社会学中对"意识形态"概念的反思,以及保罗·利科在诠释学中对意识形态概念的重新阐释,后者则是从政治经济学中借用了"乌托邦"的概念,并在跨文化形象学的视域下创造出了一个新的概念——"乌托

---

① 让-马克·莫哈:《试论文学形象学的研究史及方法论》,孟华译,载孟华主编:《比较文学形象学》,北京:北京大学出版社,2001 年,第 35 页。

邦化的异国形象"。然而,要认识"乌托邦"概念的内涵以及对"乌托邦化的异国形象"进行定义,我们需要对"乌托邦"的概念史也予以爬梳。

笔者注意到,"乌托邦"概念旅行到汉语语境后,被汉语学人解释为"空想"的代名词。显然,这种跨文化转码为"乌托邦"嫁接进了一种负面意涵。事实上,"乌托邦"作为学术概念在欧洲语境下被合法化审视的过程,可追溯至16世纪的英国学者托马斯·莫尔(Thomas More)及其代表作《乌托邦》(*Utopia*)。这部文献是莫尔在1515年至1516年间出使弗兰德期间用拉丁文撰写而成的,其完整书名是《关于最完美的国家制度和乌托邦新岛的既有益又有趣的金书》(*Libellus vere aureus, nec minus salutaris quam festivus, de optimo rei publicae statu deque nova Insula Utopia*)。①

1492年,哥伦布抵达美洲激发了欧洲人探索未知世界的欲望,从此,欧洲人对异国书写的关注度也不断攀升。莫尔在《乌托邦》中借助一位海外旅行家拉斐尔·希斯拉德(Raphael Hythlodaeus)之口道出了对现实世界的焦虑,以及对未来美好世界的期待与设想。其中,这部读本的精妙之处在于,他成功地避免了对统治阶级的直接批评并使读本得以顺利出版。《乌托邦》分为两部分,第一部分揭露了资本主义社会私有制的弊端,抒发了作者对这种制度的不满;第二部分是对乌托邦新岛的详细构想,隐喻了莫尔对未来社会制度的全面设计。其中,作者详述了乌托邦的政治、外交、经济、科学、思想、文化、社会、宗教、习俗、人口、教育、语言、文字、交通和市政规划等关于理想社会的各个方面。事实上,"乌托邦"在词源上可追溯至一组古希腊文,一个是Outopos,指现实中不存在的地方;另一个是Eutopos,指人们向往的美好之地。由此可见,乌托邦一词自诞生之初起就具有双重所指。莫尔借用这组古希腊文提出了一种关于未来社会制度的设想。他的畅想并非空穴来风,而是折射出其所处的历史语境,在

---

① Thomas More, *Libellus vere aureus, nec minus salutaris quam festivus, de optimo rei publicae statu deque noua Insula utopia*, Belgium: Arte Theodorice Martini, 1516.

此意义上,莫尔以文学的方式再现了彼时英国社会所共享的某种集体政治无意识。

我们不妨对那一段历史进程予以回顾。莫尔书写《乌托邦》的时代正值 15 世纪和 16 世纪之交,彼时的欧洲人正沉浸在"发现"美洲大陆的狂热之中,这也进一步触发了欧洲人探索外部世界的欲望,那时的欧洲整体呈现出了一种外扩倾向。这不仅体现在地理上的外扩,还体现在思想上的自我反思与超越。其中,文艺复兴运动的兴起就是这场思想自省历程的一种具象化呈现。时代孕育的一部部文学和艺术经典向世人展现了基督教人文主义者是如何以各自的方式来重新发现与认知人与自然的。不容忽视,16 世纪还是一个承上启下的时代,欧洲正处于从古代社会向现代社会转型的初始阶段,人们在剧烈的动荡与变革中探索着新的社会模式,莫尔就身处这样一个动荡与变革并存的时代。16 世纪的英国历经的一个重大事件就是圈地运动。农民被从土地上赶走沦为了无产者,并被迫涌入城市成为雇佣工人,社会的骤然转型加剧了贫富差距和社会动荡。《乌托邦》就是在这样一种宏观历史语境中应运而生的,这部文本投射出的是一个生活在社会动荡转型期的欧洲知识分子对未来社会的憧憬。他在渴望建立一个理想型社会的同时,也对资产阶级私有制进行了无情的揭露与犀利的批判。因此,在彼时彼地的社会历史背景中解读"乌托邦"这个学术概念,其在诞生之初隐喻了对 16 世纪欧洲现状的焦虑与批判,以及对未来理想社会的企盼,而并不具有任何负面含义。

然而,从 16 世纪到 20 世纪,"乌托邦"的内涵和外延发生了多次嬗变。对此,德国学者曼海姆在《意识形态与乌托邦》中按照历史的发展进程,把"乌托邦"的概念流变归纳为三种经典形式。其中,第一种被曼海姆称为"再洗礼派教徒的狂热千禧年主义"(The Orgiastic Chiliasm of the Anabaptists)[①],这也是欧洲中世纪文艺复兴时期的思想产物之一。如前

---

① 参见 Karl Mannheim, *Ideology and Utopia: An Introduction to the Sociology of Knowledge*, London and Henley: Routledge & Kegan Paul, 1979, p. 190。

所述，16世纪的欧洲整体呈现出了一种离心倾向，在海外扩张大潮的感召下，整个欧洲对探索未知外部世界充满了狂热。在曼海姆看来，这个时代孕育出了一种以自我超越为本质特点的时代精神，他称之为千禧年主义思想(Chiliasm)。曼海姆在这种千禧年主义思潮之中洞察到了某种乌托邦精神，只不过在他看来，这种乌托邦是一种"空间的乌托邦，而非时间上的乌托邦"①，并且其具象化呈现为人们热衷于采用"革命"的方式摆脱自己原先的形象和特征。诚然，中世纪的欧洲人无法理解现代意义上的"革命"含义，但事实是，自从政治变革出现以来，"千禧年主义"就一直伴随着革命的爆发。曼海姆认为，这种千禧年主义把革命本身看成一种价值。换言之，人们为了革命而革命，而并不是出于理性考量为了达到某种目的而采取革命的手段。在那一历史阶段，人们对理性思考不感兴趣，与其说他们渴求的是一个更好的世界，不如说他们狂热地渴求"革命"或变革本身。

此外，曼海姆还指出，"乌托邦"的第二种经典形式是：当历史的长河跨入17世纪和18世纪后，乌托邦则被赋予了"自由主义—人道主义"的思想内涵，并在欧洲视域下重新登场。② 那一时期的欧洲正在接受启蒙运动的洗礼，因此，彼时的乌托邦思想也不免被打上理性时代的烙印。如果说文艺复兴时期的千禧年主义展现出的是一种伴随着向外扩张的激进的乌托邦主义倾向并激发了人们自我超越的斗志，启蒙时期的人道主义和自由主义化的乌托邦则呈现出一种相对内敛的倾向，其把精神视为人们渴望抵达的心灵彼岸，而并非像千禧年主义的乌托邦那般，号召世人通过"革命"去重建世界和超越自我。不容忽视的是，在17世纪和18世纪的欧洲，与启蒙思想并行的还有保守主义思潮。乌托邦在保守主义的理论结构中被重新诠释，这与前述自由主义恰恰构成了一组悖论。自由主义关注的是未来而否认过去，其认为从今以后才能产生进步。而保守主

---

① 参见 Karl Mannheim, *Ideology and Utopia: An Introduction to the Sociology of Knowledge*, London and Henley: Routledge & Kegan Paul, 1979, pp. 195—196。

② 参见 Karl Mannheim, *Ideology and Utopia: An Introduction to the Sociology of Knowledge*, London and Henley: Routledge & Kegan Paul, 1979, pp. 197—198。

义者则把注意力转向了过去,在他们的认知中,时间并非一种单向度的延展,而是一种存在于想象中的多维共存,即过去被体现为现在,现在又是已经过去的时间的延续。在曼海姆看来,如果说千禧年主义的乌托邦体验场是在时间之外,自由主义的体验地则是在未来。①

19 世纪是一个孕育共产主义思想的时代,身处于这样的时代背景之下,曼海姆在《意识形态与乌托邦》中又提出了"乌托邦"的第三种形式——社会主义—共产主义的乌托邦范式。② 他认为,19 世纪以后的社会主义和 17 世纪、18 世纪的自由主义的共同主张在于,两者都认为自由和平等的国度未来可期,只不过社会主义—共产主义把未来置于一个更为具体的时间点上,即资本主义文明崩塌之时。此外,社会主义和自由主义的另一个共同点在于,两者都反对保守主义对现存秩序的接受和认可,以及反对千禧年主义为了变革而变革的狂热,两者一致主张通过理性思考和文化理想来实现未来目标。

回溯至此,让我们的视域不妨再从印欧语系转向汉藏语系。如前所述,在莫尔的著作《乌托邦》中,"乌托邦"本是作为一个中性喻体存在的。他表征着对未来美好生活的追求和对资产阶级私有制的批判,而并不具有负面意涵。然而,"乌托邦"被翻译和介绍到汉语语境后,被汉语学人误读为"空想"和"不切实际"的代名词,从此就被注入了消极的喻意。探讨至此,笔者不禁追问:"乌托邦"的喻体在汉语语境下又是如何发生负向偏移的?

在汉语语境下,"乌托邦"一词最早出现在 1898 年严复翻译的《天演论》中,他把《天演论》第八章的标题"Utopia"翻译为了"乌托邦"。③ "乌"意指"没有","托"有"寄托"之意,"邦"则是"地方"之意。因此,从字面上

---

① 参见 Karl Mannheim, *Ideology and Utopia: An Introduction to the Sociology of Knowledge*, London and Henley: Routledge & Kegan Paul, 1979, pp.206—215。

② 参见 Karl Mannheim, *Ideology and Utopia: An Introduction to the Sociology of Knowledge*, London and Henley: Routledge & Kegan Paul, 1979, pp.215—222。

③ 赫胥黎:《天演论》,严复译,北京:北京理工大学出版社,2010 年,第 21 页。

直观理解,"乌托邦"指的是"寄托美好的地方"或"向往之地"。严复使用了音译与意译相结合的翻译方法,在汉语语境下嫁接出了"完美之地"和"乌有之地"的双重语义,由此为汉语读者巧妙地重现了"乌托邦"在英语语境下的内涵。换言之,"utopia"在从英语语境转码到汉语语境之初,并未被嫁接进任何负面喻体。直至1935年,刘麟生翻译的《乌托邦》中译本由商务印书馆出版,他仍沿用了严复对"乌托邦"的译法。①

通过对"乌托邦"和"意识形态"的概念史进行爬梳,我们认识到了乌托邦概念中蕴含的一种质疑现实的倾向,正如曼海姆在《意识形态和乌托邦》中所述:"乌托邦在想象与现实之间架起了一道鸿沟,并对现实的稳定性和持久性构成了一种威胁。"②相比之下,意识形态的社会功能性则体现在维护和保存现实。因此,保罗·利科从乌托邦的颠覆性和意识形态的整合性中受到启发并在《从文本到行动》中提出一种论断:社会集体想象物是建立在"整合和颠覆功能之间的张力之上"的。③ 在此理论基础之上,孟华在《比较文学形象学》中进一步提出了"建立一种异国形象的类型学的设想,其总原则是区别意识形态和乌托邦。凡按本社会模式、完全使用本社会话语重塑出的异国形象就是意识形态的,而用离心的、符合一个作者(或一个群体)对相异性独特看法的话语塑造出的异国形象则是乌托邦的"④。

第三节 异国形象类型学设想:在乌托邦和意识形态两极之间

正如伽达默尔所述,理解是建立在视域融合的基础之上的。⑤ 因此,

---

① 摩尔:《乌托邦》,刘麟生译,上海:商务印书馆,1935年,第15页。
② Karl Mannheim, *Ideology and Utopia: An Introduction to the Sociology of Knowledge*, London and Henley: Routledge & Kegan Paul, 1979, p.203.
③ 孟华主编:《比较文学形象学》,北京:北京大学出版社,2001年,第34页。
④ 孟华:《比较文学形象学》,北京:北京大学出版社,2001年,第35页。
⑤ 参见汉斯-格奥尔格·伽达默尔:《诠释学I:真理与方法》,洪汉鼎译,北京:商务印书馆,2010年,第433页。

在宏观场域中,本书将把视域置于门多萨所处的历时性语境之中,以探寻情感、社会和文化等多重因素是如何参与塑造他者视域下的中国形象的。与此同时,在微观场域中,本书注重通过对《中华大帝国史》西班牙语原著善典进行文本细读以直抵门多萨的想象界,并对其塑造的中国形象进行分类与定义,这也是本节的研究目的。

孟华是较早关注异国形象类型学的汉语学人之一,她在《比较文学形象学》中曾指出,异国形象在本质上是一种按本国社会的需求塑造而成的幻象。① 换言之,异国形象呈现的是本国社会集体认为的"他者"应具有的某种刻板形象,而并非对异国的客观史实的重现。对此,保罗·利科在《从文本到行动》中也指出,社会集体想象物是建立在"整合和颠覆功能之间的张力上"②的;让·马克·莫哈在《试论文学形象学的研究史和方法论》中也认为,社会集体想象物是建立在"意识形态和乌托邦两极间的张力上的"③。

以上述理论结构为逻辑出发点,孟华进一步提出了构建一种异国形象类型学的设想,其总原则就是按照功能性把异国形象分为意识形态和乌托邦两类。在上一节的探讨中,我们已经对"意识形态"和"乌托邦"概念的学理渊源进行了谱系学考古,并认识到异国形象类型学实际上是从哲学、社会学和政治经济学中借用了意识形态和乌托邦的概念对他者的异国形象进行了分类。让我们来细读孟华是如何对这两种类型的异国形象进行分类的:

> 凡按本社会模式、完全使用本社会话语重塑出的异国形象就是意识形态的,而用离心的、符合一个作者(或一个群体)相异性独特看法的话语塑造出的异国形象则是乌托邦的……因此,意识形态形象

---

① 让-马克·莫哈:《试论文学形象学的研究史及方法论》,孟华译,载孟华主编:《比较文学形象学》,北京:北京大学出版社,2001年,第39页。
② 孟华主编:《比较文学形象学》,北京:北京大学出版社,2001年,第34页。
③ 让-马克·莫哈:《试论文学形象学的研究史及方法论》,孟华译,载孟华主编:《比较文学形象学》,北京:北京大学出版社,2001年,第34页。

(或描写)的特点是对群体(或社会、文化)起整合作用。它按照群体对自身起源、特性及其在历史中所占地位的主导型阐释将异国置于舞台上。这些形象将群体基本的价值观投射在他者身上,通过调节现实以适应群体中通行的象征性模式的方法,取消或改造他者,从而消解了他者……相反,乌托邦的描写则是具有颠覆群体价值观的功能。这种由于向往一个根本不同的他者社会而对异国的表现,是对群体的象征性模式所作的离心描写。从某种意义上说,这是还异国以相异性。①

可见,意识形态化的异国形象所具备的整合性社会功能,使群体在对异国的集体想象中再现了自我,并强化了自我在其所处社会中的身份认同。诚然,这种想象而成的关于异国的刻板形象通常与异国现实之间存在着一定程度上的疏离,但这也正是异质文化中"他性"的一种具象化呈现。这种"他性"释放出了一种隐性的意识形态寻唤力,并发挥着同一化异质文化的意识形态功能。

这一理论框架为我们重新思考 16 世纪欧洲视域下的中国形象问题提供了启发,因此,我们不妨以此理论建构新的逻辑基点,对门多萨塑造的中国形象进行重新分类。其中,笔者通过对"1586 马德里西班牙语修订本"进行文本细读发现,门多萨并非以他者视域塑造了一种纯粹的乌托邦式的中国形象,而是虚构了一种富足且拥有先进文明和社会制度,但在精神上有待救赎的异质文化形象。确切言之,一方面,在门多萨的理想化再现下,晚明社会是以富庶强大的他者形象存在于同时代的欧洲视域之下的,我们不妨称之为"乌托邦化的他者之异国形象"。如前所述,"乌托邦"的概念自从 16 世纪诞生之初就一直具有颠覆社会和自我超越的意涵。因此,这种"乌托邦化的异国形象"也继承了颠覆群体价值观的原初意涵。诚然,乌托邦化的异国形象中所凸显的异质文化中的"相异性"是一种根据作者需要被虚构出来的"他性"。从社会功能上看,乌托邦化的

---

① 让-马克·莫哈:《试论文学形象学的研究史及方法论》,孟华译,载孟华主编:《比较文学形象学》,北京:北京大学出版社,2001 年,第 35—37 页。

异国形象隐喻了对本社会群体象征性模式的疏离,也是作者对本社会现实的焦虑以及渴望自我超越的集体无意识在他者形象上的投射。基于此,本书把门多萨在整部读本中塑造的繁华富庶、政治清明以及拥有先进的社会制度的晚明形象纳入了乌托邦化的异国想象范畴之中。另一方面,晚明精神世界在欧洲视域下被门多萨予以了神圣化再现,因此,本书把门多萨对中国人精神世界的形象塑造想象纳入了"意识形态化的异国形象"范畴之中,其发挥着意识形态化的社会整合功能,并在语言层面完成了对异质文明的精神驯化。因此,门多萨实际上是在乌托邦和意识形态的两极张力之间而非乌托邦的单极之上塑造的中国形象。

反思至此,让我们的思考不妨再回到绪论中提出的问题:门多萨是否在《中华大帝国史》中塑造了纯粹的乌托邦式的中国形象? 基于以上论述,我们在此可以给出一个否定的回答。然而,现下学人普遍把关注力聚焦在了门多萨形塑而成的乌托邦式的中国形象上,而忽视了意识形态化的中国形象。因此,以当下研究中的疏漏为逻辑切入点,本书的文献部分旨在立足于意识形态和乌托邦的两极张力之间,并通过文本细读对门多萨的中国想象进行重新定义。在此,笔者有必要重申的是,区分一种异国想象是意识形态还是乌托邦化的,起决定性作用的并非想象的具体内容,而是异国形象在他者视域下的社会性功能,即取决于异国形象的具体内容是对某一特定社会群体在某一特定历史时期的作用是整合还是颠覆。

此外,意识形态和乌托邦化的异国形象并非一组悖论,而是辩证存在的。即使面对同一部读本中塑造的同一个异国形象,一部分读者解读到的可能是颠覆本社会现实和某种自我超越的乌托邦倾向,另一部分读者理解到的却是本社会意识形态在他者社会的再现与强化。正如海德格尔(Martin Heidegger)指出的,心理文化结构影响着主体的理解,基于此,他提出了"前理解"的概念。[①] 主体在"前理解"上的差异性也会导致其在

---

① 马丁·海德格尔:《存在与时间》,陈嘉映、王庆节合译,北京:生活·读书·新知三联书店,1987年,第187页。

文本阐释中出现分化。并且乌托邦与意识形态的两极关系也并非恒定不变的,现存的乌托邦有可能在未来上升为意识形态,乌托邦和意识形态化的异国形象也可以合法共存于同一个文本之中。

思考至此,我们又触及了另一个问题,即如何对具体文本中的意识形态和乌托邦化的异国形象进行分类?对此,孟华对构建异国形象类型学提出了三点具体建议:"在形象学视域下,要区分意识形态形象和乌托邦化的异国形象,首先就需要合理地理解社会集体想象物,并以此作为分类依据;其次,还需要在总体想象的关系中考察文学形象;最后应按功能而非其内容的差异性,来定义和区分不同类型的异国形象。"①

孟华在提出构建异国形象类型学的设想的同时,也为我们留下了延续性思考的空间:我们如何在文本细读中完善异国形象类型学?为此,本书面临的具体问题是:如何在意识形态和乌托邦的两极张力之间合理地理解与界定《中华大帝国史》文本中的社会集体想象物?带着这个疑问,我们将进入本书的文献部分,这部分由第四章、第五章和第六章组成。这三章将对"1586马德里西班牙语修订本"《中华大帝国史》进行文本细读,目的是对门多萨塑造的中国形象进行重新分类与定义。

第四节　重新定义门多萨的中国形象

在对《中华大帝国史》进行文本细读之前,我们不妨先对这部文献的文本结构和作者所处的社会历史背景予以回溯。"1586马德里西班牙语修订本"共有368页,是32开小本。序言部分由如下副文本构成,依次是"教皇西斯特五世和国王颁发的特许证""错误校勘表""定价单""致国王陛下的御前会议大臣、西印度院院长","尊敬的费尔南多·德·维加-丰塞卡先生的献词"和两篇致读者献词以及十四行诗。

---

① 让-马克·莫哈:《试论文学形象学的研究史及方法论》,孟华译,载孟华主编:《比较文学形象学》,北京:北京大学出版社,2001年,第39页。

《中华大帝国史》的正文本由两部分组成,每部分有三卷。第一部分是对明代中国的政治、经济、地理、历史、文化、信仰、礼仪和习俗的概述。其中,第一卷记述了中华大帝国在自然地理方面引人瞩目的情况,第二卷记述了中华大帝国臣民的宗教、他们所崇拜的偶像以及其他超自然的奇闻轶事,第三卷是中华大帝国在道德政治方面令人钦佩的新奇事物。第二部分也由三卷组成,其中,第一卷和第二卷都是西班牙人的来华见闻汇编,这主要指的是对中国福建和广东的见闻,第三卷是对欧洲教士的全球行记再编。因此,从全书的篇章结构上看,门多萨对中国的记述主要集中在第一部分中的三卷和第二部分的前两卷,共由91章组成。

　　1580年,门多萨从西班牙启程开始了横跨大西洋之旅,他需要先抵达彼时的西班牙殖民地墨西哥,再经由同样是西班牙殖民地的菲律宾到达此次的最终目的地大明王朝。作为西班牙国王菲利普二世的钦派特使之一,他将拜见明神宗并寻求建立外交和商贸关系。临行前,时任西印度院(Consejo de las Indias)院长堂安东尼奥·德·帕迪利亚-梅内塞斯建议门多萨利用出访的机会记录下中国的见闻,以便返回西班牙后供其参阅。门多萨在《中华大帝国史》的献词中,对编著这部文献的缘起进行了解释:"赫赫有名的堂安东尼奥·德·帕迪利亚-梅内塞斯大人建议在下到达中国时认真记录那里的情况,以便返回时向他详述我的见闻。本人也认为只有了解了那个国家的风土人情和自然地理,才能以正确的方式感化当地民众,让那里的人民皈依天主教信仰。"①可见,彼时的西印度院院长就是《中华大帝国史》的最初约稿人,只不过这一细节隐藏在副文本之中,而并未引起读者的足够重视。既然门多萨要拜会的是明神宗,大明万历年间的中国就是《中华大帝国史》书写的原型。

　　门多萨之行的第一站是新西班牙(Nueva España),即今日之墨西哥(México)。在16世纪,墨西哥已经沦为西班牙的海外殖民地并成为商旅

---

① Juan González de Mendoza, *Historia de las cosas mas notables, ritos y costumbres, del gran Reyno de la China, como por relacion de Religiosos y otras personas que han estado en el dicho Reyno*, Madrid: Querino Gerardo, 1586, p.11.

往来于亚欧大陆之间的重要海上枢纽站,门多萨一行就在那里停靠并等待下一班大帆船启航取道前往大明王朝。然而,在抵达墨西哥后,他的出访计划却被迫中止了。他也并未在《中华大帝国史》中解释其中的原因,只得滞留在墨西哥并等待乘船返回西班牙。门多萨借助在墨西哥停留的机会搜集和整理了关于中国的大量史料,这些文献为他日后编著《中华大帝国史》提供了重要的参考文献。

需指出的是,本书文献部分并没有按《中华大帝国史》的目录顺序进行阅读,而是发挥读者的主动性对文本进行解构与症候式阅读。其中,本书把门多萨在《中华大帝国史》原著善典中塑造的中国形象分成了三类,分别是物质生活、政治生活和精神生活。按照这种分类进行文本细读,我们发现:门多萨并非如汉语学人所普遍认同的那样,以他者视域建构了一种单一的乌托邦式的或是以乌托邦为主导的晚明形象,而是在意识形态和乌托邦的两极张力之间重现他者之中国记忆的。其中,他为16世纪的欧洲读者塑造了一种富庶强大和政治清明的他者社会的同时,还虚构了一个神圣化的晚明精神世界。从此,在16世纪的欧洲视域下生成了一种新的中国形象。本书立足于中国大陆汉语学人的学术立场,把这种合法存在于16世纪和17世纪欧洲视域下的新型中国形象命名为"他者的另一种中国形象"。

"他者的另一种中国形象"之"另"体现在:门多萨拓宽和深化了欧洲关于中国想象的边界。一方面,他把对中国的想象从器物层面提升至了制度和精神领域;另一方面,他把自中世纪以来欧洲人世代传承的中国的乌托邦想象,拓展到了意识形态和乌托邦的两极张力之间。需指出的是,当下学人普遍认为,《中华大帝国史》在欧洲文化中的里程碑意义在于,作者把欧洲人对中国的器物崇拜提升至了制度层面。但问题在于,这种观点仅关注到门多萨对晚明物质生活和政治生活的理想化书写,却忽视了作者对晚明精神世界的意识形态化再现。而"他者的另一种中国形象"是作者栖居于意识形态和乌托邦的两极之间建构而成的。在笔者看来,这才是门多萨的中国书写的里程碑意义所在。

此外，现下研究中凸显的另一个问题在于，尽管学人们普遍认识到了门多萨的晚明想象中存在着一种理想化的叙事倾向，但这种认知是建立在门多萨的想象和晚明史实之间的横向比较上得出的结论。然而，我们却忽视了一个方法论上的问题：门多萨从未造访过中国也不懂中文，他是通过阅读前人教士的中国报道来了解中国文化并生成关于中国的个人记忆的。门多萨的这种著述方式不免引发了笔者的反思：前文本是如何影响门多萨的中国书写的？换言之，门多萨是基于何种原则对参考文献进行筛选的？他又对参考文献进行了哪些改写？这种文化改写又折射出了作者的何种文化立场？这也正是被现下学人所忽视的问题，同时，也是本书文献研究要解答的重要议题之一。

探讨至此，以现下研究中遗留的问题为理论基点，本书文献部分旨在于乌托邦和意识形态的两极张力之间，对"1586马德里西班牙语修订本"中的晚明物质生活想象、政治制度想象和精神世界的想象予以重新分类和定义。文献研究的最终目的是基于文本细读来认识门多萨对中国文化的审视和书写立场。这部分由第四章、第五章和第六章构成，此三章的具体研究目的是：首先，我们将考辨门多萨是如何利用前人的文献来编著《中华大帝国史》的，以此认清门多萨对前人文献的文化改写立场；其次，还将对晚明的相关史料进行考据，以认识作者对晚明历史的改写立场。

第四章 晚明器物世界在"他者"视域下的转义与再现

基于对《中华大帝国史》原著善典的爬梳与释读,笔者发现读本中共有二十三章以他者视域再现了大明王朝的物质世界。这部分文本又可分为两类:平民阶层和官僚阶层的物质生活,所占篇幅分别为十九章和六章。① 因此,本章第一节和第二节对门多萨凝视下的晚明百姓日常生活进行了考辨,第三节和第四节则聚焦于官僚阶层的物质生活,最终目的是基于文本细读来认识门多萨对中国器物社会的审视立场。本章的研究方法是:首先,我们将对《中华大帝国史》的西班牙语原著善典进行文本细读,以重新定义门多萨塑造的中国形象;其次,我们还将对门多萨的参考文献和晚明的相关史料进行考辨,旨在认识门多萨对前人文献的改写立场,以及对晚明历史的改编立场。

第一节 他者凝视下的平民社会:
富饶宜居的异邦乐土

我们先来关注门多萨对晚明百姓日常生活的记述。涉及这

---

① 需指出的是,其中,第一部分第一卷第九章和第二部第一卷第二十二章同时记述了平民阶层和官僚阶层的物质生活。所以,门多萨对晚明器物世界的记述共计二十三章。

第四章　晚明器物世界在"他者"视域下的转义与再现　87

部分文本的主要有十九章，分别是：第一部分第一卷第二章、第一部分第一卷第三章、第一部分第一卷第四章、第一部分第一卷第九章、第一部分第一卷第十章、第一部分第三卷第三章、第一部分第三卷第四章、第一部分第三卷第十八章、第一部分第三卷第二十二章、第二部分第一卷第十五章、第二部分第一卷第十六章、第二部第一卷第二十二章、第二部分第一卷第二十五章、第二部分第二卷第六章、第二部分第二卷第七章、第二部分第二卷第十二章、第二部分第三卷第十五章、第二部分第三卷第十七章、第二部分第三卷第二十章。

按照内容划分，上述十九章文本又可分为两个子类：一类是门多萨以他者视域对大明王朝之自然景观和人文景观的概述，另一类是他对沿海地区百姓日常生活的特写（如表4.1所示）。其中，第一子类呈现在如下十章之中：第一部分第一卷第二章、第一部分第一卷第三章、第一部分第一卷第四章、第一部分第一卷第九章、第一部分第一卷第十章、第一部分第三卷第三章、第一部分第三卷第四章、第二部分第三卷第十七章、第一部分第三卷第十八章和第一部分第三卷第二十二章。第二子类呈现在另外的九章之中。其中，有六章记述了福建百姓的日常生活，分别是第二部第一卷第十五章、第二部分第一卷第十六章、第二部第一卷第二十二章、第二部第一卷第二十五章、第二部分第二卷第七章和第二部分第二卷第十二章。有两章对广州的平民日常进行了描写，分别是第二部第二卷第六章和第二部分第三卷第十五章。第二部第三卷第二十章描述了海南的百姓生活。

基于上述分类，本节对上述文本展开细读。需指出的是，本章的具体研究路径是：第一节将对"1586马德里西班牙语修订本"进行文本细读，目的是认识大明百姓的日常生活是如何被再现于他者视域之下的。与此同时，第一节还将对门多萨的参考文献进行考辨，以此认识作者是如何利用前文本来建构晚明想象的，并厘清他对参考文献的改编立场。第二节将对相关晚明史料进行考辨，以探究门多萨的中国想象与晚明历史之间发生了何种偏移。基于同样的方法论，第三节和第四节将对晚明官僚阶层的物质生活进行考辨。

表 4.1 门多萨凝视下的晚明社会景观列表(共十九章)

A. 自然和人文景观概述(共十章)

序号	门多萨的记述	章节
1	土地肥沃,富庶,物价便宜,生育率高,年轻人多。	第一部分第一卷第二章
2	土地肥沃,物产丰富,人民勤劳,商业繁荣,物价便宜,举国太平无战事,人民生活无忧无虑,天生好吃喝,穿着讲究。	第一部分第一卷第三章
3	土地肥沃,物产丰富,豢养大量的猪、牛、羊、鸭等家禽,农牧产品丰富,并且价格非常便宜。社会和谐,百姓互不相欺。	第一部分第一卷第四章
4	大明帝国有很多优秀的建筑家,也盛产世界上最好的建筑材料,因此,全国到处都建有宏伟牢固的建筑物。	第一部分第一卷第九章
5	生活富足,商业发达。因为劳动力多,货品多,所以物价便宜。货品丰富,种类繁多。特别是药房还出售草药,价格也很便宜。瓷器业发达,远销葡萄牙、秘鲁、新西班牙和马来西亚等地。	第一部分第一卷第十章
6	中国纳税数额庞大,是全世界已知的最强大的国家。	第一部分第三卷第三章
7	皇帝在十五个省征收赋税。	第一部分第三卷第四章
8	中国幅员辽阔,土地富饶,人口众多,税收庞大。水源丰富,利于灌溉,物产丰富。不但大量种植小麦、大米、亚麻和棉花等作物,金银矿产也很丰富。中国人还善于烧制瓷器,水陆交通又十分便利,物流通畅,因此物价低廉。	第二部分第三卷第十七章

第四章　晚明器物世界在"他者"视域下的转义与再现　89

续表

序号	门多萨的记述	章节
9	中国人有大宴宾客的习俗。	第一部分第三卷第十八章
10	贫苦人家以船为家,发明了神奇的船上养鸭法和鸬鹚捕鱼法。	第一部分第三卷第二十二章

B. 沿海地区生活特写(共九章)

福建特写(共六章)		
序号	门多萨的记述	章节
1	泉州民生便利,交通四通八达,道路平坦,使得百姓易于出行。泉州人口众多,人民勤劳,各种农作物种植都十分丰富,特别是人们大量种植水稻。那里的物价十分便宜,沿途商铺林立,商业繁荣。	第二部分第一卷第十五章
2	泉州民生发达,那是一座沿海城市,商业繁荣,进出口贸易繁荣,海运物流非常便利。沿街店铺林立,售有很多珍稀物品以及各种食品。农牧产品和水果蜜饯应有尽有,价格便宜得就像白给一样。	第二部分第一卷第十六章
3	福州城是全国最富有、物资最集中的城市之一。凭借富庶肥沃以及人口众多,也凭借其近海的优势地理位置,河流畅通,成为全省的首府。	第二部分第一卷第二十二章
4	福州街上的商品种类繁多,货品丰富,并且便宜得就像白给一样。	第二部分第一卷第二十五章
5	福州土地肥沃,百姓勤劳,物产丰富,物价便宜。特别是中国人与西班牙人犁地种田的方式截然不同,聪明的中国人善于用鹅来清除稻子之间的杂草。	第二部分第二卷第七章
6	福州城的富庶再次令门多萨叹为观止。	第二部分第二卷第十二章

续表

广东特写(共两章)		
序号	门多萨的记述	章节
7	广州是一座富庶之城,以至于街上很少看到乞丐,因为这里没有穷人,国家也不允许有穷人。倘若发现有人因贫困而上街乞讨,皇帝就会提供一份数目不小的津贴给流浪汉,大明帝国物价便宜,这份抚恤金足以维持其日常开销。	第二部分第二卷第六章
8	潮州城也是富庶之地,到访的西班牙人感叹这是世界上最好的地方。城内外都很清新,布满了果园,俨然呈现出一派鸟语花香之象。潮州城是塞维利亚城的三倍,四周高墙围绕,居民的住所很大,街道很漂亮,宽敞悠长笔直。城市的市政布局整齐,城里还有大河流环绕,那些河流均可通航。城里还有一座桥可直通城中的一座小岛,那里开着各色旅社和店铺,货品琳琅满目,不仅可以买到鱼和肉等日常食材,还有麝香、琥珀和绫罗绸缎等珍贵商品。	第二部分第三卷第十五章

海南特写(共一章)		
序号	门多萨的记述	章节
9	海南盛产粮食,资源丰富,特别是采珠业发达,岛民性格温顺。	第二部分第三卷第二十章

一、晚明自然景观和人文景观的理想化再现

如前所述,门多萨对晚明自然景观和人文景观的想象集中展现在《中华大帝国史》的十章之中,分别是第一部分第一卷第二章、第一部分第一卷第三章、第一部分第一卷第四章、第一部分第一卷第九章、第一部分第

第四章　晚明器物世界在"他者"视域下的转义与再现　91

一卷第十章、第一部分第三卷第三章、第一部分第三卷第四章、第二部分第三卷第十七章、第一部分第三卷第十八章和第一部分第三卷第二十二章。让我们对这十章文本进行细读。首先,《中华大帝国史》的开篇四章就以他者视域记述了大明帝国的自然地理和人文环境,分别是"中华帝国及其疆域""中华帝国的气候""帝国的丰饶及其物产"以及"再述帝国的丰饶及其物产"。① 其中,第一部第一卷第一章和第二章都描述了中国的气候。门多萨以自然景观为逻辑切入点,向 16 世纪的欧洲读者介绍了大明帝国享有的得天独厚的自然地理优势。他还指出,正是优越的地理环境造就了丰饶的物产和宜居的生存空间。与此同时,充沛的物资和安逸的生存环境又孕育了帝国较高的生育率,年轻人口繁盛则为社会生产提供了充足的劳动力,宜人的气候和充沛的人力资源又保障了帝国丰饶的物产。既然物产丰腴,劳动力充足,物价就十分低廉。② 由此,门多萨通过在自然地理条件和人类的生产生活之间构建因果联系,巧妙地把视域从自然景观转移到了人文景观,从而为欧洲读者描绘了一幅物质丰腴、生机盎然和生活便利的异质文化图卷。

让我们继续细读文本。第一部分第一卷第三章是"这个帝国的富饶,它生产的果实及其他物产"③,第一部分第一卷第四章是"续谈这个国家的富饶及其物产"④,第一部分第三卷第三章是"帝国 15 个省中向皇帝纳

---

① 参见 Juan González de Mendoza, *Historia de las cosas mas notables, ritos y costumbres, del gran Reyno de la China, como por relacion de Religiosos y otras personas que han estado en el dicho Reyno*, Madrid: Querino Gerardo, 1586, pp. 1—8。

② 参见 Juan González de Mendoza, *Historia de las cosas mas notables, ritos y costumbres, del gran Reyno de la China, como por relacion de Religiosos y otras personas que han estado en el dicho Reyno*, Madrid: Querino Gerardo, 1586, pp. 3—4。

③ Juan González de Mendoza, *Historia de las cosas mas notables, ritos y costumbres, del gran Reyno de la China, como por relacion de Religiosos y otras personas que han estado en el dicho Reyno*, Madrid: Querino Gerardo, 1586, pp. 5—6。

④ Juan González de Mendoza, *Historia de las cosas mas notables, ritos y costumbres, del gran Reyno de la China, como por relacion de Religiosos y otras personas que han estado en el dicho Reyno*, Madrid: Querino Gerardo, 1586, p. 7。

税的人数"①,第一部分第三卷第四章是"皇帝在 15 个省纳税的确切记载"②,第二部分第三卷第十七章是"本章记中华大帝国的强大、特点、财富和辽阔"③。从这些章的题目上,我们就解读到,门多萨强调的仍然是大明帝国的富饶和宜居。其中,引起笔者关注的是,他在文本中多次运用了夸张的修辞塑造了他者视域下的晚明乌托邦形象,如其所述:"他们四处找寻,渴望觅得一处理想之地定居下来,没有比这里更富饶、更宜居的地方了,这里有满足人类生存所需的一切条件,简直是无与伦比之地。此地是如此之富饶,以至于他们不得不在这里定居,即使他们找遍全世界,再也找不到像这样的宝地了。"④又如,第一部分第一卷第二章也记述道:"该国到处都是孩子,好像妇女每个月都在分娩,孩子小时候都很漂亮。"⑤

释读至此,笔者不禁追问:这种夸张的理想化书写是门多萨的原创想象,还是他对参考文献的忠实再现,又或是他对前人文献的文化改写?如是后者,他又进行了何种改编?我们不妨就以这段史料为逻辑切入点对门多萨的参考文献进行考辨,目的是认清他对前文本的改写立场。然而,如前所述,门多萨并未在文本中标注他是如何使用参考文献的,这也是

---

① Juan González de Mendoza, *Historia de las cosas mas notables, ritos y costumbres, del gran Reyno de la China, como por relacion de Religiosos y otras personas que han estado en el dicho Reyno*, Madrid: Querino Gerardo, 1586, p. 52.

② Juan González de Mendoza, *Historia de las cosas mas notables, ritos y costumbres, del gran Reyno de la China, como por relacion de Religiosos y otras personas que han estado en el dicho Reyno*, Madrid: Querino Gerardo, 1586, p. 53.

③ 参见 Juan González de Mendoza, *Historia de las cosas mas notables, ritos y costumbres, del gran Reyno de la China, como por relacion de Religiosos y otras personas que han estado en el dicho Reyno*, Madrid: Querino Gerardo, 1586, p. 234。

④ Juan González de Mendoza, *Historia de las cosas mas notables, ritos y costumbres, del gran Reyno de la China, como por relacion de Religiosos y otras personas que han estado en el dicho Reyno*, Madrid: Querino Gerardo, 1586, p. 234.

⑤ Juan González de Mendoza, *Historia de las cosas mas notables, ritos y costumbres, del gran Reyno de la China, como por relacion de Religiosos y otras personas que han estado en el dicho Reyno*, Madrid: Querino Gerardo, 1586, p. 5.

第四章　晚明器物世界在"他者"视域下的转义与再现　93

《中华大帝国史》在学界遭遇的诟病之一。笔者注意到,整部读本中唯有两处提及了参考文献。一处是在副文本的献词"致国王陛下御前会议大臣、西印度院院长,尊敬的费尔南多·德·维加-丰塞卡先生"中:

  鄙人在得知帕迪利亚大人的旨意之后,一直以尽心撰写《中华大帝国史》为己任。后来国王陛下又派遣鄙人前往墨西哥,因此,鄙人只好把前往中国了解国情的工作向后推迟,转而与曾去过中国的人建立起联系,并请人翻译了从中国购买的史书和其他书籍中的相关章节,以及鄙人搜集到的各种文献和中国见闻札记。①

另一处是在第一部分第三卷第十七章"拉达神父及其同伴从中国带来的书籍和这些书籍的内容"。其中,门多萨指出,拉达从中国福建购买的中国书籍是他著书的重要参考史料之一,如其所述,本史书参考了拉达神父从中国福建购买的中国图书以及其他修士带回的汉籍,在菲律宾生活的华人和当地的西班牙人一起把这些中文史料翻译成了西班牙语。②

这两处文本为我们考辨门多萨的想象原型和探究他对前文本的改写立场提供了重要线索。特别是上述两处文献都提及西班牙教士拉达。事实上,拉达不仅亲自到访过福州并著有中国见闻行纪,还从当地购买了一批中国书籍运回了彼时的西班牙殖民地菲律宾,并请当地华侨把这批中文资料翻译成西班牙语。因此,拉达撰写的中国报道以及他从福建购买的那批中文图书就成为门多萨编著《中华大帝国史》的重要参考文献。其中,拉达所著中国报道的西班牙语完整书名是 *Relaçion Verdadera de las cosas del Reyno de TAIBIN por otro nombre china y del viaje que a el hizo el muy Reverendo padre fray martin de Rada provinçial que fue*

---

 ① 参见 Juan González de Mendoza, *Historia de las cosas mas notables, ritos y costumbres, del gran Reyno de la China, como por relacion de Religiosos y otras personas que han estado en el dicho Reyno*, Madrid: Querino Gerardo, 1586, p. 12。

 ② Juan González de Mendoza, *Historia de las cosas mas notables, ritos y costumbres, del gran Reyno de la China, como por relacion de Religiosos y otras personas que han estado en el dicho Reyno*, Madrid: Querino Gerardo, 1586, p. 91。

*de la orden del glorioso Doctor de la yglesia San Agustin. Que lo vio y anduvo en la provinçia de Hocquien año de 1575 hecha por el mesmo*①，译成中文是《奥古斯丁会拉达神父于 1575 年前往大明，即中国的福建省的真实见闻记述》。何高济在《16 世纪中国南部行纪》中把此书名简译为《记大明的中国事情》②，笔者在本书中也沿用了这种约定俗成的简化译法。

　　让我们的思考再回到门多萨的记述之中，他指出："该国到处都是孩子，……孩子小时候都很漂亮。"③对此，笔者参阅了门多萨的诸多参考文献，发现唯有拉达提及了中国儿童的相貌。他在《记大明的中国事情》中有如下一段记述："大明人很白很健壮，孩子们小时候很好看，但一旦长大就变丑了，胡须少，眼睛又细又小。"④此外，克鲁士在《中国志》中也提及了中国人的相貌，但却并未述及中国儿童，并且他认为中国人一般都不好看，如其所述：

　　　　中国人长相通常都不好看，小眼睛，扁脸扁鼻，没有胡子，就下巴上有几根毛，但也有一些中国人长得漂亮，他们不但身材匀称，还大眼睛，胡须浓密，高鼻梁。只不过这样的人很少，他们可能是各族联

---

① Martín de Rada, *Relaçion Verdadera de las cosas del Reyno de Taibin, por otro nombre china, y del viaje que a el hizo el muy Reverendo padre fray martin de Rada, provinçial que fue de la orden del glorioso Doctor de la yglesia San Agustin. Que lo vio y anduvo en la provinçia de Hocquien, año de 1575 hecha por el mesmo*, https://arxiu-web.upf.edu/asia/projectes/che/s16/radapar.htm（2 March, 2024）.

② 参见拉达：《记大明的中国事情》，C. R. 博克舍编注：《十六世纪中国南部行纪》，何高济译，北京：中华书局，2019 年，第 217 页。

③ Juan González de Mendoza, *Historia de las cosas mas notables, ritos y costumbres, del gran Reyno de la China, como por relacion de Religiosos y otras personas que han estado en el dicho Reyno*, Madrid: Querino Gerardo, 1586, p. 5.

④ Martín de Rada, *Relaçion Verdadera de las cosas del Reyno de Taibin, por otro nombre china, y del viaje que a el hizo el muy Reverendo padre fray martin de Rada, provinçial que fue de la orden del glorioso Doctor de la yglesia San Agustin. Que lo vio y anduvo en la provinçia de Hocquien, año de 1575 hecha por el mesmo*, p. 25. https://arxiu-web.upf.edu/asia/projectes/che/s16/radapar.htm（2 March, 2024）.

姻通婚的后代。①

可见,门多萨对中国儿童的记述与拉达的记述之间呈现出了较强的互文性,只不过门多萨避讳了拉达和克鲁士对中国人外貌丑陋的描写而仅保留了正面描写,以此美化了他者视域下的中国人形象。

让我们的思考继续前行,在读本开篇的四章中,门多萨对大明帝国的自然景观和人文景观进行了鸟瞰式概述。之后,他又把视域从宏观转向了微观,并另辟四章对百姓的市井生活进行了专门描写。如第一部分第一卷第十章就关注大明王朝的百姓之体质、外貌、服饰和其他情况,我们来继续释读文献:

> 达官贵人衣着华贵,他们的衣服是丝制的,五颜六色,质地上乘,裁剪得当。普通百姓身穿一种当地盛产的粗糙丝绸和麻布或棉布。店里的货品琳琅满目,各种档次的衣料都有,既有金银料子和纱料,也有麻布和粗布,品种多样,颜色绚丽。药房还出售草药,价格也很便宜。帝国瓷器业发达,远销葡萄牙、秘鲁、新西班牙和马来西亚等地。②

> 每一个城镇都有许多的商铺,门前都会有一个标牌,标出所卖的货物,有丝绸,有羊毛,有金丝,还有各种色彩鲜艳的丝绸。低档次的店铺售卖用各种颜色的线编织而成的布,有棉布、麻布和绒布。因为有充足的原材料,再加上大量的劳工在纺织行业工作,所以这些物品卖得都很便宜。③

---

① Gaspar da Cruz, "Certain Reports of China", in Charles R. Boxer ed., *South China in the Sixteenth Century*（1550—1575）, London and New York: Routledge, 2010, p.137.

② 参见 Juan González de Mendoza, *Historia de las cosas mas notables, ritos y costumbres, del gran Reyno de la China, como por relacion de Religiosos y otras personas que han estado en el dicho Reyno*, Madrid: Querino Gerardo, 1586, pp.17—20。

③ Juan González de Mendoza, *Historia de las cosas mas notables, ritos y costumbres, del gran Reyno de la China, como por relacion de Religiosos y otras personas que han estado en el dicho Reyno*, Madrid: Querino Gerardo, 1586, p.19.

在此,门多萨为16世纪的欧洲读者勾勒出了一幅商业繁荣、货品丰富、物价低廉的晚明市井画卷。可见,门多萨的晚明乌托邦想象是全方位的,无论是在自然地理上还是生产生活上,大明帝国都堪称他者想象中的理想宜居之地。

此外,笔者还注意到,第一部分第三卷第二十二章的标题是"中国人低投入高产出的奇异养鸭法以及有趣又巧妙的捕鱼法"。① 由于汉语和西班牙语的不可通约性,笔者在文中标注了门多萨的西班牙语原文书写。我们来细读此章,以进一步认知作者对中国文化的审视立场。

  中国人口多,又不容忍闲人的存在,于是,聪明的穷苦人家就创造了一些谋生之道。整个国家的土地都被开垦了,没有一块无主的荒地。此外,河流也被他们开发利用了,有些人就住在船上娶妻生子,还在船上搭了篷子用来遮风挡雨和躲避天灾。他们还从父辈那里学到了一些奇特的手艺,其中最新奇的就是在船上养鸭子,饲养数量之大可以供应全国的大部分地区……全国都使用这种养鸭法,不但很高效还能带来丰收的收益,因为鸭肉味美价廉,又供应全国,还一年四季都可以养殖,成本还很低。此外,值得一提的是,他们还有一种捕鱼法,同这种养鸭法一样巧妙。②

贫苦人家迫于生计而选择在渔船上度日谋生,这本是一种非常艰难的生存方式。然而,市井生活的窘困在门多萨的文化滤镜下却被改写成一种令人钦佩的民间智慧。门多萨对中国的这种审视姿态在直观表象

---

① 参见 Juan González de Mendoza, *Historia de las cosas mas notables, ritos y costumbres, del gran Reyno de la China, como por relacion de Religiosos y otras personas que han estado en el dicho Reyno*, Madrid: Querino Gerardo, 1586, p. 105。注:《中华大帝国史》西班牙语原著善典第一部分第三卷第二十二章的标题是"De un modo muy curioso que tienen estos Chinos en criar anades en grandis sima abuundancia y a poca costa; y de una agradable è ingeniosa pesqueria que usan"。

② 参见 Juan González de Mendoza, *Historia de las cosas mas notables, ritos y costumbres, del gran Reyno de la China, como por relacion de Religiosos y otras personas que han estado en el dicho Reyno*, Madrid: Querino Gerardo, 1586, pp. 105—106。

上,明显有别于萨义德所批判的那种"东方主义"。"东方主义"视域下的刻板异国形象通常是消极的,甚至是野蛮和落后的。然而,门多萨在描述中国穷苦人家的渔船生活时却并未使用任何贬损性修辞,而是充满了对中国民间智慧的由衷钦佩。诚然,尽管如此,门多萨的这种书写立场也仍然没有超越基督教普世主义的思维桎梏,中国仍然是根据彼时欧洲的需要和作者自身的诉求建构出来的一种他者形象。释读至此,笔者不禁追问:门多萨对中国文化所持的充分肯定的书写姿态是对前人教士的传承,还是作者的一种主体性改写?

  本书第一章第二节已对门多萨使用的参考文献进行了爬梳:一是葡萄牙教士加斯帕尔·达·克鲁士的《中国志》;二是西班牙奥古斯丁会修士马丁·德·拉达编著的《记大明的中国事情》;三是西班牙奥古斯丁会修士马丁·德·拉达和赫罗尼莫·马林带领两名士兵米格尔·德·洛尔加和佩德罗·萨米恩托前往福建,他们的口述中国见闻也成为门多萨著作的参考;四是米格尔·德·洛尔加的《中华大帝国见闻纪要》;五是西班牙方济各会修士彼得罗·德·阿尔法罗和其他三名同一教宗的修士1579年游历广东省后所写的游记;六是拉达从福州购买了一批中国书籍,他请菲律宾华侨把这批书翻译成了西班牙文,这批资料也成为门多萨的参考文献之一,但这批资料失传已久。

  鉴于门多萨并没有在文本中注明文献出处,我们只得通过对上述参考文献进行考辨来推断门多萨的引文出处。引起笔者关注的是,克鲁士的《中国志》和佩雷拉的《中国报道》(*Tractado em que se comtam muito por esteso as cousas da China, con suas particularidades, e assi do reyno dormuz*)中,都记述了中国人使用的奇妙的鸬鹚捕鱼法。其中,克鲁士在《中国志》第十二章中就有如下一段记述:

>   皇帝在江边的各个城市都用笼子饲养了很多鸬鹚,为的是让它们捕鱼。那些船在河里围成了一个圈,鸬鹚都是捕鱼能手,它们捕鱼的景象颇为壮观。鸬鹚的主人拿绳把鸟的嗉囊系住,为的是在它们捕鱼的时候不让它们吃鱼。它们捕到嗉囊装满中等大小的鱼就回到

渔船上,渔夫逼它们把鱼从嗉囊里吐出来,如此反复直到捕到渔夫想要的数量为止。等鸬鹚捕完鱼,渔夫给它们解开嗉囊,让它们自己去捕鱼吃,吃饱后再把这些鱼鹰装进笼子。之后,皇帝还会按照官员的级别,把一两艘船赏赐给大臣,让他们的家人也享用鲜鱼。①

此外,在克鲁士的《中国志》问世之前,佩雷拉在《中国报道》中也记述了中国渔民用鸬鹚捕鱼的奇特技艺:

> 有一件事十分值得关注,我在这条河里看到了一种很棒的捕鱼方式,因此我要把它记下来。在很多沿河的城镇,皇帝养了很多鱼鹰并把它们关在笼子里,经常放它们去捕鱼,场面甚为壮观。用这些鸬鹚捕鱼的船在河里围成了一个圈。渔人把鸬鹚的嗉囊捆住,不让它们把鱼吞下去,然后把它们放到河里去捕鱼。等它们捕到鱼,再让它们把鱼从嗉囊里吐出来。鸬鹚为渔人捕完鱼后,渔人解开嗉囊,再让它们自己去捕鱼吃,吃饱后再把它们装进船上的那些笼子里。我所在的那座城市,至少有20艘带有鸬鹚的渔船。我几乎每天去都能见到它们,但这种钓鱼法让我们每次看了都觉得很新奇。②

释读至此,让我们对门多萨、克鲁士和佩雷拉关于中国渔民生活的记述进行横向比较。其中,佩雷拉和克鲁士并没有使用赞誉或贬损性的修辞,而是仅仅向欧洲读者介绍一种中国人常用的新奇的捕鱼技能。而门多萨则在记述中隐晦地融入了对中国百姓的肯定式审视立场,如他在文本中就使用了"聪明的穷苦人家",以及"奇妙的捕鱼方式"等褒义的修辞,还嫁接进了对中国社会价值观的肯定,如"人口多,又不容忍闲人的存在"。可见,门多萨并没有忠实沿用佩雷拉和克鲁士所采用的相对中性的书写立场,而是通过文化调适对中国社会与文化进行了重新诠释,把底层

---

① Gaspar da Cruz, "Certain Reports of China", in Charles R. Boxer ed., *South China in the Sixteenth Century*(1550—1575), London and New York: Routledge, 2010, p.130.

② Galeote Pereira, "Certain Reports of China", in Charles R. Boxer ed., *South China in the Sixteenth Century*(1550—1575), London and New York: Routledge, 2010, pp.42—43.

百姓的艰苦渔船生活美化成了勤劳和智慧的象征。

让我们的思考继续前行,第一部分第三卷第十八章记述了中国人大宴宾客的情景,如门多萨所述:"本书很多地方都提及了中国人举办宴会。他们吃饭的方式十分独特,与我们的宴请大为不同,所以,我认为最好记述于此。这些中国人对举办宴会的热衷远远超过了世界上的其他任何民族,因为他们是那么富有和无忧无虑。"①特别是他还对中国人宴会上的奢华排场进行了特写。

> 一场宴会即便邀请来一百个客人,也是每人只在自己的那张桌子上吃,并且桌面布置得精美华丽,金黄的底色上绘有飞禽走兽和森林景观以及其他各种令人心旷神怡的风景。餐桌上不铺桌布,桌前只放一块垂地的花缎或丝绸。在桌子的角落里,有一个用金线和银线装饰的小小的花篮,其中有许多鲜花以及制作成动物形状的甜点,有涂成金色的小象、小狗和小鹿等动物。桌子中心用来集中摆放食物,这些食物放在器型奇特的瓷盘或银盘中,既有鲜美多汁的禽类,也有精心烹饪的鱼类。②

这段文本为16世纪的欧洲读者呈现出了一幅异常奢华的盛宴景观,与此同时,也折射出了大明帝国在物质生活上的闲适与富足。对此,笔者不免继续追问:这段记述中的想象原型是什么?他又在何种程度上对原型进行了改写?

在门多萨的诸多参考文献之中,拉达的《记大明的中国事情》中有一章名为"中国人吃饭的方式和他们的宴席"③,这一章与门多萨在《中华大

---

① Juan González de Mendoza, *Historia de las cosas mas notables, ritos y costumbres, del gran Reyno de la China, como por relacion de Religiosos y otras personas que han estado en el dicho Reyno*, Madrid: Querino Gerardo, 1586, pp.93—95.

② Juan González de Mendoza, *Historia de las cosas mas notables, ritos y costumbres, del gran Reyno de la China, como por relacion de Religiosos y otras personas que han estado en el dicho Reyno*, Madrid: Querino Gerardo, 1586, pp.93—95.

③ "1586马德里西班牙语修订本"的西班牙语原文标题是:De la manera del comer y de sus combites。

帝国史》第一部分第三卷第十八章"中国人举行宴会和庆祝节日的方式"①具有较高的相似度。其中,拉达是这样描述中国人的宴席的:

> 他们坐着用餐,但不用桌布或餐巾,也不用手拿着吃,而是用两根细长的棍子把食物夹起来吃。并且他们用棍娴熟,可以把很小的食物夹到嘴里,甚至像李子或其他这类的水果也都没问题。一开餐,他们先吃鱼肉等菜肴,然后再吃三四碗大米饭,这相当于我们的主食面包,都是用棍吃,他们吃起饭来有些狼吞虎咽。在宴席上,每位来宾都独享一张桌子。如果是正式的场合,每位客人面前都会摆上很多张桌子。我来讲一下他们是如何款待我们的。在一间大堂里,他们在前厅为每个教士都摆满了七张桌子,还在靠墙处为非教士的西班牙人每人摆了五张桌子,陪着我们的中国军官每人有三张桌子。在前厅门口,教士们对面还坐着邀请我们来赴宴的军官,他们每人有一张桌子。在另外一个厅里,他们还为我们每人都准备了三张桌子用来放餐具。这些桌上都摆满了盛着食物的碟子,只有烧肉放在主桌之上,其他非烧煮的食物一律放到其他桌上。他们这样做就是为了讲排场和摆阔气。桌上摆的有整只的鸭鹅、鸡肉、熏肉、排骨、鲜牛肉、各类鱼肉、大量的各种果品以及精致的壶、碗和其他摆件等。这些摆在桌子上的东西,宴会散席后,都装进篮子并送到了我们的住处,桌子摆着的所有东西最终都归了客人。②

尽管门多萨并未在《中华大帝国史》中指明,他对中国人的宴会和吃饭方式的记述引用了拉达的《记大明的中国事情》,但两部文本在这个议

---

① "1586马德里西班牙语修订本"的西班牙语原文标题是:Del modo que estos Chinos tiene en hazer banquetes, y de las fiestas que celebran.

② Martín de Rada, *Relaçion Verdadera de las cosas del Reyno de Taibin, por otro nombre china, y del viaje que a el hizo el muy Reverendo padre fray martin de Rada, provinçial que fue de la orden del glorioso Doctor de la yglesia San Agustin. Que lo vio y anduvo en la provinçia de Hocquien, año de 1575 hecha por el mesmo*, p. 25. https://arxiu-web.upf.edu/asia/projectes/che/s16/radapar.htm (2 March, 2024).

题上呈现出的高度互文性向我们揭示了门多萨很可能是以拉达的中国报道为底本进行了重新编码,并最终以一种夸张的方式重现了晚明百姓的富足生活。具体言之,门多萨对拉达文献的改写主要体现在如下三方面。首先,拉达记述的是福建地方官员对西班牙人一行设宴盛情款待。显然,这是官府对远道而来的西班牙人的一种外交优待行为,而门多萨却把这种奢宴泛化为了中国人吃饭的一种日常习俗,如其所述:"中国人对举办宴会的热衷远远超过了世界上的其他任何民族,因为他们是那么富有和无忧无虑。"①

其次,门多萨的改编还体现在整部文本的结构上。门多萨把中国人喜欢排场,热衷于奢宴的习俗放在了《中华大帝国史》的第一部分,其标题是"中国人举行宴会和庆祝节日的方式"。而《中华大帝国史》的正文本由两部分组成,其中第一部分是对明代中国的政治、经济、地理、历史、文化、信仰、礼仪和习俗的记述,第二部分是对传教士早期世界旅行见闻的汇编,其中主要记述了中国的福建和广东,以及中国的邻国和墨西哥的自然和人文景观。因此,关于西班牙人在福建受到的高级礼遇的记述理应被纳入第二部分,即传教士在中国南部的旅行见闻。然而,门多萨却把这部分文本安排在了第一部分,即大明帝国的国情概述之中,从而把拉达亲历的奢华宴请泛化为了大明百姓生活中的日常行为,这种叙事结构再次放大了晚明的富庶。

最后,门多萨还通过夸张的想象对拉达的中国报道进行了增补,如其所述:"桌面布置得极为华丽,金黄的底色上绘有飞禽走兽、森林美景以及其他各种赏心悦目的风景。餐桌上不铺桌布,桌前只放一块垂地的花缎或丝绸。"②然而,经笔者考辨,在拉达的《记大明的中国事情》中并没有出

---

① Juan González de Mendoza, *Historia de las cosas mas notables, ritos y costumbres, del gran Reyno de la China, como por relacion de Religiosos y otras personas que han estado en el dicho Reyno*, Madrid: Querino Gerardo, 1586, pp. 93—95.

② 参见 Juan González de Mendoza, *Historia de las cosas mas notables, ritos y costumbres, del gran Reyno de la China, como por relacion de Religiosos y otras personas que han estado en el dicho Reyno*, Madrid: Querino Gerardo, 1586, p. 95。

现上述描写。由此推断，这段描述应是门多萨想象而成的文本。

探讨至此，通过对门多萨的参考文献进行考辨，我们再次得出了一种学理性判断：门多萨并未忠实地传承前人教士对中国文化的审视和书写立场，而是通过把个案泛化为日常以及调整篇章结构等手法，对前人的中国报道进行了夸张式再现，最终向16世纪的欧洲读者勾画出了一个享有优越物质生活条件的异质文化形象。

我们再来细读《中华大帝国史》第一部分第一卷第九章关于大明市政建设和百姓住宅的记述。

> 平民百姓的房屋也都修葺得很好，是按罗马式样修建而成的，所有的屋外都种有整齐的树木，街道上看起来既美观，又有树荫供人乘凉。房屋内部白如奶汁，光滑如纸。地板用又大又平整的方石铺砌而成，天花板用的是一种优质的木料，不仅结构良好还雕梁画栋，宛如锦缎一般，呈金黄色，甚为美观。每座房子都有庭院且种满了花草，供主人休闲娱乐。没有一户人家没有鱼塘，尽管有的人家的很小。①

对于上述文献，《中华大帝国史》中译本的译者——历史学者何高济曾指出，门多萨主要参考的是克鲁士《中国志》中的相关文献。② 以此为线索，笔者在《中国志》中检索到了克鲁士对广州百姓住房条件的一段描述，让我们继续细读文本。

> 从表面上看，普通人家的房子并不怎么美观，但里面却非常别致；屋里四壁洁白如乳，光滑如纸。地面是用方石板铺成的，沿着一个或多或少的跨度的地面，被染成朱红色或黑色。所有的木材都非常光滑平整，做工和摆设也都非常精细，家具似乎都被抛光了，或者

---

① Juan González de Mendoza, *Historia de las cosas mas notables, ritos y costumbres, del gran Reyno de la China, como por relacion de Religiosos y otras personas que han estado en el dicho Reyno*, Madrid: Querino Gerardo, 1586, p.14.

② 参见门多萨：《中华大帝国史》，何高济译，北京：中华书局，1998年，第28页。

染色了,或者就是白色的。有的白色是那样的赏心悦目,像锦缎一样发光,几乎是金色的,是那样的明亮,以至于光亮洒到上面好像会使其褪色似的。我承认,我确实从来没有见过这么精美的木材。①

对上述两段文献进行考辨,我们再次认识到了门多萨对前人报道的理想化改写的倾向。首先,克鲁士赞叹的是广州民宅内部的装潢之精美,而门多萨则把这种地方性民居之考究泛化为了整个大明帝国百姓的住房常态。其次,克鲁士在文献中记述的是中国百姓的住所"从表面上看,一般都不是很漂亮"②,而门多萨则删去了这则负面评价,并改写为"普通百姓的房屋也都修建得很好"③。

二、晚明沿海市镇生活在他者视域下的乌托邦式重写

门多萨除在《中华大帝国史》的开篇八章中在宏观视域下对大明百姓所处的自然景观和人文景观进行了远景观察外,还在另外九章中分别对福建、广东和海南三省的市井生活进行了专门描写。其中,他用六章记述了福建地区的富庶与繁华,用两章描述了广东的生活,用一章描写了海南。

让我们对门多萨的福建想象先来予以细读。他对福建地区的描写主要集中在福州和泉州两地,并分别呈现在第二部第一卷第十五章"西班牙人继续泉州之行及沿途见闻",第二部分第一卷第十六章"西班牙人抵达泉州城,受到款待及泉州见闻",第二部第一卷第二十二章"西班牙人进入福州城,以及总督款待并接见了他们",第二部第一卷第二十五章"西班牙人把礼物送给总督,他从王望高手里接过礼物封印后送给皇帝;我们的人

---

① Gaspar da Cruz, "Certain Reports of China", in Charles R. Boxer ed., *South China in the Sixteenth Century*(1550—1575), London and New York: Routledge, 2010, p.99.

② Gaspar da Cruz, "Certain Reports of China", in Charles R. Boxer ed., *South China in the Sixteenth Century*(1550—1575), London and New York: Routledge, 2010, p.99.

③ Juan González de Mendoza, *Historia de las cosas mas notables, ritos y costumbres, del gran Reyno de la China, como por relacion de Religiosos y otras personas que han estado en el dicho Reyno*, Madrid: Querino Gerardo, 1586, p.14.

被禁止离开住所前往城中及其他特殊见闻",第二部分第二卷第七章"西班牙人赴福州并记述途中遭遇和见闻",以及第二部分第二卷第十二章"澳门城的一个葡萄牙人发现了大将军的险恶意图,便写了一封匿名信提醒我们的人要小心,危险已迫在眉睫。该城的海道召见了我们的人,并告知我们中的一些人可以前往澳门,另一些人去吕宋"。

其中,《中华大帝国史》第二部第一卷第二十二章的开篇处就称赞道:"福州城是全国最富足和供应最好的城市,如前所述有大河可从水路直达。"①此外,第二部分第一卷第十六章对泉州城的市井生活也有如下一段详细描述:

  我们经过的每一条街的两侧都有棚子,棚子下面就是商店,摆满了各色新奇商品,价格昂贵。他们还修建了很多牌坊,牌坊的间距相同,这样街道看起来就更加美观,全国每条大街都如是,牌坊下面有一个很好的市场,你可以在那里买到想吃的任何东西,鱼和肉、水果、蔬菜、糖果和蜜饯等应有尽有,而且每样都很便宜,几乎花不了什么钱,便宜得就像白给一样(todo a precios muy baratos que valen como de balde)②。他们的食物也很好吃,很丰盛。③

第二部分第二卷第七章仍然在记述福州百姓的生活日常,在此,门多萨再次惊叹于当地的土地之肥沃、百姓之勤劳、物产之丰富和物价之便宜,如其所述:

  全国各地都人烟稠密,村庄一个紧挨着一个,与其说那里有很多个村子,不如说整个中国就是一个超大型村庄;与其称之为帝国,不

---

① 参见 Juan González de Mendoza, *Historia de las cosas mas notables, ritos y costumbres, del gran Reyno de la China, como por relacion de Religiosos y otras personas que han estado en el dicho Reyno*, Madrid: Querino Gerardo, 1586, p. 177.

② 鉴于西班牙语和汉语的不可通约性,此处笔者标注了门多萨的西班牙语原文所用的修辞。

③ 参见 Juan González de Mendoza, *Historia de las cosas mas notables, ritos y costumbres, del gran Reyno de la China, como por relacion de Religiosos y otras personas que han estado en el dicho Reyno*, Madrid: Querino Gerardo, 1586, pp. 162—163.

第四章　晚明器物世界在"他者"视域下的转义与再现

如称之为中国大都市。因为人口众多,全国都不剩一块荒地。又如前所述,这个国家也不允许有游手好闲之人。那里土地肥沃,物产丰富且物价便宜。①

与此同时,笔者发现,拉达在《记大明的中国事情》中对福州的城市景观也有一段十分详尽的记述。

> 我们惊奇地发现,沿着河岸而下竟有很多住户,与其说有很多村庄,不如说那里矗立的就是一座超大的村庄。不止于此,我们在前往福州的路上有60里格的路程,人烟都是如此稠密。据说中国的其他地方也是同样的人口密集,唯有广东除外。②

基于上述两个文本的比较,门多萨对中国的人口和土地等情况的记述很可能是以拉达的福建报道为底本改编而来的。在此,门多萨再次在前文本的基础之上,发挥了作者主体性对中国社会和文化进行了重新诠释。如拉达在上述文献中只记述了中国是一个人口密度颇高的国家,而门多萨则通过想象对前文本进行了增补和夸大,并指出"这个国家也不允许有游手好闲之人"以及"全国都不剩一块荒地"③。可见,通过文化改写,他向彼时彼地的欧洲读者介绍了一种崇尚勤劳和厌恶懒惰的中国式伦理观。

除福建外,门多萨还另辟两章对广东的两座城市——广州和潮州也

---

① 参见 Juan González de Mendoza, *Historia de las cosas mas notables, ritos y costumbres, del gran Reyno de la China, como por relacion de Religiosos y otras personas que han estado en el dicho Reyno*, Madrid: Querino Gerardo, 1586, p.238。

② Martín de Rada, *Relaçion Verdadera de las cosas del Reyno de Taibin, por otro nombre china, y del viaje que a el hizo el muy Reverendo padre fray martin de Rada, provinçial que fue de la orden del glorioso Doctor de la yglesia San Agustin. Que lo vio y anduvo en la provinçia de Hocquien*, año de 1575 hecha por el mesmo, https://arxiu-web.upf.edu/asia/projectes/che/s16/radapar.htm (2 March, 2024).

③ Juan González de Mendoza, *Historia de las cosas mas notables, ritos y costumbres, del gran Reyno de la China, como por relacion de Religiosos y otras personas que han estado en el dicho Reyno*, Madrid: Querino Gerardo, 1586, p.238.

进行了专门描写。其中,《中华大帝国史》的第二部分第二卷第六章就记述了西班牙人在广州的见闻。

> 在大明帝国街头,很少能见到乞丐。前面已经讲过,这里没有穷人,即使有的话,在街上和寺庙里也看不到。官员只要发现一个人由于贫穷而被迫乞讨时,就会下令从皇上的财产中给这个人发放一笔补贴,并且这笔钱数目很大,足以支付送他们来的士兵的费用以及其余所有的开销。①

拉达在《记大明的中国事情》中也提及了行乞之事,只不过他与门多萨的书写立场截然不同。我们再来细读拉达的记述。

> 另一种修士住在城镇的社区里。据我们所知,国王供养了他们,给了他们生活所需,但我们在福州还是看到了一些人在街上乞讨。这些人一边摇着小铃铛一边唱歌,还举着一把大扇子,不停地摇动,谁想施舍就把施舍物放在或扔在扇子上。②

拉达的这段文献与门多萨的前述描写极为相似,只不过拉达秉承的是一种相对中性的书写立场。而门多萨的改编则体现在:首先,他删去了拉达对乞丐沿街唱歌跳舞的描述。其次,他还增补了一段记述,即皇帝出资救助和收容了贫困人口,因此,大明帝国的街道才很少见到乞丐。换言之,门多萨不但删去了拉达文献中关于中国社会的负面报道,淡化了读者对中国的负面印象,还增加了对大明社会制度优越性的想象。通过这种文化改写,门多萨再次为16世纪的欧洲读者塑造了一个拥有完善的社会

---

① Juan González de Mendoza, *Historia de las cosas mas notables, ritos y costumbres, del gran Reyno de la China, como por relacion de Religiosos y otras personas que han estado en el dicho Reyno*, Madrid: Querino Gerardo, 1586, pp. 234—235.

② Martín de Rada, *Relaçion Verdadera de las cosas del Reyno de Taibin, por otro nombre china, y del viaje que a el hizo el muy Reverendo padre fray martin de Rada, provinçial que fue de la orden del glorioso Doctor de la yglesia San Agustin. Que lo vio y anduvo en la provinçia de Hocquien*, año de 1575 hecha por el mesmo, https://arxiu-web.upf.edu/asia/projectes/che/s16/radapar.htm (2 March, 2024).

福利制度的异质文明社会。

不容忽视,克鲁士在《中国志》中也记述了街头乞丐,但他的叙事立场又不同于门多萨和拉达。我们不妨也来细读克鲁士的记述。

  在这个人人辛勤劳作,为生计而奋斗的国度里,所有的人都讨厌懒汉,厌恶那些不劳而获的人,所以一般没有一个人愿意向贫穷的人施恩。当一个穷苦的人向葡萄牙人乞讨时,葡萄牙人若是对他施以恩惠,中国人便会嘲笑他:"你为什么要向这个无赖施舍呢?让他自己去赚吧。"①

可见,尽管克鲁士也描述了在大明帝国的街道上很少见到行乞,但与拉达和门多萨报道的显著不同之处在于:克鲁士将这种社会现象描述为中国人伦理观的一种具象化呈现,即因为中国人崇尚勤劳,厌恶懒惰,社会公德不允许懒汉存在。但门多萨却没有沿用克鲁士的这种书写立场,他并没有把街头难觅乞丐的社会现象解读为中国人道德伦理观的再现,而是将之归根于福利制度的优越性,即皇帝设立皇家医院收容了行乞者,所以,街上才没有了乞丐的身影。

探讨至此,让我们的考辨不妨继续向前追溯一步。在克鲁士之前,佩雷拉在《中国报道》中也记载了大明帝国的街头行乞现象。

  他们还有一个大优点,以至于我们对他们的慷慨倍感震惊:那就是他们所有的城市都有医院,而且总是人满为患;我们从未见过任何穷人在乞讨。为此,我们了解到,原来每个城市都专门规划出一片地用来收容穷人、盲人、跛脚的人、老人、行动不便的人和无依无靠的人。这些人住在里面一辈子都有大米饭吃,但除此之外,他们也不提供别的救助了。所有被收容进这所房子的人都会享受这种待遇。如果有人生病、失明或瘸腿了,救助医院就会向布政使提出申请并证明他所述为真。他们可以一直住在那座大医院里直到去世。此外,他

---

① Gaspar da Cruz, "Certain Reports of China", in Charles R. Boxer ed., *South China in the Sixteenth Century* (1550—1575), London and New York: Routledge, 2010, p.118.

们还在那里养猪养鸡,不必外出乞讨。①

通过对门多萨、拉达、克鲁士和佩雷拉的记述进行统合性观察,我们发现,较之于拉达和克鲁士的记述,佩雷拉与门多萨的文本之间具有更高的相似度。尽管如此,我们仍然可以窥探到门多萨的改写痕迹。如佩雷拉指出,救助医院仅提供大米给被收容人员用于维持他们最基本的生存需要,除此之外并不提供其他物资。而门多萨的记述却是:"官员只要发现一个人由于贫穷而被迫乞讨时,就会下令从皇上的财产中给这个人发放一笔补贴,并且这笔钱数目很大,足以支付送他们来的士兵的费用以及其余所有的开销。"②可见,门多萨对佩雷拉的底本也进行了理想化再现,重写后的文本更加凸显了大明社会福利制度的优越性。

至此,基于上述文献考辨,我们可以得出结论,门多萨的中国书写很可能是对拉达、克鲁士和佩雷拉的中国报道进行杂糅的结果。然而,"杂糅"并不等同于书写目的上的盲目性。基于对这组写本矩阵的考辨,我们进一步认清了门多萨的理想化改写倾向,他通过文化调适向16世纪的欧洲读者展现了一个拥有优越社会福利制度的异质文明形象。

最后,让我们对本节的探讨予以总结。门多萨在读本的19章篇幅中集中再现了大明帝国平民阶层的物质生活。其中,有10章对大明帝国的自然景观和人文景观进行了概括,另有9章分别对福建、广东和海南这沿海三省的民生情况进行了记述。在上述文本中,门多萨以他者视域形塑了一个富饶宜居的大明帝国形象,那里气候宜人,国泰民安,人民勤劳,商业繁荣,物价低廉,水陆交通发达,百姓生活富足殷实。然而,门多萨从未到访过中国,这幅生机盎然的大明社会景观并非他的原创之作,而是在佩雷拉、拉达和克鲁士等传教士的中国报道的基础之上,以他者视域重新编

---

① Gaspar da Cruz, "Certain Reports of China", in Charles R. Boxer ed., *South China in the Sixteenth Century (1550—1575)*, London and New York: Routledge, 2010, pp. 30—31.

② Juan González de Mendoza, *Historia de las cosas mas notables, ritos y costumbres, del gran Reyno de la China, como por relacion de Religiosos y otras personas que han estado en el dicho Reyno*, Madrid: Querino Gerardo, 1586, pp. 234—235.

码而成的一种中国形象。其中,门多萨通过对前文本进行理想化重构塑造了一种乌托邦式的他者之器物社会。这种乌托邦式的改写具象化呈现为:一、他过滤掉了前人传教士文献中出现的负面中国形象;二、他把前人传教士在中国亲历的奢华宴席泛化为了中国百姓的生活常态;三、他还夸大了前人对晚明之繁华富庶的记述,进一步深化了业已存在于欧洲文化记忆中的中国乌托邦想象。

第二节 理想化重构的背后:"万历中兴"在他者视域下的诗性再现

基于上一节对《中华大帝国史》原著善典的释读,我们认识到门多萨为16世纪的欧洲读者塑造了一个物质生活富足和生机盎然的晚明市井社会风貌,他记述的原型是万历年间的大明王朝。对此,笔者不禁追问:晚明百姓的生活是否如门多萨想象的那般安逸无忧?门多萨的理想化书写又在何种程度上与晚明史实之间产生了分化?以及他又是如何以他者视域重写晚明历史的?为此,本节将从宏观和微观场域分别对他者的晚明器物想象予以考辨。

一、晚明乌托邦想象与资本全球化进程的同构性

首先,我们的审视需要再次回溯到16世纪末期,《中华大帝国史》就是在那一时期编著完成的。现下学人往往把门多萨的晚明乌托邦想象解读为欧洲对深陷于危机的焦虑与自我超越的投射,而忽视了彼时的中西方交际性语境对其书写立场的建构性。因此,本节以16世纪的资本全球化进程为逻辑起点,对晚明在全球经贸格局中所处的地位进行重新审视,并探究门多萨的晚明乌托邦想象与时代的同构性。

樊树志在《晚明史:1573—1644》中曾指出,在16世纪,大明王朝和西班牙、葡萄牙以及日本等国长期开展海外贸易,中国大量出口丝织品和瓷器,也少量进口海外土特产。与此同时,欧洲诸国和日本都用白银进行贸

易结算,因此,白银就源源不断地从海外流入了中国,这也是晚明时期中外贸易的显著特点之一。从此,大明王朝成为名副其实的"白银帝国",并在海外贸易中长期享有顺差地位。①

此外,全汉昇、佛林(Dennis O. Falynn)、艾维斯(Willion S. Atwell)和吉拉尔德兹(Arturo Giraldez)等海内外学人也对明清海外贸易和白银流入问题都进行了深入思考。据托马斯·德·科民(Tomás de Comyn)估算,从1571年到1821年的250年中,西班牙人从美洲运往菲律宾的马尼拉的白银共计约4亿西元,其中的四分之一或二分之一都流入了中国。全汉昇在《明清间美洲白银的输入中国》中,对16世纪末期白银经由菲律宾流入大明帝国的脉络进行了系统性分析。他指出,托马斯·德·科民低估了大明王朝对海外白银的纳入量,二分之一甚至更多或许才较为接近事实。② 为此,他对明清时期美洲通过菲律宾输入中国的白银数量进行了统计(如表4.2所示)。

表4.2 明清间美洲白银每年经菲律宾入华数据表③

年代	数额(单位:西元)
1586以前	300 000
1586	500 000(+)
1598及以前	800 000 1 000 000(+)
1602及以前	2 000 000
1604	2 500 000(+)

---

① 参见樊树志:《晚明史:1573—1644》(上)(第二版),上海:复旦大学出版社,2016年,第57页。

② 参见全汉昇:《明清间美洲白银的输入中国》,载全汉昇:《中国经济史论丛》(第一册),香港:香港中文大学新亚书院、新亚研究所,1972年,第445—446页。

③ 参见全汉昇:《明清间美洲白银的输入中国》,载全汉昇:《中国经济史论丛》(第一册),香港:香港中文大学新亚书院、新亚研究所,1972年,第444页。

续表

年代	数额(单位:西元)
1633 及以前	2 000 000
1729 及以前	3 000 000—4 000 000
1815	1 550 000

从上述数据中,我们解读到,从 16 世纪西班牙在菲律宾建立殖民地至明清之际,从美洲流经菲律宾输入中国的白银总量呈现出一种逐年上升的趋势,如大明万历年间仅有 30 万比索,而到了 16 世纪末期已经达到了 100 万西元。其峰值出现在 18 世纪初期,高达 400 万西元。

此外,全汉昇还援引了多份欧洲教士写给西班牙国王菲利普二世的手稿,这些信件披露了欧洲在与中国的海外贸易中长期处于逆差态势。这也佐证了大明王朝在 16 世纪的全球海外贸易中占据优势地位,以及其对全球的白银资本具有强大的掌控力。我们不妨来细读一下这批手稿,如 1586 年,一名西班牙官员在给国王菲利普二世的信函中就有如下一段记述:"大量白银和银币都运到了马尼拉去购买中国的货物。这些银子有些留在了菲律宾岛,但余下的全部都被中国大陆来的华商赚走了。"① 又如,1590 年,一个葡萄牙人在给菲利普二世的信中再次道出了他对贸易逆差的深忧:"如果陛下批准西印度与中国通航,那么西班牙王国的银币将全部流入中国;因为中国是如此之大,出售的货物之多,以至于无论我们携带多少银币前往,都会被中国全部吸收掉。"② 再如,1597 年,菲律宾总督达斯玛利纳斯(Luis Perez Dasmarinas)在给菲利普二世的奏折中也流露出了对华贸易逆差的焦虑:"所有的银币都流进了中国,年复一年地

---

① "Letter to Felipe II (June 17, 1586)",全汉昇:《明清间美洲白银的输入中国》,载全汉昇:《中国经济史论丛》(第一册),香港:香港中文大学新亚书院、新亚研究所,1972 年,第 442 页。

② Emma Helen Blair, Alexander Robertson James, *The Philippine Islands*, 1493—1898, *Volume VII*, Charleston SC: BiblioLife, 2008, p. 134.

留在了那里,事实上是长期留在了那里。"①1598 年,马尼拉大主教在写给菲利普二世的信中也抱怨银币大量流入了中国,如其所述:"每年由新西班牙运来的 100 万西元的银币都违反了陛下的命令,全部流进了中国异教徒的腰包。"②

基于上述四份手稿,我们解读到了如下信息:一方面,大明帝国在海外贸易中长期处于顺差地位,赚取了大量白银,并且这些白银是作为货币形态的资本,这使得大明王朝成为名副其实的"白银帝国";另一方面,长期的对华贸易逆差也引发了欧洲人的深层焦虑。

除了欧洲国家外,日本也是明清时期主要的白银输出国之一,如美国学者艾维斯在《1530—1650 年的国际金银流动与中国经济》中曾指出,从 1530 年到 1570 年,日本是中国的重要白银来源国。明朝江南沿海地区的私人贸易非常频繁,但由于彼时相当一部分中日贸易都是违法行为,而并没有载入官方的统计数据。据艾维斯的保守估算,在 16 世纪中期,中日贸易额可达 53 万两白银。③ 贡德·弗兰克(Gunder Frank)在《白银资本——重视经济全球化中的东方》中也曾指出,1560 年至 1640 年间,日本成为亚洲的重要白银供应国,从日本输入中国的白银数量比从美洲运来的白银还多 3 到 10 倍。④ 此外,他还作出估算:中国占全世界白银产量的四分之一到三分之一,并且这些白银是货币形态的资本。⑤

可见,中外学者的分析都指向了同一个观点,即在门多萨编写《中华

---

① "Letter from Luis Perez Dasmarinas to Felipe II (June, 28, 1597)",全汉昇:《明清间美洲白银的输入中国》,载全汉昇:《中国经济史论丛》(第一册),香港:香港中文大学新亚书院、新亚研究所,1972 年,第 442 页。

② "Letter from Fray Ygnacio, Archibishop of Manilla, to Felipe II (Manila, June 24, 1598)",全汉昇:《明清间美洲白银的输入中国》,载全汉昇:《中国经济史论丛》(第一册),香港:香港中文大学新亚书院、新亚研究所,1972 年,第 442 页。

③ William S. Atwell, "International Bullion Flows and the Chinese Economy Circa 1530—1650," Past & Present, No. 95, 1982, pp. 68—90.

④ 参见贡德·弗兰克:《白银资本——重视经济全球化中的东方》,刘北成译,北京:中央编译出版社,2000 年,第 210 页。

⑤ 参见贡德·弗兰克:《白银资本——重视经济全球化中的东方》,刘北成译,北京:中央编译出版社,2000 年,第 162—169 页。

《大帝国史》的 16 世纪末期,"整个世界的经济秩序是以中国为中心的"①。探讨至此,我们得以回答本节开篇提出的问题,即在全球史的视域下审视,大明王朝在 16 世纪的世界经贸秩序中占据了中心地位。特别是那一时期正处于资本全球化进程初级阶段,白银在流通中已经演变成了货币形态的资本。倘若我们以白银占有量为标准来衡量,大明帝国俨然已成为世界资本的掌控大国。因此,在 16 世纪的中西方遭遇性语境中解读,大明帝国在海外贸易中长期所处的顺差地位,以及其在白银资本占有量上的优势,与门多萨的晚明乌托邦想象形成了一种同构性。基于此,本书提出了一种学术观点:门多萨以他者视域塑造而成的繁华宜居的晚明市井社会,是对 16 世纪资本全球化进程和世界经贸秩序的一种诗性重现。

二、"万历中兴"在他者视域下的历史折射

我们不妨把视域再转向大明帝国的市井生活,以探究门多萨的相关记述在何种程度上再现了晚明历史。如前章所述,门多萨以他者视域形塑而成的大明帝国的器物社会可总结为如下三个特点:人口众多、农耕业发达、商业繁荣。这三种因素合力塑造了一幅生机盎然的晚明社会景观。至此,笔者不免继续追问:门多萨的晚明想象又在多大程度上再现了万历年间之史实?

在门多萨编著《中华大帝国史》之际,大明帝国正值"万历中兴"时期。万历皇帝统治前期,得益于张居正改革等因素,国库收入大增,商品经济空前繁荣,明廷还严厉地整顿了吏治,社会呈现出欣欣向荣之象。这一历史阶段被称作"万历中兴",这就是门多萨的中国想象之原型。

(一)他者想象中的人口大国形象

我们不妨先从晚明社会的具体历史经验出发,对门多萨塑造的晚明人口大国形象予以考辨。如前所述,他在读本开篇就记述道:"该国到处

---

① 贡德·弗兰克:《白银资本——重视经济全球化中的东方》,刘北成译,北京:中央编译出版社,2000 年,第 169 页。

都是孩子,好像妇女每个月都在分娩。"①尽管不同学者对明代人口的估算数值存在着分歧,但他们都一致认为,明代中国经济繁荣发展,人口增长了至少一倍。如贡德·弗兰克在《白银资本——重视经济全球化中的东方》中指出,1500年中国人口约为1.25亿,1750年为2.7亿,1800年为3.45亿。换言之,从1500年到1750年的3个世纪,中国人口翻了2番,远高于同时代欧洲的人口增速。特别是到了17世纪初,即明代晚期,中国出现了一些大型城市,如南京已达到100万人口,北京超过了60万人口。②

  让我们再对同时期西班牙的人口情况予以横向比较。阿尔伯特·吉拉特(Albert Girard)曾在《西班牙人口》中对同时期西班牙的人口进行了统计并指出,1541年西班牙家庭的人口数是1,199,303,到了1594年,人口增长至1,340,320。③这组数据表明,尽管16世纪的西班牙处于人口激增期,其人口也仅相当于晚明时期南京一座城市的人口总量。由此可知,大明帝国在门多萨的认知中俨然是一个人口大国。因此,尽管门多萨从未到访过中国,但他对晚明人口大国的形塑基本上再现了晚明的相关具体历史经验,只不过他采用了一种较为夸张的方式对史实进行了文学再现。

  (二)他者想象中的农业大国形象

  我们再来考辨门多萨塑造的农业大国形象。《中华大帝国史》的诸多章节都描述了大明王朝的农耕发达盛况,如第一部分第一卷的第一章"中华帝国及其疆域"、第二章"中华帝国的气候"、第三章"帝国的丰饶及其物产"和第四章"再述帝国的丰饶及其物产",就以他者视域集中

---

  ① Juan González de Mendoza, *Historia de las cosas mas notables, ritos y costumbres, del gran Reyno de la China, como por relacion de Religiosos y otras personas que han estado en el dicho Reyno*, Madrid: Querino Gerardo, 1586, p.5.

  ② 参见贡德·弗兰克:《白银资本——重视经济全球化中的东方》,刘北成译,北京:中央编译出版社,2000年,第159页。

  ③ 参见阿尔伯特·吉拉特:《西班牙人口》,载E.E.里奇、C.H.威尔逊主编:《剑桥欧洲经济史(第四卷)16世纪、17世纪不断扩张的欧洲经济》,张锦冬、钟和、晏波译,北京:经济科学出版社,2003年,第22页。

呈现了一个农业大国形象。① 正如门多萨所述:"因为人口众多,全国都不剩一块荒地……也不允许有游手好闲之人。那里土地肥沃,物产丰富且物价便宜。"②

诚然,农耕离不开劳动力,特别是在古代社会生产力水平低下的条件下,人口更是农耕发达程度的决定性因素之一。因此,要考据门多萨记述的纪实性,我们可以从人口数量出发进行分析。张民服在《明代人口分布对社会经济的影响》中,基于《大明会典》《明史》《明实录》和《后湖志》等史料,对明代中国各省市人口进行了统计(如表 4.3 所示)。在此,需指出的是,他选择洪武二十六年(1393)、弘治十五年(1502)和崇祯三年(1630)作为明朝前、中、后期三个代表性年限,是因为这三个年份的人口统计数据的可信度比其他年份更高。明朝开国后历经二十余年发展,洪武二十六年已经建立起一套较为完善的户籍制度,户口统计数据相对较为完整。那一时期全国经济处于稳定发展阶段,人口恢复性增长基本完成,大规模的移民运动也告一段落,明初人口格局分布基本定型。因此,洪武二十六年的人口普查数据较明初的其他年份可信度更高。此外,弘治十五年处于大明王朝中期阶段,史称"弘治中兴",政治稳定,社会矛盾相对缓和,人口发展也相对平稳,并且这一年的户口普查数据存世较多,便于研究分析。崇祯三年是一个分水岭,在此之后明朝的人口发展进入了一个非常态阶段,中国北方进入了灾害和战争高发期,人口死亡率骤然增高,并且此时的明朝已接近尾声,因此这一年的人口统计更能展现明末人口的分布情况。③

---

① 参见 Juan González de Mendoza, *Historia de las cosas mas notables, ritos y costumbres, del gran Reyno de la China, como por relacion de Religiosos y otras personas que han estado en el dicho Reyno*, Madrid: Querino Gerardo, 1586, pp. 1—8。

② Juan González de Mendoza, *Historia de las cosas mas notables, ritos y costumbres, del gran Reyno de la China, como por relacion de Religiosos y otras personas que han estado en el dicho Reyno*, Madrid: Querino Gerardo, 1586, p. 238。

③ 参见张民服:《明代人口分布对社会经济的影响》,《史学集刊》,2006 年第 3 期,第 27—28 页。

表 4.3　明代人口分布表 ①

位次	明代前期 （洪武二十六年）		明代中期 （弘治十五年）		明代后期 （崇祯三年）	
	地区	人口数量	地区	人口数量	地区	人口数量
1	南直隶	11918974	南直隶	18490442	南直隶	30945410
2	浙江	10784567	浙江	15838504	浙江	24857404
3	江西	9062481	江西	13309403	江西	20241551
4	山东	5959876	湖广	9337001	湖广	16878227
5	湖广	5803660	山东	8883960	福建	10878056
6	山西	5083127	山西	7885684	北直隶	10780403
7	福建	4189806	福建	6499835	山东	10667390
8	广东	3242932	北直隶	6228281	山西	9991095
9	陕西	2869569	陕西	5189118	河南	9559693
10	北平	2648595	河南	4980398	陕西	8465198
11	河南	2165542	广东	4508587	广东	6635304
12	四川	1672778	四川	3277591	四川	5346854
13	广西	1585263	广西	2437285	广西	3586961
14	西藏	1000000	贵州	1272103	贵州	2128978
15	贵州	940000	西藏	1000000	云南	1451225
16	云南	709270	云南	986085	西藏	1000000
17			奴儿干	622901		
18			西北六卫	49832		
	全国	69636440	全国	110797010	全国	173413749

基于上述人口统计表，我们解读到，明代的南直隶、浙江、江西、山东、

---

① 张民服：《明代人口分布对社会经济的影响》，《史学集刊》，2006 年第 3 期，第 27—33 页。

湖广、山西、福建、广东等都是人口大省。不容忽视,人口的数量和密度又是农业和商业活动开展的必要保障。因此,人口密集的湖广、浙江和福建等沿海地区凭借其丰富的自然资源,自然也成为明代中国农耕业最为发达的地区。曾有学者对明代江南地区的粮食产量进行统计(如表 4.4 所述),明代的粮食产量,特别是如江南等地发达农业区的整体产量,甚至高于在中国古代史上以经济繁荣著称的宋代。因此,从晚明人口和粮食产量之间的逻辑关系中,我们得出了一种学理性判断:门多萨以他者视域塑造的"人口大国"和"农耕大国"形象,至少是对晚明江南沿海地区农耕文明发达程度的一种文本化再现。

表 4.4 宋、明江南地区粮食亩产量统计表①

朝代	地区	大概时间	亩产量(石)
宋代	苏州	北宋	2—3(米)
	苏州、嘉兴	南宋	2—3(米)
	浙北及苏南	南宋孝宗	2—3(米)
	湖州	南宋宁宗	3(米)
	浙北及苏南	南宋末年	5—6(米)
明代	上海	弘治	1.3—3(米)
	松江	万历	2.5—3(米)
	苏州	明末	1—3(米)
	江浙	明末	3—4(谷)
	南通	嘉靖	1—3(谷)
	昆山	洪熙	2(米)
	上海	正德	1.5—3(米)

---

① 范金民、夏维中:《苏州地区社会经济史(明清卷)》,南京:南京大学出版社,1993 年,第 204 页。

(三)他者想象中的商业大国形象

除"人口大国"和"农业大国"外,门多萨还塑造了晚明"商业大国"的形象。我们来细读他对晚明商业景观的记述。

> 达官贵人衣着华贵,他们的衣服是丝制的,五颜六色,质地上乘,裁剪得当。普通百姓身穿一种当地盛产的粗糙丝绸和麻布或棉布。店里的货品琳琅满目,各种档次的衣料都有,衣服既有金银料子和纱料,也有麻布和粗布,品种多样,颜色绚丽。药房还出售草药,价格也很便宜。帝国瓷器业发达,远销葡萄牙、秘鲁、新西班牙和马来西亚等地。①

> 每一个城镇都有许多的商铺,门前都会有一个标牌,标出所卖的货物,有丝绸,有羊毛,有金丝,还有各种色彩鲜艳的丝绸。低档次的店铺售卖用各种颜色的线编织而成的布,有棉布、麻布和绒布。因为有充足的原材料,再加上大量的劳工在纺织行业工作,所以这些物品卖得都很便宜。②

基于门多萨的上述文献,我们不妨对明代的城镇和商业的发展情况予以考据。江南地区的经济发展水平在明代位居全国之首,那里不仅农业集约生产程度高,经济作物种类繁多,种植面积广阔,手工工场规模也不断扩大,区域间贸易发展迅速,工商业市镇兴起,商业发展繁荣。特别是江南市镇的棉布业和丝绸业尤为发达。万历年间编写的《嘉定县志》就记述了集市交易之兴盛,我们来细读文献:"市中交易,未晓而集。每岁棉花入市,牙行多聚。少年以羽为翼,携灯栏接,乡民莫如所适,抢攘之间,

---

① Juan González de Mendoza, *Historia de las cosas mas notables, ritos y costumbres, del gran Reyno de la China, como por relacion de Religiosos y otras personas que han estado en el dicho Reyno*, Madrid: Querino Gerardo, 1586, pp. 17—20.

② Juan González de Mendoza, *Historia de las cosas mas notables, ritos y costumbres, del gran Reyno de la China, como por relacion de Religiosos y otras personas que han estado en el dicho Reyno*, Madrid: Querino Gerardo, 1586, p. 19.

甚至亡失货物。"① 此外，明代小说中也记载了江南丝绸重镇盛泽的丝绸交易市场繁华的交易场景，如冯梦龙在《醒世恒言》第十八卷"施润泽滩阙遇友"中就描述道："市河两岸绸丝牙行，约有千百余家，远近村纺织成绸匹，俱到此上市。四方商贾来收买的，蜂攒蚁集，挨挤不开。"②

随着市场交易繁荣和明代城镇的发展，江南地区的丝织手工作坊还进一步扩大成了手工工场，《织工对》就有如下一段记载：

> 余僦居钱塘之相安里，有饶于财者，率居工以织。每夜至二鼓，一唱众和，其声欢然，盖织工也。余叹曰："乐哉。"旦过其处，见老屋将压，杼机四五具，南北向列，工十数人，手提足蹴，皆苍然无神色。进而问之曰："以余观若所为，其劳也亦甚矣，而乐何也？"工对曰："……吾业虽贱，日佣为钱二百缗，吾衣食于主人，而以日之所入养吾父母妻子，虽食无甘美，而亦不甚饥寒。"余自度以常，以故无他思，于凡织作，成极精致，为时所尚。故主之聚易以售，而佣之值亦易以入……顷见有业同吾者，佣于他家，受值略相似，久之，乃曰："吾艺固过于人，而受值与众工等，当求倍值者而为之佣。"已而，他家果倍其值佣之。主者阅其织，果异于人，他工见其艺精，亦颇推之。主者退，自喜曰："得一工，胜十工，倍其值不吝也……"③

与此同时，手工工场的发展还推动了手工业分工日益精细，并吸引来了更多的劳动力，人口的密集又进一步促进了手工业和商业的发展。正如张民服在《明代人口分布对社会经济的影响》中所指出的，到了嘉靖和万历年间，在江南地区，五里一市、十里一镇的现象已经司空见惯。④

考辨至此，我们再次得出了一种学术观点：门多萨以他者视域形塑而成的人口众多、城镇密集、商业繁荣的中华大帝国形象，至少是对万历前

---

① 韩浚修、张应武等纂：《嘉定县志》（卷二），明万历刻本，第9页。
② 冯梦龙编著：《三言·醒世恒言》，张明高校注，北京：中华书局，2014年，第333页。
③ 徐一夔：《始丰稿》（卷一），清光绪二十至二十六年钱塘丁氏嘉惠堂刻本武林往哲遗著本，第3页。
④ 参见张民服：《明代人口分布对社会经济的影响》，《史学集刊》，2006年第3期，第30页。

十余年江南地区的经济繁荣发展的一种历史折射。诚然,门多萨的晚明想象也有其虚构的一面,如大明帝国的北方和西北等内陆地区就与南方呈现出了截然不同的发展态势和特点,这也是被门多萨忽略的具体历史经验之一。然而,在门多萨编写《中华大帝国史》的时代,很少有欧洲人到访过中国内陆。彼时欧洲对中国文化集体认知上的局限性,限制了门多萨对大明王朝作出更为全面的报道。

此外,笔者还注意到一处细节描写,门多萨多次惊叹于大明物价之低廉,如他屡次指出那里的货品"便宜得就像白给一样"①。如本章第一节所述,门多萨在十九章的篇幅中记述了晚明市井物质生活。笔者基于文本细读又发现,这十九章中的有十章都提及了物价十分低廉,分别是在第一部分第一卷第二章、第三章、第四章和第十章,第二部分第三卷第十七章,第二部分第一卷第十五章,第二部分第一卷第十六章,第二部分第一卷第二十五章,第二部分第二卷第六章和第七章。这一现象不免引发了笔者的进一步反思:门多萨屡次提及中国市场上售卖的商品"便宜得就像白给一样",是否也在某种程度上再现了晚明之史实?

为了解答这个问题,我们需要对明代的物价水平和百姓的收入水平予以考辨。衣和食都是百姓日常生活的必需品,因此,我们不妨基于这两类物资对明代的物价水平予以考证。高寿仙在《明代北京三种物价资料的整理与分析》中,曾基于《收税则例》《计赃时估》和《宛署杂记》对衣和食在明代早、中、晚期的价格波动进行了详细统计(如表4.5所示)。② 他选用的这三份物价史料分别记述的是景泰二年(1451)、弘治二年(1489)和万历二十年(1592)的物价水平。

其中,《大明会典》中有一份包含了四十多种物品的价格表,被称作

---

① 由于汉语和西班牙语的不可通约性,笔者此处援引了门多萨所用的西班牙语原文修辞。参见 Juan González de Mendoza, *Historia de las cosas mas notables, ritos y costumbres, del gran Reyno de la China, como por relacion de Religiosos y otras personas que han estado en el dicho Reyno*, Madrid: Querino Gerardo, 1586, pp. 162—163。

② 参见高寿仙:《明代北京三种物价资料的整理与分析》,载《明史研究》(第九辑),合肥:黄山书社,2005年,第94—116页。

《计赃时估》,这是研究明代物价水平的一份重要史料。《收税则例》是景泰二年(1451)制定的一份用于北京官店的税额清单,被收录在《大明会典》中的只是"课程"部分。《宛署杂记》是宛平知县沈榜编纂的一部方志,于万历二十年(1592)完成,他详细记载了宛平县在宗庙、陵园、行幸、宫禁、内府、各级衙门、乡试、会试、殿试等事项的开销,以及其他多种物品的价格。

表 4.5 《收税则例》《计赃时估》和《宛署杂记》所载物品价格比较表①

物品	《收税则例》(两)	《计赃时估》(两)	《宛署杂记》(两)
丝织品	官绢 1 匹(0.54) 小绢 1 匹(0.18) 中等绫 1 匹(0.9)	大绢 1 匹(0.625) 小绢 1 匹(0.25) 绫 1 匹(1.5) 纱 1 匹(1)	白生绢 1 匹(0.6) 绢 1 匹(0.26) 黄绫 1 匹(1.28) 青素银丝纱 1 匹(1.1)
棉麻及其制品	棉花 10 斤(0.18) 白中布 1 匹(0.18) 苎麻 10 斤(0.03) 麻 10 斤(0.252) 黄白麻 10 斤(0.18) 麻布 1 匹(0.072)	净棉花 10 斤(0.375) 白棉布 1 匹(0.25) 麻 10 斤(0.063)② 麻布 1 匹(0.1) 粗苎布 1 匹(0.275) 细苎布 1 匹(0.3)	棉花 10 斤(0.6) 白布 1 匹(0.2/0.18) 蓖麻 10 斤(0.1) 苎麻 10 斤(1) 白麻 10 斤(0.4) 麻布 1 匹(0.15) 白苎布 1 匹(0.25)
鞋巾帽	草鞋 1 双(0.003) 手巾 1 条(0.018)	笠 1 顶(0.013)	草鞋 1 双(0.03) 大手巾 1 条(0.03) 斗笠 1 个(0.05)

---

① 《宛署杂记》所记黄绫每丈银价有 0.45 两、0.4 两、0.3 两三种,兹取其中者。明代规定的绢、绵布的标准尺寸,为每匹 3.2 丈(万历《大明会典》卷二十七《户部十七·内府库》、卷二十八《户部十五·京粮》)。据此计算,黄 1 文当值银 1.28 两。《计赃时估》列有"麻",每 10 斤可折银 0.0625 两,但不知其具体种类。观其价格,似为兼麻。此观点参见高寿仙:《明代北京三种物价资料的整理与分析》,载《明史研究》(第九辑),合肥:黄山书社,2005 年,第 115 页。

② 此处 0.063 与注①中的 0.0625 不一致,原文如此。

续表

物品	《收税则例》(两)	《计赃时估》(两)	《宛署杂记》(两)
纸笔墨	中夹纸 100 张(0.04) 连七纸 100 张(0.12) 连三纸 100 张(0.006) 青红纸 100 张(0.12) 毛边纸 100 张(0.06) 高头黄纸 100 张(0.014)	中夹纸 100 张(0.125) 榜纸 100 张(0.5) 笔 10 支(0.025) 墨 1 斤(0.1)	中夹纸 100 张(1.5) 榜纸 100 张(1.5) 连七纸 100 张(0.08) 连三纸 100 张(0.8) 青纸 100 张(3) 高头黄纸 100 张(0.1) 笔 10 支(0.05) 墨 1 斤(0.4)
餐具	白碗 10 个(0.036) 中盘 10 个(0.072) 茶钟 10 个(0.051) 竹箸 10 双(0.003)	瓷碟碗 10 个(0.025) 乌木箸 10 双(0.05) 竹箸 10 双(0.006)	瓷饭碗 10 个(0.05) 瓷盘 10 个(0.2) 瓷茶钟 10 个(0.12) 乌木箸 10 双(0.05/0.04) 竹箸 1 把(0.03)
粮食		面 10 斤(0.063) 粳米 1 石(0.313) 糯米 1 石(0.313) 绿豆 1 石(0.225)	白面 10 斤(0.1/0.05) 粳米 1 石(1.4) 糯米 1 石(1.8/1.39) 绿豆 1 石(0.5)
鱼肉	鲜猪肉 1 斤(0.018) 羊肉 1 斤(0.018) 鹅 1 只(0.09) 鸭 1 只(0.03) 鸡 1 只(0.03) 干兔 1 只(0.03) 鲜鱼 1 斤(0.018)	黄牛 1 头(3.125) 大猪 1 口(1) 羊 1 只(0.5) 犬 1 只(0.125) 猪肉 1 斤(0.013) 鹅 1 只(0.1) 鸭 1 只(0.05) 鸡 1 只(0.0375) 兔 1 只(0.05) 鱼 1 斤(0.013)	牛 1 只(8) 猪 1 口(1.5) 羊 1 只(0.5) 狗 1 只(0.12/0.05) 猪肉 1 斤(0.018) 羊肉 1 斤(0.015) 鹅 1 只(0.2/0.18) 鸭 1 只(0.03) 鸡 1 只(0.034) 活兔 1 只(0.1/0.05) 鲜鱼 1 斤(0.025/0.02)

续表

物品	《收税则例》(两)	《计赃时估》(两)	《宛署杂记》(两)
蔬菜	菠菜 10 斤(0.03) 芥菜 10 斤(0.03) 冬瓜 10 个(0.012) 冬笋 1 斤(0.03) 木耳 1 斤(0.12) 鲜菱 10 斤(0.117) 菱米 10 斤(0.09) 莲肉 10 斤(0.09) 鸡头 10 斤(0.03)	菜 10 斤(0.25) 冬瓜 10 个(0.063) 菱 10 斤(0.125) 芡 10 斤(0.125)	菠菜 10 斤(1.5) 芥菜 10 斤(0.24) 冬瓜 10 个(1) 大笋 1 斤(0.049) 木耳 1 斤(0.148) 鲜菱 10 斤(1) 菱米 10 斤(0.2) 莲肉 10 斤(6) 芡实 10 斤(1)
果品	荔枝、圆眼 1 斤(0.03) 葡萄 1 斤(0.024) 鲜桃、李子 1 斤(0.012) 鲜梨、杏子 1 斤(0.012) 梨 1 斤(0.018) 西瓜 10 个(0.018) 栗子 1 斤(0.018) 核桃 1 斤(0.018) 榛子 1 斤(0.018) 胶枣 1 斤(0.003) 红枣 1 斤(0.018)	葡萄 1 斤(0.013) 西瓜 10 个(0.05) 栗子 1 斤(0.013) 核桃 1 斤(0.013) 榛子 1 斤(0.013) 枣 1 斤(0.013)	荔枝、圆眼 1 斤(0.05) 葡萄 1 斤(0.05/0.04) 桃子、李子 1 斤(0.04) 梨、杏子 1 斤(0.05) 来禽 1 斤(0.03) 西瓜 10 个(1) 栗子 1 斤(0.013) 核桃 1 斤(0.025) 榛子 1 斤(0.023) 胶枣 1 斤(0.01) 红枣 1 斤(0.013/0.01)
茶药	叶茶 1 斤(0.018) 苏木 1 斤(0.12)	茶 1 斤(0.013) 苏木 1 斤(0.1)	茶叶、细茶 1 斤(0.1/0.04) 苏木 1 斤(0.1)
调料	花椒 1 斤(0.072) 香油 1 斤(0.018) 红曲 1 斤(0.018) 黑砂糖 1 斤(0.03) 蜂蜜 1 斤(0.03)	花椒 1 斤(0.013) 香油 1 斤(0.013) 砂糖 1 斤(0.013) 蜂蜜 1 斤(0.013) 盐 1 斤(0.003)	花椒 1 斤(0.049) 香油 1 斤(0.04) 红曲 1 斤(0.064) 砂糖 1 斤(0.04) 蜂蜜 1 斤(0.032) 白盐 1 斤(0.007/0.006)

续表

物品	《收税则例》(两)	《计赃时估》(两)	《宛署杂记》(两)
燃料		炭10斤(0.013) 木柴10斤(0.01)	木炭10斤(0.08/0.04) 木柴10斤(0.065)
香类	速香1斤(0.042) 马牙香1斤(0.042) 末香1斤(0.003)		速香1斤(0.48) 牙香1斤(0.03) 末香1斤(0.025)
日用品	芦席1领(0.018) 竹扫帚1把(0.003)	芦席1领(0.013) 铁锄1把(0.025) 铁锹1把(0.025) 桌1张(0.125) 凳1条(0.05) 交椅1把(0.3) 大屏风1个(0.3) 竹帘1个(0.025) 大木桶1个(0.063) 大木盆1个(0.038)	芦席1领(0.03) 竹扫帚1把(0.015) 铁锄1把(0.12) 铁锹1把(0.05) 木桌1张(0.5/0.12) 木凳1条(0.2/0.04) 太师椅1把(0.4) 围屏1副(0.8) 竹帘1扇(0.33) 木桶1只(0.2/0.06) 木盆1个(0.3/0.08)
金属	熟铁1斤(0.018) 黑铅1斤(0.018) 铁锅1口(0.18)	铁1斤(0.013) 黑铅1斤(0.038) 大铁锅1口(0.1)	白刃锅铁1斤(0.05) 锡1斤(0.07) 铁锅1口(0.075)
颜料	藤黄1斤(0.72) 大碌1斤(0.12) 铜青碌1斤(0.12) 靛花青1斤(0.09) 紫粉1斤(0.018) 黄丹1斤(0.018) 墨煤1斤(0.003)	银朱1斤(0.125) 朱砂1斤(0.8)	银朱1斤(0.958/0.48) 心红1斤(0.64) 膝黄1斤(0.48) 大碌1斤(0.16) 铜青1斤(0.107) 靛花青1斤(0.1) 紫粉1斤(0.32) 黄丹1斤(0.06) 墨煤1斤(0.012)

续表

物品	《收税则例》(两)	《计赃时估》(两)	《宛署杂记》(两)
杂料	桐油1斤(0.03) 水胶1斤(0.018) 鱼胶1斤(0.042) 焰硝1斤(0.012)	硫黄1斤(0.013)	熟硫黄1斤(0.04) 桐油1斤(0.017) 水胶1斤(0.03) 鱼胶1斤(0.04) 净焰硝1斤(0.04)

《宛署杂记》中对北京宛平县食品的官方采购价格进行了如下统计："猪肉每斤价银一分八,牛羊肉每斤价银一分五厘,大鹅一只价银二钱,鸡一只价银三分四厘,鲜鱼一条五斤,价银一钱,价银四分,栗子一斤,价银一分三厘。"①需指出的是,这是官方采购价,不免与日常民间购买价格有所出入,但基本上可以反映出万历年间的物价水平。至此,笔者不禁追问:彼时的晚明百姓若按此价格置办一桌酒席,是否能承受这种消费水平?

万历年间的《宛署杂记》有载:"柴薪皂隶,年收入20两,马夫,40两。"②著于万历至天启年间的《醒世恒言》中的《卖油郎独占花魁》也记述到,卖油翁只有三两白银的本金,街头卖油一年除去开销,还能剩余16两。③ 因此,基于明代官方史料和民间小说对万历年间的物价记载,我们可以得出结论,倘若一桌酒席需要一两银子,这笔开销大约相当于卖油翁年收入的1/16,柴薪皂隶的1/20,马夫的1/40。因此,在非灾荒之年,门多萨所述的晚明物价较为低廉基本上再现了明代的物价水平。然而,问题在于,即便物价再为低廉,普通百姓在非饥荒之年终年勤恳劳作,也只能解决基本的温饱而已。换言之,即使街上的货品十分低廉,"便宜得就

---

① 沈榜编著:《宛署杂记》,北京:北京古籍出版社,1980年,第171页。
② 沈榜编著:《宛署杂记》,北京:北京古籍出版社,1980年,第51页。
③ 冯梦龙编著:《三言·醒世恒言》,张明高校注,北京:中华书局,2014年,第48页。

像白给一样"①,普通百姓也并没有闲钱用于消费。他们的收入水平只够勉强维持温饱,而并非像门多萨所述过着那般殷实闲适的生活,而这也是门多萨的想象与晚明历史产生分化的一面。

探讨至此,笔者再次得出了一种学理性判断:门多萨塑造的晚明器物社会实际上对"万历中兴"予以了理想化再现。一方面,这位西班牙学者以他者视域形塑而成的晚明人口大国、农业大国和商业大国形象在一定程度上折射出了大明帝国在封建社会鼎盛时期的社会风貌。另一方面,门多萨又把读者带入了一种历史想象的空间,并夸大了"万历中兴"时期百姓生活的殷实无忧。

三、门多萨对晚明市井生活的理想化改写

在前述探讨中,我们从文本与时代的同构性出发,对门多萨塑造的理想化中国形象进行审视,并认识到了"万历中兴"在 16 世纪欧洲视域下的历史投影。只不过门多萨夸大了"万历中兴"繁荣昌盛的一面,而淡化了晚明社会的弊端,从而形塑出了一个乌托邦式的他者之器物社会。其中,笔者注意到,门多萨避讳了晚明时期的内征外战给百姓带来的重创等,如《中华大帝国史》第一部分第一卷第三章就明确指出:"大明帝国不允许百姓移居国外,也没有战争。"②又如,第一部分第三卷第七章进一步塑造了他者视域下不尚武以及爱好和平的中国形象,我们来细读文本:

> 15 个省的总督和巡抚以及来自全国各地的要臣召开了一场隆重的内阁会议,讨论如何采取有效的措施防止事态进一步恶化。他们集思广益后最终一致同意为了国家的安宁放弃在国外得到的一

---

① 参见 Juan González de Mendoza, *Historia de las cosas mas notables, ritos y costumbres, del gran Reyno de la China, como por relacion de Religiosos y otras personas que han estado en el dicho Reyno*, Madrid: Querino Gerardo, 1586, pp. 162—163。

② Juan González de Mendoza, *Historia de las cosas mas notables, ritos y costumbres, del gran Reyno de la China, como por relacion de Religiosos y otras personas que han estado en el dicho Reyno*, Madrid: Querino Gerardo, 1586, p. 39。

切,尤其是在远离中国的土地上所取得的一切,今后再也不派兵到任何地方去打仗了。这对他们没有益处,反而有害。他们一致请求皇帝召回他在邻国的军队,并认为这一举措会使他成为一个明君,国家也会更富有、更安全、更和平。皇帝听从了举国上下的一致呼声,命令在外国的下属和臣民在某一时间内撤回国。已当上总督的,要以皇帝的名义宣布放弃对当地的统治权和所有权。当然,那些承认他的皇帝地位、向他纳贡称臣或表示友好的国家中的总督除外,如当前的琉球和其他国家。如有人违反其令,严惩不贷……上述应当属实,因为中国的史书对此有着明确的记载。他们沿着原来的航路曾乘船到达过印度,征服了从中国到印度最远方的国土并成了那里的统治者,直到上述法律制定后,他们才主动让出了那里的权力。①

尽管门多萨也提及了中外战争,但仅是一笔略过而已,他叙事的重点并不在描述战争的惨状上。由此,我们再次钩沉了门多萨在其中国叙事中的文化滤镜:他避讳提及中华大帝国多年来饱受的战争之苦,以及动乱给社会带来的重创,而是将之塑造成了一个他者视域下爱好和平、与世无争的异质文明形象。

探讨至此,笔者仍不免追问:门多萨建构的这种中国形象又在何种程度上再现了晚明的具体历史经验?对此,樊树志在《晚明史:1573—1644》中曾指出,在万历年间,除张居正改革和万历新政外,最引人注目的大事就是万历年间实施的三次大规模征战,分别是平定宁夏哱拜叛乱、东征御倭援朝和平定播州杨应龙叛乱,这三场大战在西北、东北和西南几乎同时展开。尽管这三次征战最终都以大明获胜告终,但战争消耗了大量的人力和物力,不可避免地带来了社会动荡。②

---

① 参见 Juan González de Mendoza, *Historia de las cosas mas notables, ritos y costumbres, del gran Reyno de la China, como por relacion de Religiosos y otras personas que han estado en el dicho Reyno*, Madrid: Querino Gerardo, 1586, pp. 62—63。
② 樊树志:《晚明史:1573—1644》(上)(第二版),上海:复旦大学出版社,2016年,第385—412页。

此外，历史学者万明也指出，在万历三大征战中，只有援朝之战是出境援外的国际战争，其耗费也最大，使整个中国都不同程度地卷入了一场旷日持久战，大大消耗了明朝的国力。① 其中，《王都谏奏疏》有载："朝鲜用兵，首尾七年，约费饷银五百八十二万二千余两，又地亩米豆援兵等饷，约费银二百余万两。"②战争给大明王朝带来的财政负担可见一斑。此外，万明还指出，明朝为了给这场战争筹集军饷，不惜加重全国的赋税，还令官员捐俸和出钱助工，如万历二十四年（1596），吏部以东部战事告急为由，通过卖官鬻爵的方式筹集资金。官员借此搜刮民财，加剧了社会矛盾，导致全国出现了混乱状态。乃至于援朝之战结束不到半年，就出现了民变，导致了王朝的统治危机。③ 这一系列史实再次佐证了门多萨对晚明社会的乌托邦化书写倾向，他对大明帝国的内征外战史避而不谈，而通过理想化改编塑造了一个他者凝视下的中华大帝国形象。

至此，让我们对本节的探讨予以总结，门多萨以他者视域形塑而成的繁华富庶与和平安逸的晚明社会是对"万历中兴"的一种理想化再现。一方面，门多萨勾勒的人口众多、农耕发达和商业繁荣的异质文明形象折射出了大明盛世的一面。而另一方面，门多萨又对晚明社会进行了理想化改写，他夸大了前文本中记载的中国盛世的同时，又避讳了晚明社会的诸多负面现象，如百姓生活的贫困以及多年内外征战给国家带来的重创等。

第三节　门多萨凝视下的官场奢风

本章的前两节对门多萨想象中的晚明市井生活进行了考辨，本节和下一节将聚焦于门多萨刻画的晚明官僚阶层的物质生活。其中，门多萨

---

① 万明：《万历援朝之战与明后期政治态势》，《中国史研究》，2001 年第 2 期，第 119—134 页。

② 陈子龙等编：《明经世文编》（卷四百四十四），明崇祯平露堂刻本，第 22 页。

③ 万明：《万历援朝之战与明后期政治态势》，《中国史研究》，2001 年第 2 期，第 133 页。

震撼于中国官邸之富丽堂皇,官方宴请排场之奢华以及赠送外宾礼品之慷慨。这种官场奢风集中展现在《中华大帝国史》的六章之中,分别是第一部第一卷第九章、第二部第一卷第十三章、第二部第一卷第十四章、第二部第一卷第二十章、第二部第一卷第二十二章和第二部第二卷第十三章。

一、富丽堂皇的大明官邸

我们先来细读门多萨刻画的晚明官僚阶层的物质生活。第一部分第一卷第九章就描述了中国官员的官邸之奢华:"每个省府都有一个巡抚住在那里。他们的官邸是由皇帝出资修建的。这些宅子简直令人叹为观止,建筑工艺高超,外观富丽堂皇。每个府邸的规模宛若一个村庄,府内建有花园、水塘、树林和围场,正如第四章所述,围场里还有各种飞禽走兽。"①第二部第一卷第十三章再次描述了官员住宅之精致华贵:"官舍房间十分宽敞,修建精良,装饰考究,还配有非常漂亮的院子和长廊,院里的水塘养着各种鱼。"②此外,第二部第一卷第十四章记述了西班牙人到泉州后就住进了奢华的官方驿站:"官舍十分宽敞和豪华,是砖石结构。厅室房间都不高,但客厅和卧室都很美观舒适。"③

以上述文本为逻辑基点,笔者检索到克鲁士的《中国志》中有一章名为"皇亲国戚的高贵府邸和大城市内官员的寓所"。其中,他对大明皇亲国戚的府邸进行了详细描述,我们来细读文献:

> 我们到过广西的首府桂林,皇帝的亲戚居住的王府在那儿有一

---

① Juan González de Mendoza, *Historia de las cosas mas notables, ritos y costumbres, del gran Reyno de la China, como por relacion de Religiosos y otras personas que han estado en el dicho Reyno*, Madrid: Querino Gerardo, 1586, p. 14.

② Juan González de Mendoza, *Historia de las cosas mas notables, ritos y costumbres, del gran Reyno de la China, como por relacion de Religiosos y otras personas que han estado en el dicho Reyno*, Madrid: Querino Gerardo, 1586, p. 152.

③ Juan González de Mendoza, *Historia de las cosas mas notables, ritos y costumbres, del gran Reyno de la China, como por relacion de Religiosos y otras personas que han estado en el dicho Reyno*, Madrid: Querino Gerardo, 1586, p. 158.

千所,面积之大远超过了官府衙门。王府的大门总是漆成红色以彰显其高贵的地位。据说,有一座皇后亲戚的府邸,占地之广,堪比一座大城……走进府内,就看到了一片赏心悦目的大花园,里面种满了果树,还有一个大池塘,里面养着很多鱼,有供观赏的也有可食用的。他们还种了各种花草,还有树林,里面养着鹿、野猪以及其他飞禽走兽。总之,他们可以在府内享受各种娱乐,但他们绝不能违背法令擅自离开自己的封地。皇帝通过奢华供养来避免皇族叛乱。①

对门多萨和克鲁士的记述予以比较,我们发现了两篇报道之间的相似性以及门多萨对前人文献的改写。如克鲁士描述的是偏安于广西的一位皇亲国戚的府邸,其奢华程度非一般官员所及。而门多萨则把这种皇族享受的特权待遇泛化成了大明官僚阶层享有的普遍待遇,以此夸大了晚明的官场奢风。

二、丰盛的官方宴请

我们再来细读门多萨对官方宴请的记述。其中,第二部第一卷第十三章就描述了西班牙人在泉州享受到的奢华款待,特别是宴会上的食物种类和数量之多简直令西班牙人叹为观止。门多萨记述道:"宴席上的菜肴非常丰富,有鲜美的鱼肉、猪肉、肘子等;饭后甜点是放在小篮子里的蜜饯和甜杏仁等,十分可口。还有色泽各异的酒,口味也不一样,是用常用的棕榈叶酿造而成的,我们喝了觉得口感并不比葡萄酒差。"②此外,第二部第一卷第十四章也描述了官方对西班牙人的款待之丰盛:"官府差人给他们带来了礼品,有腌肉、母鸡、野鸭、家鸭、鹅、四五种肉食,还有大量的

---

① Gaspar da Cruz, "Certain Reports of China", in Charles R. Boxer ed., *South China in the Sixteenth Century* (1550—1575), London and New York: Routledge, 2010, p. 108.

② Juan González de Mendoza, *Historia de las cosas mas notables, ritos y costumbres, del gran Reyno de la China, como por relacion de Religiosos y otras personas que han estado en el dicho Reyno*, Madrid: Querino Gerardo, 1586, p. 154.

鱼、酒、各种水果等,各种物品数量之大足可供两百人的需要。"①官方宴请不但食物丰盛,还十分讲究排场,常有乐器伴奏,如门多萨所述:"整个晚宴都伴随着各种乐器在演奏,一组乐器演奏刚完,另一组马上又跟上来,乐声十分和谐。他们用的乐器主要有笛子、号、喇叭和六弦琴,与西班牙的相比,只是形状略有不同。"②

除在泉州享受到上述奢华款待外,西班牙人到了福州后再次受到了当地巡抚的盛情接待,如《中华大帝国史》第二部第一卷第二十章就描述了一场别开生面的异国盛宴。

> 每位来宾身前都摆满了很多张餐桌,其中,最前面的桌上放着很多用金线和银线编织成的小篮子,里面装着各种不同形态的甜点和杏仁糖,还有形态各异的金黄色糕点,外观看似城堡、水罐、碟子、狗、大象以及其他形态。除此之外,还有很多肉食,如腌鸡、母鸡、鹅、鸭、肘子、牛肉片、火腿、牛蹄等菜品,这些菜肴琳琅满目,摆满了好几张桌子。客人坐在最前面的那一桌前就餐,最好的菜肴都摆放在这里。各式各样的美味佳肴,竟然有五十多道之多,并且摆放得也十分独特。桌上还有各种用棕榈酿制的美酒,味道丝毫不比葡萄酒差。这场宴会整整进行了四个小时。菜肴的数量多少和种类繁简决定了宴会要持续多长时间,招待各国王子们的宴会有时长达八个小时。③

---

① Juan González de Mendoza, *Historia de las cosas mas notables, ritos y costumbres, del gran Reyno de la China, como por relacion de Religiosos y otras personas que han estado en el dicho Reyno*, Madrid: Querino Gerardo, 1586, p. 158.

② Juan González de Mendoza, *Historia de las cosas mas notables, ritos y costumbres, del gran Reyno de la China, como por relacion de Religiosos y otras personas que han estado en el dicho Reyno*, Madrid: Querino Gerardo, 1586, p. 154.

③ Juan González de Mendoza, *Historia de las cosas mas notables, ritos y costumbres, del gran Reyno de la China, como por relacion de Religiosos y otras personas que han estado en el dicho Reyno*, Madrid: Querino Gerardo, 1586, p. 173.

三、慷慨的官方馈赠

最后,门多萨还记述了官府对西班牙人的慷慨馈赠和周到款待。特别令门多萨感到惊叹的是,神父们每次离开驿站前,中国官员早就准备好了食物以备其路上之用,还不收他们一分钱。如第二部分第一卷第十三章就记述到,西班牙人即将离开中左所之际,"一早就有人给他们备好充足的鱼、肉、水果和美酒,以便叫人做他们喜欢吃的饭。兴泉道有令,不收神父一分钱。"① 又如,第二部分第一卷第二十章也描述了西班牙人在福州参加完官方宴会后刚刚回到住所,马上就收到了总督送来的践行礼,是四块绸料、一个文具箱和其他礼物,给奴仆的礼物是花毛毯。② 再如,第二部分第一卷第二十二章再次对西班牙人在福州受到的热情款待进行了专门描写:"当地官员去拜访他们,带去了大量的点心、酒和水果,这是他们的拜访礼节,食物是装在奇特的小篮里差仆人送过去的……总督也派人送来了极为丰盛的腌肉、鸡、鹅、腊肉和点心糖果,其数量之多足够一百个人当天美美地晚餐一顿和第二天一整天的吃食。"③

福州巡抚不仅对西班牙人以厚礼相待,还给各地总督和其他官员下达了命令,要求他们仔细关照西班牙人。如门多萨在第二部分第三卷第十三章记述道:"巡抚命令在神父一行所到之处,要好生接待他们,在任何地方也不得伤害他们,一路要保证他们的安全,直到他们抵达终点,即中国澳门和菲律宾。命令中还要求各地派两名武将在危险地区护送神父

---

① Juan González de Mendoza, *Historia de las cosas mas notables, ritos y costumbres, del gran Reyno de la China, como por relacion de Religiosos y otras personas que han estado en el dicho Reyno*, Madrid: Querino Gerardo, 1586, p. 152.

② 参见 Juan González de Mendoza, *Historia de las cosas mas notables, ritos y costumbres, del gran Reyno de la China, como por relacion de Religiosos y otras personas que han estado en el dicho Reyno*, Madrid: Querino Gerardo, 1586, p. 173。

③ Juan González de Mendoza, *Historia de las cosas mas notables, ritos y costumbres, del gran Reyno de la China, como por relacion de Religiosos y otras personas que han estado en el dicho Reyno*, Madrid: Querino Gerardo, 1586, p. 176.

一行。并且他们给去中国澳门的人配备了五天的口粮,尽管旅程通常只需三天的时间;给去菲律宾的人四十天的口粮,尽管航行只需十五天,最长不超过二十天就能到达。"①

释读至此,我们认识到,门多萨在《中华大帝国史》中用了五章来记述中国官员对西班牙人的周到款待。② 特别是大明王朝的宴请之奢华、排场之大令门多萨叹为观止。对此,笔者不免追问:门多萨凝视下的大明官场奢风的原型何在?他又对原型进行了哪些改写?

为了解答这个疑问,我们需要继续对门多萨的参考文献进行考辨。其中,拉达的《记大明的中国事情》中有一章名为"中国人的吃饭方式和他们的吃食",我们来细读这一章文献。

> 每一张餐桌上都摆放着一盘盘的菜肴,只有烧肉放在了主桌上,其他非烧煮类的食物都放到了其他桌子上。他们这样做为的就是讲排场和摆阔。桌上摆的有整只的鸡鸭,还有鱼肉、熏肉、排骨、鲜牛肉、各种水果、精致的壶和碗等摆件等。晚宴结束后,所有剩下的食物都装进篮子并送到了我们的住处。换言之,所有桌子摆着的东西最终都归了客人……待众人坐好后,乐师就开始奏乐,有鼓、六弦琴、大弓形琵琶,一直演奏到宴会结束。大厅中央还有一些人在演戏,他们演的是古代故事和战争……在福州,我们还看到有一个翻筋斗的演员在地上和站在棍上表演精彩的杂技。桌上已堆满了各色菜肴,但他们仍然不断地往上端新菜……他们认为主人先离席是小气的,只要客人还在,就要不断地上菜,直到客人有

---

① Juan González de Mendoza, *Historia de las cosas mas notables, ritos y costumbres, del gran Reyno de la China, como por relacion de Religiosos y otras personas que han estado en el dicho Reyno*, Madrid: Querino Gerardo, 1586, pp. 257—258.
② 门多萨中国官员对西班牙人的周到款待的记述分别是在第二部分第一卷第十三章、第二部分第一卷第十四章、第二部分第一卷第二十章、第二部分第一卷第二十二章和第二部分第三卷第十三章。

意离席为止。①

我们从门多萨和拉达的记述中既解读到了互文性,又洞察到了差异性。首先,从篇幅上看,拉达只用了上述一章文本来记述福建官员对西班牙人的接待之隆重;而对于同一个议题,门多萨则使用了五章篇幅,分别是在第二部分第一卷第十三章、第二部分第一卷第十四章、第二部分第一卷第二十章、第二部分第一卷第二十二章和第二部分第三卷第十三章。其次,从修辞和叙事风格上看,拉达的记述更倾向于平铺直叙,更似一部关于大明王朝的国情报告;而门多萨则反复使用了夸张的修辞手法,增加了叙事的文学性。如门多萨所述:"各种物品数量之大足可供两百人的需要。"②又如:"总督也派人送来了极为丰盛的腌肉、鸡、鹅、腊肉、点心糖果,其数量之多足够一百个人当天美美地晚餐一顿和第二天一整天的吃食"。③ 换言之,倘若拉达的中国报道呈现出的是一种历史的文本化倾向,那么门多萨的中国书写则呈现了一种历史的诗性转向。基于此,我们可以得出一种学理性判断:门多萨并未忠实传承前人传教士对中国文化的审视和书写立场,而是运用夸张的修辞夸大了前人报道对晚明奢风的记述。

---

① Martín de Rada, *Relaçion Verdadera de las cosas del Reyno de Taibin, por otro nombre china, y del viaje que a el hizo el muy Reverendo padre fray martin de Rada, provinçial que fue de la orden del glorioso Doctor de la yglesia San Agustin. Que lo vio y anduvo en la provinçia de Hocquien, año de 1575 hecha por el mesmo*, pp. 26—27. https://arxiu-web.upf.edu/asia/projectes/che/s16/radapar.htm (2 March, 2024).

② Juan González de Mendoza, *Historia de las cosas mas notables, ritos y costumbres, del gran Reyno de la China, como por relacion de Religiosos y otras personas que han estado en el dicho Reyno*, Madrid: Querino Gerardo, 1586, p.158.

③ 参见 Juan González de Mendoza, *Historia de las cosas mas notables, ritos y costumbres, del gran Reyno de la China, como por relacion de Religiosos y otras personas que han estado en el dicho Reyno*, Madrid: Querino Gerardo, 1586, p.176。

第四节　门多萨过度想象的背后：
晚明奢风的诗性再现

　　让我们的思考不妨继续前行：门多萨对晚明官场奢风的记述又在何种程度上再现了具体历史经验？对此，明史专家吴晗曾在《晚明仕宦阶级生活》中指出，在16世纪初期，晚明的仕宦阶层除了少数例外，皆可用"骄奢淫逸"论之，竞奢之风自上而下渐渐地渗透了整个社会。① 如田艺蘅在《留青日札》有载："严嵩、孙严绍和庚严鹄等常对人言，一年尽费二万金，尚苦多藏无可用处。于是竞相穷奢极欲。"② 又如，《廿二史札记》对官僚阶层之豪奢也有记载："鄢懋卿持严嵩之势，总理两浙两淮长芦河东盐政，其按部尝与妻偕行，制五彩舆，令十二女子昇之。"③ 再如，万历初期名相张居正奉旨归葬时，有如下一段记述："真定守钱普创为坐舆，前轩后室，旁有两庑，各立一童子供使令，凡用舁夫三十二人。所过牙盘上食味逾百品，犹以为无下箸处。"④ 吴晗指出，这种官场奢风一直未有削减之意，反而愈发严重，乃至于最终与奢风的倡导者一道坠入了亡国之深渊。⑤

　　然而，明代并非从建国开始就盛行奢风，由俭入奢是逐渐形成的。而到了晚明时期，奢风与日俱增，士大夫阶层宴请规格越来越高，开销也越来越大，这也是明代社会的重要变迁之一。对此，历史学者商传在《关于晚明竞奢风气的一点看法》中曾指出，在嘉靖之前，士大夫请客，如果宾主共六至八人，只用一张大八仙桌，准备的菜肴一般只有四个大盘和四个小菜。饮酒时只用两大杯，轮流传饮，桌上再放一大碗清水，用来洗涤酒杯，称作"汕碗"。午后席散便各自离去，这也成为当时士大夫宴客的惯例。

---

① 李华、杨钊、张习孔主编：《吴晗文集》（第一卷），北京：北京出版社，1988年，第178页。
② 田艺蘅：《留青日札》（卷三十五），明万历三十七年刻本，第12页。
③ 赵翼：《廿二史札记》（卷三十四），北京：北京市中国书店，1987年，第494页。
④ 赵翼：《廿二史札记》（卷三十四），北京：北京市中国书店，1987年，第494页。
⑤ 李华、杨钊、张习孔主编：《吴晗文集》（第一卷），北京：北京出版社，1988年，第178页。

但十数年之后,宴请不仅仅是聚餐,而是成为一种高端社交仪式,其奢华程度也与日俱增。请客要提前一日发请帖,并且请帖的规制也十分考究。吃饭时不再用八仙桌,而是二人一席,即"偶席"。来宾也不能等到午时才到,一般巳刻入席,至申刻方即散去。不但用餐时间增加了,席中的菜品也更加丰富,不能少于七八种。等到了正德和嘉靖年间,宴席还常常伴随着奏乐,并且家常饭菜也羞于待客,而必须专请厨师。①

然而,尚奢之风并不等同于富裕。对此,明史学者吴晗还指出:"这种热热闹闹的风气,愈来愈厉害,直到李自成张献忠等起来,这风气和它的倡导者同归于尽。"② 可见,竞奢对社会和国家的危害之大甚至已加剧了大明的灭亡。事实上,统治阶层也注意到了竞奢之风的弊端,万历二十一年(1593)八月,因发生星变示异,礼科给事中张贞观上疏请申奢禁。

> 太祖高皇帝奢靡之禁,盖亦甚严。我皇上即位以来,再三申饬。至十三年,因科臣言,命本部将题禁事宜通行内外。不数年间,颓靡如故。岂惟小民蠢愚而无知?抑亦有司奉行之不实。今天下水旱饥馑之灾,连州亘县。公私之藏,甚见匮诎,而间巷竞奢,市肆斗巧,切云之冠,曳地之衣,雕鞍绣毂,纵横衢路。游手子弟,偶占一役,动致千金。婚嫁拟于公孙,宅舍埒乎卿士。惰游之民,转相仿效。北里之弦益繁,南亩之耒耜渐稀。淫渎无界,莫此为甚,京师四方之表,簪绅众庶之标。从风易向,不可不谨。诚有如科臣所言者:行父区区相鲁而家无衣帛之妾;平仲仅仅显君而口甘脱粟之饭。翼翼京邑,民极所归,赫赫师尹,具瞻攸属,诚不可不厚自准绳首先士庶,以副圣天子还淳崇俭之意。③

这段史料揭示出了明代士大夫阶层对奢风的强烈不满。然而,门多萨的

---

① 参见商传:《关于晚明竞奢风气的一点看法》,《学习与探索》,2012年第5期,第139—149页。
② 李华、杨钊、张习孔主编:《吴晗文集》(第一卷),北京:北京出版社,1988年,第178页。
③ 《明实录》(卷二百六十三),台北:"中央研究院"历史语言研究所,1962年,第4892—4893页。

晚明叙事却并未流露出对这种不良社会风气的任何批判倾向。相反,他甚至还把晚明官僚和富裕阶层的奢风泛化为了普通百姓的日常生活,从而塑造出了一个他者视域下享有充盈物质生活的晚明社会,而忽视或避讳掉了晚明奢风下隐藏的社会危机与百姓疾苦。

探讨至此,基于对晚明史实的考辨,我们再次洞察到了门多萨在中国叙事上的张力。他对晚明物质生活的再现是在真实与虚构的交织中进行的。一方面,门多萨重现了盛行于晚明官僚和富贾阶层的奢风;另一方面,他又避讳了市井百姓的凄苦生活,并把权贵阶层的奢风泛化为一种普通百姓的日常生活,最终为彼时彼地的欧洲读者打造出了一个理想化的晚明器物社会。

第五章　晚明政治生活在"他者"视域下的理想化再现

本书第四章对门多萨塑造的晚明器物世界进行了释读,本章则聚焦于门多萨笔下的晚明政治生活。经笔者爬梳,《中华大帝国史》在十九章中提及了晚明的政治制度。按照内容分类,这十九章又可以进一步分为两个子类:一类向读者展现了大明制度的优越性,另一类则以隐晦的方式揭露了大明官僚阶层没落的一面。关于第一类,门多萨有五章塑造了大明王朝对平民治理上的宽厚仁爱形象①,有八章记述了大明帝国对官员治理上的壁垒森严②。因此,笔者把门多萨凝视下的大明帝国的治国理政方针概括为一种"急吏缓民"的治国方略。此外,第二类是对贪婪狡诈的官吏形象的塑造,这部分内容呈现在读本的九章之中。③ 需指出的是,这十九章中有三章同时记述了大明政治

---

① 这五章分别是第一部分第一卷第九章、第一部分第一卷第十章、第一部分第二卷第十章、第一部分第三卷第十章、第一部分第三卷第十三章、第一部分第三卷第二十章。
② 这八章分别是第一部分第二卷第十章、第一部分第三卷第一章、第一部分第三卷第十章、第一部分第三卷第十一章、第一部分第三卷第十四章、第二部分第一卷第二十五章、第二部分第二卷第七章、第二部分第三卷第十八章。
③ 这九章分别是第二部分第一卷第十九章、第二部分第一卷第十二章、第二部分第二卷第九章、第二部分第一卷第十三章、第二部分第一卷第十五章、第二部分第一卷第十八章、第二部分第二卷第十四章、第二部分第三卷第十八章、第一部分第一卷第九章。

生活的诸多方面,如第一部分第三卷第十章同时记述了对平民阶层和官僚阶层的治理,第二部分第三卷第十八章对大明官场清明的一面和官员贪婪狡诈的一面都进行了描述,此外,第一部分第一卷第九章也同时对平民阶层的治理和官员的负面形象进行了记述。因此,基于上述分类统计,门多萨在十二章中对大明王朝的社会制度给予了充分肯定①,在九章中刻画了大明官僚阶层的负面形象②。

以上述文本结构为逻辑基点,本章第一节和第二节聚焦于门多萨对大明帝国的民治书写。其中,第一节将对他者视域下的大明民治进行细读,目的是认知门多萨对中国文化的审视立场。第二节将对作者的参考文献和晚明历史文献进行考辨,目的是厘清门多萨对前文本的改写立场。第三节和第四节基于同样的方法论探讨门多萨凝视下的大明吏治。

第一节 门多萨凝视下的大明平民社会: 别处的东方伊甸园

引起笔者关注的是,作者在第一部分第二卷第十章毫不吝惜地称赞了大明帝国卓越的社会治理能力,如其所述:"那个帝国有着很强的管理能力。除本书前述的那些值得赞扬之事外,笔者认为本章所述内容也很重要。"③然而,生活在16世纪的门多萨对一种异质文明予以如此充分肯定的审视姿态绝非易事。中世纪的欧洲受基督教的严苛掌控,特别是彼

---

① 这十二章分别是第一部分第一卷第九章、第一部分第一卷第十章、第一部分第二卷第十章、第一部分第三卷第十三章、第一部分第三卷第二十章、第一部分第三卷第一章、第一部分第三卷第十章、第一部分第三卷第十一章、第一部分第三卷第十四章、第二部分第一卷第二十五章、第二部分第二卷第七章、第二部分第三卷第十八章。

② 这九章分别是第一部分第一卷第九章、第二部分第一卷第十九章、第二部分第一卷第十二章、第二部分第一卷第十三章、第二部分第一卷第十五章、第二部分第一卷第十八章、第二部分第二卷第九章、第二部分第二卷第十四章、第二部分第三卷第十八章。

③ Juan González de Mendoza, *Historia de las cosas mas notables, ritos y costumbres, del gran Reyno de la China, como por relacion de Religiosos y otras personas que han estado en el dicho Reyno*, Madrid: Querino Gerardo, 1586, p.42.

时的西班牙更是宗教的狂热追随者。到了 16 世纪的宗教改革和反宗教改革期间,西班牙作为"反宗教改革"联盟的一员坚决维护天主教的权威,还在相当长的一段历史时期实施宗教法庭打压和迫害异教徒。因此,本节对门多萨笔下的大明社会制度进行了爬梳,其具象化呈现为一个拥有完备的行业规则、人性化的社会福利制度、先进的城市治理水平、严苛的户籍制度和先进的教育理念的异质文化形象。

一、完备的行业规则

如前所述,"1586 马德里西班牙语修订本"《中华大帝国史》在五章中记述了大明帝国在平民治理上的先进制度。我们不妨先对这五章文本予以细读,首先,第一部分第一卷第十章就记述了大明帝国对各行各业都有着严格的规定,并且百姓也严格遵守着这些行规。①

> 工匠和工人都集中在指定的那几条大街,也就是说街上没有从事其他营生的。所以,你只要看到大街上的第一家做什么营生,就能猜到整条街是做什么的。法律规定子承父业,未经法律允许,儿子不准从事其他行业。但是允许那些赚了些钱又不愿再干这一行当的人退出原来的行当,但行业里的师傅不能离开。所以,他们从小就干这一行,时间久了,就成了业内的知名行家。中国出口到马尼拉、西印度和葡萄牙的商品的技艺之精湛就佐证了这一点。②

二、人性化的社会福利制度

门多萨还关注到了政府对社会弱势群体施行的福利制度,我们不妨

---

① 参见 Juan González de Mendoza, Historia de las cosas mas notables, ritos y costumbres, del gran Reyno de la China, como por relacion de Religiosos y otras personas que han estado en el dicho Reyno, Madrid: Querino Gerardo, 1586, p. 20。

② Juan González de Mendoza, Historia de las cosas mas notables, ritos y costumbres, del gran Reyno de la China, como por relacion de Religiosos y otras personas que han estado en el dicho Reyno, Madrid: Querino Gerardo, 1586, p. 20.

继续细读文献。除前述三章外,门多萨还记述了社会底层妇女的悲惨身世。其中,第一部分第三卷第二十章记述道:

> 娼妓多是出身社会底层的妇女、女奴、外乡人或自小被从亲生母亲那里拐卖出来的女孩。这样的女孩终生为奴,主人对她们十分残酷,社会默许了这种行为。社会允许贫穷的寡妇迫于生计把自己的子女卖给别人终身为奴,有很多商行从事贩卖人口的生意,他们把女孩买下,精心教养,教她们学习丝竹、跳舞和其他取悦人的技能。等她们长成后就会被送到我说过的那种地方,过一种勾栏女子的生活。①

从直观表象上审视,上述文本看似是在揭露青楼女子的凄惨人生,然而,倘若我们继续释读文本,就会发现门多萨的叙事重点并非在此。他紧接着又指出,皇帝派遣了专门的官员负责管理她们的收入以保障其安度晚年。通过这种叙事结构,门多萨淡化了底层妇女的凄惨遭遇并凸显了大明王朝在社会福利制度上的优越性。我们来继续阅读文本:

> 妓女赚到的钱除一部分上交给原主人外,其余都要交给负责管理她们的法官,官员精心管理这笔款项,不得中饱私囊,每年还要向客人说明她们的情况。待她们年老色衰之时,官员会把钱返还给她们,以保障她们老有所依。如果她们临时缺钱用或遇到急事,法官会发给她们薪金用于维持日常衣食和支付盲女们的梳妆费,又或把她们送到皇帝在各地为无家可归者出资兴建的养济院里,这点我在第一部分第二卷第十章已有记述。②

---

① Juan González de Mendoza, *Historia de las cosas mas notables*, *ritos y costumbres*, *del gran Reyno de la China*, *como por relacion de Religiosos y otras personas que han estado en el dicho Reyno*, Madrid: Querino Gerardo, 1586, p. 100.

② Juan González de Mendoza, *Historia de las cosas mas notables*, *ritos y costumbres*, *del gran Reyno de la China*, *como por relacion de Religiosos y otras personas que han estado en el dicho Reyno*, Madrid: Querino Gerardo, 1586, p. 101.

此外,门多萨在第一部分第三卷第二十章还记述了孤儿的境遇。迫于生计而被亲生父母抛弃本是一桩极其悲惨的人生遭遇,然而,他却再次通过文化调适美化了底层百姓的凄惨人生。其中,门多萨指出,男童们被卖到师傅家不但可以习得手艺,师傅在他们成年后还要给他们买房子,帮他们娶妻成家和找工作,甚至如果师傅不这样做,徒弟们还可以去公堂提告。如其所述:

> 男孩被亲生父母逼不得已而卖掉后,和前述女孩们一样也会被安排去学习一门手艺。他们学成后会留在师傅家工作一段时间,在这段时间师傅非但不能剥夺他们的自由,还要给他们买房子,帮他们娶妻成家,以及给他们找工作,让他们能挣钱养家糊口。如果师傅不愿意这样做,他们可以去公堂状告师傅。当然,作为对师傅的报答,徒弟逢年过节都要给师傅送礼。徒弟的子女是完全自由的,但也要报答师爷对他们父母的养育之恩。①

从上述文献中,我们再次发现了一种"先抑后扬"的叙事结构。门多萨先是记述了被拐卖儿童的悲惨人生,而后又肯定了大明帝国社会制度之优越性,并指出被卖女童尽管沦为了娼妓,仍然可以度过安逸的晚年,被卖掉的男童也会得到师傅无微不至的关怀。

此外,门多萨关注到了大明帝国对残疾和患病儿童的社会救助体系和皇家救助医院的运行机制,如其所述:

> 法院有一个"穷人法官",专门负责处罚违反皇帝谕旨的人。新法官一上任就立即张贴告示,要求家中有残疾儿童的父母,或子女患病或致残的父母前来禀报,他们会根据皇帝和朝廷的指令,向这些弱势群体发放相应的补助。那些男孩和女孩被带到"穷人法官"那里,由法官来鉴定他们的残疾程度,如果还可以劳动,就让他们的父母在

---

① Juan González de Mendoza, *Historia de las cosas mas notables, ritos y costumbres, del gran Reyno de la China, como por relacion de Religiosos y otras personas que han estado en el dicho Reyno*, Madrid: Querino Gerardo, 1586, p. 101.

规定期限内给孩子找份工作。在规定期限内,他会去检查孩子的身体状况是否能胜任父母给他们找的那份工作。如果孩子伤残过重而不能胜任工作,这位穷人法官就命令父亲终生供养孩子。如其父无力抚养或孩子无父,则由富裕的近亲抚养。如没有富裕的近亲,孩子的所有亲戚都要捐助一些银两来抚养孩子。如果身无分文,也要将家中的一些物件交出来供养孩子。如果连亲戚都没有,或有亲戚确实无力抚养,则由皇帝从其收入中按期拨款抚养。①

从上述文献中,我们释读到的是他者凝视下的大明王朝对弱势儿童群体给予的无微不至的人文关怀。在此,笔者有必要重申的是,这种社会救助并非一种私人慈善行为,而是已经上升为一种社会制度,并且门多萨对福利救助的具体流程进行了详尽的描述。事实上,这也正是同时代的欧洲社会所欠缺的社会福利制度。在16世纪的欧洲,慈善大多是私人或教会行为而尚未形成一种社会制度。

不仅大明帝国的贫困儿童得到了社会救助,成年的弱势群体也同样享受到了制度带来的福利,如皇家医院(hospital)就专门负责收容无家可归者。这种官办福利机构在门多萨的想象中俨然成为无家可归者的庇佑天堂。被收容者在皇家医院里不但可以得到所需的一切,还能通过饲养家畜来谋生,并且皇帝还会按时派钦差来检查工作,并对渎职者严惩不贷。如其所述:

  皇帝在每个城市都兴建了相当宏伟的皇家医院②,这些机构不

---

 ① Juan González de Mendoza, *Historia de las cosas mas notables*, *ritos y costumbres*, *del gran Reyno de la China*, *como por relacion de Religiosos y otras personas que han estado en el dicho Reyno*, Madrid: Querino Gerardo, 1586, p.42.

 ② 关于此处文献中的皇家医院,门多萨所用的西班牙语原文是 hospital,其原初含义是医院,功能类似于明代的养济院和现代的收容所。因此,孙家堃译本采用了意译法把 hospital 翻译为"收容院",这体现了一种归化的转码策略,易于汉语读者理解。而在此处,笔者使用直译法,把"hospital"翻译为"医院",这种异化的翻译策略使得译文尽可能地忠实于原语文化,目的是向汉语读者竭力再现门多萨对中国文化的审视立场,同时也把读者带入了16世纪西班牙的社会制度,诚然,彼时彼地的"医院"有别于现代社会意义的"医院"。

仅收养贫困儿童,还收留参军打仗致残的老兵。老少在那里都受到了精心照料。穷人法官把医院管理得井井有条,还提供了非常周到的服务。他还给收容院安排了一位非常负责任的院长。没有院长准许,任何人不得离开,皇帝更不允许正在生病的人离开医院,也没有人会申请离开,因为住在那里不愁吃穿,医院提供给他们所需要的一切。除此之外,住院的人还喂养鸡、猪和其他家畜。他们不但可以借此打发时间,还能赚些生活费。院长还经常来拜访穷人法官,朝廷也常派官员巡视法官的工作,检查医院的运行情况,如发现有人渎职,就马上罢免查办。因此,每个人都谨小慎微,在工作中不敢稍有懈怠。穷人法官们都明白,要是犯了错,就会受到惩罚。①

探讨至此,笔者不免继续质疑:既然门多萨的中国书写是基于前人传教士的中国报道汇编而成的,他使用的这种先抑后扬的叙事手法,以及在肯定中委婉嫁接进否定书写的叙事策略,是对前人叙事结构的忠实传承,还是他的文化改写?如是后者,他又在何种程度上发挥了作者的主体性?

为此,笔者考据到克鲁士在《中国志》的第十五章中也记述了底层妇女的悲惨生活。其中,他写道:"在这个国家没有比奴役这些妇女更严重的压榨了。我在广州亲自考察过,有些葡萄牙人用其他方法也证实过这个国家的奴役制度。"②可见,不同于门多萨,克鲁士直抒胸臆地揭露了中国底层妇女的悲惨遭遇,而并没有与大明帝国的社会福利制度建立起任何逻辑关系。我们不妨来细读克鲁士的报道:

> 所有的青楼女子都是奴隶,主人把她们从亲生母亲那里买来,教她们弹琴、唱歌以及演奏各种乐器。唱得好的赚钱就多,不能唱的就

---

① Juan González de Mendoza, *Historia de las cosas mas notables, ritos y costumbres, del gran Reyno de la China, como por relacion de Religiosos y otras personas que han estado en el dicho Reyno*, Madrid: Querino Gerardo, 1586, pp. 43—44.

② Gaspar da Cruz, "Certain Reports of China", in Charles R. Boxer ed., *South China in the Sixteenth Century (1550—1575)*, London and New York: Routledge, 2010, p. 151.

身价低。主人或践踏她们或把她们卖掉。皇帝会派一名官员登记妓女街上的妇女的名字,她们的主人每年要向这名官员缴纳一笔税钱。她们每月上交主人一定的金额。等她们年老色衰时,就给她们涂脂抹粉让她们看起来显得年轻些。直到她们不能从事这个行业的时候,才能获得完全解脱,不必再向主人缴纳任何钱,靠她们自己赚的钱来谋生。①

显然,上述文本呈现给读者的是一种惨受奴役的中国妇女形象,而相比之下,门多萨则刻画出了享有社会福利保障的另一种底层妇女形象。

让我们再来细读克鲁士对中国穷苦儿童的描述:

> 如果一个女人失去丈夫成了寡妇,也没有营生,养活不了孩子,她就会去找一个有钱人家,拿儿女和他换六七个克朗。如果是女孩,就卖去青楼。如果是男孩,就卖给主人当奴仆。等男孩到了成婚年龄,主人会给他找个妻子,生下的孩子是自由的,不用尽任何义务。当然,他作为仆人也要交给主人一笔钱,才能保有自己的家室,因为他结婚的时候,主人会给他一套住所,他就凭借手艺或勤劳谋生。此外,这些奴仆不能再转卖给葡萄牙人,违者严惩。②

可见,在克鲁士的报道中,被亲生父母卖掉的贫苦儿童沦为了主人家的奴仆,而并非如门多萨所述的那般美好,被送到师傅家当学徒,师傅在徒弟成年后还帮忙娶妻和买房置地。此外,尽管在克鲁士笔下,这些小童在主人家到了适婚年龄也可以成家生子,但他们却并非如门多萨所述的那般享受到了师傅的优待。而在门多萨的记述下,如果师傅不给徒弟买房和找工作还要受到法律严惩等。因此,通过与克鲁士的报道进行比较,我们再次认识到了门多萨对前文本的一种美化倾向。其中,他通过文化调适

---

① Gaspar da Cruz, "Certain Reports of China", in Charles R. Boxer ed., *South China in the Sixteenth Century* (1550—1575), London and New York: Routledge, 2010, pp. 150—151.

② Gaspar da Cruz, "Certain Reports of China", in Charles R. Boxer ed., *South China in the Sixteenth Century* (1550—1575), London and New York: Routledge, 2010, p. 151.

淡化了社会底层百姓凄苦人生的同时，凸显了大明帝国在社会福利制度上的优越性以及社会的和谐与安定。

探讨至此，让我们的思考不妨再递进一层。尽管门多萨通过文化改写形塑出了一种他者视域下的理想社会，但这种建构也并非纯粹的主观臆想，而是对晚明具体历史经验的一种文学再现。如门多萨记述了一种叫作皇家医院的社会福利制度，他在原著善典中使用的西班牙语原文表述是"hospital"，即医院。这种皇家医院制度可以从大明开国皇帝朱元璋开创的"养济院"制度中追溯到原型。只不过门多萨美化了明代的养济院制度，夸大了大明社会福利制度的优越性。对此，本书第五章将对门多萨想象中的国家福利救助制度进行详细考述，故此处不予以展开赘述。又如，门多萨所述的娼妓管理制度也可以从明史中找到原型。唐朝、宋朝和元朝就有官妓制度，明朝则是沿袭了元朝的官妓制度，设立了教坊司，掌宴会大乐，一应官员皆由乐工担任，规定妓女属教坊司管辖。①

三、先进的城市治理水平

除完备的行业规则和人性化的社会福利制度外，门多萨还惊叹于大明帝国先进的城市管理水平。其中，第一部分第一卷第九章就描述了大明帝国享有完备的市政建设，整个国家的市容市貌都十分干净整齐，并且大明帝国还拥有发达的陆路交通系统。② 如其所述：

> 大明帝国的房屋最大的特点之一就是极其干净，不仅是屋内，大街上也非常清洁。一条大街通常有三四个厕所，外观奇特，以免有人因内急弄脏街道。全国各地的街道都有这种公厕。有的城市还通水路，就像弗兰德的布鲁塞尔、西印度的墨西哥以及意大利的威尼斯，但中国的这些河道更实用，满载着物资的船舶可以通过水道，将它们

---

① 参见张廷玉等：《明史》（卷六十一），北京：中华书局，1974 年，第 1499 页。
② 参见 Juan González de Mendoza, *Historia de las cosas mas notables, ritos y costumbres, del gran Reyno de la China, como por relacion de Religiosos y otras personas que han estado en el dicho Reyno*, Madrid: Querino Gerardo, 1586, p.14。

直接运输到住地。这个国家的道路是我所知的最好的路,不但道路,连山路也一样平坦。有的路非常陡峭,用砖石铺成,也修得很好。据亲眼见过的人称,那是大明帝国最值得钦佩的杰作之一。该国建有很多座大桥,外观奇特,它们建造在宽阔而深邃的河流上,桥下可以通船。①

四、严苛的户籍制度

此外,门多萨还记述了大明帝国严苛的户籍管理制度,如他在第一部分第三卷第十章开篇就对大明帝国的社会制度予以了充分肯定:"中国异教徒们除秉公办案以外,还采取一些预防措施和其他一些值得效仿的办法。"②这说明门多萨把大明帝国严苛的户籍制度视作一种先进的社会制度,并明确指出这是可供欧洲效仿的管理模式。尽管这种严格的户籍制度在有效地维护社会秩序的同时,也带来了一些社会弊端,但门多萨却并未对其引发的负面影响进行任何诟病。我们来细读门多萨的记述:

> 首先,由辖区内负责统计人口,十户会编成一组,在第十户上挂一木牌,将十户的名字、职责、义务等都记在木牌上。如果某户有人对本组或对其他组做了坏事,给大家造成了危害,就会有人去告发并要求对此人进行惩罚,让其赔偿损失并警示他人。倘若有人知情不报,就会受到和罪犯同样的惩罚。因此,每人既要监督他人的行为,也要约束自己的行为,以免被别人控告。如果十户中有人要从一个辖区迁往另一个辖区,或者要到外地去居住,又或是要出远门,他应在出发前十天在左邻右舍中手摇铜铃或手敲铜钵,向大家告知他要

---

① Juan González de Mendoza, *Historia de las cosas mas notables*, *ritos y costumbres*, *del gran Reyno de la China*, *como por relacion de Religiosos y otras personas que han estado en el dicho Reyno*, Madrid: Querino Gerardo, 1586, pp. 15—16.

② Juan González de Mendoza, *Historia de las cosas mas notables*, *ritos y costumbres*, *del gran Reyno de la China*, *como por relacion de Religiosos y otras personas que han estado en el dicho Reyno*, Madrid: Querino Gerardo, 1586, p. 71.

去的地方。这样他如果欠了或借了别人的东西,人家好在他动身前去索要,免得财产受损。如他没有这样做,法官将强制木牌上写着的同组人替他还债,因为他们没有向债主或法院去揭发这个未报备就背井离乡的人。一旦有人被认定欠账不还,就要用家产抵债。如果无家产可抵,就会被关进监狱。在狱中,法官仍会给他规定还债期限,如到期不还,也没有通过其他途径与债主达成和解,就要受到轻微鞭笞并给他第二次还债期限。如到期仍不还,就要受到更重的鞭笞,再规定第三次还债期限。如此以往一直到他被打死。所以,欠债人总会想方设法地偿还债务,或请亲戚帮助,甚至宁愿去给债主做奴隶也不愿去坐牢,也不想忍受那不堪的鞭刑。①

五、先进的教育理念

最后,门多萨还在四章的篇幅中向彼时的欧洲读者介绍了大明王朝的教育理念,这是在大明王朝自上而下盛行的一种重教之风。首先,官方十分注重兴学办教,如第一部分第三卷第十三章就记述了皇帝对教育领域投入了大量的人力和物力。

> 皇帝自己出资在每座城市都开设了书院或学校……有高级班也有初级班,皇帝每年都要派礼部官员去视察工作,检查学生的学习和教师的教学情况以及其他有关教学管理的情况。视察的官员还会表彰勤奋的学生,鼓励他们继续努力,把有天分却不用功的学生关禁闭,或给予相应的处罚,开除没有学习能力或不愿读书的学生,空出的名额正好留给学习好的学生。②

---

① Juan González de Mendoza, *Historia de las cosas mas notables, ritos y costumbres, del gran Reyno de la China, como por relacion de Religiosos y otras personas que han estado en el dicho Reyno*, Madrid: Querino Gerardo, 1586, pp. 74—75.

② Juan González de Mendoza, *Historia de las cosas mas notables, ritos y costumbres, del gran Reyno de la China, como por relacion de Religiosos y otras personas que han estado en el dicho Reyno*, Madrid: Querino Gerardo, 1586, p. 83.

门多萨还列举了具体的授课内容,如有书写、阅读、算术、自然和伦理哲学、占星学、国家律法以及其他奇特的科学。① 并且他还对学校的师资完备赞不绝口,认为教书先生学有专长,特别是在读写方面更是有着无与伦比的才华。②

不仅官方兴师重教,大明百姓也非常重视送子女去学堂读书,因为他们认为上学可以"使他们免得沉溺于恶习或不齿之行"③。学校教育也取得了切实成效,"使得大明王朝这样一个大国比其他小国发生犯罪的行为还要少"④。此外,百姓还认为上学是实现阶层跃升的重要途径,如第一部分第三卷第十三章中就指出:"哪怕再穷的人也要识字,因为文盲的名声不好。有很多学生考入了高等学府并发奋读书,因为这是获取官职或贵族头衔的最佳和最可靠的途径。"⑤

释读至此,我们发现门多萨以他者视域为16世纪的欧洲读者展现出了一个享有完善社会制度的明代市井社会,其不但拥有完备的行业规则、发达的社会福利制度和城市治理模式,还享有严格的户籍制度和先进的教育理念。基于此,笔者不禁追问:门多萨对晚明民治所持的这种充分肯定的书写姿态是对前人教士之书写立场的忠实再现,还是作者发挥主体

---

① 参见 Juan González de Mendoza, *Historia de las cosas mas notables, ritos y costumbres, del gran Reyno de la China, como por relacion de Religiosos y otras personas que han estado en el dicho Reyno*, Madrid: Querino Gerardo, 1586, pp. 83, 331。

② 参见 Juan González de Mendoza, *Historia de las cosas mas notables, ritos y costumbres, del gran Reyno de la China, como por relacion de Religiosos y otras personas que han estado en el dicho Reyno*, Madrid: Querino Gerardo, 1586, p. 83。

③ Juan González de Mendoza, *Historia de las cosas mas notables, ritos y costumbres, del gran Reyno de la China, como por relacion de Religiosos y otras personas que han estado en el dicho Reyno*, Madrid: Querino Gerardo, 1586, p. 39.

④ Juan González de Mendoza, *Historia de las cosas mas notables, ritos y costumbres, del gran Reyno de la China, como por relacion de Religiosos y otras personas que han estado en el dicho Reyno*, Madrid: Querino Gerardo, 1586, p. 39.

⑤ Juan González de Mendoza, *Historia de las cosas mas notables, ritos y costumbres, del gran Reyno de la China, como por relacion de Religiosos y otras personas que han estado en el dicho Reyno*, Madrid: Querino Gerardo, 1586, p. 83.

性的一种文化改写？如是后者，作者又对前人文献进行了哪些改写？他的改写又投射出了对中国文化的何种审视立场？

对此，笔者注意到，克鲁士在《中国志》中也记述了大明帝国的娼妓和贫困人口的生存境遇。① 门多萨与克鲁士对大明帝国的弱势群体报道立场上具有一定的差异性。克鲁士披露了失足女子的悲惨生活，在他看来，从事这个行当的女子生活在社会最底层，可怜的妇女被肆意买卖并饱受奴役。她们被人为地冠以标签，能歌善舞的就能卖到高价，不善才艺的就会被贱卖，甚至还会遭到凌辱。相比之下，门多萨的叙事重点却并非落在失足女子的凄惨遭遇上，而是以此为契机对大明的社会福利制度进行了理想化再现，由此淡化了失足女子的凄苦人生。如前所述，门多萨指出，那些年老色衰的失足女子同样享有社会福利并能安度晚年。② 可见，门多萨再次美化了克鲁士的中国报道，他避免提及晚明社会没落的一面，向16世纪的欧洲读者形塑了一种享有先进社会福利制度的异质文明形象。

让我们继续对门多萨的参考文献进行考辨，如前所述，在门多萨的想象中，贫苦人家的男童被走投无路的亲生父母卖掉后，就被带到师傅家当起了学徒。成年后师傅还必须给徒弟买房置地和娶妻，且不收取任何酬金和回报。甚至如果师傅不这样做，还会被徒弟告上法庭。经笔者考辨，门多萨的这段记述也可以追溯到克鲁士的《中国志》，其中笔者发现有如下一段文本："学徒结婚后的一年，还要给他的主人若干银两，因为他结婚的时候是主人给他买的宅子。"③ 显然，门多萨删减了这段文献，将其改写为师傅不收取徒弟的任何钱财，从而夸大了晚明社会的和谐美满。

---

① Gaspar da Cruz, "Certain Reports of China", in Charles R. Boxer ed., *South China in the Sixteenth Century* (1550—1575), London and New York: Routledge, 2010, pp. 150—151.

② Juan González de Mendoza, *Historia de las cosas mas notables, ritos y costumbres, del gran Reyno de la China, como por relacion de Religiosos y otras personas que han estado en el dicho Reyno*, Madrid: Querino Gerardo, 1586, p. 101.

③ Gaspar da Cruz, "Certain Reports of China", in Charles R. Boxer ed., *South China in the Sixteenth Century* (1550—1575), London and New York: Routledge, 2010, p. 151.

第五章　晚明政治生活在"他者"视域下的理想化再现　151

此外，门多萨对大明王朝教育制度的赞赏姿态也可以从克鲁士的《中国志》中找到原型。其中，《中国志》第十七章就记载了皇帝不仅出资办学，还派钦差按期巡视学堂验收办学效果，并根据学生学习成绩的好坏进行奖惩，上学读书成为普通百姓实现阶层跃升的重要途径等。我们来细读文献：

> 有专门的官员负责考核所有的学生，表扬成绩好的学生，鞭打有学习能力却不好好学习的学生。如果鞭打还不能令其改正，就把他们关起来，甚至他们还会勒令那些既不学习，也没能力学习的学生退学……都察院还下令让所有成绩好的学生前往其所在地的省会，进入皇帝出资兴办的免费学校上学……并且所有省里的大老爷都会和都察院联合考察每名学生的学习情况，答对题的考生会被挑选出来，并授予学位和老爷的头衔，答错的人则会被鞭打，甚至还可能被关进大狱。①

考辨至此，我们再次认识到了门多萨与克鲁士的文本之间的高度互文性。特别是两者对中国人读书动机的记述基本一致，即他们都认为中国人把读书视作阶层跃升的重要途径。只不过关于中国教育制度，克鲁士只记述了科举制。相比之下，门多萨还增补了他对中国百姓教育观的理解，如其所述，中国人认为子女入学受教可"使他们免得沉溺于恶习或不齿之行"②。又如，他还指出："哪怕再穷的人也要识字，因为文盲的名声不好。"③再如，他还强调，正是大明帝国举国上下都兴师重教，这才"使

---

① Gaspar da Cruz, "Certain Reports of China", in Charles R. Boxer ed., *South China in the Sixteenth Century* (1550—1575), London and New York: Routledge, 2010, p. 160.

② Juan González de Mendoza, *Historia de las cosas mas notables, ritos y costumbres, del gran Reyno de la China, como por relacion de Religiosos y otras personas que han estado en el dicho Reyno*, Madrid: Querino Gerardo, 1586, p. 39.

③ Juan González de Mendoza, *Historia de las cosas mas notables, ritos y costumbres, del gran Reyno de la China, como por relacion de Religiosos y otras personas que han estado en el dicho Reyno*, Madrid: Querino Gerardo, 1586, p. 39.

得大明王朝一个大国比其他小国发生的犯罪行为还要少"①。

  通过对门多萨和克鲁士的文本进行横向比较,我们再次探寻到了潜藏于《中华大帝国史》中的文化滤镜。门多萨通过对前人教士的中国报道进行理想化改写,以他者视域塑造了一个自上而下兴师重教的异质文明形象。而相比之下,在 16 世纪的欧洲,通常教士和贵族等有限群体才有机会接受学校教育,绝大多数平民仍然处在文盲状态。如 16 世纪正值西班牙拓展海外殖民地的高峰时期,前往拉美的西班牙远征军中文盲的比例就很高,连征服印加帝国的西班牙远征队员皮萨罗(Francisco Pizarro)也是文盲。

  最后,让我们对本节的探讨予以总结。门多萨在读本的五章中记述了大明帝国对庶民阶层的治理情况,其不仅享有完备的行业规则、优越的社会福利制度和先进的城市治理水平,还拥有严格的户籍制度和先进的教育理念。然而,这部分文本并不是作者对其亲眼所见的晚明社会的一种文本化再现,而是以克鲁士的《中国志》为底本改编而来的。克鲁士的叙事立场较为中立,他没有过度渲染大明底层百姓的凄苦生活,也未对大明帝国的社会福利制度给予任何称赞。相比之下,门多萨则通过删减、增补和夸张等修辞手法对克鲁士的文本进行了理想化重现,最终以他者视域为 16 世纪的欧洲读者塑造出了一种享有优越社会制度的异国形象。

第二节 和谐平民社会的背后:大明社会制度的理想化再现

  探讨至此,笔者不禁反思:他者凝视下的理想化平民社会又在何种程度上重现了晚明的具体历史经验?为此,我们有必要再次对门多萨的原文书写予以回溯,其中,"1586 马德里西班牙语修订本"第一部分第二卷

---

① Juan González de Mendoza, *Historia de las cosas mas notables, ritos y costumbres, del gran Reyno de la China, como por relacion de Religiosos y otras personas que han estado en el dicho Reyno*, Madrid: Querino Gerardo, 1586, p. 39.

第十章中就记述了大明帝国的皇家医院制度。因此,本节以门多萨笔下的皇家医院制度为逻辑切入点,对他者想象中的晚明社会福利制度与晚明具体历史经验之间的互文性和差异性进行考辨。其中,门多萨记述道:

> 皇帝及其朝廷颁布诏令,禁止穷人在街道上,也不得在祭拜偶像的庙宇里行乞。如果有穷人在街上乞讨,一律严惩不贷,若市民和居民向行乞者施舍,则罪加一等。法院有一个"穷人法官",专门负责处罚违反皇帝谕旨的人。新法官一上任就立即张贴告示,要求家中有残疾儿童的父母,或子女患病或致残的父母前来禀报,他们会根据皇帝和朝廷的指令,向这些弱势群体发放相应的补助。那些男孩和女孩被带到"穷人法官"那里,由法官来鉴定他们的残疾程度,如果还可以劳动,就让他们的父母在规定期限内给孩子找份工作。在规定期限内,他会去检查孩子的身体状况是否能胜任父母给他们找的那份工作。如果孩子伤残过重而不能胜任工作,这位穷人法官就命令父亲终生供养孩子。如其父无力抚养或孩子无父,则由富裕的近亲抚养。如没有富裕的近亲,孩子的所有亲戚都要捐助一些银两来抚养孩子。如果身无分文,也要将家中的一些物件交出来供养孩子。如果连亲戚都没有,或有亲戚确实无力抚养,则由皇帝从其收入中按期拨款抚养。①

可见,在门多萨的形塑下,大明帝国从制度层面对社会弱势群体给予了最基本的生活保障,如皇帝亲自出资建立专门的医院来收容无家可归者,又如国家还出台了专项政策为残障人士解决就业问题等。正是在福利制度的保障下,街上才很少见到乞丐。由此,门多萨向彼时的欧洲读者再现了一个拥有优越社会制度的异质文明社会。其中,引起笔者关注的是,门多萨把大明皇帝亲自出资开设的专门用于收容无家可归者的救助

---

① 参见 Juan González de Mendoza, *Historia de las cosas mas notables, ritos y costumbres, del gran Reyno de la China, como por relacion de Religiosos y otras personas que han estado en el dicho Reyno*, Madrid: Querino Gerardo, 1586, pp. 42—44。

医院用西班牙语表述为"hospital"。① 事实上,门多萨的皇家救助医院想象并非天方夜谭,大明开国皇帝朱元璋就设立了养济院以救助贫困阶层。对此,《大明律》有载:"凡鳏寡孤独及笃疾之人,贫穷无亲属依倚不能自存,所在官司应收养而不收养者杖六十。若应给衣粮而官吏尅减者以监守论。"②

事实上,中国官方开办慈善机构救济孤寡残障人士的传统并非始于明朝,早在南北朝时期就有孤独园,唐朝有悲田养病坊,宋朝有福田院,元朝也有孤老院。此外,明代养济院的社会成效也并非如门多萨想象的那般完善。对此,明清民俗史学者王兴亚在《明代养济院研究》中就对此议题进行了详细探讨。其中,他对《大明律》《明实录》和明代不同时期的地方志等史料进行了考辨并指出,从洪武到嘉靖年间,明政府对各地养济院收养孤老残疾人数虽然不设上限,然而,实际上各地真正能够入院的人数却十分有限,入院的人数取决于各地方官员对贫困户、老年人和残疾人士的态度。到了万历年间,养济院由于财政短缺在管理上进行了很大的变革。尽管史料并未明确记载具体的收容限额,但也绝不是无限地收容。③

可见,尽管朱元璋设立养济院的初衷是体恤民生,但他却忽略了地方政府财政的承受力,也没有对各地方的贫老残障人士数据进行调研统计。尤其是灾荒之年,政府财政更是无力赡养贫困人口。除财政困难外,官吏贪污舞弊是导致养济院运营困难的又一个重要因素,如会头④的贪污舞弊和缺少监管,就使得养济院的运行偏离了其创立的初衷。万历年间编

---

① Juan González de Mendoza, *Historia de las cosas mas notables, ritos y costumbres, del gran Reyno de la China, como por relacion de Religiosos y otras personas que han estado en el dicho Reyno*, Madrid: Querino Gerardo, 1586, p. 44.

② 李善长、刘基:《大明律集解附例·卷四·户律·户役》,清光绪三十四年修订法律馆刻本,第27页。

③ 参见王兴亚:《明代养济院研究》,《郑州大学学报(哲学社会科学版)》,1989年第3期,第55页。

④ 会头在明代主要是指负责征收和管理赋税的差役负责人。

写的《宛署杂记》就对会头利用手中权力做假牟利有记载:"每会头领管百余名,月一集院,候县丞查点,物故者,则除之。开具实在名数,关县结报本府,转文户部,行文所司,给米布如其人数。"①此外,《实政录·卷二·收养孤老》就对当时养济院的管理混乱也有明确记载:

> 有命在旦夕、手无一钱,不能自达于官者,有里老户房徇情受贿不当收养而滥收者。老而无夫、老而无妻始为鳏寡,有夫妇并收支双粮者;称鳏寡孤独及笃疾之人皆当收养,今瞽目残肢养济院全不收一人者;有散月粮全不经眼任仓斗通同户吏侵渔者,有迟十日半月不打点再不给散者,有积年孤老为头指称使用科敛扣剋者,有露宿地寝无室庐床炕者,有疾病而无医调理者,有私自顶替死名者,有缺名数多全不补完而积猾吏书冒粮侵使者,有借口钱粮额定眼看饿死收养一人者。②

探讨至此,本节得出了一个推论:门多萨想象中的大明皇家医院(hospital)的原型可以追溯到明代的养济院。明太祖朱元璋为了体恤民生设立了养济院。然而,这种福利制度在实际运营中却几乎是名存实亡。由于财政困难和官员贪腐等问题,明代的福利机构徒有虚名,并无能力大规模地收容社会弱势群体。因此,门多萨实际上以前人传教士的中国报道为底本,对晚明社会制度进行了理想化重构,并以夸张的手法对晚明具体历史经验予以了诗性重现。

第三节 门多萨想象中的大明吏治

如前所述,我们把门多萨对大明帝国的政治生活想象分为民治和吏治两类。本章第一节和第二节已经对民治想象进行了探讨,第三节和第四节将聚焦于门多萨对大明吏治的刻画。其中,《中华大帝国史》在八章

---

① 沈榜:《宛署杂记》,北京:北京古籍出版社,1980年,第89页。
② 吕坤:《实政录·卷二·收养孤老》,万历二十六年赵文炳刻本,第53页。

的篇幅中记述了晚明吏治,分别是第一部分第二卷第十章、第一部分第三卷第一章、第一部分第三卷第十章、第一部分第三卷第十一章、第一部分第三卷第十四章、第二部分第一卷第二十五章、第二部分第二卷第七章和第二部分第三卷第十八章。这八章介绍了大明帝国的监察制度和科举制度,让我们分别予以细读。

一、严苛的监察制度与政治清明的社会

首先,在门多萨的凝视下,明朝皇帝对官员的贪污恶行深恶痛绝,并制定了一套严苛的监察制度用以预防腐败的滋生,为此,他设立了监察御史专职负责监察百官。如第一部分第三卷第十一章"皇帝每年派御史巡查各省官员并对违法者进行处罚",就详细记述了大明帝国针对官员的监察机制,其译成中文是:

> 中国皇帝十分注重监控各级大臣、法官、巡抚、总督和其他下级官员的工作,督促他们忠于职守,尽忠尽责。他们的任期不能超过三年,期满时都察院①的官员会立即通知其离任。皇帝每年还秘密派遣御使到各省巡查,这些御使都是皇帝的亲信,长期考察证明他们生活廉洁、作风端正并执法公正。他们前往各地微服私访,调查各省法官的不法行为,因此,地方官每天都在胆战心惊中度过。皇帝赐给这些御使很大的权力,他们一旦发现了任何违法行为,可以不经过皇帝批准就直接逮捕并处罚罪犯,也可以停刑或缓刑,在御使的职权内他们可以做想要的任何事情,只是没有处以极刑的权利。②

可见,在门多萨的记述中,皇帝的监管无处不在,不仅大明帝国的高级官员长期接受监督,基层也同样要受到定期巡视,如第一部分第二卷第

---

① 此处门多萨使用的西班牙语原文是 Chaenes。
② Juan González de Mendoza, *Historia de las cosas mas notables, ritos y costumbres, del gran Reyno de la China, como por relacion de Religiosos y otras personas que han estado en el dicho Reyno*, Madrid: Querino Gerardo, 1586, p. 76.

第五章　晚明政治生活在"他者"视域下的理想化再现　　157

十章就有如下一段记述:"宫廷和内阁官员经常巡视法官的工作,一是来看望他,二也要了解收容院的情况,若发现有人渎职,马上撤职严惩。因此,每个人都小心尽职尽责,因为他们都明白,一旦出了差错,会有人找他们算账的。"①

其次,朝廷不仅对官员实施严密监察,还出台了一揽子反腐措施,其中的一条重要规定就是不准官员在家乡任职以避免徇私舞弊。对此,门多萨在两章中都提及了这条规定,如第一部分第三卷第十章就明确指出:"所有官职都由皇帝和内阁任命,他们决不允许巡抚、总督和法官等官员在家乡任职,以免因爱恨情仇和亲属关系等私人感情影响执法公正。"②又如,第二部分第三卷第十八章也记述道:"中国人有一些好经验值得我们效仿,我举两个例子。首先,升官靠的是能力和政绩,不靠贿赂和关系。谁也不能在其出生地任巡抚或省市的总督和法官,据说,这样做是为了避免因亲情和友情导致的处事不公。"③

再次,作为反腐的另一项重要举措,明廷还在官僚阶层中推行"高薪养廉"政策,即通过给官员发放高额薪酬来杜绝受贿,如门多萨所述:"皇帝赐给官员们丰厚的俸禄,官员受贿,特别是法官受贿是严令禁止的,违者会被严厉惩罚,高俸禄正是为了执法公正。"④在"高薪养廉"的同时,大明法律对官员的违规行为仍然是严惩不贷,门多萨指出:"受贿是严禁行为,受贿者一律要被判重刑,因为皇帝之所以给官员以很高的

---

① Juan González de Mendoza, *Historia de las cosas mas notables, ritos y costumbres, del gran Reyno de la China, como por relacion de Religiosos y otras personas que han estado en el dicho Reyno*, Madrid: Querino Gerardo, 1586, p. 43.

② Juan González de Mendoza, *Historia de las cosas mas notables, ritos y costumbres, del gran Reyno de la China, como por relacion de Religiosos y otras personas que han estado en el dicho Reyno*, Madrid: Querino Gerardo, 1586, p. 71.

③ Juan González de Mendoza, *Historia de las cosas mas notables, ritos y costumbres, del gran Reyno de la China, como por relacion de Religiosos y otras personas que han estado en el dicho Reyno*, Madrid: Querino Gerardo, 1586, p. 333.

④ Juan González de Mendoza, *Historia de las cosas mas notables, ritos y costumbres, del gran Reyno de la China, como por relacion de Religiosos y otras personas que han estado en el dicho Reyno*, Madrid: Querino Gerardo, 1586, p. 72.

俸禄，供他们吃喝不愁，就是为了使他们不去索贿，也因此鞭笞之刑极为酷厉。"①

最后，在门多萨看来，严苛的监察制度在官僚阶层中形成了一种巨大的威慑力，让官员们个个谨小慎微，从而保障了政治清明。如福州巡抚在打开西班牙人赠送的礼物时，马上就让书记留下了一个记录，随即又下令把礼物封好，送往首都进献给皇帝和朝廷。门多萨指出，官员这样做"是因为中国有一条严格的法律，禁止任何官员接受礼物。不管礼物价值大小，除非得到皇帝及其朝廷的许可，一律不能擅自接受，违者将终身不得担任官职，还要被流放和罚戴红帽"②。明廷的反腐制度之严明以及对官员的震慑力之大可见一斑。又如，门多萨还在第一部分第三卷第十章中专门记述了中国法官在审案过程中执法之公正和严明，我们来细读原文：

> 内阁任用官员时，其中一条戒律便是不许私下和原告见面，更不许私下审理案件，而是要在众位大臣面前，在公堂上宣读判决书。庭审的时候，声音要大，让所有人都能听到。法官端坐在大厅中央，侍卫们守护在大厅门口，大声呼喊当事人的名字让他们进去。他们走进去后，还隔着一段距离就跪在了地上，把案件讲述了一遍。若为书面诉讼，则由书记官拿起文书，在大庭广众之下朗读。法官听到后，发表自己的看法，并将解决方案告诉手下。皇上还下令，每名法官在离开法庭之前必须禁食。他们也有相应的规定，违抗命令的人将会被重罚。如果法官生病了，他可以在离开法庭之前进食，但是也不能吃得太多。在开庭之前，他是绝对不能喝酒的，就算他身体抱恙也不

---

① Juan González de Mendoza, *Historia de las cosas mas notables, ritos y costumbres, del gran Reyno de la China, como por relacion de Religiosos y otras personas que han estado en el dicho Reyno*, Madrid: Querino Gerardo, 1586, p. 240.

② Juan González de Mendoza, *Historia de las cosas mas notables, ritos y costumbres, del gran Reyno de la China, como por relacion de Religiosos y otras personas que han estado en el dicho Reyno*, Madrid: Querino Gerardo, 1586, p. 85.

能喝酒。①

此外,关于大明司法制度,门多萨还提及了酷刑,但他并没有以他者的猎奇视角过分渲染酷刑之残忍,而是在反复强调动刑是被迫的,正如门多萨所述:"如用温和的手段或用计谋都不能得到犯人的口供时,法官只得对他动刑,动刑需十分谨慎小心。刑具有两种,一种脚刑,一种手刑。两种刑罚都十分残酷,以至于很少有人能够忍受下来而拒不交代。法官必须有证据,哪怕一半的证据才能动刑。"②让我们来细读门多萨在第一部分第三卷第十二章"他们的监狱及对犯人行刑的方法"中对大明酷刑的详细描述:

> 行刑只有在巡抚和都察院的驻地法官和御使到达后才能执行。他们经常到监狱微服私访,查看罪犯的名单和判刑的原因,即便最终判决已获得皇帝和内阁的批准,他们仍要在判刑法官的陪同下重新审核,法官不在时就由代理法官陪同。之后,他们从所有罪犯中挑选出50名罪大恶极的死囚,令典狱长备好一切所需材料,准备带走行刑。做完这些,他们还会再查阅一次死囚卷宗,看能否找到赦免的理由,如果发现可以饶恕之处,立即把他们挑出来。同时,法官下令鸣炮三响,把死刑犯拉走。此过程中他们仍在不停地讨论是否有可能解救某个人。如果实在无法宽恕,就再下令鸣炮三响,下令把罪犯押赴刑场。在行刑前,他们还要再次迅速查看一遍那些死刑犯的卷宗,最后一次确认是否有办法宽恕。如果有,就令人把那个犯人从刑场拉回狱里。③

---

① Juan González de Mendoza, *Historia de las cosas mas notables, ritos y costumbres, del gran Reyno de la China, como por relacion de Religiosos y otras personas que han estado en el dicho Reyno*, Madrid: Querino Gerardo, 1586, p. 72.

② Juan González de Mendoza, *Historia de las cosas mas notables, ritos y costumbres, del gran Reyno de la China, como por relacion de Religiosos y otras personas que han estado en el dicho Reyno*, Madrid: Querino Gerardo, 1586, p. 75.

③ Juan González de Mendoza, *Historia de las cosas mas notables, ritos y costumbres, del gran Reyno de la China, como por relacion de Religiosos y otras personas que han estado en el dicho Reyno*, Madrid: Querino Gerardo, 1586, pp. 80—81.

可见，在这段关于极刑的记述中，门多萨的焦点并非在渲染极刑之残忍上，而是反复强调了大明王朝的司法制度对死囚的人文关怀和法官的仁慈之心，正如门多萨所述，官员们总是对死刑犯卷宗进行反复核查，极力寻找宽恕死刑犯的依据。与此同时，这段文本也再次折射出了门多萨对晚明政治社会的理想化形塑。诚然，门多萨关注的这种以人为本的理念，也正是16世纪欧洲的文艺复兴运动所倡导的理念之一。

二、开明的科举制与开放的社会上升通道

门多萨除却使用大量篇幅向读者再现了大明王朝完备和严苛的监察制度外，还对官员的选拔机制进行了专门描写。如第一部分第三卷第十四章就指出，科举制是一种从平民阶层选拔官员的社会制度，所有的内阁大臣、总督和巡抚都是通过科举考试获得老爷称号的，而大将军、市令、地方法官和司库则大多是由皇帝赏赐的。我们来细读门多萨的原文表述：

> 满朝文武都被冠以老爷的封号，他们不是才华横溢，就是武功卓绝，有些则是皇上亲自封的，但这些人受人尊重的程度却各不相同。所有的内阁大臣、总督、巡抚、都要经过科举才能得到爵位，而将军、市令、地方法官、侍郎，大都是由于对皇上有功而得到的封赏。①

可见，在门多萨的审视下，大明帝国的社会阶层具有畅通的上升渠道。要想从平民阶层进入官僚阶层主要有两种途径：参加科举考试和皇帝恩赐。此外，门多萨还指出："尽管通过这两种途径获得头衔的人都享有贵族的荣誉，但皇帝恩赐获得头衔的人，并没有通过参加科举考试获得老爷称号的人那般荣耀。"② 不容忽视，门多萨对这种官员选拔制度的关

---

① Juan González de Mendoza, *Historia de las cosas mas notables, ritos y costumbres, del gran Reyno de la China, como por relacion de Religiosos y otras personas que han estado en el dicho Reyno*, Madrid: Querino Gerardo, 1586, p.85.

② Juan González de Mendoza, *Historia de las cosas mas notables, ritos y costumbres, del gran Reyno de la China, como por relacion de Religiosos y otras personas que han estado en el dicho Reyno*, Madrid: Querino Gerardo, 1586, p.85.

注与肯定也在一定程度上折射出了其思想中的现代性,这种崇尚通过个人奋斗获得阶层跃升的价值观,超越了中世纪盛行的贵族世袭观念。正如门多萨所述:"中国有一些好品质是值得我们学习的,举个例子,首先,谁也不能通过贿赂和靠关系当官,只有那些能力出众、有足够政绩的人才能升官。"①此外,笔者还注意到,在门多萨之前的传教士并没有对中国的制度进行特别关注,更未像门多萨那样对一种异质文化的社会制度予以如此充分的肯定之辞。特别是在16世纪的欧洲,基督教占据着掌控地位,这意味着对一种异质文化予以如此宽容的审视姿态并非易事。因此,门多萨对大明社会制度优越性的关注也恰恰投射出了作者思想中的某种现代性精神萌芽。与此同时,16世纪中晚期是一个承上启下的重要历史阶段,整个欧洲历经了文艺复兴和宗教改革的洗礼,正在大动荡和大变革中从古代社会迈向现代社会。在这样一种特殊的历史语境中解读,《中华大帝国史》一书中的现代性精神正是16世纪欧洲时代特征的一种历史折射。

三、大明官僚阶层的另一面

笔者经文本细读发现,门多萨对大明帝国的政治制度予以充分肯定的同时,还在读本的七章篇幅中对大明官僚阶层的另一面进行了专门描写,分别是第二部分第一卷第十九章、第二部分第一卷第十二章、第二部分第二卷第九章、第二部分第一卷第十三章、第二部分第一卷第十五章、第二部分第一卷第十八章、第二部分第二卷第九章和第一部分第一卷第九章。如第二部分第一卷第十二章详细记述了统领王望高在追捕海盗林凤的过程中,与一位海防将军发生了激烈的内讧,而他们争执的原因竟然是海防将军企图从王望高手中夺人。如门多萨的记述:

---

① Juan González de Mendoza, *Historia de las cosas mas notables, ritos y costumbres, del gran Reyno de la China, como por relacion de Religiosos y otras personas que han estado en el dicho Reyno*, Madrid: Querino Gerardo, 1586, p.333.

那时,海防将军派遣的六艘船已经冲了过来,王望高毫不懈怠,下令开火。因为带的火药很少,他就从西班牙士兵那里要了些,现在这些船已到了剑拔弩张的地步而急需火药。西班牙人走后,海防将军仍然一动不动地站在他的座位上。六艘船的船长这时已经登上了一条小船,试图与王望高交涉,但遭到了王望高的拒绝,他下令发射一阵炮火把他们赶走了。最后,王望高站在船尾对着海防将军破口大骂,说他们想争功抢赏,而这功劳是他冒着生命危险历尽千难万险才换来的。将军看到没得逞,就掉转船头离去了。①

又如,第二部分第一卷第十九章记述了泉州总督接见了西班牙人,并从西班牙人口中得知,原来王望高虚报了事实,海盗林凤并没有被王望高捕获,而是被西班牙人围困在了菲律宾。如其所述:

总督向他们打听海盗林凤是怎么到达菲律宾的,以及关于西班牙人与那个海盗之间究竟发生了什么事。尽管王望高和那个中国人已经向总督作了详细汇报,但他仍不放心。其实总督并非多虑,西班牙人向他讲述的林凤如何抵达马尼拉等事与王望高等人所述之间有很大差异。王望高企图把一切功劳都占为己有,而精明的总督从王望高等人的叙述中马上猜到了他们的意图。在听说林凤既未被杀也没有被俘而仅仅是被包围后,总督允诺如果他们还要去菲律宾的班诗兰省(Pangasinan)围剿海盗林凤的话,总督可以给他们提供五百艘战船和所需的海陆兵力。如果他们需要更多的战舰,他也能提供。②

再如,第二部分第二卷第九章记述了西班牙人一行在福州停留了几

---

① Juan González de Mendoza, *Historia de las cosas mas notables, ritos y costumbres, del gran Reyno de la China, como por relacion de Religiosos y otras personas que han estado en el dicho Reyno*, 1586, p. 151.

② Juan González de Mendoza, *Historia de las cosas mas notables, ritos y costumbres, del gran Reyno de la China, como por relacion de Religiosos y otras personas que han estado en el dicho Reyno*, 1586, p. 170.

日,并拜访了当地的海防大将军,他却对西班牙人随身携带的黑碧玉圣石十分喜爱,并使用了各种诡计想要占为己有。① 将军看中了这块黑圣石后,先是提出要花重金购买,在遭到神父严词拒绝后,将军仍不死心,他又把西班牙人召来假意告知即将带兵出海打仗,他的手下也有基督徒,需要这块圣石做祷告,并且他本人也很想皈依基督教。但西班牙人很快就识破了将军的诡计,最终还是没把圣石交给他,如门多萨所述:"将军还说,受洗是他的荣幸,一旦大明皇帝恩准,他马上就会信教。很明显这一切都是为了霸占那块圣石而说的谎话,他只是太喜欢那块石头了而已。但是,阿尔法罗神父也想出一个好办法,终于收回了他们的黑碧玉圣石,为此他费了不少周折。"②但这也并没能打消中国将军的念头,一日将军又以他的朋友想要欣赏圣石为借口再次召见了西班牙人,并唆使仆人买通了翻译,篡改了西班牙人的话,最终占有了这块圣石,西班牙神父闷闷不乐却又无可奈何。

此外,门多萨还在多处描述了大明官僚阶层奢华的官邸和高贵的身份地位,如第一部分第一卷第九章就有如下一段记述:"各省份的首府均设有一名总督或巡抚。他们所住的地方是由皇上出资修建的,十分宏伟壮观。这些府邸都有村落般大小,里面有花园、水塘和树林,有鸟语花香,还有飞禽走兽。"③又如,第二部分第一卷第十五章记述了西班牙人在泉州的见闻,他们再次被当地官员出行的豪华排场所震慑:"一个仆人拿着一把巨大的丝绸太阳伞,把他的主人挡在阳光下。侍卫首领戴着的那顶帽子,跟他们以前看到的那顶不一样。走在他前面的是乐手,喇叭和号角

---

① Juan González de Mendoza, *Historia de las cosas mas notables, ritos y costumbres, del gran Reyno de la China, como por relacion de Religiosos y otras personas que han estado en el dicho Reyno*, 1586, pp. 245—247.

② Juan González de Mendoza, *Historia de las cosas mas notables, ritos y costumbres, del gran Reyno de la China, como por relacion de Religiosos y otras personas que han estado en el dicho Reyno*, 1586, p. 240.

③ Juan González de Mendoza, *Historia de las cosas mas notables, ritos y costumbres, del gran Reyno de la China, como por relacion de Religiosos y otras personas que han estado en el dicho Reyno*, Madrid: Querino Gerardo, 1586, p. 15.

吹得清脆响亮。卫队长和四百名士兵一直护卫拉达神父一行抵达泉州，这样做为的是彰显排场而并非出于需要。"①再如，门多萨在第二部分第一卷第十八章再次记述了泉州总督接见西班牙人时的排场："这时，三个人正对着我们的方向跪下，而在他们的前方是一张高高在上的宝座，头顶上方是一顶华盖，宛若一位帝王。"②此外，在第二部分第二卷第十四章中，门多萨也记述了总督出行的场景："西班牙人来到总督的府邸，见到他被很多仆人和卫兵簇拥着，显得十分威严。"③第二部分第一卷第十三章写道："这位将军到来的时候，氛围很是肃穆，前面是手持拐棍的仪仗，后面是亲兵把守，一路上更是有笛号鼓声奏乐。在这支军队的外面，还有两个卫兵。"④

基于上述文献，我们认识到门多萨在盛赞大明社会制度优越性的同时，还塑造了大明官僚阶层的另一面。然而，从《中华大帝国史》整部读本的文本结构上看，后者并不是门多萨晚明叙事中的主基调，相比之下，门多萨用大量篇幅详尽记述了大明制度的优越性和政治清明。

第四节　先进吏治想象的背后：
对前文本的理想化改写

探讨至此，笔者不禁追问：门多萨对晚明社会制度的肯定式书写立场

---

① Juan González de Mendoza, *Historia de las cosas mas notables, ritos y costumbres, del gran Reyno de la China, como por relacion de Religiosos y otras personas que han estado en el dicho Reyno*, Madrid: Querino Gerardo, 1586, p. 162.

② Juan González de Mendoza, *Historia de las cosas mas notables, ritos y costumbres, del gran Reyno de la China, como por relacion de Religiosos y otras personas que han estado en el dicho Reyno*, Madrid: Querino Gerardo, 1586, p. 168.

③ Juan González de Mendoza, *Historia de las cosas mas notables, ritos y costumbres, del gran Reyno de la China, como por relacion de Religiosos y otras personas que han estado en el dicho Reyno*, Madrid: Querino Gerardo, 1586, pp. 260—261.

④ Juan González de Mendoza, *Historia de las cosas mas notables, ritos y costumbres, del gran Reyno de la China, como por relacion de Religiosos y otras personas que han estado en el dicho Reyno*, Madrid: Querino Gerardo, 1586, pp. 154—155.

又与前人传教士的报道之间存在何种互文性？门多萨又对前人文献进行了哪些改写？带着这组疑问,让我们的思考继续前行。如前所述,门多萨充分肯定了明廷施行的严明吏治,并且他认为正是这种先进的社会制度造就了大明帝国的政治清明。以此为逻辑基点,笔者在门多萨的诸多参考文献中考据到,克鲁士的《中国志》第十七章也记述了中国的官员选拔机制。然而,两者在书写立场上却发生了分化。门多萨对大明吏治呈现出一种充分肯定甚至是钦佩的审视姿态,而克鲁士的书写立场则相对更为中立。如门多萨在论及科举制和监察制时,就明确指出:"中国的这些好品质是值得我们学习的。"①但从克鲁士的报道中,我们并没有解读到他对大明吏治的任何钦佩或赞赏之辞。此外,门多萨还竭力避讳晚明社会腐化的一面,建构了一个理想化的异质文明形象;与此同时,克鲁士却并未刻意淡化晚明社会没落的一面。我们不妨来细读克鲁士关于大明科举制的一段记述:"皇帝按照每人的功过和能力来授予职位,并经常听取宦官的建议。因此,很多高官都会花大价钱买通宦官,以获得晋升。"②然而,门多萨在《中华大帝国史》第一部分第三卷第十四章中论及科举制时丝毫未提及宦官干预朝政、操控官员任命以及官员常常向宦官行贿之事。这再次表明,门多萨摒弃了前人传教士对晚明社会的负面报道。

我们再来细读克鲁士对晚明监察制度的记述。他指出,每年都察院都要对官员们进行审查,有政绩的可以晋升,玩忽职守的或有违法犯罪行为的要被罢黜。因此,忌惮于都察院掌有对官员们的晋升和罢免大权,特别是"都察院还没进入官员的辖区,官员们就开始拼命打听他是否接受贿赂,如果可以,则大可安之,相信通过行贿,他们就能如愿晋升。如果得知

---

① Juan González de Mendoza, *Historia de las cosas mas notables, ritos y costumbres, del gran Reyno de la China, como por relacion de Religiosos y otras personas que han estado en el dicho Reyno*, Madrid: Querino Gerardo, 1586, p.333.

② Gaspar da Cruz, "Certain Reports of China", in Charles R. Boxer ed., *South China in the Sixteenth Century* (1550—1575), London and New York: Routledge, 2010, p.158.

都察院不接受贿赂,他们就去贿赂衙门的文书和小吏,因为这些人是负责审核中提供证明的"①。与此同时,《中华大帝国史》第一部分第三卷第十一章"皇帝每年派御史巡查各省官员并对违法者进行处罚"也详述了明代的监察机制,但他避讳了克鲁士记述的官员行贿常态,通过文化调适再次展现了晚明吏治的优越性。

此外,门多萨还大为赞赏大明帝国的司法公正,如《中华大帝国史》第一部分第三卷第十二章"他们的监狱及对犯人行刑的方法"就记述了明廷在执行极刑之前的审核十分谨慎,以至于法官直到行刑前的最后一刻仍在竭力为死囚寻找免罪的法律依据,实在没有免罪的办法才肯实施极刑。② 然而,克鲁士在《中国志》中却对中国的司法制度持有另一种书写立场。如《中国志》第二十章"被判死刑的人,及有关司法之事,这是值得注意的一章"就有如下一段记述:

> 每逢要审问重大案件或重要人物之时,尽管有很多文书在场负责记录,但官员们不相信任何人,仍要亲自记录审讯过程。偶尔会出现有人向官员行贿重金的情况,或攀故交请求赦免某人的罪行,或找别人来顶罪,或还有人受利益驱使想要替人定罪或替死……但只在重金贿赂的情况下,或案件牵连到了极有权势的人的时候才会使用这种手法。③

基于上述文献,我们不难解读到,尽管门多萨和克鲁士都关注了大明王朝的司法体系,但两者对中国文化的书写立场却大相径庭。克鲁士毫无顾忌地揭露了大明王朝的司法制度中存在的巨大漏洞,如皇帝重用宦

---

① Gaspar da Cruz, "Certain Reports of China", in Charles R. Boxer ed., *South China in the Sixteenth Century* (1550—1575), London and New York: Routledge, 2010, p. 159.

② Juan González de Mendoza, *Historia de las cosas mas notables, ritos y costumbres, del gran Reyno de la China, como por relacion de Religiosos y otras personas que han estado en el dicho Reyno*, Madrid: Querino Gerardo, 1586, pp. 80—81.

③ Gaspar da Cruz, "Certain Reports of China", in Charles R. Boxer ed., *South China in the Sixteenth Century* (1550—1575), London and New York: Routledge, 2010, p. 175.

官导致官场没落和贪腐盛行等官场的不正之风。然而,门多萨却并未沿用这段史料,而是把叙事重点放在了肯定大明王朝司法制度的完备和官员的秉公执法上,甚至门多萨还把大明帝国奉为同时期欧洲学习的典范。不可否认,门多萨也意识到了大明帝国司法系统中存在的贪腐现象,但却是以一种谨慎的方式提及的,他把克鲁士记述的贪腐常态改写成了个别现象,以此淡化了大明帝国政治没落的一面。

最后,我们再来关注门多萨和克鲁士关于中国酷刑的记述。《中华大帝国史》中有两章都对酷刑进行了详细报道。如第一部分第三卷第十章就记述了手刑和脚刑:

> 如用温和的手段或用计谋都不能得到犯人的口供时,法官只得对他动刑,动刑需十分谨慎小心。刑具有两种,一种脚刑,一种手刑。两种刑罚都十分残酷,以至于很少有人能够忍受下来而拒不交代。法官必须有证据,哪怕一半的证据才能动刑。

不容忽视,《中华大帝国史》在问世之初,面对的读者是生活在16世纪的欧洲人,而门多萨记述的大明刑罚较之于彼时欧洲的酷刑简直是微不足道。因此,门多萨的关注点并非在大肆渲染刑罚之残酷上,而只是把酷刑作为司法制度一个必不可少的环节介绍给读者。特别是他反复指出,酷刑其实很少使用,并且动刑前要十分谨慎。

此外,《中华大帝国史》第一部分第三卷第十二章也提及了酷刑,我们来继续释读文献。

> 极刑有三种:绞刑、杖刑和火刑。其中,火刑只用于谋反的人。最后三声炮响过,城内就骚动起来了,他们开始执行火刑,但火刑其实很少使用。行刑当天,所有店铺都关张了,一直关到太阳下山。天黑前要下葬极刑犯,总是有大群人跟着去送葬。次日,各级官员还要去监狱查访,查访的对象是可恶的小偷。他们查明罪行后,就在犯人脖子后挂上罪行牌,上面列出了他们的罪行,之后把他们拉到大街上,一连三四天都被施以杖刑,这对他们是一种羞辱。行刑人用的一

根又宽又厚的竹板,有四指宽,一指厚。竹板是在水中泡过的,因而打人更疼。犯人双手被反捆,趴在地上,两个行刑人各打一条腿,下手很重,只要几下犯人就站不起来了,常常五十下就能让犯人毙命。这些窃贼大多受此酷刑毙命,他们经常一次杖打两百个窃贼。在这样的大省城,每年有六千多人死于监狱或当街被杖毙。①

我们再来细读克鲁士关于晚明酷刑的记述。《中国志》第二十章对执行极刑的场景就有如下一段描述:"执行死刑的当天全城惊愕。店铺全都关张了,死囚被放到一堆灰烬上,双手被捆着,吃喝管够。随着行刑的鸣钟响起,全城躁动起来。行刑完毕,遗骸留在法场上直到日落。"②此外,克鲁士还详细记述了一种杖刑。

> 杖刑是一种有效的刑罚,有些地区出产如人腿般粗的竹竿,竹竿下头被削成了四指宽,笔直向上几乎有一扎长的厚度。有的葡萄牙人亲眼见到过这种刑具,据说得有八九十,甚至一百扎长。中国人的杖就是用这种竹竿制成的,长度大约到一个中等身材人的胸部那里。行刑时,犯人趴在地上,两腿伸直,两手反绑,行刑者打人的大腿。这是一种十分残酷的刑罚,打一下就会马上见血。行刑者站在两旁,一人打一条腿。两杖打下去,犯人就站不起来了,他们会把他拽起来。很多人挨了五六十杖后就皮开肉绽气绝身亡了。③

释读至此,我们从《中国志》中窥探到了门多萨书写大明酷刑的蓝本。诚然,门多萨并未忠实复制克鲁士的书写立场,而是删去了前人对中国的负面书写,例如下面这段记述就没有被门多萨采用。

---

① Juan González de Mendoza, *Historia de las cosas mas notables, ritos y costumbres, del gran Reyno de la China, como por relacion de Religiosos y otras personas que han estado en el dicho Reyno*, Madrid: Querino Gerardo, 1586, p. 81.

② Gaspar da Cruz, "Certain Reports of China", in Charles R. Boxer ed., *South China in the Sixteenth Century (1550—1575)*, London and New York: Routledge, 2010, p. 178.

③ Gaspar da Cruz, "Certain Reports of China", in Charles R. Boxer ed., *South China in the Sixteenth Century (1550—1575)*, London and New York: Routledge, 2010, pp. 178—179.

第五章　晚明政治生活在"他者"视域下的理想化再现　169

　　当刽子手棍打囚犯的时候,他会高声地宣布他挨了多少棍子。对于那些被处以极刑的人来说,如果可以获得一条绳子,他们一定会抢着自裁,与其承受更多的酷刑,还不如直接自己解决算了。一些曾经在中国监狱服刑的葡萄牙人告诉我,有一次,四十个犯人在监狱里上吊了,他们宁愿去死也不愿意被折磨。葡萄牙人还说,由于绳索太短了,勒不住脖子,他们就把一条木棍插在墙缝里,木棍又离地面太近了,他们就相互撕扯为争先上吊打了起来。如果监狱里的犯人自裁了,那根据中国的律法,他们的遗体会被停放在监狱里三天,然后被老鼠吃掉。有时候,其他囚犯也会因为饥饿残食这些遗体。三日之后,一位官员带着文书和看守前来,命令他们用绳子绑住犯人的双脚,拉到田地旁边的一个狭窄的门边,又用一根棍子在死者的臀部上连打三下。然后,典狱长又命人做记录,有一名犯人因罪死于狱中。按规定在班房停尸三日,已验尸,确信身亡。但他若还没死,就把他抛入粪坑中。看守保存这个记录,待监察官来视察时呈送给他,用于免责。①

　　这段文献不但描述了杖刑的残酷,还揭露了大明司法制度中的滥用职权等贪腐现象,显然,这些内容并没有被门多萨采纳并编进《中华大帝国史》。

　　考辨至此,我们进一步厘清了门多萨对参考文献的筛选和改写立场。他避讳或淡化了前人传教士对大明帝国政治没落一面的记述,特别是他选择对晚明官场腐败视而不见,向 16 世纪的欧洲读者再现了一个拥有优越社会制度的异质文明形象。在他的审视下,得益于这种先进的社会制度,大明王朝国泰民安。平民和官僚阶层都被治理得有条不紊,不仅官员廉洁不阿,百姓也安居乐业。

———————

① Gaspar da Cruz, "Certain Reports of China", in Charles R. Boxer ed., *South China in the Sixteenth Century*（1550—1575）, London and New York: Routledge, 2010, p.179.

第五节　政治清明想象中的纪实性：
"急吏缓民"政策的文学再现

如前所述，门多萨在《中华大帝国史》的原著善典中详细介绍了明代严苛的监察机制，并塑造了执法严明、公正廉洁的官员形象，向16世纪的欧洲读者勾勒出了一幅政治清明的中国画卷。以此为逻辑基点，让我们的思考不妨再次走进晚明史，以探寻门多萨的想象在何种程度上重现了晚明的政治生活。

明代监察制度在中国古代监察史上有着举足轻重的地位，无论是监察机构的设置、监察法规的制定，还是监察职能的分工和监察对象的范围，与同时代的欧洲相比，都具有一定的先进性。因此，门多萨反复提及大明的监察制度是中世纪欧洲人的楷模并非夸大其词，我们可以在明史中追溯到门多萨的想象原型。大明在建国之初，开国皇帝朱元璋吸取了元朝贪腐成风"遂致天下骚乱"的教训。① 他充分意识到了官员的贪腐行为对国家造成的危害，因此，十分重视对官员的监管制度的建设，尤其注重监察系统的独立性，他希望通过完善的制度预防官员贪腐。早在吴元年（1367年）设立御史台时，朱元璋就规定："国家立三大府，中书总政事，都督掌军旅，御史掌纠察。朝廷纪纲尽系于此，而台察之任尤清要。"② 可见，明代监察机构在设立之初就具有很高的政治地位，其与国家军政最高权力机构平行。并且在明代，监察机构不断扩权，洪武六年（1373年）分设六科，"掌侍从、规谏、补阙、拾遗、稽察六部百司之事"③。洪武十五年（1382年）把都察院设为全国最高监察机构总揽监察事务，并规定其职责是"都御史职专纠劾百司，辩明冤枉，提督各道，及一应不公不法等事"④。

---

① 黄光升：《昭代典则》卷三，万历二十八年周日校万卷楼刻本，第21页。
② 张廷玉等：《明史》（卷七十三），北京：中华书局，1974年，第1771页。
③ 张廷玉等：《明史》（卷七十四），北京：中华书局，1974年，第1805页。
④ 张廷玉等：《明史》（卷七十三），北京：中华书局，1974年，第1768页。

此外,明初的监察机构不仅独立行使监察权,并享有很高的政治地位,还注重依法治吏以及重惩贪吏。对此,明朝先后颁布了《大明律》和《御制大诰》。如在《大明律》的《刑律》中,朱元璋就针对官员贪腐行为专门制定了条款,明确了对官吏收受钱物、贪腐和不理政务等违规行为的处罚。如《明实录》有载:"以当时定律官吏手赃枉法八十贯绞。"① 再如,《御制大诰》共四编,旨在严惩官吏在如下方面的违法行为:贪赃和科敛害民,乱政坏法和渎职罪,妄报水灾、欺隐田粮和征收税粮不实,违礼犯法和败坏封建人伦关系,不敬《御制大诰》或违背《御制大诰》。特别是朱元璋本人对官员的贪腐违法行为深恶痛绝,处罚极为严厉,如《御制大诰》有载:"洪武十八年,户部侍郎郭桓事觉发露,天下诸司尽皆赃罪,系狱者数万,尽皆拟罪"②;以及《大诰三编》有载:"出五刑以治之挑筋、剁指、刖足"③。不仅对京官从严处罚,大明对地方官吏的贪污行为也一视同仁。地方官吏贪污钱财六十两以上者,除斩首示众外,甚至还要剥皮实草,如《明会要》所载:"赃至六十两以上者枭首示众,仍剥皮实草,公座旁各悬一剥皮实草之袋使之触目惊心。"④

然而,尽管明初的吏治如此之严苛,甚至发展到了对贪腐官员实施"剥皮实草"的重罚,但到了明中后期,官场的没落业已成为不可逆转的史实。我们不妨聚焦于明神宗时期,这也是门多萨之晚明叙事的原型。明神宗常年不理政务,朝政把持在宦官手中,东林党与阉党之间党争不断。不仅内政腐败,还卷入了多场内争外战,如"万历三大征"在消耗了国家大量的人力物力的同时,也激化了多重社会矛盾,并导致了晚明时期民变丛生。明中后期的种种乱象之中,吏治败坏最为突出。万历年间,官方腐败与日俱增,导致官民矛盾恶化,以至于官兵被民所杀的案件层出不穷。

探讨至此,让我们对本节予以总结归纳。在大明建国初期,朱元璋制

---

① 《明实录》(卷八),台北:"中央研究院"历史语言研究所,1962年,第164页。
② 朱元璋:《御制大诰·朝臣优劣第二十六》,明洪武内府刻本,第13页。
③ 朱元璋:《大诰三编·逃囚第十六》,明洪武内府刻本,第49页。
④ 龙文彬:《明会要》(卷四十六),清光绪十三年永怀堂刻本,第18页。

定的监察机制以及其他一系列针对官僚阶层的监管措施,对净化明朝官场的政治生态发挥了一定的积极作用。但从明中后期起,官场没落已成为不争的史实。尽管张居正推行了一系列改革,特别是对吏治进行了严厉整顿,并曾在一段时期内对官场的贪腐之风起到了一定的遏制作用,但其去世后,改革就被废除了,从此直到明朝灭亡,也再无人对吏治进行规模如此之大的严厉整顿。因此,尽管门多萨对晚明监察制度予以了充分肯定,并夸大了晚明吏治的清明,但他并没有完全背离晚明的具体历史经验,而是以一种夸张的修辞,在他者视域下对晚明吏治进行了文学再现。其中,他通过夸大晚明吏治的社会成效,淡化了晚明政治没落的一面,为彼时的欧洲读者塑造了一种司法公正和吏治严明的异质文明形象。

第六章　晚明精神世界在他者视域下的意识形态化再现

除却物质生活和政治生活,门多萨还在《中华大帝国史》的十七章篇幅中再现了晚明精神世界。让我们来细读这部分文本,其中,第一部分第二卷的题目是"中华大帝国臣民信仰的宗教,他们崇拜的偶像以及其他超自然奇闻异事"。从该题目中我们就可以解读到,这卷讲述的是中国人的精神世界。诚然,除这一卷外,门多萨在其他章节也零散地提及了中国人的精神信仰问题。按照叙事内容,我们可以把上述十七章文本分成两类:一类是门多萨对晚明精神世界的直接神圣化想象,另一类是对晚明精神世界的间接神圣化想象。其中,直接神圣化想象指的是作者通过想象把读者引入了他虚构而成的蕴藏着基督教神迹的晚明精神世界,由此在中国传统文化和欧洲的基督教文化之间建构起了一种跨文化可通约性。经笔者爬梳,这类想象主要呈现在读本的十章篇幅之中。① 间接神圣化想象指的是门多萨通过愚化他者想象,虚构了一种有待精神救赎的异质文化形象,这

---

① 这十章分别是第一部分第二卷第一章、第一部分第二卷第六章、第二部分第三卷第一八章、第一部分第二卷第七章、第二部分第一卷第二十五章、第一部分第二卷第三章、第二部分第一卷第十一章、第二部分第二卷第一章、第一部分第三卷第二十四章和第一部分第三卷第四章。

部分文本集中呈现在门多萨读本的八章之中。①

在展开文本细读之前,我们不妨先对孟华关于比较文学形象学的分类论述予以回顾。她指出:"凡按本社会模式、完全使用本社会话语重塑出的异国形象就是意识形态的;而用离心的、符合一个作者(或一个群体)相异性独特看法的话语塑造出的异国形象则是乌托邦的。"②以此为逻辑出发点,本书对门多萨塑造的中国形象进行了重新分类,其中,他描述的大明器物社会和制度社会就可纳入乌托邦式的异国想象范畴之中,这也是本书第四章所探讨的内容。与此同时,门多萨对晚明精神世界的神圣化改写则可纳入意识形态化的异国想象范畴之中,这也是本章将要探讨的议题。在门多萨所处的16世纪,宗教改革和反宗教改革横扫了整个欧洲。马丁·路德(Martin Luther)于1517年在当地教堂门口张贴了讨伐罗马天主教廷的《九十五条论纲》,从此正式拉开了"宗教改革"(Protestant Reformation)的序幕。自此,统治欧洲千年的基督教世界崩塌了,罗马天主教的权威不复存在。作为反击,教宗发起了"反宗教改革"(Counter-Reformation),而西班牙就是这个联盟的重要成员之一,这场运动的新目标就是拯救迷途的灵魂并使异教徒皈依。

因此,我们需从门多萨所处的具体历史语境出发,来重新审视他对大明精神世界的神圣化想象。他塑造的这种中国他者形象在本质上是对16世纪欧洲的时代精神的一种意识形态化重现,如前所述:"意识形态形象(或描写)的特点是对群体(或社会、文化)起整合作用。它按照群体对自身起源、特性及其在历史中所占地位的主导型阐释将异国置于舞台上。这些形象将群体基本的价值观投射在他者身上,通过调节现实以适应群体中通行的象征性模式的方法,取消或改造他者,从而消解了

---

① 这八章分别是第一部分第二卷第五章、第一部分第二卷第二章、第一部分第三卷第十八章、第二部分第三卷第十七章、第一部分第二卷第四章、第二部分第一卷第二十八章、第二部分第三卷第十八章和第一部分第二卷第七章。需指出的是,第一部分第二卷第七章中同时记述了直接和间接的神圣化想象。因此,门多萨对晚明精神世界的想象一共是十七章。

② 让-马克·莫哈:《试论文学形象学的研究史及方法论》,孟华译,载孟华主编:《比较文学形象学》,北京:北京大学出版社,2001年,第35页。

他者。"①在此,门多萨虚构而成的神圣化的大明形象与16世纪欧洲盛行的反宗教改革运动所倡导的精神目标形成了一种同构性,他们都指向了皈依目的。

第一节 门多萨的直接神圣化想象

如前所述,直接神圣化想象指的是作者通过想象直接虚构了一个蕴藏着基督教神迹的晚明精神世界。对此,门多萨对大明王朝顶礼膜拜的神像和先贤都进行了神圣化想象,对圣托马斯前往中国布道的故事也进行了神圣化改写。虽然门多萨关于大明精神世界的描述是建构在他的过度想象和对中国文化的误读之上的,但这种虚构而成的他者在中西两种文化之间建构起了一种跨文化可通约性,尽管在当下学人看来,这种文化建构显得有些牵强附会,甚至是令人忍俊不禁。因此,本节就聚焦于门多萨的这部分想象,目的是探究他是如何在两种异质文化之间建构可通约性的。如前所述,这部分想象主要展现在《中华大帝国史》的十章之中。

一、三头神像中的神圣化想象

首先,我们先来解读门多萨对中国信奉的三头神像的神圣化改写。对此,《中华大帝国史》的第一部分第二卷第一章"中国人祭拜的神祇和偶像"就把读者引入了一种历史想象的空间,从而虚构了一个潜藏着基督教神迹的晚明精神世界。如其所述:

> 中国人曾说过,在他们心目中,有一座雕像备受敬仰,此像有三个头并互相凝视着对方。据说,这象征着三人同心同爱,一个头高兴,另外两颗头也跟着高兴,相反,如果有人冒犯了一个头,其他两颗

---

① 让-马克·莫哈:《试论文学形象学的研究史及方法论》,孟华译,载孟华主编:《比较文学形象学》,北京:北京大学出版社,2001年,第35页。

也会跟着愤怒。从基督的教义来解释,这就是我们信奉的圣三位一体。此外,还有一些证据可以证明光荣的圣徒克里斯托·圣托马斯曾经在这里宣过教。根据可靠的消息,他在前往印度的路上曾经路过中华大帝国,并在那里宣讲福音和圣三位一体的信仰。虽然这里的人们一直以来都有很多错误的认知并盲目崇拜偶像,他们也无法理解"三位一体"的真正意义,但是这幅三位一体的画像却一直保存到现在。①

上述文献以他者视域对中国人顶礼膜拜的传统神像进行了解读,显然,这是门多萨对中国文化的误读,他并不了解这尊三头神像在汉语语境下所表征的意涵,而是立足于基督教的文化立场将之解释为圣三位一体的秘旨,以及圣托马斯曾到访中国布道留下的神迹。正是借助这种文化误读和过度想象,门多萨在中国传统文化与基督教文化之间建构起了一种可通约性,并借此向这部读本的隐含读者——西班牙和罗马天主教会的统治阶层,隐喻了前往大明王朝布道的可行性。

探讨至此,笔者不禁追问:既然门多萨从未到访过中国,他又是基于何种底本对晚明的精神世界予以神圣化再现的?他是忠实地传承了前人的中国书写,还是发挥作者主体性对中华大帝国进行了神圣化改写?为此,笔者在拉达著《记大明的中国事情》中检索到一段文本,与门多萨的记述极为相近,其中也提及了中国人膜拜的三头神像。我们来予以释读:

> 一路走来,我们见到了数不清的神像,不仅寺庙或特别的房屋内摆放着这种神像,家家户户都供奉着自己的偶像。福州各地的寺庙里供奉着上百尊形态各异的神像,有些有六臂和八臂,甚至更多,还有一些长着三个头。按照他们的说法,那是魔鬼的儿子,神像有黑

---

① Juan González de Mendoza, *Historia de las cosas mas notables, ritos y costumbres, del gran Reyno de la China, como por relacion de Religiosos y otras personas que han estado en el dicho Reyno*, Madrid: Querino Gerardo, 1586, pp. 21—22.

的、红的和白的,神像也有男有女。①

可见,拉达在描述大明王朝百姓的信仰时也提及了他们崇拜三头偶像,并明确指出那是魔鬼之子(principe de los demonios)。然而,门多萨并未忠实再现拉达的文本,他没有把三头神像解读为魔鬼之子,而是指出这是圣三位一体的神迹表征。显然,魔鬼是以文化禁忌存在于欧洲历史语境之中,门多萨则通过文化改写消除了拉达的负面想象。

二、圣托马斯典故背后的神圣化想象

在前述文献中,门多萨还提及了圣徒托马斯前往中国布道之事。事实上,这也是《中华大帝国史》中反复出现的典故。与此同时,笔者注意到,克鲁士的《中国志》中也出现过这一典故,如第二十七章"中国人的礼仪和信仰"就有如下一段记述。

> 我曾经到过摩列波尔(Moleapor),那是使徒圣托马斯(Saint Thomas)殉难之地,葡萄牙人称之为圣多默(Sao Thome),我还听说一名虔诚的亚美尼亚人为了向这位圣徒致敬,特意从亚美尼亚来到这里。此消息千真万确,这是圣徒的葡萄牙人管家亲口对他讲的。他断言,亚美尼亚人的几本真实可靠的著作中记录了圣托马斯在摩列波尔殉教之前,曾经去过中国宣讲福音,但在中国仅逗留了几日,因看不到任何收效,就带着三四个门徒回到摩列波尔去了。至于他们在中国是否有所收获,是否引领当地人认识了上帝,我们就不得而知了。由于中国人对基督教、唯一的上帝和福音训诫完全不了解,他们只认为所有的事物都是按照天命运转的,他们并不清楚谁才是万

---

① Martín de Rada, *Relaçion Verdadera de las cosas del Reyno de Taibin, por otro nombre china, y del viaje que a el hizo el muy Reverendo padre fray martin de Rada, provinçial que fue de la orden del glorioso Doctor de la yglesia San Agustin. Que lo vio y anduvo en la provinçia de Hocquien*, año de 1575 hecha por el mesmo. https://arxiu-web.upf.edu/asia/projectes/che/s16/radapar.htm (2 March, 2024).

物的主宰。所以,他们对上帝的探索是盲目的。①

尽管克鲁士也记载了圣徒托马斯曾去过中国布道并留下神迹的故事,但他与门多萨的书写立场存在着明显的分化。如克鲁士认为:"由于中国人对基督教、唯一的上帝和福音训诫完全不了解,他们只认为所有的事物都是按照天命运转的,他们并不清楚谁才是万物的主宰。"②又如,克鲁士还记述了圣托马斯曾经途经中国并在那里布过道,但最终却没能取得任何成效,只得无功而返。这表明在克鲁士看来,在这样一个庞大的异邦之地传播福音并非易事。再如,尽管圣托马斯在中国留下了三四名弟子,但克鲁士对此并未抱有太大期望。

然而,门多萨摒弃了克鲁士的保守立场。他通过想象竭力在中国文化和基督教文化之间再次搭建了一种跨文化可通约性,以便让读者相信在这座异教大帝国布道是具有可行性的。考辨至此,我们进一步厘清了门多萨在形塑大明王朝之精神世界的过程中对克鲁士和拉达的改写立场。显然,门多萨以前人的中国报道为底本,通过文化调适强化了中国传统文化与基督教文化之间的可通约性,以此向读者发出了令异质文明皈依的神圣化寻唤。

事实上,圣徒托马斯来中国布道的故事在《中华大帝国史》中被门多萨反复引用,除第一部分第二卷第一章外,第一部分第二卷第六章再次提及了这个典故,我们不妨也来予以细读。

> 如前所述,使徒圣托马斯在中国布道之事看来是真的,由此可以推测出,我们在中国所看到的正是圣徒曾经的教诲在中国人心中留下的印迹。之后我们还将看到中国人的信念和天主教教义之间有着很多共同之处。本章将记述有关他们相信灵魂不朽的思想,以及他

---

① Gaspar da Cruz, "Certain Reports of China", in Charles R. Boxer ed., *South China in the Sixteenth Century* (1550—1575), London and New York: Routledge, 2010, pp. 212—213.

② Gaspar da Cruz, "Certain Reports of China", in Charles R. Boxer ed., *South China in the Sixteenth Century* (1550—1575), London and New York: Routledge, 2010, p. 213.

第六章　晚明精神世界在他者视域下的意识形态化再现　179

们相信根据现世的所作所为,来世会受到相应的奖赏和惩罚,这种信仰使他们比愚昧无知的人生活得更好些。我相信,神圣的天主已经把圣洁的教义传入了这个帝国。①

又如,第二部分第三卷第十八章仍在续写圣徒在中国布道的故事。

到目前为止,大明王朝的人所举行的宗教仪式都是异教的,没有融入摩尔或其他教派的仪式;如前所述,有些神职人员看到画像证实了大明王朝的人对福音曾有一种特殊的认识。他们认为,这是使徒圣托马斯布道所致,因为他在去印度的路上经过中华大帝国,然后又到了萨拉米纳(Salamina),也就是当地人所说的马里普尔(Maliper),并为了耶稣的盛名和信仰而殉教。直到今天,老一辈人仍然在悼念这位圣徒。他们说,多年以前,这位圣徒在中华大帝国对他们宣讲了一个新的教义,并说只要遵守这个教义就可以升天。数日之后,由于该国陷入了内战,圣托马斯的传教成果并不大,因此,他选择前往印度。临行之前,他把那些接受了他的洗礼和改变了信仰的弟子都留了下来,并嘱咐他们只要有时间就去布道。②

再如,第一部分第二卷第七章,门多萨再次向读者讲述了圣徒托马斯曾在中国布道的故事。

中华大帝国的道德规范与我们基督教的教义很相似。这说明中华大帝国的子民天资聪慧,由此,我们也更加肯定,那位圣徒圣托马斯的确在那里布过道,并且那里的人民也感悟并传承了他的美德。很多事实都可以证明这一点,如在所有的地方都建有很多寺院,甚至

---

① Juan González de Mendoza, *Historia de las cosas mas notables, ritos y costumbres, del gran Reyno de la China, como por relacion de Religiosos y otras personas que han estado en el dicho Reyno*, Madrid: Querino Gerardo, 1586, pp. 32—33.

② Juan González de Mendoza, *Historia de las cosas mas notables, ritos y costumbres, del gran Reyno de la China, como por relacion de Religiosos y otras personas que han estado en el dicho Reyno*, Madrid: Querino Gerardo, 1586, pp. 330—331.

在农村都如是,寺院里有很多善男信女与世隔绝,他们集体持戒修行,同我们的修士如出一辙。①

事实上,圣托马斯曾前往中国布道的故事可以追溯到更为久远的年代,早在 16 世纪以前就已经在欧洲流传开了。尽管学界普遍认为这是一种传说,但即便是虚构的故事仍然投射出彼时欧洲对中华大帝国的神圣化想象,并且这种想象已经被铭刻在了欧洲人的集体记忆之中,成为彼时彼地欧洲关于中国的一种集体无意识。因此,实际上,门多萨通过神圣化改写延续并强化了业已存在于欧洲集体记忆中的中国想象。特别是 16 世纪正值耶稣会蓬勃发展之际,其重要目标之一就是在亚洲的非基督教国家开展福音布道并使那里的异教徒皈依,也正是在那一时期,耶稣会士在印度和日本等亚洲国家都成功开教。耶稣会于 1534 年由西班牙修士伊格纳西奥·德·罗耀拉(Ignacio de Loyola)创立,其使命就是在全球范围内展开宣教,特别是在 16 世纪,耶稣会的全球性和救赎性都达到了顶峰。② 在宗教改革和反宗教改革的大潮之中,神圣化的中国他者的想象在 16 世纪也随之抵达了高峰。确切言之,以 16 世纪为时间节点,在此之前和在此之后,神圣化的中国想象都不如那个时代浓重。

三、观音像与圣母像之间的同一化想象

门多萨不仅把中国人膜拜的三头神像解读为圣三位一体的秘旨,还续写了圣托马斯曾前往中国布道的故事,他还把观音菩萨想象成了圣母玛利亚,把中国的十二位圣人先贤像想象成了耶稣的十二圣徒,他认为这些就是圣徒曾经在这个异教国度传播福音留下的印迹。我们继续细读第一部分第二卷第一章:

---

① Juan González de Mendoza, *Historia de las cosas mas notables, ritos y costumbres, del gran Reyno de la China, como por relacion de Religiosos y otras personas que han estado en el dicho Reyno*, Madrid: Querino Gerardo, 1586, pp. 34—35.

② Luke Clossey, *Salvation and Globalization in the Early Jesuit Missions*, New York: Cambridge University Press, 2008, p. 256.

第六章　晚明精神世界在他者视域下的意识形态化再现

听说他们中有些人的肖像画和十二位圣徒非常相似，这证实了我们的猜测。但是，如果你去问中国人那些肖像中所描绘的人物是谁，他们会说，那是一个品德高尚的圣徒，他们最后都幻化成了天使。他们还有一幅画像，画的是一位美丽的妇人，怀中抱着一个婴儿。据说，她虽然生了一个小孩，但仍然保持着处子之身。她是一位尊贵的公主，一辈子都过着圣洁无瑕的生活。所以，很多人都对她顶礼膜拜，经常向她祷告。不过，大家对她的了解也就只有这些了。圣多明我会的葡萄牙修士加斯帕·达·克鲁士曾经到访过广州并详细地记录了中华大国的历史，我在这本书里也引用了不少他的叙述。他告诉我，他曾到过一条河上的小岛，那里有一座中国僧人的庙宇，那里有一道台阶通向圣殿。这座教堂建造得很精致，布置得很奇特，就像我们的礼拜堂一样，四周是一道道镀金的围栏。他朝祭坛上看去，看到祭坛上有一块美丽的地毯，上面有一幅美丽的仕女画像，画像上有一个孩子抱着她的脖颈，画前还有一盏油灯。他见此情景很吃惊，于是就问那是什么人，可大家都说不出个所以然来。从这一点我们就可以看出，圣徒圣托马斯曾经在该国布过道，人们知道了上帝的存在并将这种风俗延续多年，并且还会继续代代相传。中华大帝国的人民有很多误解，这妨碍了他们对上帝的信仰认识。①

引起笔者关注的是，门多萨在上述文献中提及了怀抱婴儿的完美女像和圣贤画像。他还指出这与基督教的圣母玛利亚和十二圣徒极为相似，以此印证了圣徒的确曾在中国布过道。对此，笔者在克鲁士的《中国志》中找到了一段与此极为相似的记述：

广州有一条大河，江水清澈见底，河中央有一座小岛，上面修建

---

① Juan González de Mendoza, *Historia de las cosas mas notables, ritos y costumbres, del gran Reyno de la China, sabidas assi por los libros de los mesmos Chinas, como por relacion de Religiosos y otras personas que han estado en el dicho Reyno*, Madrid: Querino Gerardo, 1586, pp. 22—23.

了一座中国僧侣的寺庙。在这座庙宇里,我们看到了一座富丽堂皇的大礼拜堂,前面有好几阶木雕鎏金的阶梯,里面供奉着一尊精美女像,怀抱一个孩子搂着她的脖子,雕像前面还点着一盏灯。我觉得这一定是基督教的神迹,所以我就问那里的俗人和僧侣那个女子是谁,没有一个人能回答这个问题。这也许是圣托马斯当年传教留下的弟子塑造的一尊圣母像,但却被他们遗忘了。①

我们不妨对前述两段文献予以考辨。首先,克鲁士和门多萨都提及了中国人祭拜的怀抱小童的女人像,他们所指的应当是观音像。尽管两者都把观音像想象成了圣母玛利亚在中国文化中的再现,并且他们都把这种偶像崇拜解释为圣徒托马斯在中国布道留下的印迹,但两者的想象还是存在一定程度上的分化的。其中,门多萨通过文化改写在两种异质文化之间建构了一种更为强烈的同源性,如其所述:"据说,她虽然生了一个小孩,但仍然保持着处子之身。她是一位尊贵的公主,一辈子都过着圣洁无瑕的生活。所以,很多人都对她顶礼膜拜,经常向她祷告。不过,大家对她的了解也就只有这些了。"②显然,门多萨在此把读者再次引入了一种文学想象的空间。他通过诗性的语言弱化了异质文化中的"他性",并借助夸张的想象在中国人供奉的观音与圣母玛利亚之间建构起了一种跨文化通约性。相比之下,克鲁士在《中国志》中并没有对观音像进行任何文学想象,他仅指出:"那可能是圣母像,也有可能是异教画像。"③探讨至此,通过对门多萨和克鲁士文本的细读,我们再次认识到了门多萨所秉承的更为强烈的神圣化书写立场,只不过他是借助诗性空间来实现这种

---

① Gaspar da Cruz, "Certain Reports of China", in Charles R. Boxer ed., *South China in the Sixteenth Century*(1550—1575), London and New York: Routledge, 2010, p.213.

② Juan González de Mendoza, *Historia de las cosas mas notables, ritos y costumbres, del gran Reyno de la China, sabidas assi por los libros de los mesmos Chinas, como por relacion de Religiosos y otras personas que han estado en el dicho Reyno*, Madrid: Querino Gerardo, 1586, pp.22.

③ Gaspar da Cruz, "Certain Reports of China", in Charles R. Boxer ed., *South China in the Sixteenth Century*(1550—1575), London and New York: Routledge, 2010, p.213.

神圣化想象的。

四、十二圣徒与中国先贤的同源想象

不容忽视,门多萨还在上述文献中提及了基督教十二圣徒的隐喻,如其所述:"据说,他们还有一些画像与十二圣徒很相似,这也证实了我们的推测。"①此处的"推测"指的就是圣徒曾在中国传播过福音。在门多萨的凝视下,中国人供奉的画像作为一种记忆载体,承载了关于基督教十二圣徒的文化记忆。然而,如前所述,克鲁士在《中国志》中却并没有把中国人的神像想象为基督教的十二圣徒。② 由此看来,此处的文本是门多萨再次发挥作者主体性进行的文化改写,他通过夸张的描写再次把读者引入了一种文学想象的空间,最终在诗性自觉中强化了基督教读者对大明王朝的神圣化想象。

事实上,门多萨在《中华大帝国史》中总是在不断地重复着对这座异教古国的神圣化想象,并竭力在基督教文化与异质文化之间建构某种可通约性。如第二部分第一卷第二十五章就再次指出中国人供奉的神像中含有基督教的印迹。

> 第二天,拉达神父及其随行人员要到城门口或其他地方去走一走,尤其要到一个十分喧闹的圣坛上去看看。庙里最大的殿中摆放着111尊神像,其他殿内也供奉着许多神像。神像上半身都是金色的,雕刻得非常精美。有三个人站在了所有神像的中间,一个人是一身三头,三头面面相觑。第二尊是个女像,手中还抱着一名孩童。第三尊是个男像,他的装束就像我们基督教肖像中的圣人一样。还有

---

① Gaspar da Cruz, "Certain Reports of China", in Charles R. Boxer ed., *South China in the Sixteenth Century* (1550—1575), London and New York: Routledge, 2010, p. 213.

② 参见 Gaspar da Cruz, "Certain Reports of China", in Charles R. Boxer ed., *South China in the Sixteenth Century* (1550—1575), London and New York: Routledge, 2010, p. 213.

几尊神像长着四条、六条或是八条手臂。①

这段文献提及了中国寺庙中日常供奉的三头神像和怀抱小童的女像。不容忽视,门多萨在第一部分第二卷第一章中也记述了这两尊中国神像,还把他们解释为圣徒在中国宣讲福音留下的印迹,以及圣三位一体和圣母玛利亚在异质文明中的再现。如此看来,门多萨在此又一次提及了这些圣像,进一步强化了对异质文明的神圣化想象。

此外,门多萨在这段文献中还记述道,中国人供奉的神像中有一座男像,穿着有如基督教画像中的圣徒。显然,这是神圣化想象的又一种变体。

五、门多萨对大明百姓的神圣化想象

门多萨不仅对中国人顶礼膜拜的神像进行了神圣化想象,还对大明百姓进行了神圣化想象。他多次明确指出,这座大帝国是易于理解和接受教义的。如《中华大帝国史》第一部分第二卷第三章中就明确指出:"这个国家的人都是通情达理之人,因此,我深信福音一旦进入该国,他们定会很快抛弃那些偶像崇拜的行为,尤其是他们常用的占卜问事习俗。"②此外,门多萨还转述了一名多明我会修士的描写,这名修士在广州亲眼看见那里的人是如何抛弃一直笃信的偶像的。我们来继续细读文本:

> 这位多明我会修士打翻了中国人崇拜的偶像。看到这一幕,中国人非常愤怒,于是就抓住了他并要求他为自己的行为付出代价。修士让他们等一下,先来听听自己的看法再动手不迟。接着,牧师又告诫他们要明智,既然造物主已经给了所有人同样的智慧,那么就别

---

① Juan González de Mendoza, *Historia de las cosas mas notables, ritos y costumbres, del gran Reyno de la China, como por relacion de Religiosos y otras personas que han estado en el dicho Reyno*, Madrid: Querino Gerardo, 1586, p. 186.

② Juan González de Mendoza, *Historia de las cosas mas notables, ritos y costumbres, del gran Reyno de la China, como por relacion de Religiosos y otras personas que han estado en el dicho Reyno*, Madrid: Querino Gerardo, 1586, p. 27.

再去崇拜那些石头和木头了。那些雕塑并没有思考的能力,也没有理智,它们只是人造的。修士还指出,既然它们是人造的,那么它们应该膜拜人,而不是人去膜拜它们。接着,他又讲了很多话,在场的人都默不作声,但都赞同他的说法,并向他表达了感激之情。他们对修士感激涕零,把雕像摔在地上,有些还砸得粉碎,他们还把牧师送回了家。①

上述这个事情的真伪已无从考证,在中国读者看来,恐怕是杜撰的成分居多。尽管如此,我们从门多萨夸大其词的讲述中仍然可以解读到,他通过这个故事印证了一个观点,即大明王朝尽管是一个异教国家,并且汉语和西班牙并不具有可通约性,但那里的子民却是通情达理之人,那里具有接纳福音的精神土壤,门多萨借此隐喻了前往大明王朝宣讲布道的可行性。

事实上,他在文本中多次明确指出了这一观点,如其所述:"由此可见,如果我们在此地传播福音,可以很容易地打开一扇封闭的大门,使他们皈依神圣的信仰。"②又如:"大明王朝的臣民都很恭顺知理,他们会抛弃偶像崇拜和各种迷信行为。如前所述,他们对这些神祇非常轻慢。他们乐于恭谦地赞同并接受他人改正谬误的意见。他们真心实意地接受福音戒律,这点在菲律宾的马尼拉很多受洗的华人身上得到了印证。"③门多萨的这种夸张的神圣化想象对于现代读者,特别是中国读者而言是难以接受的。显然,这与中国的具体历史经验之间存在着较大的疏离。然而,倘若我们立足于他所处的特定社会历史背景之中,对这种近乎天方夜

---

① Juan González de Mendoza, *Historia de las cosas mas notables, ritos y costumbres, del gran Reyno de la China, como por relacion de Religiosos y otras personas que han estado en el dicho Reyno*, Madrid: Querino Gerardo, 1586, pp. 27—28.

② Juan González de Mendoza, *Historia de las cosas mas notables, ritos y costumbres, del gran Reyno de la China, como por relacion de Religiosos y otras personas que han estado en el dicho Reyno*, Madrid: Querino Gerardo, 1586, p. 27.

③ Juan González de Mendoza, *Historia de las cosas mas notables, ritos y costumbres, del gran Reyno de la China, como por relacion de Religiosos y otras personas que han estado en el dicho Reyno*, Madrid: Querino Gerardo, 1586, p. 28.

谭式的想象予以重新解释,就会发现这种夸张的中国形象实际上投射出了 16 世纪的欧洲的一种集体无意识。一方面,基督教在那一历史时期占据欧洲的统治地位,这在当时是一种具有普遍意义的宗教信仰,以至于彼时的欧洲文化就基本上等同于基督教文化,他们把基督教视作对抗野蛮和愚昧的理性工具和认识世界的思想工具。另一方面,16 世纪的欧洲笼罩在宗教改革和反宗教改革的纷争之中,这种混乱造成了欧洲一个多世纪的动荡。反宗教改革联盟的目标就是征服异端和令迷途的众生皈依,西班牙就是这一联盟中的重要成员。因此,从这样的历史语境出发来重新解读门多萨对东方他者的神圣化想象,这在本质上是对他所处的反宗教改革联盟之精神目标的一种诗性折射。

鉴于门多萨并未在文中指出每段记述的来源,我们只能根据他在正文和副文本中提到的引用材料来推测他所引用的参考文献和改写之处。经笔者考辨,在门多萨的诸多参考文献中,克鲁士的《中国志》的第二十七章与前述报道最为相近。我们来细读克鲁士的描述:

> 有一天,我走进了一座寺庙,并朝着一座供奉着几块巨石的祭坛走去。我认为他们都是明事理之人,于是就拿起石头往地上一丢。有些人就朝我投来了愤怒的目光,似乎是在责怪我为何要这么做。我温和地微笑着问他们怎么这么傻,竟然对着这些石头祈祷。我告诉他们,人之所以能胜过石头,是因为人能运用头脑、手脚和眼睛,去完成石头所不能完成的事情。人若有能力,就不该作践自己而向贱物膜拜,因为他们自己才是高尚的。后来他们觉得我说得对,就跟着我走了,只留下那块石头在原地。通过这件事,我看到了他们的潜力。①

通过对克鲁士和门多萨的文本进行考辨,我们可以得出一种推论:门多萨转述的多明我会修士在广州亲眼所见的当地人摔神像抛弃信仰之事

---

① Gaspar da Cruz, "Certain Reports of China", in Charles R. Boxer ed., *South China in the Sixteenth Century* (1550—1575), London and New York: Routledge, 2010, pp. 217—218.

很可能是以克鲁士的《中国志》为底本改写而成的,只不过门多萨对克鲁士的底本进行了一些增补。一方面,门多萨通过文学想象对这个摔神像事件的过程进行了扩写,从而增强了叙事的可读性和真实性。另一方面,他还在叙事结尾处增加了两段评述,向彼时的欧洲读者隐喻了中国文化与基督教文化之间的可通约性。

事实上,《中华大帝国史》中多次虚构了易于接纳福音的大明形象,如第二部分第一卷第十一章仍然在延续着这种神圣化想象,如其所述:

> 有一次,修士们见王望高等人在临出发前跪拜神像,便忙上前纷纷劝阻,告诉他们这是多么荒唐,并要求他们去拜唯一的神。他们出于敬意就把自己的神像扔在了一旁,在之后的旅途中,他们再也没有祭拜它,而以前每天都要拜好几次。然后,他们向僧侣们捧着的雕像叩首并虔诚地跪拜。我们安全地驶过了一个小海湾并看到了大陆,这段航行非常凶险,通常伴随着惊风骇浪,他们认为多亏了修士们的祷告才能平安抵达。①

又如,在第二部分第二卷第一章中,门多萨又重申了他对大明王朝的神圣化想象,如其所述:"西班牙人在同中国人打交道时发现,无论是会谈还是商议,他们都是特别能干和谨慎的民族,并且有着良好的判断力。由此推断,规劝他们了解上帝也是容易的。"②再如,第一部分第三卷第四章也指出:"在这样一个富裕的国家,人们向国王缴纳的税款,甚至远少于基督徒、摩尔人和外邦人所缴纳的税款,但他们服的劳役却极其繁重。因此,从某种意义上看,他们更像是被奴役的人,而非自由之身。他们不仅要缴纳赋税,还要受到统治者的欺凌。如此看来,他们很可能更愿意接纳

---

① Juan González de Mendoza, *Historia de las cosas mas notables, ritos y costumbres, del gran Reyno de la China, como por relacion de Religiosos y otras personas que han estado en el dicho Reyno*, Madrid: Querino Gerardo, 1586, p.146.

② Juan González de Mendoza, *Historia de las cosas mas notables, ritos y costumbres, del gran Reyno de la China, como por relacion de Religiosos y otras personas que han estado en el dicho Reyno*, Madrid: Querino Gerardo, 1586, p.210.

福音戒律,享受福音之自由。"①

最后,在第一部分第三卷第二十四章中,门多萨向《中华大帝国史》的隐含读者——西班牙统治阶层,慷慨陈词了前往大明王朝传播福音的巨大可行性。让我们细读他的原文表述:

> 奉国王陛下和西印度院之命,圣多明我会的修士们已经从西班牙出发,前往中国去帮助那里的神父完成福音事业,他们将以巨大的热情和信念来成功地实现这一目标。他们都是上帝的奴仆,如果以慈悲的心专心于这项工作,相信会取得好结果。在万能的上帝的帮助下,教士们定会全力以赴,他们会很容易地赢得异教之邦的心,驱逐那些长久盘踞在那些国家的恶魔,让那里的子民重获新生和救赎并皈依我主。他们的书中就隐藏着上帝的印迹,如书中提及从西方带来的真理引导他们升天成为天使。所以,当他们看到那些来自西方的教士之后,就更加相信书籍上所写的都是真的。他们非常喜欢天主教的戒律和教义,并且也早已被译成中文并流传于中国的很多地方。根据肇庆教堂的神父来信,那里很多人希望皈依我主,还有一些人受到了榜样的激励,也希望接受洗礼,但是考虑到不想引起骚乱,目前他们还没有那么去做。如果他们对天主教有了较深的了解,我敢肯定,他们皈依的信心也会更强。为了上帝的荣耀和神恩,也为了推广圣教,让无数的灵魂因圣血而赎罪,也为了基督教王国菲利普陛下继续推进您业已开启的伟业,请您远离那些令您心智冷却的力量,那是魔鬼的劝诱,没有任何力量和智慧能与上帝的意志相抗衡。②

在上述文献中,门多萨先是指出,大明王朝的书籍中早就预言了来自西方

---

① Juan González de Mendoza, *Historia de las cosas mas notables, ritos y costumbres, del gran Reyno de la China, como por relacion de Religiosos y otras personas que han estado en el dicho Reyno*, Madrid: Querino Gerardo, 1586, pp. 53—54.

② Juan González de Mendoza, *Historia de las cosas mas notables, ritos y costumbres, del gran Reyno de la China, como por relacion de Religiosos y otras personas que han estado en el dicho Reyno*, Madrid: Querino Gerardo, 1586, pp. 118—119.

之人将会帮助那里的子民升天并幻化为天使。随即他又指出,天主教的教义已被翻译成了中文并在大明帝国广为流传。最后,他还叙述了一个历史事件,即五六名圣方济各、圣奥古斯丁和耶稣会的修士已经抵达广东肇庆并在那里建了教堂,以供日常弥撒之用。① 显然,这些论据都指向了同一个观点,即尽管这个异教国家在语言和文化习俗上都与欧洲相距甚远,但他们已然具备了接纳福音的精神土壤。基于此,门多萨在层层递进的叙述结构中再次向读者论证了前往大明王朝宣教的可行性和必要性。毫无疑问,这种夸张的描述是作者神圣化想象的又一种变体。

此外,值得关注的是,对于上述这段慷慨激昂的陈词,两部中译本分别采用了不同的翻译策略。其中,孙家堃译本并未翻译此段文献,而何高济本则选择在中译本的第一部分第三卷第二十四章"西班牙国王遣使中国皇帝的使节,及促使他遣使的因素,还有公布它的原因"中为汉语读者再现了这段原文②。这是一个值得探讨的议题,但鉴于中译本的翻译策略并非本书探讨的核心议题,故本书不在此展开赘述。在后续研究中,我们将对《中华大帝国史》的中译本翻译问题进行专题性探讨。

第二节 门多萨的间接神圣化想象

如前所述,本书把门多萨对中国人精神世界的想象分为两类,一类是直接的神圣化想象,另一类是间接的神圣化想象。其中,前者具象化呈现为以他者视域塑造的与基督教文化具有可通约性的一种异质文化形象。后者则呈现为一种虚构而成的有待精神救赎的他者形象。这两种类型的想象尽管在呈现形式上不同,但他们的共性在于,都是从作者的主体性出发并出于自身和时代需求塑造出的一种中国形象。诚然,这种形象是建

---

① Juan González de Mendoza, *Historia de las cosas mas notables, ritos y costumbres, del gran Reyno de la China, como por relacion de Religiosos y otras personas que han estado en el dicho Reyno*, Madrid: Querino Gerardo, 1586, p.118.

② 参见门多萨:《中华大帝国史》,何高济译,北京:中华书局,1998年,第129页。

构在虚构和真实的两极张力之间的。门多萨借助夸张的想象和神圣化改写把读者引入了一种历史想象的空间,从而在中国传统文化和欧洲的基督教文化之间建构起了某种同源性。

前一节已对门多萨的"直接神圣化想象"进行了考辨,本节聚焦于他的"间接神圣化想象",这主要体现为他虚构了有待救赎的和祭拜魔鬼的他者形象。其中,《中华大帝国史》的八章中都虚构了有待精神救赎的他者形象,分别是在第一部分第二卷第二章、第一部分第二卷第四章、第一部分第二卷第五章、第一部分第二卷第七章、第一部分第三卷第十八章、第二部分第一卷第二十八章、第二部分第三卷第十七章和第二部分第三卷第十八章。

一、虚构有待救赎的他者形象

首先,门多萨反复指出,大明王朝的百姓对一些基本问题的认识是错误的。如第一部分第二卷第五章就有如下一段记述:"这座大帝国世世代代都对世界的起源问题有着一种荒谬的看法,仅从这一点上我们就可以发现,即便他们是全天下最聪明的人,没有上帝的恩泽的普照,他们也无法修正自己的错误认知。"[1]又如,他还指出:"虽然中国人拥有道德哲学、自然哲学和占星学,并且这些学问都是可以公开宣讲的,但他们对世界的本源、人类的起源和人类的诞生却有很多错误的认知。"[2]再如,他还记述道:"中国人并不知道上帝的存在,我们也没有从中找到他们知晓上帝的迹象,这说明他们对自然界的观察、反思和研究是不足的。"[3]

---

[1] Juan González de Mendoza, *Historia de las cosas mas notables, ritos y costumbres, del gran Reyno de la China, como por relacion de Religiosos y otras personas que han estado en el dicho Reyno*, Madrid: Querino Gerardo, 1586, p. 32.

[2] Juan González de Mendoza, *Historia de las cosas mas notables, ritos y costumbres, del gran Reyno de la China, como por relacion de Religiosos y otras personas que han estado en el dicho Reyno*, Madrid: Querino Gerardo, 1586, p. 30.

[3] Gaspar da Cruz, "Certain Reports of China", in Charles R. Boxer ed., *South China in the Sixteenth Century (1550—1575)*, London and New York: Routledge, 2010, p. 212.

门多萨反复指出大明王朝之人在诸多基本问题上存在着错误认知,借此隐喻了这是一个有待救赎的异教他者。显然,这些论述都是门多萨立足于基督教的教义对他者展开的一种神圣化想象。与此同时,这种虚构而成的中国形象也投射出了作者所处时代的某种集体无意识。在门多萨生活的时代,整个欧洲都沉浸在宗教改革和反宗教改革的大潮之中。这场混乱持续了一个多世纪,罗马天主教会的权威摇摇欲坠,传统的基督教世界变得四分五裂。在这样一种社会历史背景下,1534年,耶稣会诞生了。毫无疑问,耶稣会是16世纪的时代产物,确切言之,这是罗马天主教会倡导的反宗教改革的产物之一。这个教团肩负着在全世界范围内宣讲布道的重要使命,特别是在其诞生之初,耶稣会具有"极度全球性和救赎性的特征"[①]。换言之,在16世纪之前,传教士的宣教并不够全球化;而在16世纪之后,其所宣扬的精神救赎意义又逐渐淡化了。[②] 耶稣会的规模在16世纪迅速扩展,招募的教士人数也与日俱增,影响力也越来越大。

1541年,耶稣会士沙勿略受命前往日本、印度和中国等亚洲国家开展工作,他还基于当地经验提出了"适应策略"[③]。沙勿略在亚洲国家取得的成功极大地鼓舞了门多萨前往中国宣讲福音的信心。对此,门多萨在《中华大帝国史》中就对沙勿略等耶稣会士在亚洲收获的成功经验给予了充分赞赏,如其所述:"由于教士和教友们的勤奋和努力,基督的信仰在日本岛中的一些地方得到了很好的传播,尤其是沙勿略大师所做的工作,他是耶稣会创始人伊格纳西奥·德·罗耀拉教士的十位同伴之一。罗耀拉以极大的热情参与了日本岛的工作,直至今日,那里的人们都承认,他

---

① Luke Clossey, *Salvation and Globalization in the Early Jesuit Missions*, New York: Cambridge University Press, 2008, p. 256.
② Luke Clossey, *Salvation and Globalization in the Early Jesuit Missions*, New York: Cambridge University Press, 2008, p. 256.
③ Zhang Kai, *Diego De Pantoja y China*, trans. Luo Huiling, Madrid: Editorial Popular, 2018, pp. 8—10.

们能接受洗礼得到恩惠主要归功于他。"①换言之,在东方开辟新教区以及让那里的异教徒皈依并得到救赎构成了16世纪的时代特征之一,也正是这种时代精神自律性策动了有待精神救赎的中国他者形象的生成,本节所探讨的门多萨通过间接神圣化想象虚构的有待救赎的大明形象就孕育于那一历史时期。

其次,门多萨的间接神圣化想象还体现在,他虚构了一种盲目笃信偶像的他者形象。如《中华大帝国史》第一部分第二卷第二章就有如下一段记述:"尽管大明王朝之人精于治国理政,也拥有灵巧的技艺,但他们现在依然对偶像盲目崇拜,令人吃惊的是,他们做的很多事都彰显出他们的愚昧和对上帝的无知。这也不难理解,因为他们不了解基督教的真义,所以才丧失了敬畏和理智且会一直沉沦下去。"②显然,这仍然是作者立足于基督教教义虚构而成的一种有待救赎的东方他者形象。16世纪的欧洲人把基督教视作一种普适性宗教,认为这是摆脱愚昧的理性工具和精神救赎的手段,纵然异教徒拥有聪慧敏捷的天资和灵巧的技艺并且精于治国理政,他们仍然被教士们塑造成了一个蒙昧的且有待救赎的他者形象。

再次,门多萨在第一部分第三卷第十八章为16世纪的欧洲读者建构了一种有待救赎的他者形象:"与其他国家的人相比,大明王朝之人更热衷于宴请,这是因为他们更富裕更悠闲,同时又不了解上帝的真义。虽然他们承认和相信灵魂不朽,也知道一个人在前往另一个世界时,会根据其在现世的所作所为受到相应的奖赏或惩罚,但是他们还是努力地追求幸福并及时行乐。"③对此,本书在第四章中曾考辨指出,门多萨对中国人之

---

① Juan González de Mendoza, *Historia de las cosas mas notables, ritos y costumbres, del gran Reyno de la China, como por relacion de Religiosos y otras personas que han estado en el dicho Reyno*, Madrid: Querino Gerardo, 1586, p. 337.

② Juan González de Mendoza, *Historia de las cosas mas notables, ritos y costumbres, del gran Reyno de la China, como por relacion de Religiosos y otras personas que han estado en el dicho Reyno*, Madrid: Querino Gerardo, 1586, p. 23.

③ Juan González de Mendoza, *Historia de las cosas mas notables, ritos y costumbres, del gran Reyno de la China, como por relacion de Religiosos y otras personas que han estado en el dicho Reyno*, Madrid: Querino Gerardo, 1586, p. 93.

第六章　晚明精神世界在他者视域下的意识形态化再现　193

奢宴习俗的记述可以追溯到拉达的《记大明的中国事情》中的"中国人吃饭的方式和他们的宴席"一章。① 只不过门多萨以拉达的记述为底本又进一步展开了夸张的想象,他把大明帝国的宴请之奢华渲染得淋漓尽致。特别是门多萨在营造一个奢华富足的器物社会的同时,又以隐晦的方式嫁接进了精神上有待救赎的他者形象,如其所述:"大明王朝的人比世界上其他国家的人民都更喜欢宴请,因为他们更富有和无忧无虑,同时,也缺少上帝之光。"②事实上,这也正是门多萨的叙事特点之一。他总是在塑造富庶强大的大明帝国形象的同时,又悄然嫁接进了一种精神上有待救赎的他者形象。这种叙事结构再次揭示了门多萨对中国文化的审视立场:一方面,他肯定了大明王朝在器物社会上的富庶和强大,并对这个异质文明所拥有的先进社会制度给予了充分肯定;另一方面,他又通过虚构蒙昧他者的形象在语言层面完成了精神上的规训。上述这种叙事结构还延续到了第二部分第三卷第十七章,如其所述:"中国人有大量的糖、蜜、蜡,如前述,这些东西都很便宜。总之,他们过着衣食无忧的生活,但灵魂才是最重要的。他们缺乏灵魂,上帝愿意给予他们慰藉。"③在此,门多萨再次重复了之前的叙事结构,先对大明帝国的物质生活予以了充分肯定,如物价便宜,生活便利,随之又转向了指责他们在精神生活上的匮乏。

最后,门多萨还在第一部分第二卷第四章记述了大明百姓的占卜习俗,如其所述:"这个国家的人不仅十分迷信,而且还个个都是大占卜师。

---

① Martín de Rada, *Relaçion Verdadera de las cosas del Reyno de Taibin*, *por otro nombre china*, *y del viaje que a el hizo el muy Reverendo padre fray martin de Rada*, *provinçial que fue de la orden del glorioso Doctor de la yglesia San Agustin*. *Que lo vio y anduvo en la provinçia de Hocquien*, *año de 1575 hecha por el mesmo*, https://arxiu-web.upf.edu/asia/projectes/che/s16/radapar.htm (2 March, 2024).

② Juan González de Mendoza, *Historia de las cosas mas notables*, *ritos y costumbres*, *del gran Reyno de la China*, *como por relacion de Religiosos y otras personas que han estado en el dicho Reyno*, Madrid: Querino Gerardo, 1586, p.93.

③ Juan González de Mendoza, *Historia de las cosas mas notables*, *ritos y costumbres*, *del gran Reyno de la China*, *como por relacion de Religiosos y otras personas que han estado en el dicho Reyno*, Madrid: Querino Gerardo, 1586, p.328.

他们认为占卜很灵验,所以特别相信算卦。在他们遇到重大的事情或者要出门之前,都会给自己的家人占卜一次,比如结婚、买地租地、经商等无法预测的事情。"①第二部分第一卷第二十八章也指出:"他们认为月圆之日诸事如意。他们十分迷信这一点,并且为此举办了很多宴会,就像过年一样。"②需指出的是,门多萨的上述文本同样可以从克鲁士的报道中觅得原型。其中,《中国志》第二十七章就对中国人笃信占卜的习俗有如下记述:"他们干任何事,无论是海路还是陆路出行之前,都要在他们的神面前占卦。卦是两块像半个坚果壳的片,一面平一面圆,也有大点的,有半个坚果大,用绳子串起来。占卜时,他们先跟他们的神讲话,说好话讨好他,求给他出一个好卦,保佑他们一路平安或事业成功。说完这番话他们就开始丢卦,如果两块的平面向上,或一块向上一块向下,就是坏卦。"③"这样的事时常发生,他们在占卜一件大事的时候,如果运气不好,或者出海不顺遇到灾难,他们就迁怒于他们的神,把神丢进水里或扔进火里。用脚踩它,辱骂它,直到事情结束,然后再边奏乐边把它取出来,向它献祭。他们把煮熟的猪、鸡、鹅、鸭、米饭和一大壶酒献祭给神。"④

让我们对门多萨和克鲁士的记述进行比较,克鲁士的记述更倾向于记述中国人的占卜习俗,而并没有注入精神救赎和规训的书写意图。相比之下,门多萨则借题发挥融入了神圣化想象,从而在他者视域下对大明王朝的精神世界进行了神圣化再现,如他反复指出大明王朝之人迷信算卦而缺少智慧之光,以此向读者隐喻了这是一座有待精神救赎的异教国

---

① Juan González de Mendoza, *Historia de las cosas mas notables, ritos y costumbres, del gran Reyno de la China, como por relacion de Religiosos y otras personas que han estado en el dicho Reyno*, Madrid: Querino Gerardo, 1586, p. 28.

② Juan González de Mendoza, *Historia de las cosas mas notables, ritos y costumbres, del gran Reyno de la China, como por relacion de Religiosos y otras personas que han estado en el dicho Reyno*, Madrid: Querino Gerardo, 1586, p. 195.

③ Gaspar da Cruz, "Certain Reports of China", in Charles R. Boxer ed., *South China in the Sixteenth Century (1550—1575)*, London and New York: Routledge, 2010, p. 214.

④ Gaspar da Cruz, "Certain Reports of China", in Charles R. Boxer ed., *South China in the Sixteenth Century (1550—1575)*, London and New York: Routledge, 2010, p. 215.

度,正如他所述的那样:"他们虽然衣食无忧,但灵魂才是最重要的,他们缺乏灵魂,上帝愿意给予他们慰藉。"①探讨至此,我们发现,门多萨以前人教士的中国行记为底本进行了夸张的想象和扩写,从而塑造了一个有待精神救赎的他者形象。诚然,这是门多萨立足于 16 世纪基督教教义虚构而成的一种中国他者形象。这位西班牙学人从 16 世纪欧洲的时代诉求和作者的个人需求出发,对前人塑造的中国形象进行了一种现实化再现。这种虚构而成的中国形象最终服务于门多萨的书写目的,即说服西班牙统治阶层允许前往大明王朝宣讲福音,此福音意图又与门多萨所处的西班牙和罗马天主教会的反宗教改革联盟所倡导的精神目标具有同构性。

二、虚构祭拜魔鬼的他者形象

不容忽视,门多萨的间接神圣化想象还体现在他反复虚构了崇拜魔鬼的他者形象。显然,这是他对中国文化的又一次误读。其中,西班牙语"demonio"(魔鬼)一词就在《中华大帝国史》的西班牙语原著善典中出现了 42 次。我们不妨选取有代表性的段落予以细读,如《中华大帝国史》第一部分第二卷第二章就记述道:"中国人祭祀魔鬼,他们并非不知道魔鬼是邪恶的并且是受到诅咒的,而是他们祈求魔鬼不要祸害他们的身体和财物。"②为了佐证这一论点,门多萨还在第一部分第二卷第四章引述了圣方济各修士佩德罗·德·阿尔法罗(Pedro de Alfaro)神父于 1580 年在中国亲眼所见的老百姓向魔鬼祈福禳灾的经过,并得出结论:"这种占卜以及向魔鬼祈福消灾的方法在中国非常盛行,甚至风靡全国,在他们看

---

① Juan González de Mendoza, *Historia de las cosas mas notables, ritos y costumbres, del gran Reyno de la China, como por relacion de Religiosos y otras personas que han estado en el dicho Reyno*, Madrid: Querino Gerardo, 1586, p. 328.

② Juan González de Mendoza, *Historia de las cosas mas notables, ritos y costumbres, del gran Reyno de la China, como por relacion de Religiosos y otras personas que han estado en el dicho Reyno*, Madrid: Querino Gerardo, 1586, p. 24.

来这是最有效的消灾避祸之法了。"①又如,第二部分第三卷第十七章再次虚构了祭拜魔鬼的异教他者形象,如其所述:"伊格纳西奥神父曾亲口对我讲过一件令人终生难忘的事,以至于我不得不在此予以转述。他说有人确切无误地告诉他,虽然那个国家在两千年的历史中都没有发生过瘟疫、饥饿以及其他不幸的事,但在这个拥有15个省份的大帝国,平均一年中每天都有数千老少不间断地死去,这令笃信基督教的神父们悲痛欲绝,因为这些人的灵魂如同贡品一般每天都在被魔鬼褫夺并被带去了魔鬼的府邸。"②

此外,第二部分第三卷第十八章也记述道:"中国很多地方都有祭拜魔鬼的习俗,为的是求它不要祸害人。伊格纳西奥先生告诉我,他曾经在中国人的葬礼上见过一张画像,画像上有一个愤怒的恶魔,他的左手举着一轮烈日,右手拿着一把匕首,看上去就像是要害人似的。这张照片是在病人弥留之际摆在他面前的,安葬的过程非常复杂。有些人认为,这是为了避免恶魔在地狱里伤害逝者。他们将这幅画放在亡者面前为的是向魔鬼示好,让魔鬼善待亡者。"③再如,第一部分第二卷第七章记述了中国人出海前也要祭拜魔鬼祈求平安:"他们在开船之前,都要邀请僧人来念经祈福,僧人身穿名贵的丝质长袍,登舟做一些祭祀仪式。他们会在神像面前剪碎一张张画着人像的纸,摇晃着小铃铛,对着魔鬼吟唱着进行祷告。此外,在船头上还绘制了一张恶魔的肖像,希望他能够饶了这条船。接着,他们就大快朵颐。他们相信,这是唯一能保全他们出海平安,免遭海

---

① Juan González de Mendoza, *Historia de las cosas mas notables*, *ritos y costumbres*, *del gran Reyno de la China*, *como por relacion de Religiosos y otras personas que han estado en el dicho Reyno*, Madrid: Querino Gerardo, 1586, p. 30.

② Juan González de Mendoza, *Historia de las cosas mas notables*, *ritos y costumbres*, *del gran Reyno de la China*, *como por relacion de Religiosos y otras personas que han estado en el dicho Reyno*, Madrid: Querino Gerardo, 1586, p. 326.

③ Juan González de Mendoza, *Historia de las cosas mas notables*, *ritos y costumbres*, *del gran Reyno de la China*, *como por relacion de Religiosos y otras personas que han estado en el dicho Reyno*, Madrid: Querino Gerardo, 1586, p. 330.

难的办法。"①

诚然,门多萨对中国渔民出海前祭拜魔鬼寻求庇护的描述是对中国文化的误读。西方的"魔鬼"具有浓厚的宗教色彩,门多萨使用的西班牙语原文是 demonio。《西班牙语皇家语言词典》(*Real Academia Española*)对 demonio 的第一个释义就是"魔鬼,堕落天使",demonio 还指邪灵。② 因此,demonio 一词在中文语境下并不具有可通约性。《说文解字》鬼部曰"鬼,人所归为鬼。"③换言之,在汉语语境下,鬼被理解为死者的灵魂,而不一定是负面的。中国古代生产力水平低下,催生了古人对大自然的崇拜,甚至将之想象为一种似人的怪物,即鬼神,如《楚辞》中的《九歌·山鬼》中就描述了"山鬼"在山中期待与心上人幽会。古人祭拜鬼神无非是为了祈福、还愿和消灾,但此"鬼"并非基督教教义中的"魔鬼",也并非恶鬼。此外,门多萨生活在 16 世纪末和 17 世纪初,彼时的中国正处于明末清初时期,那时出现了大量的鬼神志怪类小说,如蒲松龄的《聊斋志异》和纪昀的《阅微草堂笔记》等就堪称明清时期的经典小说,其以狐仙和鬼神等超自然生物为主角撰写了诸多故事,但其中的鬼神有善有恶,与同时期西方基督教中的魔鬼并不具有可通约性。数百年来,中国沿海地区的渔民一直保持着出海前祭拜妈祖、龙王、关帝等海神和神话的英雄人物的传统,而并不是祭拜魔鬼的习俗。

根据笔者考证,门多萨关于大明渔民笃信魔鬼的记述也可以从克鲁士的《中国志》第二十七章中追溯到原型。克鲁士曾指出:"中国人崇拜魔鬼,他们画的魔鬼和我们的差不多。老百姓说之所以祭拜魔鬼是因为它能把好人变成鬼,把恶人变成小黄牛或其他动物,他们还说鬼也有师傅,

---

① Juan González de Mendoza, *Historia de las cosas mas notables, ritos y costumbres, del gran Reyno de la China, como por relacion de Religiosos y otras personas que han estado en el dicho Reyno*, Madrid: Querino Gerardo, 1586, p. 36.
② *Real Academia Española*, https://dle.rae.es/demonio(31 March,2024)。
③ 许慎撰,段玉裁注:《说文解字注》,上海:上海古籍出版社,1981 年,第 434 页。

师傅教他如何行恶。上层人士则说他们拜鬼是为了不让鬼祸害他们。"①
"中国渔民每次出海前都要把僧人请到船上去做法事。僧人穿着丝绸长拖袍,船上插了多面绸旗,船头则放上一幅魔鬼像,人们向鬼像行很多礼并献上祭品。他们说这样做,魔鬼就不伤船只。他们还会在偶像面前烧掉绘有各种图像的剪纸,以此献祭给神,他们还要举行某种仪式,一边合唱一边摇着一种小铃,这期间又会大吃大喝。"②

通过比较门多萨和克鲁士对魔鬼崇拜习俗的描述,我们发现门多萨进一步夸大了克鲁士的中国书写。其中,克鲁士只用了寥寥几句描述了中国人崇拜魔鬼的习俗,而相比之下,门多萨则将其扩写成了三段,如前所述,分别是在《中华大帝国史》的第一部分第二卷第二章、第一部分第二卷第七章和第二部分第三卷第十八章。由于篇幅有限,我们不便在此引述更多的文本。但基于前述考证,我们已经认识到,克鲁士塑造了一种拥有错误信仰,特别是有着祭拜魔鬼习俗的异质文化形象,门多萨则通过改写进一步夸大了这种虚构而成的他者精神世界。几个世纪以来,中国沿海地区的渔民一直保留着特定的仪式来祭祀海神,以祈求航行平安。显然,克鲁士曲解了中国渔民祭祀海神的含义,门多萨则延续并进一步放大了这种文化误读并基于此继续建构着一种有待精神救赎的东方他者形象,与此同时,这一形象也恰恰回应了作者和文本的教化意图。

第三节 关于第一编文献部分考据的总结:
虚构"物丰神空"的大明形象

本书文献部分由第二、三、四、五和六章组成。这部分内容对"1586马德里西班牙语修订本"《中华大帝国史》的正文本和副文本进行了细读,

---

① Gaspar da Cruz, "Certain Reports of China", in Charles R. Boxer ed., *South China in the Sixteenth Century* (1550—1575), London and New York: Routledge, 2010, pp. 214—215.

② Gaspar da Cruz, "Certain Reports of China", in Charles R. Boxer ed., *South China in the Sixteenth Century* (1550—1575), London and New York: Routledge, 2010, p. 215.

并对门多萨参考的西文文献和晚明的相关史料进行了考据,目的是重新定义门多萨以他者视域塑造的中国形象。其中,本书文献部分对门多萨想象中的晚明器物世界、政治生活和精神世界分别进行了爬梳并得出结论:作者在16世纪的欧洲视域下塑造了一个富庶强大且拥有先进政治制度的异质文明形象,这也是现下汉语学人对门多萨塑造的中国形象的一种普遍认知。然而,笔者通过文本细读还发现,门多萨不仅塑造了一种纯粹的理想化的中国形象,他还在这种优越的异质文明形象中巧妙地嫁接进了对大明王朝的神圣化想象。

基于此,本书对门多萨以他者视域形塑的中国形象进行了重新定义:这位16世纪的西班牙学人栖居于意识形态和乌托邦的两极张力之间,为彼时的欧洲读者虚构了一种"半文明化"的异质文明形象,其具象化呈现为一个享有优越的物质生活和先进的社会制度的亟待精神救赎的异质文化形象。然而,现下学人普遍意识到了门多萨建构的乌托邦式的中国形象,却忽视了共存于这部读本之中的意识形态化的中国形象,其具象化呈现为一种被神圣化改写的他者形象。在门多萨的中国叙事中,恰恰是意识形态想象统摄了乌托邦式的中国想象,并承载了作者意图和文本意图。换言之,门多萨通过虚构"物丰神空"的中国形象在语言层面完成了对中华大帝国的精神规训,借此向16世纪的欧洲读者发出了一种神圣化寻唤。只不过作者是在一种委婉迂回的叙事结构中来建构这种"半文明化"的他者形象的,这就使得他对中国文化充满钦佩的抒情描写遮蔽了其真实的神圣化书写立场。因此,本书把这种以他者视域塑造的中国形象命名为"另一种中国形象",这种合法存在于16世纪欧洲视域下的中国形象投射出的是一种"神圣东方主义"的审视立场。"神圣东方主义"是本书通过对门多萨的《中华大帝国史》的西班牙语原著善典的文本细读以及对其参考文献的考辨而提出的一个新的学术概念。"神圣东方主义"是建构在乌托邦和神圣化想象的两极张力之间的一种欧洲关于中国的审视立场,其合法存在于16世纪的欧洲视域下。确切言之,以16世纪为一个关键时间节点,在此之前和之后,传教士们关于中国的神圣化书写都淡化了,或者说,不如 16 世纪的神圣化想象那般浓重。唯有在 16 世纪,欧洲关于中国的神圣化想象抵达了巅峰。与此同时,还是以 16 世纪为时间节点,在此之后,在人类文明的现代性进程中,曾经繁荣富庶且拥有先进制度的大明王朝逐渐被欧洲赶超了,从此,欧洲对中国的乌托邦想象也逐渐消弭了。其中有一种观点就认为,大约从乾隆中后期起,欧洲对中国的审视姿态由盛赞和钦佩转为蔑视和鄙夷。① 因此,唯有在 16 世纪这样一个特殊的历史阶段,欧洲形成了一种关于中国的"神圣东方主义"审视立场,其有机地融合了乌托邦和神圣化想象。

门多萨所处的时代孕育了这种新型的中国形象并赋予了其合法性。随着哥伦布开辟新航路和西班牙远征队抵达美洲,拉美多国逐渐沦为了西班牙的海外殖民地,门多萨也就是在这样一种历史背景下筹备出访大明王朝的。诚然,出于一些不便透露的原因,他最终并未能如愿抵达大明王朝。然而,出访受阻并未妨碍他编著《中华大帝国史》,并且这部文献在罗马天主教教皇的资助下于 1585 年问世,门多萨也因此书扬名千古。不容忽视,拉美原住民是以蛮人形象存在于 16 世纪欧洲的文化记忆之中的,其具象化呈现为一个在物质和精神上都处于匮乏状态的异质文化形象;而大明王朝则在《中华大帝国史》中被想象成一种富庶强大却精神上蒙昧的半文明化的他者形象,并且这种新型的中国形象被彼时彼地的欧洲读者广泛接纳了,成为那一时期欧洲关于中国的一种集体记忆。因此,门多萨从"神圣东方主义"的审视立场出发虚构而成的"另一种中国形象"投射出的实际上是 16 世纪的欧洲在面对像大明王朝这样一个在诸多领域都更为优越的异质文明而采用的一种升级的文化模式。在笔者看来,这才是门多萨塑造的中国形象在欧洲历史进程中的里程碑意义所在。

让我们的思考再转向当下学人对这一问题的研究。关于"西方的中国形象"问题,周宁曾展开一系列研究,他的反思对当下研究仍然具有强

---

① Greogory Blue, "China and Western Social Thought in the Modern Period", in T. Brook and G. Blue eds., *China and Historial Capitalism Genealogies of Sinological Knowledge*, London: Cambridge University Press, 1999, p. 70.

第六章　晚明精神世界在他者视域下的意识形态化再现

大的辐射力。其中,他也关注到了《中华大帝国史》的重要学术价值。周宁把门多萨塑造的中国形象归入了"乌托邦"式的异国形象范畴之中,并指出:"在西方他者化的世界想象中,中华大帝国的形象光彩夺目。它疆土辽阔,人口众多,物产丰富,经济发达,行政高效廉洁,司法公平合理,制度文明不仅优越于西方,甚至也优越于世界其他文明。"①与此同时,周宁还对门多萨的晚明乌托邦想象进行了解读:"塑造这样一种中国形象,西方现代文化认同了自我意识与无意识中的忧虑与渴望,不仅假设了一个异在的优越的他者文明,具有西方现代性自我的核心意义,包括追求知识与财富的理想,自由批判的理性精神,通过教育建立和谐的社会秩序甚至最初的民主等进步观念。"②

事实上,周宁的观点也代表了现下汉语学人对门多萨之书写立场的普遍认知,即门多萨在整部读本中形塑了一种从物质到精神层面的理想化的异质文化形象,展现了对中国文化的充分尊重与钦佩。相比之下,在门多萨之前的欧洲教士却很少关注到中国在社会制度上的优越性。而这也正是门多萨的中国想象的里程碑意义之所在,即他把西方人对中国的器物想象提升至了制度层面,并且这种理想化的异国想象也投射出了彼时欧洲人的某种集体焦虑以及对自我超越的渴望。

探讨至此,我们不妨对当下学人所持的观点予以反思:第一,周宁及相关学人把"西方的中国形象"划分为乌托邦和意识形态两个类别,却忽视了这种分类方法潜在的单向度危机。问题在于,这种分类法忽略了乌托邦和意识化的异国想象之间的交互逻辑,也忽视了这两种类型的异国想象可以有机地共存于同一个文本和同一个时代之中。因此,以对前人观点的质疑为新的逻辑基点,本书提出了另一种学理性判断:门多萨是在乌托邦和意识形态的两极张力之间形塑他者之中国形象的,并且意识形

---

① 周宁:《天朝遥远——西方的中国形象研究》(上卷),北京:北京大学出版社,2006年,第70页。
② 周宁:《天朝遥远——西方的中国形象研究》(上卷),北京:北京大学出版社,2006年,第70页。

态统摄了乌托邦化的中国形象并彰显了作者意图和文本意图,而并非如当下学人广泛认可的那样,即乌托邦式的中国想象统摄了作者意图和文本意图。其中,理想化的中国叙事只不过是作者使用的一种委婉迂回的叙事手法,然而,手法并不等同于目的。本书的文献部分基于对门多萨所著西班牙语原著善典的文本细读发现,门多萨真正的目的在于教化而并非赞美大明帝国,实际上意识形态化的中国形象才投射出了作者的真正意图。

第二,现下学人还普遍忽视了门多萨的著书方式对其中国书写的建构性。门多萨从未造访过中国,《中华大帝国史》也并不是作者对亲历的异质文化进行的纪实报道,而是他基于佩雷拉的《中国报道》、克鲁士的《中国志》和拉达的《记大明的中国事情》等欧洲教士的中国报道汇编而成的一部历史文本。反思至此,笔者不禁反思:门多萨是如何利用前人的记忆来对欧洲视域下的中国形象进行重现的?为此,本书在文献部分对门多萨的参考史料进行了考辨,并指出了门多萨对前人文献的理想化和神圣化改写倾向。一方面,这种理想化改写主要体现在晚明的器物社会和制度建设上。具体言之,门多萨进一步夸大了业已存在于欧洲集体记忆之中的富庶强大的中华大帝国形象,还夸大了晚明社会制度的优越性,并且他还避讳了前人教士对晚明社会的负面记述,甚至美化了中国社会没落的一面。另一方面,《中华大帝国史》的神圣化书写倾向集中投射在作者对中国人精神世界的建构上。为此,他反复把读者引入一种历史想象的空间,并在基督教文化和大明王朝的精神世界之间虚构了某种可通约性。诚然,前人教士的中国行纪也在一定程度上展现出了某种神圣化异质文明的倾向,但门多萨则通过夸张的改写和重复等叙事手法,进一步强化了对异质文化的神圣化想象。此外,本书文献部分除了对门多萨的参考文献进行考辨外,还对晚明的相关史料进行了横向比较研究并得出结论:《中华大帝国史》是以他者视域对晚明历史的一种理想化和神圣化再现。尽管门多萨从未到访过中国,他在《中华大帝国史》中融入了历史想象,但他的中国书写也并非完全脱离了晚明的具体历史经验。事实上,他的晚明叙事兼具诗性和纪实性。

综上所述,通过文献研究,本书对《中华大帝国史》中以他者视域形塑而成的中国形象进行了重新定义:门多萨在塑造理想化中华大帝国的形象过程中,以委婉迂回的方式反复嫁接进了神圣化想象。故此,他并非如现下研究所普遍认同的那样,塑造了一种单一类型的中国乌托邦形象或以乌托邦为主导的中国形象,而是在乌托邦与意识形态的两极张力之间,确切言之,是在乌托邦和神圣化的两极张力之间重构中国形象的。然而,他又并非立足于两极张力间的中心位置,不偏不倚地向读者同时呈现这两种类型的中国形象。门多萨借助这种迂回的叙事手法向这部读本的隐含读者——16世纪的西班牙统治阶层发出了神圣化中华大帝国的规训,这才是门多萨的根本书写立场。只不过这种委婉的神圣化想象遮蔽了作者的本真书写立场,以至于让我们对整部读本的书写姿态都产生了严重误读。问题在于,当下学人的关注点普遍聚焦于门多萨对中国文化的充分肯定上,而忽视了他对意识形态化的中国形象的塑造。在16世纪的欧洲视域下,这种意识形态化的中国形象具象化呈现为一种神圣化想象,这才表征了门多萨的作者意图和文本意图。

第二编

理论部分:门多萨凝视下的中国形象在欧洲文化记忆中的合法化进程

从本章起,本书的探讨将进入理论部分。不容忽视,《中华大帝国史》首版在问世之初就在整个欧洲产生了巨大的文化冲击力。《中华大帝国史》的影响力不仅限于16世纪和17世纪。事实上,自1585年其在罗马问世至今就一直没有停止过在全世界范围内再版。关于《中华大帝国史》的出版史,本书在第二章已有详细爬梳。这部文本在历史的磨砺中不间断地被予以现时化再现,这表明门多萨的中国书写已经成为一部文化经典,并长期合法存在于欧洲的社会记忆之中。

以这种文化现象为逻辑基点,笔者不禁反思:既然门多萨从未到访过中国,他通过文化改写重构而成的中国形象又为什么能在整个欧洲被迅速地复制和传播?甚至其文化影响力远远地超过了曾经到访过中国的欧洲传教士撰写的报道。思考至此,我们不妨把莫里斯·哈布瓦赫和扬·阿斯曼的社会记忆理论带入"西方的中国形象"研究视域中来,以缓解当下跨文化形象学的理论贫困化现象,同时,这也是对社会记忆理论的一次本土化应用和深度探索。在此,让我们的思考再递进一层:门多萨的晚明叙事对同时代的欧洲及后世产生了深远的文化辐射力,从记忆的社会化进程来解读,这一文化现象触及的更深层的问题是:《中华大帝国史》被他者审视的合法化过程也是门多萨的个人中国记忆上升为社会记忆的过程。这部读本自1585年首次问世至今的5个世纪以来一直被不断地再版、研究、探讨和回忆,这说明门多萨塑造的中国形象已然上升为他者视域下的一种关于中国的经典文化符号。因此,笔者不禁追问:门多萨凝视下的具有"神圣东方主义"情调的中国形象是如何上升为欧洲的一种文化记忆的?我们又该如何对这种类型的中国形象背后的文化模式予以解构与重构?

如前所述,"神圣东方主义"凝视下的"另一种中国形象"指的是合法存在于16世纪欧洲视域下的一种富庶强大却又亟待精神救赎的异质文化形象。在笔者看来,这种异国想象作为一种表象投射出的是彼时的欧洲在面对一个在物质社会和制度建设上都更占优势的异质文明而采取的一种升级的文化模式。反思至此，让我们的思考不妨再深入一层，同时这也是本书第二编理论部分要解读的问题：这种升级的文化模式是如何合法存在于16世纪的欧洲视域下的，以及又是如何上升为一种文化记忆的？此外，这种新的文化模式又是如何推动欧洲的文化进程的？

本书理论部分由第七、八、九、十、十一章构成。其中，第七章对现下学人关于"西方的中国形象"解读中的遗留问题进行了剖析，本书提出了一个新的概念——"神圣东方主义"，这也是门多萨在《中华大帝国史》中所秉承的对中国的审视和书写立场。以对前人的质疑为理论基点，第七章还从中西方的交互性历史语境出发并立足于历史与记忆文本的双向建构性之中，对门多萨的中国记忆上升为彼时欧洲文化记忆的过程进行了重构。鉴于本书的反思受到了记忆理论的影响，因此，第八章对文化记忆理论进行了谱系学考古，并探讨记忆文本的文学性问题。第九章对门多萨塑造的意识形态化的中国形象上升为彼时欧洲文化记忆的合法化过程进行了解构性批评，第十章重构了门多萨塑造的乌托邦式中国形象被他者审视的合法化过程。需指出的是，第九章和第十章都是从社会历史语境对记忆文本的建构性出发，对"另一种中国形象"的合法化进程进行解构性批评，第十一章则是从记忆文本对历史进程的反向形塑性介入，对门多萨塑造的新型中国形象被他者审视的合法化过程进行了解读。

第七章 "西方的中国形象"研究中的遗留问题

本章对"西方的中国形象"研究中的遗留问题进行了反思,目的是进一步厘清第二编理论部分中将要使用的相关学术概念。其中,第一节探讨了"西方的中国形象"的合法性问题,第二节探讨了"另一种东方主义"是否超越了"东方主义"的问题,对周宁提出的"另一种东方主义"的审视立场进行了修正,并提出了一个新的学术概念——"神圣东方主义"。第三节揭示了当下学人在对"西方的中国形象"进行反思的过程中遭遇的单向度危机。

第一节 "西方的中国形象"是否具有合法性?

在对本书理论部分的核心问题进行探讨之前,我们有必要先对前人相关研究中的遗留问题予以回顾与审视。其中,周宁早在20世纪90年代就对"西方的中国形象"进行了一系列研究。他在提出新方法论的同时,也引发了学界的反思。首先,"西方的中国形象"这一表述就引发了学界的热议。我们不妨先来细读他的相关论述:

"西方的中国形象"首先从传奇进入历史,然后又被再次传奇化，有可能成为某种开明政治与道德教育的乌托邦。西方的中国形象的类型与意义，终于明确而具体了。这是西方的中国形象自觉的阶段。我们不仅可以描述出某种清晰的中国形象，而且能够确认该形象在西方文化结构中的功能。地理大发现与资本主义扩张，使西方发现了东方乃至整个世界；文艺复兴与宗教改革精神，使西方发现了西方的历史乃至于整个人类的历史，在西方他者化的世界想象中，中华大帝国的形象光彩夺目。①

对于上述观点，笔者不禁反思："西方"的所指是什么？这是自然地理上的概念，还是文化、政治或经济上的概念？对此，周宁和宋炳辉在《西方的中国形象研究——关于形象学学科领域与研究范型的对话》中作出了如下解释：

> "西方"是个危险的概念，是这项研究的"软肋"，我知道不可用，但又不得不用。因为再也找不到一个可以替代的概念了，而且"西方"笼统所指的那些国家地区，主要是西北欧与北美，又的确具有某种文化上的同一性。至于谁来代表西方，就中国形象而言，不同时代可能有不同的国家地区，比如文艺复兴早期的意大利、地理大发现时代的伊比利亚半岛、文艺复兴晚期到启蒙运动时代的法国、浪漫主义时代的德国、帝国主义时代的英国与 20 世纪的美国。特定国家或地区之所以在特定时期代表或塑造或引导西方的中国形象，取决于它们与中国的独特关系以及它们在西方文化中的地位。②

可见，周宁已经充分意识到，尽管"西方"存在某种程度上的文化同一性，但这是一个随着时代变迁和中西关系进程演变而发生变化的概念。他也意识到了"西方"这一术语可能带来的合法性上的质疑，并坦然承认

---

① 周宁：《天朝遥远——西方的中国形象研究》（上卷），北京：北京大学出版社，2006 年，第 70 页。
② 周宁、宋炳辉：《西方的中国形象研究——关于形象学学科领域与研究范型的对话》，《中国比较文学》，2005 年第 2 期，第 158 页。

这是他研究中的"软肋",他之所以选择继续使用这一概念是因为找寻不到更适合的概念。然而,尽管他对西方中心论是保持清醒自觉的,但问题在于,"西方"是一个模糊的概念,其游离于地理、历史和意识形态的多极张力之间,并且这个概念在不同地域和不同时期产生了分化。因此,我们对"西方"与"东方"的边界进行限定,这本身就隐含着西方中心论的潜在风险。这组概念并非天然形成的地理概念,而是一组由主体定义的概念。倘若我们承认了"西方"概念的合法性,就会面临着陷入"自我东方化"的风险并间接地认可了"西方中心主义"。

探讨至此,前人研究让我们收获了一个启示:汉语学人有必要对概念和术语的使用保持高度文化警惕和文化自觉,以免我们本着抵抗"西方中心主义"话语霸权的初衷,对域外中国形象的社会化进程进行重新解读,最终却又在无意识间再次陷入了"西方中心主义"的樊笼之中。因此,本书仅在引述他人的学术观点时沿用"西方的中国形象"的表述。

第二节 在"东方主义""另一种东方主义"和"神圣东方主义"之间

周宁在《另一种东方主义:超越后殖民主义文化批判》中论及"西方的中国形象"问题时,把他者塑造而成的乌托邦式的中国形象称为"另一种东方主义"。我们来细读他的观点:

> 后殖民主义文化批判遮蔽了另一种东方主义。在西方文化传统中,有两种"东方主义",一种是否定的、意识形态性的东方主义,另一种是肯定的、乌托邦式的东方主义。前者构筑低劣、被动、堕落和邪恶的东方形象,成为西方帝国主义意识形态的一种"精心谋划";后者却将东方理想化为幸福与智慧的乐园,成为超越与批判不同时代西方社会意识形态的乌托邦。后殖民主义文化批判只关注否定的和意识形态性的东方主义,但是肯定的和乌托邦式的东方主义,在西方文化中历史更为悠久,影响更为深远,涉及的地域也更为广泛。它所表

现的西方世界观念中特有的开放与包容性，正义与超越，自我怀疑与自我批判的精神……①

周宁把乌托邦式的异国形象解释为"被后殖民主义遮蔽了的另一种东方主义"②。尽管他并未明确地指出门多萨塑造的中国形象投射出了"另一种东方主义"的看视立场，但把门多萨的中国形象归入了乌托邦化的异国形象类型之中，如其所述："门多萨的《中华大帝国志》③塑造了一个完美、优越的中华大帝国形象，为此后两个世纪欧洲的'中国崇拜'提供了一个知识与想象、评价与批判的起点，一个逐步将中华大帝国形象理想化的起点。"④这就表明，周宁间接地承认了门多萨对中国文化的"另一种东方主义"的审视和书写立场。

显然，周宁所指的"另一种东方主义"是以萨义德的"东方主义"为基点的。正如他在上述文本中所指出的那样，导源于"东方主义"的后殖民主义文化批评只关注否定的和意识形态性的"东方主义"，而作为"东方主义"变体的"另一种东方主义"则以肯定的和乌托邦式的审视姿态出场。此外，他还指出，"另一种东方主义"在西方文化中的历史更为悠久，影响更为深远，并再现了"西方世界观念中特有的开放与包容性，正义与超越，自我怀疑与自我批判的精神"⑤。思考至此，我们不禁提出疑问："另一种东方主义"又是否"超越"了"东方主义"？显然，要解答这一问题，我们就要先来厘清一个学术概念——"东方主义"。

萨义德在其代表作《东方学》（*Orientarism*）中解释了"东方主义"

---

① 周宁：《另一种东方主义：超越后殖民主义文化批判》，《厦门大学学报（哲学社会科学版）》，2004 年第 6 期，第 5 页。
② 周宁：《另一种东方主义：超越后殖民主义文化批判》，《厦门大学学报（哲学社会科学版）》，2004 年第 6 期，第 6 页。
③ 周宁把门多萨的著书翻译为《中华大帝国志》，其译名与现下发行的两部中译本命名有所偏差，何高济和孙家堃的译名都为《中华大帝国史》。
④ 周宁：《天朝遥远——西方的中国形象研究》（上卷），北京：北京大学出版社，2006 年，第 55 页。
⑤ 周宁：《另一种东方主义：超越后殖民主义文化批判》，《厦门大学学报（哲学社会科学版）》，2004 年第 6 期，第 5 页。

(Orientalism)的三层内涵。首先,"东方主义"是学科分类意义上的"东方学"衍生出的一个概念;其次,"东方主义"还是学术研究领域中一种思维方式;最后,"东方主义"是西方用于控制、重建和宰制东方的一种手段。①

首先,萨义德认为"东方主义"是学术研究范畴的一个学科,"任何讲授东方或书写东方或研究东方的人,不管是人类学家、社会学家、历史学家还是语言学家,无论面对的是具体的还是一般的问题,都是'东方学家'(Orientalist),其所从事的研究就是'东方学'"②。然而,"东方学"作为一门学科的命名,其合法性一直饱受争议。多年来学人们从未停止过质疑:何为"东方"?"西方"和"东方"的划分依据是什么?这是一组地理上的概念,还是经济或意识形态上的,或者文化意义上的概念?这就触及了"东方"与"西方"的合法性问题。因此,本书对"东方主义"这一术语的使用也保持了文化警惕。

其次,"东方主义"还是一种东西方二元对立的思维方式,如萨义德所述:

> 东方主义是一种思维方式,在大部分时间里,"the Orient"(东方)是与"the Occident"(西方)相对而言的,东方主义的思维方式即以二者之间这一本体论和认识论意义上的区分为基础。大量的作家,其中包括诗人、小说家、哲学家、政治理论家、经济学家以及帝国的行政官员,接受了这一东方和西方的区分,并将其作为建构与东方、东方的人民、习俗、心性(mind)和命运等有关的理论、诗歌、小说、社会分析和政治论说的出发点。这一意义层面上的东方主义可以容纳,如埃斯库罗斯(Aeschylus)、雨果(Victor Hugo)、但丁(Dante)和马克思(Karl Marx)。③

---

① 爱德华·W. 萨义德:《东方学》,王宇根译,北京:生活·读书·新知三联书店,2007年,第30—36页。
② 爱德华·W. 萨义德:《东方学》,王宇根译,北京:生活·读书·新知三联书店,2007年,第3页。
③ 爱德华·W. 萨义德:《东方学》,王宇根译,北京:生活·读书·新知三联书店,2007年,第4页。

可见，萨义德把"东方主义"视作一种在本体论和认识论意义上有别于"西方"的思维方式。对此，王宁作出了进一步解读："东方和西方分别居于地球的东西半球，在其他诸方面也处于长期的对立状态，其原因不外乎双方在政治上、经济上乃至语言文化上存在着难以弥合的巨大差异。"①王宁的解读揭示了"东方主义"的学理漏洞。尽管萨义德以"东方主义"为靶心，旗帜鲜明地抵抗"西方"对"东方"的压迫，但他的理论结构并没有摆脱西方中心论的二元对立模式。这就使得萨义德在批评"西方"对"东方"的文化霸权的同时，也在无意识中陷入了以西方为中心的思维樊笼。事实上，"东方主义"是以西方的在场和东方的不在场为预设而开启的一场以西方为中心的叙事。西方单向度地想象出了一种符合其主体期待的刻板东方形象，而东方在整场叙事中始终处于失语和边缘的状态。这种叙事方式从文化上再现了西方对东方的宰制性，是殖民主义的一种文化变体。

因此，尽管萨义德从"中心—边缘"的理论结构出发，为解读西方的中国形象问题开启了新的批判视域，然而，"东方主义"的批判立场在国际学术界推陈出新的同时，也引起了汉语学人的文化警惕。倘若我们对"东方主义"背后的深层权力结构进行追问，就会发现"东方主义"学理源头就是"西方中心主义"。对此，杨乃乔在《后殖民主义还是新殖民主义？——兼论从殖民主义文学批评到东方主义的崛起》中，对"东方主义"的理论局限性给出了一种学理性判断："向西方挑战实际上承认了西方中心论，其实西方文化绝对不会因为少数人的挑战而放弃业已获取世界文化中心的地位，而是挑战成全了这些东方学人在西方的生存。"②也正基于此，"我们也就理解了为什么萨义德、斯皮瓦克与巴巴对他们的后殖民理论读本翻译为汉语或转让版权不感兴趣。因为远东大陆对他们这些功利性旨在西

---

① 王宁：《东方主义、后殖民主义和文化霸权主义批判——爱德华·赛义德的后殖民主义理论剖析》，《北京大学学报（哲学社会科学版）》，1995年第2期，第57页。

② 杨乃乔：《后殖民主义还是新殖民主义？——兼论从殖民主义文学批评到东方主义的崛起》，《人文杂志》，1999年第1期，第136页。

方的东方学者心目中,还是世界的边缘,他们的兴趣在于从边缘逼向中心,而不在于从一个边缘再度走向另一个边缘。"①

探讨至此,我们对"东方主义"学理内涵的延展性思考已经抵达了一个更深的维度,正如萨义德在《东方学》中所解释的,"东方主义还是西方用以控制、重建和宰制东方的一种方法"②。"东方主义"成为了描述、讲授、殖民和统治"东方"的一种方式。③。可见,萨义德的"东方主义"在本质上强化了东西双方的差异性,并且这种差异是建立在不平等的关系之上的。其中,"西方"处于强势地位,"东方"则处在弱势地位,"西方"通过话语权力来主宰、重构和压迫"东方"。也正是立足于这种不平等的权力结构之上,西方人在充满猎奇和偏见以及异国情调的"东方想象"中,形塑出了一个无知和落后的"东方"。

反思至此,让我们对"东方主义"的定义予以总结。显然,萨义德的关注点并非在于"东方主义"下的叙事是否与史实相符,而是对"东方"在"西方"视域下的合法化审视过程进行了解构性的批评。其中,他展开批评的逻辑基点就是"东方主义"中的"他性",因为"东方主义的意义更多地来自西方而不是东方,这一意义直接来源于西方的许多表述技巧,正是这些技巧使得东方可见和可感,使得东方在关于东方的话语中存在"④。诚然,这种批评立场也正是萨义德的学术创新之处,这也正是他的成功之处:他作为美国解构主义阵营中的一位重要成员,利用自己得天独厚的优势选取了一个新的批判视角,在他者视域下开启了一场从边缘到中心的批评运动,矛头直指"西方中心主义",最终目的是解构所谓的"西方中心"。不

---

① 杨乃乔:《后殖民主义还是新殖民主义?——兼论从殖民主义文学批评到东方主义的崛起》,《人文杂志》,1999年第1期,第136页。
② 爱德华·W.萨义德:《东方学》,王宇根译,北京:生活·读书·新知三联书店,2007年,第36页。
③ 爱德华·W.萨义德:《东方学》,王宇根译,北京:生活·读书·新知三联书店,2007年,第4页。
④ 参见爱德华·W.萨义德:《东方学》,王宇根译,北京:生活·读书·新知三联书店,2007年,第29页。

容忽视,"东方主义"在全球学术界掀起了"去中心化"的后殖民批评热潮的同时,也引发了汉语学人的广泛争议。在本质上,无论是"东方主义",还是其衍生出的"后殖民主义批评理论",都是西方在后现代主义语境中进行的自我反思,这种反思只局限于西方学术界和知识界的体系之内。

探讨至此,笔者不免对"东方主义"背后的微观权力结构再次质疑:究竟何为"东方",何为"西方"? 萨义德又是如何使用这组概念的? 为此,我们从萨义德本人的论述中解读到,他探讨的"西方"文化指的就是欧美等发达国家的资本主义价值观和意识形态,而非资本主义意识形态的国家则被归入了所谓的"东方"。这种思维定式不免让我们联想到了第二次世界大战后那段尘封已久的冷战记忆,彼时的东西双方阵营在价值观上的冲突就根源于这种二元对立的单向度价值观。历史的经验让我们再次收获了一个启示,这种人为建构出的东西方二元对立的分类方式,很可能进一步加剧异质文明之间的冲突和不平等。此外,萨义德观点的局限性还在于,他所关注和探讨的"东方"只囊括了近东和中东地区,而很少触及中国、日本、韩国和印度等亚洲国家,并且他分析的文本也局限在英语文学作品,而很少涉及非英语文学作品。

事实上,萨义德的《东方学》出版后,"东方主义"这一术语在欧美学界被大规模使用的同时也引发了争论。作为回应,萨义德本人撰写了《东方主义的反思》("Orientalism Reconsidered")一文对"东方主义"进行了进一步解释。[①] 我们来细读他的阐述:

> 作为思想与专业知识的一个部类,东方主义涉及几个交叉的领域:第一,关涉在欧洲与亚洲之间正在变化的历史和文化关系,即一种有着四千年古老历史的关系;第二,关涉西方学人把各种东方文化与传统研究作为一门专项的学科,这门学科早在19世纪初叶就开始了;第三,关涉在意识形态方面,对称之为东方世界之当下某个具有重要性及政治性地区的各种猜想、印象和幻想。东方主义在这三个

[①] Edward W. Said, "Orientalism Reconsidered", *Race & Class*, vol. 27, No. 2, p. 2.

方面呈现出的相对共同标准是区分西方（Occident）与东方（Orient）的界限，我曾经申明东方这一概念本质的实际内涵比它作为人为概念的实际内涵要小得多，我曾把它称之为想象的地理。然而，这既不是说东方与西方之间的界限是不可改变的，也不是说东方是一个简单的虚构，确切地说如同维柯（Vico）称之为多民族世界理论的几个方面，东方和西方是由人类制造出的各种事实。这个事实必须作为构成社会整体的各种成分来研究，而不是作为神学的或自然的世界来研究。因为作为社会的世界包括正在从事研究的人或主体，同时也包括正在被研究的客体或领域，把这两个方面同时涵容于任何关于东方主义的思考中是非常必要的。显然，从一个方面来讲，如果没有东方主义也就没有这些东方研究学者（Orientalists），从另一个方面来讲，也就没有这些东方人（Orientals）。①

对于萨义德对"东方主义"的辩护，杨乃乔指出："我们应当收获一个启示。西方学人讨论后殖民主义与东方学人讨论后殖民主义，应该有着截然不同的文化心理。这一点是非常微妙的。萨义德对后殖民主义文化进行批判，更多的是启用'东方主义'这一概念，而不是直截了当地使用'后殖民主义'。"②

这层启示也引发了笔者的进一步反思，其触及的更深层的问题是：中国大陆汉语语境下的学人在进入后殖民语境后，是否与萨义德有着同样的文化身份认同感？"东方主义"本是隶属于东方文化身份的一种文化审视立场，但随着这一概念在西方语境下占据了主流话语权，导源于"东方主义"的后殖民主义也就随之而西方化了。甚至作为大陆汉语语境下的学人，我们也是把后殖民批评理论视为西方文论的范畴来进行阅读和思考的。因此，杨乃乔又进一步指出，以东方主义为核心的后殖民理论西方化的迹象揭示了如下问题：

---

① 此中译文为杨乃乔翻译完成，见杨乃乔：《后殖民主义还是新殖民主义？——兼论从殖民主义文学批评到东方主义的崛起》，《人文杂志》，1999年第1期，第135—136页。

② 杨乃乔：《后殖民主义还是新殖民主义？——兼论从殖民主义文学批评到东方主义的崛起》，《人文杂志》，1999年第1期，第136页。

第三世界学者要获取国际学术界的显赫地位,必须要在西方学界占据一席地位,也因此必须向西方挑战,但是,向西方挑战实际上承认了西方文化中心论。①……后殖民理论读本均是以地道的英文书写的,东方主义更被遮蔽在后殖民主义的招牌下取代后现代主义,成为西方语境下的主流话语。②

探讨至此,我们回顾了"东方主义"这一学术概念的内涵和外延,分析了其在理论结构上的局限性,还对这一概念在汉语语境下的身份认同问题提出了质疑。让我们再回到本节提出的问题:"另一种东方主义"是否超越了"东方主义"?首先,从学理渊源上追溯,"另一种东方主义"是"东方主义"的一个变体。因此,"另一种东方主义"在本质上仍然延续了萨义德的理论结构以及学术立场。其次,周宁还指出,"另一种东方主义"对"东方主义"的超越性体现在,"另一种东方主义"是"肯定的和乌托邦式的东方主义,在西方文化中历史更为悠久,影响更为深远,涉及的地域也更为广泛。它所表现的西方世界观念中特有的开放与包容性,正义与超越,自我怀疑与自我批判的精神,是西方文化创造性的生机所在,也是我们在现代化语境中真正值得反思、借鉴的内容"③。并且萨义德式的东方主义"在建构帝国主义的政治经济与文化道德权力,使其在西方扩张视野中相互渗透协调运作;而另一种却在拆解这种意识形态的权力结构,表现出西方文化传统中自我超越的侧面"④。然而,问题在于,我们在对"西方的中国形象"中的权力结构进行解构的同时,却再次陷入了西方中心论的窠臼之中。尽管"另一种东方主义"在文本中具象化呈现为"西方"对"东方"文

---

① 杨乃乔:《后殖民主义还是新殖民主义?——兼论从殖民主义文学批评到东方主义的崛起》,《人文杂志》,1999年第1期,第137页。
② 杨乃乔:《后殖民主义还是新殖民主义?——兼论从殖民主义文学批评到东方主义的崛起》,《人文杂志》,1999年第1期,第136页。
③ 周宁:《另一种东方主义:超越后殖民主义文化批判》,《厦门大学学报(哲学社会科学版)》,2004年第6期,第5页。
④ 周宁:《另一种东方主义:超越后殖民主义文化批判》,《厦门大学学报(哲学社会科学版)》,2004年第6期,第6页。

化的充分肯定,但"另一种东方主义"背后的微观权力结构仍然是建立在一种不平等的两极张力之间的。确切言之,门多萨等欧洲前现代学人展开的理想化"东方"想象仍然是以"西方"的在场和"东方"的失语为逻辑基点虚构而成的。因此,欧洲传教士透过文化滤镜书写的这种伊甸园式的中国叙事并没有超越"西方中心主义"的思维桎梏,"东方"仍然处于"西方"的俯视之下而沦为了被流放到边缘的不在场的"他者"。反思至此,我们已经对本节开篇的提问给出了答案:"另一种东方主义"并未超越"东方主义"。

诚然,我们对"另一种东方主义"进行批判性反思的意义在于,以前人思考中的遗留问题为新的理论基点,对门多萨的中国形象问题进行重新解读。在此,让我们不妨继续追问:汉语学人如何才能避开西方中心主义的陷阱走向国际学术界?我们如何才能立足于本土学术立场与西方学人进行平等的学术对话,并在国际学术界赢得话语权?这也是多年来一直困扰汉语学人的难题。为此,本书在对16世纪欧洲视域下的中国形象进行解读的过程中保持了高度的文化警惕和文化自觉。因此,本书在方法论上强调重返语文学,重视对门多萨原著善典的文本细读和对历史文献的详细考辨,以避免陷入话语机制上的主观演绎。此外,本书还注重挖掘中西方交际性语境与他者之中国想象之间的双向建构性,并以此作为抵抗单向度思维结构的一次方法论探索。

其中,在文献部分,笔者不仅对《中华大帝国史》的西班牙语古籍善典进行了细读,还对门多萨著作参考过的西文文献以及晚明相关历史文献进行了考辨,目的是认清门多萨对中国文化的改写立场以及作者意图和文本意图。最终,我们对门多萨以他者视域塑造的中国形象进行了重新定义:门多萨在16世纪欧洲视域下以一种委婉迂回的方式虚构了一种半文明化的中国他者形象,本书称之为一种"神圣东方主义"的审视立场,这也是本书提出的一个新概念。尽管"神圣东方主义"和周宁所述的"另一种东方主义"都包含了对中国的乌托邦想象,但"另一种东方主义"忽视了门多萨是在乌托邦和意识形态之间,或者说,是在乌托邦和神圣化想象的两极张力之间重构他者之中国形象的,而只看到了前现代时期欧洲对中国的钦佩和赞美,却没有洞察到这种乌托邦式的书写姿态最终是服务于其教化目的的。如果说萨义德的"东方主义"导源于"西方中心主义",那么,"神圣东方主义"则根植于盛行于16世纪欧洲的基督教价值观,这是文艺复兴和宗教改革以及反宗教改革大潮孕育出的一种独特的关于中国的审视立场。诚然,我们不可否认,"神圣东方主义"在其他历史阶段也并非销声匿迹,然而,这种欧洲对中国的审视姿态在16世纪抵达了巅峰。其中,本书在文献部分基于文本细读和考辨已得出结论:在门多萨的中国书写中,意识形态统摄了乌托邦,使异质文明皈依才是作者的真实目的,这也是文本的目的所在。以此结论为新的逻辑出发点,本书理论部分将把研究视域置于16世纪的伊比利亚半岛语境之中,力求与门多萨的视域实现融合。我们将在全球史的历史进程中对其塑造的中国形象升华为彼时欧洲的文化记忆的过程予以解读,并详细解读欧洲关于中国的"神圣东方主义"书写立场在16世纪抵达巅峰的合法化进程。这场超时空的跨文化对话过程,本身就是一场抵抗单向度思维桎梏的学术探索之旅。

第三节 如何超越单向度的理论危机?

如前所述,周宁在"西方的中国形象"系列研究中也关注到了《中华大帝国史》的重要学术价值,以及门多萨塑造的理想化中国形象的强大文化辐射力。其中,他把门多萨形塑的"他者"之中国形象归入了乌托邦式的异国想象范畴之中,并对这种类型的中国形象在欧洲的合法化进程作出了如下解读。

> 在西方他者化的世界想象中,中华大帝国的形象光彩夺目。它疆土辽阔,人口众多,物产丰富,经济发达,行政高效廉洁,司法公平合理,制度文明不仅优越于西方,甚至也优越于世界其他文明。塑造这样一种中国形象,西方现代文化认同了自我意识与无意识中的忧虑与渴望,不仅假设了一个异在的优越的他者文明,具有西方现代性

自我的核心意义,包括追求知识与财富的理想,自由批判的理性精神,通过教育建立和谐的社会秩序甚至最初的民主等进步观念。在"大中华帝国"形象类型中,西方现代文化不仅获得某种虚幻的统一性,而且在这种统一性中包括了异己的他性因素,使该文化处于一种统一与辩证的动态结构中。①

无论是乌托邦还是意识形态类型的中国形象,这两种话语机制的文化功能都在于构建一个与西方现实差异甚至相反的他者。16世纪的欧洲仍处于文艺复兴时期,其需要从东方他者中寻找可以利用的价值来实现自我超越,因此把中国视为东方楷模,并把这一阶段的西方中国形象归入"乌托邦"式的异国形象。而进入18世纪的启蒙阶段,西方完成了现代文化的自我认同,中国作为二元对立的他者失去了西方中心主义世界秩序构建和自我认同过程中的可利用价值,也因此,中国形象在18世纪的欧洲被普遍否定,由乌托邦转入意识形态。②

事实上,周宁的上述解读也折射出了现下汉语学人对"西方的中国形象"的普遍解释立场。从学理渊源上追溯,周宁的观点导源于后殖民批评与福柯的话语和权力理论结构。他在20世纪90年代对"西方的中国形象"问题提出新观点的同时,也引发了汉语学人们的反思与质疑。

首先,王晓平在《"以中国形象为方法"的方法论问题——评周宁跨文化研究系列论著》中就指出,周宁在方法论上受到了福柯和萨义德的影响,因此,他的理论结构也不可避免地承袭了前人理论的弊端。然而,无论是话语—权力理论还是后殖民批评理论,其关注点都仅限于"西方"对"东方"的影响,这就陷入了一种单向性的趋于静态的分析模式。此外,这两种理论还都存在把话语等同于史实来解释历史经验的倾向,这就使得

---

① 周宁:《天朝遥远——西方的中国形象研究》(上卷),北京:北京大学出版社,2006年,第70页。

② 周宁:《天朝遥远——西方的中国形象研究》(上卷),北京:北京大学出版社,2006年,第346页。

周宁的思考陷入了一种在观念之间进行的主观演绎的倾向,而脱离了具体历史经验分析和政治经济学的分析视野。①

其次,笔者还注意到,当下学人在他者的中国形象研究中凸显的单向度危机不仅体现在"西方"对"东方"的静态影响上,周宁等学人对"西方的中国形象"的线性分类仍然是建构在单向度的结构之上的。如周宁以1750年为分水岭,把中世纪以来西方塑造的中国形象分为两类:在此之前合法存在于西方视域下的中国形象被归入了乌托邦式的异国想象,在此之后的他者之中国形象则被纳入了意识形态的范畴之中。我们来细读他的观点:"1750年前后西方的中国形象落差如此之大,人们尝试用多种原因进行解释,然而,不管是现实历史的变化还是知识的进步、审美趣味的变化、宗教信仰的变革,都不能完全解释这种剧烈的、根本性的转变。实质上,中国形象在1750年前后的彻底转型,根本的原因是中国形象在西方现代性精神结构中表现出的"他者"功能的变化,从一般社会想象的乌托邦变成了意识形态。"②因此,以此分类依据为逻辑出发点,周宁把门多萨在16世纪欧洲视域下建构的中国形象,纳入了乌托邦式的异国想象范畴之中。

对于上述观点,笔者不禁反思:以某个时间为节点并按线性进程把"西方的中国形象"的流变历程一分为二,划分为乌托邦和意识形态两个阶段,这种分类方法是否具有合法性?门多萨对中国的想象被纳入乌托邦式的想象范畴之中又是否具有合理性?此外,在同一个时代或者同一个文本中,是否可能同时存在乌托邦和意识形态两种类型的异国形象,甚至其他更多类型的异国形象?其中,哪一种类型的异国形象又占据了文本的统摄地位?不同类型的中国形象又是如何有机并存于同一个文本之中的?这种文本结构最终又投射出了何种作者意图和文本意图?

---

① 王晓平:《"以中国形象为方法"的方法论问题——评周宁跨文化研究系列论著》,《文艺研究》,2012年第10期,第152页。
② 周宁:《天朝遥远——西方的中国形象研究》(上卷),北京:北京大学出版社,2006年,第344页。

事实上，这组问题可以在本书文献部分找到答案。我们不妨对文献研究得出的结论再次予以回顾：在意识形态和乌托邦的两极张力之间，门多萨为16世纪的欧洲读者虚构了一种"半文明化"的异国形象。其具象化呈现为物质富足，制度优越，却在精神上有待救赎的中国形象。现下学人广泛地关注到了门多萨建构的乌托邦式的中国形象，却忽略了共存于这部读本之中的意识形态化的中国形象。然而，在这部文本中，恰恰是意识形态想象统摄了乌托邦，这种叙事结构投射出的对异质文化的神圣化审视立场才是作者意图和文本意图的真实再现。换言之，在"神圣东方主义"的凝视下，门多萨通过虚构一种"物丰神空"的半文明他者形象，在语言层面完成了对大明王朝的精神规训，并借此向彼时的欧洲读者发出神圣化寻唤。只不过门多萨使用了一种委婉迂回的叙事方式来建构这种"半文明化"的他者形象，他对中国社会和文化的充分肯定遮蔽了作者和文本的神圣化意图。

最后，当下学人对"西方的中国形象"解读中的单向度危机还体现在，我们的研究视域聚焦在主体所处的社会历史背景对异国形象的建构性上，而忽视了他者凝视下的异国形象对想象主体所处历史语境的反向形塑性。此外，在外部结构对异国形象的形塑中，我们的批评视域也往往禁锢在了宏观权力场域上，而忽视了微观权力场域对作者意图和文本意图的形塑。因此，以现下研究中凸显的单向度危机为逻辑基点，本书理论部分将从记忆文本与历史的双向建构性出发，并基于中西双方的交互语境来重新解读门多萨塑造的中国形象上升为彼时欧洲关于中国的文化记忆的合法化过程。与此同时，在历史对文本的建构性中，我们还将关注宏观和微观的双重权力场域对文本的建构性。其中，微观权力场域对文本的形塑性也是当下海内外学人所普遍忽视的研究视域。

第八章 文化记忆理论的本土化应用

　　本书理论部分将在文化记忆的研究视域下探讨门多萨塑造的新型中国形象是如何从一种个人记忆上升为社会记忆的。其中,本章第一节对文化记忆理论的发展脉络进行了爬梳。第二节探讨了文化记忆的文学性以及文学文本与文化记忆的相通性和分化性。

第一节　文化记忆理论的谱系学考古

　　当下学人对他者之中国形象的解读主要集中在形象学的视域下,鉴于此,本书理论部分旨在以文化记忆理论(cultural memory)为逻辑切入点对此问题进行重新思考,以缓解当下跨文化形象学的理论贫困化现象,同时,这也是对社会记忆理论的一次本土化探索和深化应用。

　　近五个世纪以来,《中华大帝国史》几乎没有中止过再版,这部记忆文本在几百年的历史磨砺中被不断地回忆和重新诠释。毫无疑问,这印证了门多萨塑造的中国形象已获得了欧洲大众读者的承认,并且已经从个人记忆升华为欧洲关于中国的一种文化记忆。对此,笔者不禁反思:门多萨从"神圣东方主义"的审视立场出发塑造而成的中国形象是如何在16世纪的欧洲获得合法性的,这种类型的他者之中国形象又是如何从个人记忆上升为欧洲的一种文化记忆的？其中，本书在文献研究部分已得出结论：门多萨借助委婉迂回的叙事手法，以他者视域虚构了一种半文明化的中国形象。这种异国想象投射出的是彼时的欧洲在面对一个在物质社会和制度建设上都更占优势的异质文明时采取的一种升级的文化模式。因此，前述问题触及的更深层的问题是：门多萨的中国形象背后隐含的文化模式是如何获得欧洲大众读者承认并最终上升为彼时欧洲关于中国的一种文化记忆的？这种文化模式又是如何推动欧洲的文化进程和中西关系史进程的？这也是本书理论部分要解决的核心议题。

文化记忆理论为我们拓展了新的研究视域以对上述问题进行重新思考。诚然，每一个新理论的提出都是建立在相关的理论谱系之上的，我们要对文化记忆理论予以本土化应用，就需要对这一概念的生成和流变进行一次知识考古。欧洲文化传统中的记忆术（ars memoriae 或 memorativa）可以追溯到西方古典文化。古希腊人就很看重人的记忆能力，公元前6世纪的古希腊诗人西莫尼德斯（Simonides）就以此著称于世。古罗马人也把记忆术视作修辞学的重要组成部分之一，如古罗马最杰出的演说家、教育家和思想家之一西塞罗（Cicero）编写于公元前1世纪的《修辞学》（Retorica ad Herennium）就是一本古典时期关于记忆术的奠基之作。[1] 古典时期的欧洲学人推崇空间意向记忆术，从古希腊到文艺复兴时期，记忆术在古典文学中都扮演了重要的角色，这种记忆法也一直流传到了现代社会。然而，随着印刷的发展和书籍的普及，书籍成为记忆的新载体并逐渐取代了传统的空间记忆术。人们对记忆的认知也从古典时期的诗学转向了诠释学，这也使得古典的记忆术渐渐淡出了文化活动舞台。正如阿斯曼所述，诠释学对人类经验的语言框架进行了重新解码，事实上，文化记忆理论就是在这一框架中探索记忆的文本性的。[2]

让我们的视域再回到现代社会，本书理论部分要探讨的"文化记忆"

---

[1] Cicero, *Retorica ad Herennium*, New York: Harper Press, 1954.
[2] 扬·阿斯曼：《宗教与文化记忆》，黄亚平译，北京：商务印书馆，2018年，第 ii 页。

的概念是由扬·阿斯曼提出的,实际上,他的"文化记忆"理论是对哈布瓦赫的"集体记忆"(collective memory)和"记忆的社会框架"(social frameworks of memory)的一种延续性思考。在20世纪初,哈布瓦赫就提出了"集体记忆"的概念,并在当时的海内外学界掀起了一股社会记忆(social memory)研究的热潮,这也使他以社会记忆理论之鼻祖著称于学界。倘若我们沿此脉络继续向前追溯就会发现,早在19世纪,尼采(Friedrich Wilhelm Nietzsche)就对记忆的伦理问题进行了反思。应当说,尼采对记忆和遗忘的认知刻有浓厚的悲观主义印记。他反对过度关注记忆,并把记忆视为道德枷锁和社会强加于人的文化规约。他认为,尽管人和动物的主要区别之一在于是否拥有记忆,并且人类因为拥有记忆而超越了动物,但记忆也给人类带来了压抑和烦恼。甚至他认为记忆是有害的,我们唯有通过遗忘才能过上幸福生活,如其所述:"人类可以像动物那样不需要拥有记忆也能生存下去,并且还可以过得很好,但是如果一个人不会遗忘,那就绝对活不下去。"[1]尼采认为记忆是违背人类天性的行为,压抑了人类固有的遗忘天性,因此,他把记忆视作一种社会监管的手段和维系权力运转的工具,他认为人类对过去的回忆是被人为建构出来的、用于驯化顺民的一种文化手段。[2]

尽管尼采对记忆的认识充斥着悲观主义基调,并被指责陷入了一种单向度的思维危机,但我们也应看到尼采对记忆和遗忘问题的思考中的进步性。事实上,尼采是最早关注记忆问题的哲学家之一,他认识到了记忆与社会的互动性,从而提出了记忆的伦理和道德问题,并认识到了权力对记忆的训诫和规约性。应当说,尼采对记忆的社会化过程的思考为后世学人开启了新的批评视域。沿着19世纪思想家的精神脉络继续前行,

---

[1] Friedrich Wilhelm Nietzsche, "On the Uses and Disadvantages of History for Life", in Daniel Breazeale ed., *Untimely Meditation*, trans. R. J. Hollingdale, Cambridge: Cambridge University Press, 1997, p.62.

[2] Friedrich Wilhelm Nietzsche, *On the Genealogy of Morality*, ed. Keith Ansell-Pearson, trans. Carlol Diethe, Cambridge: Cambridge University Press, 1994, pp.38—42.

哈布瓦赫从另一种视角展开了记忆的社会学研究。如果说尼采关注的是记忆的社会规约性和压抑性，以及由此给人类带来的无尽痛苦，哈布瓦赫则洞见到了记忆带来的温情效应，如他认为记忆可以使一个群体拥有共同的文化并实现了身份认同，这种被建构起来的集体归属感满足了人类的心理和情感抚慰。可见，在19世纪，哲学学者对记忆的探讨已开始从哲学和心理学转向了社会学。到了20世纪，哈布瓦赫的"集体记忆"掀起了一轮记忆研究的高潮，从此，记忆的社会学转向就成为记忆研究的主流趋势。诚然，这种研究视域上的转向不可避免地受到了宏观历史语境的策动。在20世纪初，东欧国家在遭遇制度巨变后对社会记忆展开了重新思考，彼时新兴的民族国家也需要重建民族记忆和建立新的身份认同。此外，互联网作为一种新的记忆媒介，它的产生和推广也引发了学人对记忆问题的新一轮探索。哈布瓦赫的"集体记忆"理论就是在这样一种特定的历史背景下应运而生的。

然而，哈布瓦赫并没有对"集体记忆"的概念给出清晰的定义，这也是他广受学界诟病之处，因此，这就需要我们通过他的著作《论集体记忆》(On Collective Memory)来理解这一概念的内涵和外延。其中，这部读本还收录了他的另外两篇代表作《记忆的社会框架》("Les cadres sociaux de la mémorie")和《福音书中圣地的传奇地形学》("La topographie légendaire des évangiles en Terre Sainte")。① 哈布瓦赫的理论出发点就是"记忆的社会框架"。要理解这一概念，我们就先要了解迪尔凯姆(Emile Durkheim)提出的"社会事实"(social facts)，因为哈布瓦赫师从法国社会学者迪尔凯姆，迪尔凯姆的"社会事实"与哈布瓦赫"记忆的社会框架"在学理上具有同源性。其中，迪尔凯姆在《社会学方法的准则》(Les règles de la méthode sociologique)中对"社会事实"作了如下定义："一切行为方式，不论它是固定还是不固定，凡是能从外部给予个人以约束的，或者换一句话说，普遍存在于该社会的各处并且是固有存在的，不管

---

① 莫里斯·哈布瓦赫：《论集体记忆》，毕然、郭金华译，上海：上海人民出版社，2002年。

其在个人身上的表现如何都叫作社会事实。"①

哈布瓦赫则延续了老师迪尔凯姆对记忆研究的社会学视角。但哈布瓦赫对集体记忆的探讨并不是简单地从19世纪对个人记忆的心理学和哲学视域转向了社会学和政治学。他所探讨的集体记忆并没有一个实体主体,而是把记忆视作一种社会化过程进行了解读,这也正是哈布瓦赫对于记忆研究的创新之处。他指出,个人记忆并不仅仅是一个心理学的概念,个人记忆必定产生于社会框架或社会结构之中,如其所述:"在某种程度上,我们的个人思想就产生于这些社会框架之中,我们参与到这一记忆,才能产生回忆行为。"②换言之,我们无法脱离社会框架而拥有单独的记忆,因此,如果一个小孩在一种完全与世隔绝的环境中成长,他是不可能拥有任何记忆的,因为他无法感知社会框架。或许,这也可以用来解释为什么小孩很难回忆起两三岁以前发生的事情,因为他们还没有融入社会结构,不曾拥有社会框架的体验。哈布瓦赫所述的"社会框架"涵盖了社会现象、物质现象和精神现象。这一概念的核心内涵指的是个体在社会群体中的交流与互动,唯有在这一社会化过程中,个体才能从集体中获得知识和经验,以及集体归属感和集体的思维和行为方式等。

此外,哈布瓦赫还强调个人记忆与集体记忆以及个人所属的社会框架之间并不是对立关系,也不是从属关系,而是一种社会化过程。个人记忆唯有在集体记忆或社会框架中才能获得意义,集体记忆或社会结构又来源于个人记忆内容的高度凝练。此外,他还指出,集体记忆具有建构性和选择性。如其所述:"尽管记忆是对过去的回忆,但记忆再现的文化传统却是由当下的知识建构的,换言之,集体记忆只接纳当下可用的记忆素材。"③换言之,集体记忆总是根据当前社会框架的需要选

---

① E. 迪尔凯姆:《社会学方法的准则》,狄玉明译,北京:商务印书馆,1995年,第37页。
② Maurice Halbwachs, *On Collective Memory*, ed. & trans. Lewis A. Coser, Chicago and London: University of Chicago Press, 1992. p.38.
③ Maurice Halbwachs, *The Collective Memory*, ed. & trans. Francis J. Ditter and Vida Yazdi Ditter, intro. Mary Douglas, New York: Harper and Row, 1980, p.183.

择回忆和遗忘的内容。因此,集体记忆的社会化过程也是一种对过去回忆进行重新诠释的过程,而在对记忆的现时化再现中,一种凝固性的社会结构得以建构和加固,并维系了社会稳定,这也正是记忆的社会功能所在。

探讨至此,我们不妨对哈布瓦赫的观点予以归纳总结。他认为,记忆是在社会化过程中形成的,一个脱离社会群体的人是无法拥有记忆的。尽管个人作为记忆的载体拥有记忆,但记忆是被社会结构建构而成的。集体记忆作为一种社会记忆,其载体是一群人,这群人基于某种关系,如亲属关系或其他社会关系,建立了一种有形或无形的纽带,于是,这群人就拥有了某种共同的记忆。因此,哈布瓦赫从社会学的视角提出了"集体记忆"学说,他注重分析人类记忆中的社会性,以及人所处的社会历史背景对记忆的形塑性。他的观点的创新之处在于摆脱了从传统的心理学范式来探讨个人记忆的生成机制。然而,他为记忆研究开启了一个新视域的同时,也为后人留下了延续性思考的空间。一方面,他的思考主要是建立在口述记忆之上的,而对以文字为媒介的记忆尚未予以足够重视。另一方面,他还忽视了文化进程对记忆的策动性。换言之,他提出的"社会框架"关注的更多的是共时性社会结构对记忆的形塑性,而忽视了历时性语境对记忆的建构性。记忆通过对过去发生的事情不断地重复和予以现时化诠释,就会生成一种具有符号象征意义和恒久性的记忆,这也就是"文化记忆"。

以哈布瓦赫思考中的遗留问题为新的理论基点,欧美学界对记忆的思考开启了文化转向。"文化记忆"的领军学者是阿斯曼夫妇,但两位学人的学术侧重点不同。阿莱达·阿斯曼(Aleida Assmann)关注的是历史政治学视域,她主要把文化记忆理论应用在解读当代德国的社会记忆问题上,她的代表作是《回忆空间:文化记忆的形式和变迁》①和《记忆中的

---

① 阿莱达·阿斯曼:《回忆空间:文化记忆的形式和变迁》,潘璐译,北京:北京大学出版社,2016年。

历史:从个人经历到公共演示》。① 扬·阿斯曼(Jan Assmann)则注重探讨宗教和记忆之间的互动性,并著有《文化记忆:早期高级文化中的文字、回忆和政治身份》②和《宗教与文化记忆》③等。

较之于哈布瓦赫的关注点在于口述记忆,阿斯曼夫妇提出的文化记忆理论则是建构在文字记忆基础之上的。事实上,阿斯曼夫妇的文化记忆理论旨在回答如下问题:从口述记忆到文字记忆的发展历程中,文字作为回忆的媒介和文化形态的载体是如何推动人类发展进程的?在扬·阿斯曼看来,文化记忆的重要价值在于拓展了时间的纵深,开启了数千年的记忆空间,而在这一进程中,文化记忆具有决定性意义。④ 其中,扬·阿斯曼还指出,不同于哈布瓦赫的"集体记忆","文化记忆始终拥有专职的承载者来负责传承。这些承载人可以是萨满、游吟诗人、格里奥以及祭司、教师、艺术家、抄写员、学者和官员等,这些人都掌握了关于文化记忆的知识。文化记忆存储的那些意义并不具有日常性,因此,文化记忆的承载者也具有某种从日常生活和日常义务中抽离的特质"⑤。当然,尚未创造文字的社会并非没有文化记忆,"只不过那一时期的记忆并非以文本为载体,而是附着于群体对自我认知进行反复确认和现时化的仪式之中,如舞蹈、竞赛、仪式、面具、图像、韵律、乐曲、饮食、空间和地点、服饰装扮、纹身、饰物、武器等。"⑥

扬·阿斯曼还进一步区分了"交往记忆"和"文化记忆"两个概念,从而进一步明确了文化记忆的范畴。从直观上审视,"交往记忆"大致等同

---

① 阿莱达·阿斯曼:《记忆中的历史:从个人经历到公共演示》,袁斯乔译,南京:南京大学出版社,2017年。
② 扬·阿斯曼:《文化记忆:早期高级文化中的文字、回忆和政治身份》,金寿福、黄晓晨译,北京:北京大学出版社,2015年。
③ 扬·阿斯曼:《宗教与文化记忆》,黄亚平译,北京:商务印书馆,2018年。
④ 扬·阿斯曼:《宗教与文化记忆》,黄亚平译,北京:商务印书馆,2018年,第34页。
⑤ 扬·阿斯曼:《文化记忆:早期高级文化中的文字、回忆和政治身份》,金寿福、黄晓晨译,北京:北京大学出版社,2015年,第48页。
⑥ 扬·阿斯曼:《文化记忆:早期高级文化中的文字、回忆和政治身份》,金寿福、黄晓晨译,北京:北京大学出版社,2015年,第54页。

于哈布瓦赫的"集体记忆","文化记忆"的时间纵深则更为悠长并远远超过了交往记忆的范围。交往记忆往往是一代人的记忆,记忆随着代际更迭通常在三代人之间循环,大概是在80到100年之间,生成的是一种共时性记忆;而文化记忆则唤起了更为远古的过去空间,并构成了一种历时性的纵深记忆。倘若我们在更深维度上审视,不同于交往记忆,文化记忆是经过社会化选择和建构后以具体的物质形态存在的一种集体记忆,也正是文化记忆所具有的物质性使得文化记忆可以不断地被传承下去。此外,一种文化记忆是在社会协商过程中获得合法性的,并且这种协商又是通过自下而上和自上而下两条路径完成的。最终,随着文化记忆的不间断传承,一个群体的身份得以确立和加固。身份认同要解决的是一个群体是从何而来的以及他们是谁的问题,而文化记忆则为回答这一问题提供了一条有效路径。探讨至此,我们不妨借助一个列表来对扬·阿斯曼关于交往记忆和文化记忆的概念予以归纳总结(如表8.1所示)。

表8.1 交往记忆和文化记忆差异列表 [1]

记忆要素	交往记忆	文化记忆
内容	以个体生平为框架所经历的历史	神话传说;发生在绝对的过去(absolute Vergangenheit)事件
形式	非正式的,尚未成形的,自然发展的,通过与他人交往产生,日常生活	被创建的(gestiftet),高度成型,庆典仪式性的社会交往,节日
媒介	存在于人脑记忆中的鲜活回忆,亲身经历和据他人转述的内容(Hörensagen)	被固定下来的客观外化物(feste Objektivationen),以文字、图像、舞蹈等进行的传统的、象征的编码(Kodierung)和展演(Inszenierung)

---

[1] 扬·阿斯曼:《文化记忆:早期高级文化中的文字、回忆和政治身份》,金寿福、黄晓晨译,北京:北京大学出版社,2015年,第51页。

续表

记忆要素	交往记忆	文化记忆
时间结构	80—100年随着不断向前的当下同时前进的时间视域（Zeithorizont）中的三至四代人	神话性史前时代中存在的绝对的过去
承载者	非专职的，回忆共同体中某时代的亲历者（Zeitzeugen）	专职的传统承载者

从上述列表中，我们认识到，交往记忆是日常的、世俗的、瞬时的和个别的，而文化记忆则通常呈现的是一种非日常性的回忆，并且总是依托客观外物来呈现。文化记忆通常具象化呈现在节日和庆典仪式之中，因此具有神圣性、持久性和普适性。诚然，交往记忆和文化记忆并不能简单地理解为口头记忆和文字记忆，因为口述记忆的内容也可以区分为交往回忆和文化回忆，即日常回忆和仪式庆典回忆。

此外，作为文字记忆的载体，有些文本被大众遗忘了，鉴于此，阿莱达·阿斯曼进一步把文化记忆区分为两种文化模式：主动记忆和被动记忆，其对应的分别是功能记忆（Speichergedächtnis）和存储记忆（Funktionsgedächtnis）。其中，主动记忆，也被称作功能记忆，凸显了记忆文本的功能性，权利拥有者通过对过去进行现时化再现服务于其执政的合法化或去合法化，并建立某一社会群体的身份认同。而被动记忆或存储记忆并非日常所需的，其内容的具体功能性尚不明确，如档案馆中的大量文档就是存储记忆的载体，为此，她提出了"卡农"（canon）的概念对应的就是存储记忆。①

需指出的是，阿斯曼夫妇关注的不仅仅是文化因素对社会记忆的影响，还是文化与社会之间的互动性，以及文化因素对于身份认同和政治认

---

① Aleida Assmann, *Erinnerungsräume, Formen und Wandlungen des kulturellen Gedächtnisses*, München: C. H. Beck, 1999, pp. 130—137.

同等问题的建构性。探讨至此,笔者不禁反思:阿斯曼为什么如此重视文化因素对于社会记忆的介入?文化与身份认同或集体认同之间又存在何种互动关系?在扬·阿斯曼看来,人与动物的差异性在于文化是人类赖以生存的土壤,因此,文化也是人类的第二天性。动物可以随着环境的变化而变化以生存下来,但人类由于缺少这样的本能,就需要去适应由文化建构的象征意义的世界。换言之,外部世界通过各种文化符号建构的体系展现于人类面前,人类适应了这种文化体系而得以生存。因此,人类对此别无选择,我们努力去建构和适应文化体系并不是在挣脱野性,而是在弥补一种先天的不足。①

集体认同是一种关于社会归属性的认知,这是以共享的文化体系为基础的,文化体系又包含了共同的知识系统和共同的回忆等。集体认同就是在这种共享的文化体系中得以实现的,而这种共同的文化系统又是以文化文本为基本单位建构而成的。从词源上考据,文本(text)一词源自拉丁文"textus"。textus 作为能指,其所指是文本,又延展为联系和连贯性之意。可见,文本一词在诞生之初就被赋予了连接之意。因此,文化文本作为文本的一种变体也传承了联结这一原初意涵。不仅如此,文化文本还具有规约性和凝聚性,这些特性赋予了文化文本一种内在的凝聚性结构,文化文本发挥其社会性功能加强了共享这一文化符号系统的社会成员的归属感,巩固了这一群体的身份认同。

这里所指的文化文本是一个广义概念,不仅包括了口述语言、文本,还包括舞蹈、仪式、庆典、图腾、饮食、遗迹和景观等具有象征意义的实体和虚体符号。尽管文化文本的呈现形式不同,但它们都被编码进了某种共性并组成了一种集体共享的文化体系。这套文化系统之所以能在某一个社会群体中成功运转,从直观上看,是因为这一群体都使用了共同的语言系统。而从更深层的维度上审视,语言的背后承载的是一套具有共同

---

① 参见扬·阿斯曼:《文化记忆:早期高级文化中的文字、回忆和政治身份》,金寿福、黄晓晨译,北京:北京大学出版社,2015年,第141页。

象征意义的符号系统,这个系统建构出了一种共同的文化形态或文化模式,借助于此,集体认同才得以实现。

扬·阿斯曼把文化系统比作人体的免疫系统,这个比喻非常形象地揭示了文化与社会的互动关系。文化系统一方面对内竭力加固着同一套文化编码体系,另一方面,又通过建构对立性或对抗性强化着与这套系统之外群体的差异性。在这种对立与统一的张力之间,社会认同得以建构。并且借助文化系统达成的社会认同并非一种瞬时记忆,共同的社会记忆在不断地重复和现实化再现中得以加固和传承。如《论语》等中华文化典籍以及中庸和无为等观念就是中华民族文化记忆的重要载体。又如,孔子的思想被以纸质和数字媒介保存和传承了下来,并且每个历史时期的学人对先贤的思想都予以了不同的诠释,这种对经典文本进行不间断地现时化再现维系了经典文本作为一种文化记忆的合法性。事实上,重复和现时化过程就是一个加固共享的文化系统的过程,借助文化这一媒介,社会认同得以实现和强化。

探讨至此,我们不妨对自 20 世纪 20 年代以来,学界提出的一系列关于社会记忆(social memory)的概念予以简要回顾。法国社会学者莫里斯·哈布瓦赫首先提出了"集体记忆"(collective memory),之后德国古埃及学者扬·阿斯曼又提出了"文化记忆"(cultural memory),继而又有学人提出"公共记忆"(public memory)。尽管这些概念名目繁多,甚至令人眼花缭乱,但他们关注的都是记忆的社会性功能和社会化过程,只不过每个概念关注的侧重点不同。集体记忆理论关注的是口述记忆和交往记忆,文化记忆理论侧重探讨文字记忆中的文化因素,以及文化因素与记忆的社会化过程之间的互动性,而"公共记忆"强调的是公众事件对社会记忆的建构性。其中,公共记忆指涉的是对公众造成巨大冲击力的事件,以至于其震撼力之大会成为人生的一个转折点。并且公共记忆的产生通常会伴随一个辅助性的工具,如一个追思的场域和一个纪念碑等,如凯赛指出,纽约曼哈顿的归零地(Ground Zero)就是一个公共记忆的象征,这一地标的建立是为纪念"9·11"事件的。①

对文化记忆理论的谱系学爬梳至此,我们认识到阿斯曼夫妇的新见的同时,也应关注到他们思考中的遗留问题。正如祁和平在《当代西方文化记忆理论研究》中所指出的,阿斯曼并没有回答文化记忆是如何由个人记忆建构起来的,文化记忆是如何影响社会成员的历史意识的,以及微观层面的交往记忆和宏观层面的文化记忆是如何互动的。② 因此,以上述遗留问题为逻辑基点,本书理论部分将要解答的核心问题是:我们如何解释门多萨关于中国的个人记忆上升为欧洲之文化记忆的合法化过程?

诚然,社会记忆理论被翻译和介绍到汉语语境后也引起了汉语学人的关注。如刘亚秋指出,当下社会研究的主流路径是权力范式下的记忆研究,因此,他反对过分地关注权力对记忆的建构性,而忽视了记忆运行机制中的非权力范式的存在,他称此为"记忆的微光"。③ 金寿福在《论古代西亚和北非文明中的几种回忆模式》中论述了古代若干文明的几种回忆模式,并强调了这些回忆模式对各自文明发展过程中所起的重要作用。④ 赵静蓉在《文化记忆与身份认同》中探讨了记忆的本质和价值,初步建立起完整的记忆研究系统,界定了"全球化记忆"的概念与类型,并尝试以"启蒙记忆"和"创伤记忆"开启20世纪人类历史研究的新视角。同时,她也对记忆的范式、身份的构建及其相互的多样化关系进行了理论建构和文化文本解读。⑤

此外,冯亚琳在《德语文学中的文化记忆与民族价值观》中通过重读

---

① Edward S. Casey, "Public memory in the making—ethics and place in the wake of 9/11", http://edwardscasey. com/wp-content/uploads/2010/12/public-memory-in-the-making. pdf (30 November,2024). 引自张俊华:《社会记忆研究的发展趋势之探讨》,《北京大学学报(哲学社会科学版)》,2014年第5期,第130—141页。
② 祁和平:《当代西方文化记忆理论研究》,北京:中国社会科学出版社,2023年,第92页。
③ 刘亚秋:《从集体记忆到个体记忆:对社会记忆研究的一个反思》,《社会》,2010年第5期,第225页。
④ 金寿福:《论古代西亚和北非文明中的几种回忆模式》,《史学理论研究》,2004年第2期,第79—86页。
⑤ 赵静蓉:《文化记忆与身份认同》,北京:生活·读书·新知三联书店,2015年。

德语文学经典作家和文本,探讨了德语文学在文化记忆方面扮演的角色和所起的作用。① 孙德忠的《社会记忆论》从哲学视角出发考察了社会记忆的思想史进程,并探讨社会记忆生成的原因和本质。② 丁华东在《档案与社会记忆研究》中聚焦于档案这种社会记忆的特殊形态,对档案与社会记忆的传承、建构和控制之间的关系,以及档案记忆和媒体展演的关系等问题进行了解读。③ 孟华在《文字论》中指出,阿斯曼提出的"文化记忆"关注的是一种符号化的历史传承方式,并把符号分为仪式符号和典籍符号。她对仪式符号给出了定义,还分析了作为符号系统之一的仪式的运行方式。④ 张俊华在《社会记忆研究的发展趋势之探讨》中对社会记忆理论的发展历程进行了爬梳,并指出未来有待深入探讨的问题包括社会记忆的形成与新媒体究竟是何种关系,两者之间的互动对政治文化的形成和变化又有什么影响,世界记忆与民族记忆如何在互联网普及的条件下增长和消退。⑤

当下汉语学人对记忆研究的本土化探讨也为我们留下了进一步反思的空间。其中,记忆理论对于解读他者之中国形象问题的应用仍然较为有限,这就引发了笔者的进一步思考:我们是否可以从记忆理论出发,解读在某一特定的历史阶段中域外中国形象生成和接受的社会化过程?这也正是本书理论部分要进行的探索。

第二节 文化记忆的文学性与记忆文本

卡西尔(Ernst Cassirer)曾指出,文学不仅是一种特殊的记忆方式,

---

① 冯亚琳:《德语文学中的文化记忆与民族价值观》,北京:中国社会科学出版社,2013年。
② 孙德忠:《社会记忆论》,武汉:湖北人民出版社,2006年。
③ 丁华东:《档案与社会记忆研究》,北京:人民出版社,2016年。
④ 孟华:《文字论》,济南:山东教育出版社,2008年。
⑤ 张俊华:《社会记忆研究的发展趋势之探讨》,《北京大学学报(哲学社会科学版)》,2014年第5期,第130—141页。

还是一种独立的具有象征意义的文化记忆。① 在此,他指出了文学与文化记忆之间的相通性。一方面,《中华大帝国史》作为一部文学文本采用了历史志体裁,从"神圣东方主义"的审视立场出发塑造了"另一种中国形象"。另一方面,《中华大帝国史》还是一部文化文本和记忆文本,"另一种中国形象"中承载了 16 世纪欧洲关于中国的文化记忆。诚然,门多萨并没有忠实地复制前人教士的记忆,而是对他们的中国回忆进行了改写并赋予其新的意义,这也是门多萨中国书写中的"他性"所在。

文学文本和文化记忆之间既有相通性又有分化性。在笔者看来,两者的共性之一就在于,它们都是在叙事结构和体裁中建构形象并制造意义的。首先,它们都依赖于叙事而存在,而叙事又是有策略性和结构性的,并且叙事总是要依托于某种体裁呈现出来。此外,两者的分化性则体现在:首先,文学文本不同于其他文化文本的主要特征之一就是文学的虚构性。例如尽管门多萨以历史志的方式编著了《中华大帝国史》,但作者实际上是以他者视域对中国文化进行了一种诗性重现。其次,文学文本不同于其他记忆媒介之处还在于,文学制造出的意义具有多重性和不确定性,不同读者对同一个文本的诠释很可能大相径庭,如中国学人和西班牙学人对门多萨塑造的中国形象给出了不同的诠释。最后,文学文本通常有多个版本,而文本的每一次再版都是基于当下语境对原著的一种重新诠释。因此,这也是本书第二章专门对《中华大帝国史》的众多版本进行考辨的重要意义之所在。要解读门多萨塑造的中国形象作为一种个人记忆是如何上升为 16 世纪欧洲的一种文化记忆的,就要求我们对作者本人认可的原著善典予以细读,因为这才是抵达文本意图的可靠路径。

在上一节中,我们对社会记忆理论进行了爬梳,并认识到当下文化记忆理论研究中的遗留问题之一,就是如何解读个人记忆升华为文化记忆的合法化过程。与此同时,在对海外中国形象的社会生成机制进行的解构性批评中,我们对记忆理论的应用仍较为有限。因此,我们不妨就以文

---

① 恩斯特·卡西尔:《人论:人类文化哲学导引》,甘阳译,上海:上海译文出版社,2013 年。

化记忆的理论框架为逻辑出发点,来解释门多萨在16世纪的视域下塑造的"另一种中国形象"被他者审视的合法化过程,以缓解当下跨文化形象学的理论贫困化现象。

如前所述,《中华大帝国史》1585年在罗马首次出版问世,就立即在全欧洲引起了轰动并被迅速翻译成欧洲几乎所有国家的语言。这部文本在彼时欧洲有着深远的文化影响力,以至于成为16世纪和17世纪欧洲知识分子书写中国的范本。事实上,这部文献自首版刊印至今的近五百年来,在英语和西班牙语语境下被不断地予以再版。不容忽视,这两种语言是除汉语外,在全世界范围内使用人数最多的语言了。因此,这一系列文化现象表明,门多萨从"神圣东方主义"的书写立场出发塑造的"另一种中国形象",已然借助文字媒介从个人记忆上升为欧洲关于中国的一种文化记忆。与此同时,这个文学文本也成为一种文化记忆文本。因此,本书从文化记忆理论出发对门多萨的"另一种中国形象"进行重新解读,这也是在中国大陆汉语语境下对记忆理论的一次本土化诠释。

其中,门多萨的"另一种中国形象"具象化呈现为一种以他者视域建构而成的物质富足、政治清明,却在精神上亟待救赎的半文明化的大明形象,本书文献部分将之命名为"他者视域下的另一种中国形象"。在此笔者需重申的是,不同于在门多萨之前合法存在于欧洲视域下的中国形象,"另一种中国形象"的"另性"体现在,作者把神圣化书写立场编码进了乌托邦式的异国想象之中,从而形成了一种委婉迂回的叙事结构。与此同时,现下汉语学人的研究视域广泛地集中在门多萨塑造的乌托邦式的中国想象之中,却忽视了意识形态化的异国形象的重要价值,并且当下研究普遍认为乌托邦式的中国想象统摄了整部文本且承载了作者意图。诚然,在16世纪的欧洲视域下,这种意识形态化的中国想象指的就是神圣化想象,门多萨的中国叙事的根本目的就在于教化。本书文献部分通过文本细读发现,门多萨是在意识形态和乌托邦的两极张力之间重塑晚明社会的,且意识形态统摄了乌托邦并投射出了作者对中国文化的根本审视立场,而并非乌托邦统领了意识形态。换言之,门多萨的书写立场并非在于赞美中国文化,这只不过是作者的一种叙事手法,但方法并不等同于目的。作者在勾勒繁荣强大的中华大帝国形象时,巧妙地嫁接进了意识形态化的中国想象。这种迂回的叙事结构让读者沉浸在了伊甸园般的异域想象之中,唤起了读者的诗性自觉,并助力文本实现了教化目的,还增强了可阅读性。

在此,让我们的思考不妨再递进一层,"另一种中国形象"是门多萨在面对一种在物质和制度上都更占优势的异质文明而采取的一种升级的文化模式。① 需指出的是,"升级的文化模式"是相对于西班牙人对拉美和菲律宾等殖民地采取的文化范式而言的。我们不妨先从西班牙人对拉美土著的文化模式论起,自哥伦布开辟新航路并抵达美洲时起,西班牙就开始了对拉美土著长达几个世纪的殖民运动。彼时的西班牙人在面对一种他们认为落后的、陌生的异质文化之际发起了武力征服,对美洲的资源进行了无情的掠夺和压榨。多明我会修士巴托洛梅·德拉斯·卡萨斯(Bartolomé de las Casas)在1542年曾撰写过《西印度毁灭述略》(*Breve relación de la destrucción de las Indias Occidentales*)②,其中就揭露了西班牙人在征服拉美过程中的种种暴行以及给当地文化带来的毁灭性打击。他还把这部读本呈现给了西班牙国王菲利普二世垂阅,希望国王下令来制止这种行为,如其所述:"西班牙人像穷凶极恶的豺狼闯进这群驯服的羔羊中来,尽管他们明明知道这群羔羊有着造物主赋予的种种美德。四十多年来,这些西班牙人所做的唯一之事就是对当地居民肆意妄为,令人触目惊心,这真是前所未闻。"③诚然,不可否认,在哥伦布"发现"美洲大陆之际,也不乏对"新大陆"予以理想化形塑的学者,但这种理想化的美洲印第安人形象并不是那一历史阶段的主流意识形态,也未能升华为一

---

① 参见高博:《重构门多萨的"金蛇王权"想象——论16世纪中西关系史的形象塑造》,《文史哲》,2023年第6期,第157—158页。

② 参见 Bartolomé de las Casas, *Breve relación de la destrucción de las Indias Occidentales*, Sevilla: Juan F. Hurtel, 1821.

③ 巴托洛梅·德拉斯·卡萨斯:《西印度毁灭述略》,孙家堃译,北京:商务印书馆,2009年,第5页。

种欧洲关于印第安人的文化记忆。①

如果西班牙殖民者对待拉美土著的文化模式呈现为一种"文明—野蛮"的二元对立形态,门多萨针对大明王朝的文化模式则展现为另一种二元想象模式,即"文明—半文明"范式。后者又具象化呈现为两组对立的文化形态:一是富庶、和谐、强大的中华大帝国和深陷全面危机的西班牙王国,二是精神上空虚懵懂有待救赎的异教文明和笃信基督教的先进文明。我们不妨对这组新文化模式予以细读:一方面,门多萨夸大了大明王朝的富庶和强大,而对晚明的政治没落等社会流弊避而不谈,这就与彼时深陷全面危机之中的欧洲形成了一组反差巨大的人文景观。16世纪的欧洲正值海外扩张大潮波涛汹涌之时,西班牙把在拉美获得的巨额财富挥霍一空,他们还未来得及从富国梦中苏醒,就转而在欧洲遭遇了经济危机并卷入了战争的旋涡。西班牙企图寻求外力摆脱内忧外患,于是放眼于大明王朝。门多萨就是在这样一种西班牙陷于全面危机的背景下,担负起出使大明王朝之使命的。他出访大明王朝的目的是与之建立友好通商关系,并请求允许在那里传播福音。尽管那次出访最终被迫中止,但他编著的《中华大帝国史》却得以流芳百世。他在"神圣东方主义"的凝视下塑造的"另一种中国形象"把大明王朝视作了一种无论是在器物社会还是制度建设上都远超于同时代欧洲的异质文明。另一方面,门多萨又虚构了精神空虚愚昧和有待救赎的大明形象。不容忽视,作者所处的历史语境自律性策动了这种异国想象的生成,他栖居于16世纪的宗教改革和反宗教改革的大潮中,又深受基督教价值观的影响,把异教徒虚构成了有待救赎的愚人或蛮人他者。

在16世纪的历史语境下审视,无论是"文明—野蛮",还是"文明—半文明"的文化形态,在本质上都是基督教价值观的变体。只不过面对不同的异质文化,其所呈现的具体形态随之发生了嬗变,如美洲他者被野蛮化

---

① 参见王晓德:《古典传统与欧洲人对美洲的早期认知》,《世界历史》,2023年第3期,第67页。

了,而中国他者则被愚化了,但无论哪一种变体都凸显的是欧洲的文化优越性。在16世纪,基督教文化基本上等同于欧洲文化,因此,拉美蛮人他者和大明愚人他者想象的背后凸显的都是基督教文化的优越性。在此,让我们的思考不妨再递进一层,正如扬·阿斯曼所指出的,无论是对立还是对抗的文化模式,其社会功能都在于加固本社会群体的凝聚性结构并强化身份认同。① 因此,门多萨以他者视域建构的"文明—半文明"的文化模式,实际上仍然是一种社会凝聚性结构,他通过放大异质文明中的"他性"来强化"我"与外部世界的边界,建构和加固了"我们"的身份认同。只不过较之于"文明—野蛮"的文化形态,其升级之处在于,"中华大帝国"的"他性"被门多萨虚构成了半文明化的形态,而相比之下,美洲的印第安他者却被虚构成了野蛮人形象。然而,无论是哪一种变体,这种被人为建构而成的对立文化形态,其社会功能都在于通过凝聚本社会成员的文化共识来加固身份认同,如门多萨就通过虚构"物丰神空"的他者形象,委婉地向本社会成员发出了教化异质文明的神圣化寻唤。

在此,我们洞察到了一种升级的身份认同模式。其升级之处在于,门多萨以委婉迂回的方式将共同的文化编码植入一种对立性的文化形态之中。如前所述,读本的36章都在形塑理想化的晚明器物社会和政治社会,只有17章参与虚构愚化他者形象,这就形成了一种委婉迂回的叙事结构。这种叙事结构为读者开启了历史想象的空间,并激发了读者的诗性自觉,最终以润物细无声的方式实现了其教化目的,凝聚了本社会成员的共识并加固了共处的社会结构。因此,笔者称之为一种"升级的身份认同模式"。事实上,在亚洲的非基督教地区宣教,使异教徒皈依和救赎迷途的众生正是门多萨所处时代盛行的"反宗教改革运动"的新目标。如前所述,宗教改革和反宗教改革在欧洲持续了一个多世纪,在这样的宏观历史语境之下,门多萨的身份是一名西班牙传教士,西班牙和罗马天主教廷

---

① 参见 Jan Assmann, *Cultural Memory and Early Civilization. Writing, Remembrance, and Political Imagination*, Cambridge: Cambridge University Press, 2011, pp. 115—116。

都是"反宗教改革"联盟中的重要成员,不容忽视,在亚洲非基督教国家推广福音正是该联盟的目的。

探讨至此,让我们的思考再深入一层:为什么门多萨没有像西班牙殖民者对待美洲土著文化那样,把中华大帝国虚构为一种蛮人他者形象?我们又该如何解释门多萨建构的新文化模式被他者审视的合法化过程?这种新文化模式是如何在彼时的欧洲获得合法性,并最终从个人记忆上升为文化记忆的?又如前所述,在这种新文化模式中,门多萨通过诗性的语言把读者引入了一种文学想象的空间,从而在乌托邦和意识形态的两极张力之间展开了晚明叙事。因此,上述问题又可分解为两个子问题:乌托邦式和意识形态化的中国想象是在16世纪的欧洲视域下如何获得合法性的?这两种类型的中国形象又是如何有机并存于同一部文本之中,并获得彼时的欧洲大众读者的承认,以至于最终成为欧洲关于中国的一种文化记忆的?这组问题将分别在第九章和第十章中予以解读。

第九章　神圣化的他者之中国形象在 16 世纪欧洲视域下的合法化进程

如前所述,当下汉语学人普遍把门多萨塑造的中国形象归入了"乌托邦"式的异国形象之中,而忽视了意识形态化的中国形象。此外,当下学人还往往把门多萨塑造的中国形象归结为中西双方二元对立的传统思维格局,正如周宁所述:"16 世纪的欧洲仍处于文艺复兴时期,其需要从东方他者中寻找可以利用的价值来实现自我超越,因此把中国视为东方楷模,并把这一阶段的西方中国形象归入'乌托邦'式的异国形象。"① 然而,这种解释结构的问题在于,其对"西方的中国形象"的解读主要受到了福柯和萨义德的影响,这两种理论都存在把话语视作史实来解释历史经验的倾向,这就陷入了一种在观念之间进行的主观演绎的倾向,而脱离了具体历史经验分析和政治经济学的分析视野。② 因此,以现下学人思考中的遗留问题为新的理论基点,我们不妨从社会记忆理论出发对这个问题进行重新解读,以缓解当下学人在比较文学形象学研究中的理论贫困化现象。与此

---

① 周宁:《天朝遥远——西方的中国形象研究》(上卷),北京:北京大学出版社,2006 年,第 346 页。
② 参见王晓平:《"以中国形象为方法"的方法论问题——评周宁跨文化研究系列论著》,《文艺研究》,2012 年第 10 期,第 152 页。

第九章　神圣化的他者之中国形象在16世纪欧洲视域下的合法化进程　243

同时,也让我们把宏观和微观权力语境的建构性带入海外中国形象的思考中,重新解读门多萨塑造的中国形象在16世纪欧洲视域下的合法化进程。对此,笔者基于社会记忆理论对上述问题的解读提出了另一种解释结构:一种文化记忆的生成需要理论内核和情感媒介。其中,意识形态化的中国形象构成了他者之文化记忆的内核,乌托邦式的中国想象则发挥了情感媒介的功能。最终,理论内核借助情感媒介得到了大众读者的承认从而上升为某个群体的一种社会记忆,并且这种社会记忆又在历史的长河中不断地被回忆,最终形成了一种文化记忆。

需指出的是,本书所指的16世纪的欧洲视域下的意识形态化的中国形象基本上就等同于神圣化的中国形象。基于此,第九章要解答的具体问题就是:门多萨塑造的这种神圣化的中国形象是如何生成的?这种异国形象又是如何在彼时的欧洲视域下获得合法性,并成为16世纪欧洲集体记忆的理论内核的?其中,本章将从微观权力场域和宏观权力场域两个维度来解释这些因素是如何建构门多萨的神圣化书写立场的,也就是他者视域下神圣化中国想象的生成问题。确切言之,我们探讨的"微观权力语境"指的是门多萨的约稿人和赞助人,"宏观权力语境"具体指涉的是门多萨所处时代欧洲共享的文化体系、共同经历的欧洲思想史进程、资本全球化进程以及由此触发的中西关系史进程。

第一节　被遗忘的微观权力:
约稿人和资助人对文本的隐形建构

首先,从微观权力场域中审视,约稿人和资助人直接参与建构了门多萨的作者意图,这也是被海内外学人所忽视的一个研究视域。因此,本章就以约稿人的意识形态寻唤或神圣化寻唤为逻辑切入点,来解读作者意图被建构的过程,并解释门多萨塑造的意识形态化的或神圣化的中国形象被他者审视的合法化过程。

在"献词"部分,门多萨明确指出了《中华大帝国史》的缘起和目的,我

们来细读作者的自述:

> 我的大人:
>
> 1580年,国王陛下令在下携带一批大量稀世珍品作为国礼前往大明王朝,目的是向该国皇帝表示陛下的友好之情以及呼吁建立友好关系,并恳请两国臣民经由菲律宾开展商贸活动。大人的前任,赫赫有名的堂安东尼奥·德·帕迪利亚-梅内塞斯大人建议在下到达中国时认真记录那里的情况,以便返回时向他详述我的见闻。本人也认为只有了解了那个国家的风土人情和自然地理,才能以正确的方式感化当地民众,让那里的人民皈依天主教信仰。①

首先,上述献词是献给"我的大人"——当时的御前会议大臣、西印度院院长费尔南多·德·维加-丰塞卡的(Fernando de Vega y Fonseca),如"1586马德里西班牙语修订本"原文所述:"Al Illustrissimo señor Fernando de Vega y Fonseca: mi señor. Del Consejo de su Magestad, y su Presidente en el Real de las Indias."②需指出的是,在16世纪,西班牙远征队如火如荼地奔赴美洲和亚洲,随之而来的是,拉美诸多国家和菲律宾等地相继沦为西班牙的海外殖民地。西印度院就是当时负责西班牙殖民地行政、司法和立法事务的最高机关,也是大航海时期关涉西班牙发展命脉的关键部门。自1492年哥伦布抵达美洲起,欧洲就拉开了海外扩张的序幕。面对日益扩大的海外版图和愈发复杂的海外事务,西班牙认为有必要筹备一个专门机构来管理和开拓殖民事务,于是,就在1511年下令开始筹建西印度院。1524年8月1日,西班牙国王卡洛斯一世批准"西印度诸地皇家最高理事院"(El Real y Supremo Consejo de las Indias)

---

① Juan González de Mendoza, *Historia de las cosas mas notables, ritos y costumbres, del gran Reyno de la China, como por relacion de Religiosos y otras personas que han estado en el dicho Reyno*, Madrid: Querino Gerardo, 1586, p.11.

② Juan González de Mendoza, *Historia de las cosas mas notables, ritos y costumbres, del gran Reyno de la China, como por relacion de Religiosos y otras personas que han estado en el dicho Reyno*, Madrid: Querino Gerardo, 1586, p.11.

成立,简称为"西印度院"(Consejo de Indias)。1790 年以后,随着西班牙对海外殖民地掌控力的削弱,西印度院被剥夺了许多权力并逐渐演变成国王的一个顾问机构。直至 1834 年,西印度院被正式撤销。①

其次,"献词"中还指出,不同于之前去往中国的欧洲教士,门多萨还拥有一个显赫身份——西班牙国王菲利普二世钦派的访华大使。他曾于 1580 年与其他两位传教士奥尔特加(Francisco de Ortega)和马林率领使团前往大明王朝,并携带了西班牙国王写给明神宗的亲笔御函和礼单。尽管此行最终未能如愿抵达中国,门多萨也没有在《中华大帝国史》中透露其中的原因,但他在"献词"中陈述了前往中国的预期目的和编著这部文献的缘起。事实上,门多萨是应时任西印度院院长堂安东尼奥·德·帕迪利亚-梅内塞斯的建议,利用访华特使的身份对中国的国情进行观察和报道的。因此,《中华大帝国史》的约稿人就是时任御前会议大臣、西印度院院长。

在此,我们有必要补充说明的是,门多萨之所以能在众多候选人中脱颖而出,并最终成为出访大明王朝的西班牙大使之一,除却受到了时任西印度院院长的器重和引荐,还得益于他自青少年时期就积累了大量关于中国的知识。门多萨在 17 岁那年就从西班牙来到了彼时的西属殖民地墨西哥。他进入了当地的神学院学习,接受了良好的教育,他还加入了当地的奥古斯丁修会。随着西班牙人对新航路的开辟,墨西哥成为往来于欧洲和中国之间的必经中转站。往返于欧亚大陆的西班牙人常在此地停留,他们带来了大量关于亚洲的实时报道,因此,那里保存着许多关于中国的资料。门多萨在年少时期就利用得天独厚的地理优势阅读了大量关于中国的文献报道,也听取了往来商人和教士关于中国的各种口述见闻。此外,门多萨还熟识菲律宾事务和航海知识,并十分热衷于西班牙的海外福音推广事业。对此,《中华大帝国史》中有着明确的记述:

---

① 休·托马斯:《无止境的世界——腓力二世的西班牙和历史上第一个"日不落帝国"》,陈丽译,上海:上海教育出版社,2020 年,第 30—31 页。

陛下把遣使中国之事交给了西印度院的院长堂安东尼奥·德·帕迪利亚-梅内塞斯大人筹办。我和这位大人曾多次就墨西哥和中国的问题进行过交流,我十七岁时就到了墨西哥。我在圣马德里费利佩修道院当过教士,当时菲律宾经常委托我办一些事,所以,我曾和他有过多次交谈,此外,我还向他请教过其他一些他了解的事情。这回我又多次拜访了他。多次的接触加上他对我的好感,他认为我是执行国王陛下派遣教士出使中国的合适人选。并且他也知道,我有拯救中国众生并为陛下效力的愿望,以及我还有长期航海的知识,并了解中国及其臣民的情况,这一切对实现皇帝陛下和菲律宾人的愿望均有所帮助。①

最后,"献词"还指出,编著《中华大帝国史》的目的是为西班牙国王提供关于中国国情的详尽报道,目的是服务于国家对外战略的制定。在此,门多萨在此向读者清晰地展现出了教化目的,如前所述,本书称之为一种合法存在于16世纪欧洲视域下对中国的"神圣东方主义"的审视和书写立场。

然而,当下学人普遍把《中华大帝国史》误读为一部休闲旅行文学,又或将之纳入了传教士游记汉学的范畴之中,这不免低估了这部读本的文献价值。基于对"献词"的解读,本书对门多萨的书写提出了另一种学理性判断:这是一部严肃的约稿文学,西班牙国王菲利普二世的重臣——时任西印度院院长安东尼奥·德·帕迪利亚-梅内塞斯就是《中华大帝国史》的最初约稿人。也正是这位德高望重的约稿人为门多萨的中国书写奠定了叙事基调:这是一部为西班牙统治阶层制定对华政策之用的国情报告。因此,门多萨之书的隐含读者是西班牙统治阶层而并非平民阶层。

---

① Juan González de Mendoza, *Historia de las cosas mas notables, ritos y costumbres, del gran Reyno de la China, como por relacion de Religiosos y otras personas que han estado en el dicho Reyno*, Madrid: Querino Gerardo, 1586, p. 116.

第九章 神圣化的他者之中国形象在 16 世纪欧洲视域下的合法化进程

我们不妨予以回顾,本书在文献部分已得出结论,《中华大帝国史》的作者意图和文本意图都指向了使异教徒皈依,这恰恰表明门多萨的这种神圣化的书写立场回应了约稿人的意识形态寻唤。其中,意识形态化的中国形象具象化呈现为以他者视域虚构而成的精神空虚且有待救赎的大明王朝,作者借此在语言层面完成了对异质文明的精神规训,只不过这种神圣化的书写立场被编码进了一种乌托邦式的想象之中。借助这种委婉迂回的叙事结构,门多萨运用了大量篇幅塑造了一个富庶、强大、和谐的中华大帝国形象的同时,又巧妙地植入了有待精神救赎的他者形象。这种杂糅的叙事结构遮蔽或淡化了意识形态寻唤给读者造成的压抑感,让读者沉浸在了美好的东方伊甸园想象之中,从而激发了共情效应,最终,在情感认同的过程中,作者在语言层面悄然完成了对异质文明的精神驯化。

不容忽视,除约稿人外,资助人是微观权力场域中的又一个重要因素,他同样参与策动了门多萨式的圣化书写立场。《中华大帝国史》的首版是在教皇的批准和赞助下出版刊印的。其中,首版的第一页就是教皇西斯特五世的出版授权书。门多萨也在"献词"中记述了教皇对此书的认可:

> 我回到西班牙后,发现前西印度院院长大人已仙逝,这本史书本是要呈献于他的。原以为大人已辞世,我努力记述的一切将一无所用,该史书出版也会功亏一篑。直到教皇格里高利十三世①在他的宫廷接见了我。教皇陛下令我把有关中国的纪要呈献给他垂阅,并且陛下十分高兴地接纳了下来。他还令鄙人认真整理这些材料并将其出版,以唤起我们西班牙人拯救那里迷失方向的众生的强烈愿望。②

---

① 门多萨见的教皇是格里高利十三世,但他于 1585 年 4 月 10 日去世。继任教皇西斯特五世于 1585 年 4 月 24 日当选新教宗,所以门多萨之书的出版是新教皇西斯特五世授权的。

② Juan González de Mendoza, *Historia de las cosas mas notables, ritos y costumbres, del gran Reyno de la China, como por relacion de Religiosos y otras personas que han estado en el dicho Reyno*, Madrid: Querino Gerardo, 1586, pp. 11—13.

中世纪以来,罗马天主教会一直对书籍的出版和印刷实施严格的审查制度。《中华大帝国史》能够得到教皇的背书,这表明门多萨塑造的这种新型的中国形象通过了官方的审查,符合16世纪欧洲统治阶层倡导的主流意识形态。教皇的肯定无疑赋予了门多萨之书以巨大的权威性,并推动了这种升级的中国形象在彼时的欧洲被他者审视的合法化进程。然而,一部文学作品塑造的异国形象要升华为一个社会群体共享的文化记忆,国家权力的认可和推介并不是唯一的必要条件。"我们"承认一种"他者"形象的过程是读者与作者协商和对话的结果,这是"他者"形象的一次社会化过程。从根本上看,这种"承认"是建立在共享理论内核和事实内核的基础之上的。探讨至此,让我们的思考再递进一层:16世纪欧洲文化中共享的理论内核和事实内核是什么?其又如何参与建构了这种意识形态化的或神圣化的中国形象?这种神圣化的中国形象又是如何被他者合法化审视的?

第二节 被忽视的宏观权力语境:反宗教改革运动对文本的形塑性

如前所述,门多萨是栖居于乌托邦和意识形态的两极张力之间书写中国的。其中,意识形态又统摄了乌托邦并承载了作者和文本的圣化意图。首先,我们从中世纪欧洲的历史长河中就可以探寻到这种神圣化书写立场的思想根源。从东罗马帝国的灭亡到文艺复兴运动的千年历史长河之中,整个欧洲都笼罩在基督教的宰制之下。中世纪的欧洲人把基督教视为一种理性行为,他们认为通过信仰基督教,野蛮人或异教徒才能成为"文明人",并获得救赎和开启幸福人生。诚然,此处的"理性"是建立在基督教的教义之上的,而不同于现代意义上的"理性"。也因此,在中世纪相当长的时间内,欧洲文明基本上就等同于基督教文明。

我们从中世纪早期的基督徒游斯丁的殉道誓言中就解读到了那一历史阶段的"理性"逻辑,如其所述:"那些生活在基督之前的人,他们不是靠着理性来生活的,是无用之人,是基督的敌人,是那些一直靠着理性生活之人的谋杀者。只要以理性生活的人便是基督徒,不会产生恐惧和忧虑之感。"①可见,基督教的理性论从思想渊源上解释了彼时的西班牙教士热衷于使异教徒皈依的内在逻辑。诚然,倘若我们再向前追溯,信仰上帝为唯一真神的基督教可以追溯到摩西与一神教的宗教传统。因此,门多萨塑造的意识形态化的或者是神圣化的中国形象中隐含的时代编码之一,就是基督教一神论的理性观,即信仰基督才能摆脱蒙昧和野蛮,成为一个文明人。正是这种共享的思想观念和文化编码在彼时的欧洲作者和读者之间架起了一道对话与理解的桥梁。

其次,作者与读者同处的共时性历史语境也推动了神圣化的中国形象在16世纪欧洲视域下的生成和合法化过程。让我们的思考不妨再回溯到门多萨出访大明王朝前夕以及书写《中华大帝国史》的时代。那是在16世纪下半叶,彼时的欧洲爆发了空前的经济危机,教会腐败也与日俱增,多方积压的社会矛盾愈演愈烈。随着文艺复兴运动的兴起,基督教人文主义思潮势如破竹般席卷了整个欧洲。最终,在经济、政治、宗教和文化等多重历史因素的统合驱动下,持续了千年的基督教遭遇了千年未遇的信仰危机,随之而来的是,宗教改革横扫了欧洲。门多萨的神圣化书写就是在这种历史背景下孕育而成的,换言之,这场持续了一个多世纪的宗教运动震撼了整个欧洲,并自律性策动了16世纪欧洲视域下神圣化中国形象的生成与合法化。诚然,当下学人在论及16世纪欧洲视域下的中国形象时也提及了"宗教改革",如周宁在《天朝遥远——西方的中国形象研究》中就写道:"文艺复兴与宗教改革精神,使西方发现了西方的历史乃至于整个人类的历史,在西方他者化的世界想象中,中华大帝国的形象光彩夺目。"②但现下学人并未对宗教改革和反宗教改革作为一种宏观历史语境是如何影响16世纪欧洲视域下中国形象的生成进行深入解读,因此,

---

① 王晓德:《古典传统与欧洲人对美洲的早期认知》,《世界历史》,2023年第3期,第58页。
② 周宁:《天朝遥远——西方的中国形象研究》(上卷),北京:北京大学出版社,2006年,第70页。

前人研究中的遗留问题就构成了本章的逻辑切入点。

"宗教改革"通常指的是以1517年马丁·路德提出《九十五条论纲》为起点,到1648年《威斯特伐利亚和约》出台为止的在欧洲兴起的宗教改革运动。这场运动引发了欧洲持续一个多世纪的混乱局面,瓦解了罗马天主教会主导的政教体系,也破除了天主教的精神束缚,褪去了教皇的荣光。从此,世界开始四分五裂,中世纪的基督教不复存在。与此同时,宗教改革还使得新教在欧洲闪亮出场。新教改革的精神体现了一种更加理性的精神,开启了中世纪的迷失并创造了现代。① 诚然,宗教改革并非一场纯粹意义上的宗教论战,而是借助宗教发起的一场矛头直指罗马天主教廷的政治和社会运动。这场运动之所以要披上宗教的外衣,与16世纪特定的历史语境密不可分。彼时的欧洲笼罩在基督教的严密统治之下,这就决定了任何一个利益集团想要赢得广泛支持并实现其政治目的,就必须依托于宗教。事实上,早在13世纪和14世纪,法国工商业主中就出现了反天主教会的积极分子,之后英国的约翰·威克里夫(John Wycliffe)又提出了"民族教会"的基督教主张并掀起了一场早期的反天主教运动。到了15世纪,捷克查理大学校长扬·胡斯(Jan Hus)也发起了一场宗教改革斗争,抵抗天主教教皇约翰二十三世(John XXIII)兜售赎罪券等行为,沉重打击了天主教权威。② 只不过在16世纪之前,宗教改革的萌芽并未在全欧洲的范围内掀起联动效应。史学界普遍认为,欧洲的"宗教改革"运动正式兴起于1517年,直接导火索是罗马天主教皇利奥十世(Pope Leo X)派人去德国兜售赎罪券。同年年底,德国人马丁·路德在威登堡教堂门前贴出了反对销售赎罪券的《九十五条论纲》,从此引发了席卷全欧洲的宗教改革运动。其中,路德提出了"廉价宗教"和"信仰自由"等观点,即不以教士为中介就可以直接与上帝沟通并领悟上帝的真

---

① 参见 Ronnie Po-Chia Hsia, "Back from the Reformation", in John H. Arnold ed., *The Oxford Handbook of Medieval Christianity*, Oxford: Oxford University Press, 2014, p.533。

② 参见刘建国:《文艺复兴时期西欧文艺繁荣的原因》,《人文杂志》,1988年第2期,第117页。

意,这些主张恰好与新兴资产阶级以及欧洲相关国家统治集团的利益相符。因此,欧洲诸国在各自利益的驱动下纷纷举起了宗教改革的旗帜,加入了这场抵抗罗马天主教权威的社会和政治运动之中,他们的根本目的是借此机会摆脱罗马天主教廷的束缚。

新教掀起改革大潮后,罗马天主教廷的权威性受到了质疑和动摇,于是,作为回击,罗马天主教廷迅速发起了"反宗教改革运动",其新目标就是重新征服异端和使异教徒皈依。通过这场运动,罗马重申了其天主教的核心和正统地位,教宗就是这种正统争夺战中的脊梁。教皇格里高利十三世(Pope Gregory XIII)还与西班牙国王菲利普二世结盟,主张复兴教会和重拾信心,与新教展开斗争并改造和救赎那些迷途的灵魂。① 自16世纪起直到17世纪初,旧教与新教这两股势力在欧洲大陆上展开了愈演愈烈的博弈,并引发了长达一个世纪的混乱局面。

倘若我们置身于这样一种特殊的历史语境来重新审视门多萨的中国书写,不免对这部读本产生新的反思:《中华大帝国史》的"献词"部分揭示了门多萨奉命出使中国的目的,这实际上与"反宗教改革"联盟的目标形成了某种同构性。② "献词"中指出,门多萨本是作为西班牙使团的大使之一出访大明王朝的,此行访华的目的之一就是传播天主教福音。与此同时,在欧洲之外的非基督教地区开辟新教区,也正是那一时期"反宗教改革"联盟的新目标之一。

此外,门多萨还指出,这部读本是在教皇的认可和资助下出版的,如前所述:"我来到罗马觐见了教皇格里高利十三世。教皇陛下令我把所记述的关于中国的材料呈献给他垂阅,我诚惶诚恐地向其呈上了这份纪要,教皇陛下十分高兴地接受了。他还令我将其精心汇编并出版,以在我们

---

① 参见 Ronnie Po-chia, Hsia, *A Jesuit in the Forbidden City: Matteo Ricci 1552—1610*, New York: Oxford University Press, 2010, pp. 9—11。

② Juan González de Mendoza, *Historia de las cosas mas notables, ritos y costumbres, del gran Reyno de la China, sabidas assi por los libros de los mesmos Chinas como por relacion de Religiosos y otras personas que han estado en el dicho Reyno*, Madrid: Querino Gerardo, 1586, p. 17.

西班牙人的心中激起拯救中华大帝国的那些迷途众生的强烈愿望。"①门多萨还明确了此书的目的是在亚洲非天主教国家推行神圣化,如其所述:"更好地为上帝效劳,使那个异教之地皈依我罗马天主教,让教皇陛下依托于其教士所组成的精神部队在亚洲实现其福音事业。"②由此可见,门多萨在教皇的认可和资助下出版了一部具有鲜明圣化意图的中国书写,这一事实无疑再次揭示了《中华大帝国史》与"反宗教改革"联盟之间的某种同构性。

探讨至此,基于对"献词"的细读,我们认识到从出访中国到书写中国,门多萨的目的都指向了精神救赎和使那里迷途的众生皈依,这也正是教宗与西班牙国王建立的反宗教改革联盟之核心主张和目标所在。如此看来,西班牙传教士门多萨的中国书写实际上回应了其所处时代的核心诉求,也就是反宗教改革联盟所主导的重新征服异端并使异教徒皈依,重建教会信心的诉求。如前所述,门多萨塑造的中国形象具象化呈现为一种有着错误认知并亟待精神救赎的他者形象。尽管他对中国文化存在着多重误读和过度想象,但这种虚构而成的中国他者形象却在16世纪的欧洲视域下被合法化审视了,并且这种新的中国形象和话语模式成为16世纪和17世纪初欧洲知识分子书写中国的范本。从宏观历史语境来解读,门多萨的神圣化想象实际上是对16世纪反宗教改革和基督教价值观的一种历史折射,也正是他的中国想象中隐藏的这套时代编码使其在16世纪欧洲视域下获得了合法性。相比之下,在16世纪之前和之后,西方的中国书写中的神圣化意图都远不及16世纪浓重,并且大约从18世纪起,

---

① Juan González de Mendoza, *Historia de las cosas mas notables, ritos y costumbres, del gran Reyno de la China, sabidas assi por los libros de los mesmos Chinas como por relacion de Religiosos y otras personas que han estado en el dicho Reyno*, Madrid: Querino Gerardo, 1586, p. 19.

② Juan González de Mendoza, *Historia de las cosas mas notables, ritos y costumbres, del gran Reyno de la China, sabidas assi por los libros de los mesmos Chinas como por relacion de Religiosos y otras personas que han estado en el dicho Reyno*, Madrid: Querino Gerardo, 1586, pp. 20—21.

第九章 神圣化的他者之中国形象在 16 世纪欧洲视域下的合法化进程　253

欧洲对中国的乌托邦想象也逐渐消弭了。唯有 16 世纪这个特殊的时代，同时赋予了西方的中国书写最为浓重的神圣化想象和乌托邦想象。也因此，本书把 16 世纪欧洲视域下被他者合法化审视的这种关于中国的话语模式称为"神圣东方主义"。

此外，"反宗教改革"还在客观上推动了基督教的"全球化"进程，如前所述，在亚洲的非基督教国家开辟新教区成了"反宗教改革"的重要举措之一。在这样一种特殊的时代背景下，天主教会就衍生出了一些分支修会，其中最活跃的就是耶稣会，其成员被称为耶稣会士。耶稣会由西班牙人伊格纳西奥·德·罗耀拉于 1540 年创立，目的就是在非基督教地区维护秩序和正统信念，其在反宗教改革中发挥了重要作用，在危急时刻为教皇重建权威提供了巨大支持。在 16 世纪，随着耶稣会不断地招募传教士，其规模也迅速扩展，前往世界各地的耶稣会士不断地给位于总部的罗马学院发回报告和信函，汇报最新工作进展以及取得的成绩。修士们克服艰难险阻在非基督教地区成功开展精神救赎和皈依的活动，极大地激励了包括门多萨在内的诸多教士们前往憧憬已久的东方之地去实现福音梦想。

1541 年，罗耀拉又委任他的同窗好友——耶稣会士沙勿略前往东方，并赋予他在东方非基督教教区传播福音的使命。沙勿略基于长期在印度和日本等亚洲国家与当地文化交流互动的经验，提出了一套针对亚洲国家和地区的"适应策略"。① 沙勿略在日本宣教的成功鼓舞了门多萨前往大明王朝继续福音事业的信心。特别是《中华大帝国史》于 1585 年在罗马出版之时，正值第一个日本使团访问欧洲，罗马天主教皇还亲自接见了皈依的日本教徒代表，门多萨在书中也对耶稣会士沙勿略在日本的福音推广工作给予了高度评价，如其所述："日本列岛上有些人由于耶稣会士，尤其是沙勿略神父的卓越贡献而皈依了我主耶稣。沙勿略神

---

① 参见张铠：《庞迪我与中国——耶稣会"适应"策略研究》，郑州：大象出版社，2009 年，第 8—10 页。

父是耶稣会的创始人伊格纳西奥·德·罗耀拉十个同伴之一,他以极大的热情专注于使日本皈依的工作,他的宣教以及他圣洁的生活作为表率对他的工作起到了至关重要的作用。时至今日,日本人都承认,除了感恩上帝外,还要感恩沙勿略,因为是他让他们得到洗礼并从中受益。"①在这种历史语境中重新审视门多萨的文本,我们再次洞察到了他塑造的中国想象对历史的文本化再现。确切言之,他的神圣化书写立场是对彼时欧洲正在经历的基督教东扩进程的一种历史折射。门多萨就生活在这样一种如火如荼的福音全球化进程之中并深受鼓舞,特别是耶稣会士在海外所取得的巨大成就无疑成为其前往中国宣教的巨大动力,这种时代精神自律性策动了门多萨之神圣化中国形象和话语模式的生成。

不容忽视,在门多萨所处的时代,并非所有人都赞成与中国和平相处。事实上,在门多萨即将出访大明王朝之际,西班牙朝野之上就流行着两种对待中国的外交策略。一是军事进攻,二是和睦共存。如驻扎在菲律宾岛的西班牙总督佛朗西斯科·德·桑德(Francisco de Sande)在1576年就建议西班牙国王菲利普二世出兵攻打大明王朝,他指出:"我们用两三千人就可把中国的任意省份收入囊中,我们掌控了出海口,海军实力也很强大,征服中国则是易如反掌。我们只要攻破了他们的一个省,攻占全国则指日可待。"②然而,菲利普二世对此提案并未作出决断。1577年,他回复了桑德:"你极力推崇的武装征服中国之事,现在还不是时机,眼下竭力与中国人修好,而不要与海盗为伍,那些人是中国的仇敌,不要

---

① Juan González de Mendoza, *Historia de las cosas mas notables, ritos y costumbres, del gran Reyno de la China, sabidas assi por los libros de los mesmos Chinas como por relacion de Religiosos y otras personas que han estado en el dicho Reyno*, Madrid: Querino Gerardo, 1586, p. 337.

② Francisco de Sande, Carta a Felipe II del Gobernador de Filipinas, doctor Sande. Da cuenta de su llegada y accidentes de su viaje; de la falta que hay allí de todo, y habla de Religiosos, minas, de la China, Mindanao, Borneo, etc, 7 de junio de 1576, Aud. de Filipinas, 6, Archivo General de Indias.

因此事惹怒中国；按我的旨意执行，今后若有任何关于中国的有价值的新资讯，随时向我报告，我会再给你们下指令。"①可见，菲利普二世在处理中国事务时，因缺乏大明王朝的详尽信息而举棋不定。

《中华大帝国史》正是在此契机下应运而生的。这部文献编撰于16世纪80年代，为彼时西班牙统治阶层的外交决策提供了急需的国情报道。本书基于对门多萨西班牙语原著善典的文本细读发现，门多萨的中国书写并非纯粹的知识性资讯，而是秉承着一种鲜明的神圣化立场。尽管我们尚未找到相关史料证明，门多萨的报道是在替相关利益集团向西班牙国王谏言，但他在这部读本中反复塑造的神圣化的中国形象明确揭示了作者对异质文明的神圣化立场。因此，《中华大帝国史》在客观上代表了那一历史阶段西班牙朝野对待中国问题的一种呼声，即通过和平方式而非武力来征服大明王朝。并且门多萨本人在《中华大帝国史》中也反复陈述了这一主张，其译成中文是：

> 上帝以他的仁慈和神恩，推动这件业已开启的伟业，为了上帝的荣耀并推崇圣教，更为了拯救众多生灵，恳请基督教国王菲利普陛下继续您正在推进的伟业，并在您神圣的基督教胸膛上发扬光大这份基督教伟业，也恳请您远离所有冷却您雄心壮志的力量，他们都是魔鬼的化身，他们反对上帝及其神谕，这是缺少力量和智慧的表现。②

值得关注的是，门多萨在上述文献中不仅明确提出了通过和平教化来推动西班牙海外扩张大业的谏言，还恳请国王"远离所有冷却您雄心壮

---

① Felipe II, 1577, Patronato, 24, R. 37., Archivo General de Indias, in P. Torres y Lanzas eds. , *Catálogo de los documentos relativos a las Islas Filipinas existentes en el Archivo de Indias de Sevilla*, tomo II, Barcelona: Compañía General de Tabacos de Filipinas, 1926, p. XLIX.

② Juan González de Mendoza, *Historia de las cosas mas notables, ritos y costumbres, del gran Reyno de la China, como por relacion de Religiosos y otras personas que han estado en el dicho Reyno*, Madrid: Querino Gerardo, 1586, p. 119.

志的力量"①,但这段文献的深层隐喻尚未引起学人们的关注。倘若我们追溯到彼时彼地的社会历史背景中来重读这段文献,就会意识到门多萨在此是在以隐晦的方式向西班牙国王谏言,不要轻信那些阻挠其派遣特使前往中国并与之建立友好关系的声音。如菲律宾第一任大主教多明我·德·萨拉萨尔(Domingo de Salazar)就在门多萨即将出使中国时,力谏菲利普二世谨慎考虑派遣观察团前往中国之事,并于1583年向国王上书详细列举了多条反对理由。②

事实上,菲律宾大主教的谏言也再现了彼时的西班牙统治集团中对待中国问题上的一种意见,即他们极力主张武装征服大明王朝。与此同时,门多萨的出访与反出访之争也反映出16世纪的西班牙当局在对待中国问题上的犹豫不决。和平教化与军事征服,这两种针对中国的提议引发了16世纪西班牙朝野上下的激烈争论。最终,历史向我们揭晓了答案,菲利普二世始终都未批准武装进攻大明王朝,但门多萨的中国外交之行也因不可知晓的原因而被迫中止,并且他终其一生也未能如愿踏上中国的土地。虽然门多萨和奥尔特加以及马林率领的西班牙访华使团中途而返,但根据"献词"所述,此行的预期目的是与大明王朝建立友好关系和通商往来,并恳请获准在中国宣讲福音。这表明,菲利普二世在中国问题上还是倾向于和平教化而非武装征服。以此历史背景为逻辑出发点,我们不妨来重新评价《中华大帝国史》的文献价值:门多萨受时任西印度院院长之委托,利用作为访华大使之契机搜集文献并编著了《中华大帝国史》。这部饱含着鲜明教化意图的历史文献重现了尘封于历史档案中的那段大明王朝与西班牙的关系史,揭示了16世纪的伊比利亚半岛在对待中国问题上的一种和平呼声,即通过和平方式而非武力的方式与大明王朝共处。

---

① Juan González de Mendoza, *Historia de las cosas mas notables, ritos y costumbres, del gran Reyno de la China, como por relacion de Religiosos y otras personas que han estado en el dicho Reyno*, Madrid: Querino Gerardo, 1586, p. 119.

② Domingo de Salazar, Carta del obispo de Manila Domingo de Salazar al Rey Felipe II, 18 de junio de 1583, Patronato 25, 8 y 74, 22, Archivo General de Indias.

第十章 乌托邦式的中国形象在16世纪欧洲视域下的合法化进程

意识形态化的异国形象作为记忆的内核需要情感媒介才能得到大众读者的承认并最终成为一种社会记忆。以此为逻辑基点,让我们的思考继续前行并追问:乌托邦式的中国形象是如何成为记忆的情感媒介的?本章分四节对此问题进行论述:前三节分别对潜藏于乌托邦式的中国形象背后的文化模式进行解构,这包括欧洲共享的文化记忆和历史编码以及思想史进程,这也是乌托邦式的中国想象成为情感媒介的必要条件。在这个共同的文化体系之上,第四节进一步剖析了乌托邦和意识形态化的中国形象是如何相互联系并产生文化记忆的。其中,乌托邦式的异国想象把读者引入了一种文学想象的空间,让读者在诗性自觉中接纳意识形态化(圣化)的中国形象,从而形成一种社会记忆。这种社会记忆又在历史的磨砺中被不断地回忆、改写和探讨,最终形成了一种文化记忆。

第一节 共享的文化记忆:东方仰慕传统的现时化再现

文化记忆具有客观外化性,需要依托于物质而存在,如文学文本、纪念碑、图腾、仪式、歌曲和舞蹈等具有象征意义的文化符号都是文化记忆的物质载体。与此同时,个人记忆同样需要借助媒介传播才能在社会群体成员中获得承认并最终上升为一种文化记忆。在门多萨所处的16世纪,随着印刷术在欧洲的发展①,书籍逐渐取代口述记忆成为一种新的记忆媒介并在知识分子群体中流传开来,这就为《中华大帝国史》上升为文化记忆提供了必要的物质条件。

不容忽视,一种个人记忆升华为一个社会群体的文化记忆的过程是在社会协商对话中实现的,而文化因素又是促进达成这种社会共识的重要驱动力之一。门多萨在《中华大帝国史》中通过夸张的想象为彼时的欧洲读者塑造了一种强大、富庶、和谐的中国形象,然而,我们却常常忽视了这种充分肯定的书写姿态背后还隐藏着一套16世纪欧洲共享的文化编码,即中世纪以来的东方仰慕传统。处于同一套文化体系中的社会成员一旦识别了这套共享的编码,共同的情感回忆就被激活了,共情效应也随即产生了。

首先,欧洲自古希腊和古罗马时代以来直至中世纪都流传着乌托邦式的中国想象,因此,门多萨书写的晚明乌托邦想象在一定程度上传承了祖先关于中国认知的文化编码。早在古希腊时代,中国就被视作一个拥有高度文明的、祥和安逸的遥远神秘国度存在于欧洲人的中国书写之中。诚然,在那个远古时代,欧洲人尚且无法准确地认知中国的具体位置和名字,但他们已对这座神秘古国形成了一种理想化的集体想象。据说第一个对中国社会状况做介绍的欧洲人是公元2世纪末到3世纪初的巴尔德萨那(Bardesane),他指出:"赛里斯人(Seres)的法律严禁杀生、卖淫、盗窃和崇拜偶像。在这一幅员辽阔的国度中人们既看不到寺庙,也看不到妓女和通奸的妇女,也没有逍遥法外的盗贼和杀人犯

---

① 参见 Nina Lamal, Jamie Cumby, and Helmer J. Helmers, *Print and Power in Early Modern Europe* (1500—1800), http://www.jstor.org/stable/10.1163/j.ctv1v7zbf2 (22 February, 2024)。

和受害者。"①从此,其后的希腊作家也延续了这种赞美中国的审视立场,如阿米娅努斯·马赛里努斯(Ammiayius Marcellinus)所述:"塞里斯人平和度日,不持兵器,永无战争。他们性情安静沉默,不扰邻国,那里气候温和,空气清洁。"②到了古罗马时代,中国仍然是以一种理想化的东方他者形象存在于欧洲人的集体记忆之中的,如泰奥菲拉科特(Théophylacte)就在《历史》中记述了居住在"桃花石城"(Taugaste)的"桃花石人",说"桃花石人"强大英勇。③ 此处所谓的"桃花石人"指的就是中国人,"桃花石"为汉文"大魏"的转音,当时中国北方被拓跋氏统治,国号就是"魏"。

到了中世纪,一些传教士和商人陆续前往中国,他们把旅行途中的见闻记录下来,但这些游记塑造的并非一种纯粹的乌托邦式的中国形象,而是在"自我"与"他者"之间存在着更为开放的协商关系。诚然,所谓"更为开放"是相对于近现代社会而言的。萨义德关于"东方主义"的批评视域并不适用于中世纪,那种至高无上的世俗自我认同或种族中心主义和欧洲中心主义在遥远的中世纪的旅行游记中几乎找不到呼应。换言之,中世纪的欧洲对亚洲的审视和书写立场不能被纳入萨义德所指的"东方主义"的范畴之中。"东方主义"凝视下的"东方"是顺从的、低劣的和被主宰的。当中世纪的欧洲传教士抵达中国时,他们发现面对的是一个在军事力量、经济实力和社会组织能力方面都要强大得多的对手,这很难令当时的欧洲人以帝国主义或殖民主义或欧洲中心主义的姿态来审视东方。

事实上,中世纪晚期的欧洲人对蒙古普遍存有一种惧怕心理。如1245年,65岁高龄的圣方济各会修士柏朗嘉宾(Giovanni da Pian del Carpine,1180—1252)奉教皇英诺森四世(Innocent IV)之命从里昂出发

---

① 戈岱司编:《希腊拉丁作家远东古文献辑录》,耿昇译,北京:中华书局,1987年,第9页。注:Seres为拉丁文,意指丝国或丝国人,中国因盛产丝绸驰名于欧洲,故被古希腊人称为Seres(赛里斯人),即丝国人。
② 戈岱司编:《希腊拉丁作家远东古文献辑录》,耿昇译,北京:中华书局,1987年,第57页。
③ 戈岱司编:《希腊拉丁作家远东古文献辑录》,耿昇译,北京:中华书局,1987年,第104—105页。

前往蒙古。此行的真实目的是受教皇委托规劝蒙古人皈依基督教并与基督教国家结盟。诚然,这一计划最终落空了。他在留下的蒙古行纪中表达了对教会可能面临的来自某个方面的威胁的担忧,这种威胁让他们感到恐惧。他们担心自己可能被鞑靼人或其他民族杀害或俘虏,担心遭受饥寒交迫等苦难。①

尽管欧洲人畏惧蒙古,也切身感受到了其带来的巨大军事威胁,但柏朗嘉宾对蒙古仍然秉承了一种相对开放和宽容的审视姿态,如其所述:"他们非常崇仰长辈,从来不会背叛之。他们很少进行口角争吵,从来不会诉诸粗暴行为。他们之间从来不会爆发斗殴、对骂、打架或凶杀。"②"他们之间非常好客。至于食物,无论他们家中贮藏得多么微薄,也乐于与他人分享。另外,他们也非常刻苦耐劳。"③又如:"他们骑在马背上,他们可以倔强地忍受风寒;同样,他们也能够经受最为严酷的暑热。他们都不是弱不禁风的人,彼此之间也从来不会互相嫉妒,甚至可以说他们之间从来不会有任何诉讼。任何人都不会蔑视他人,而是竭力互相帮助和支持。"④

在柏朗嘉宾之后,同为方济各会修士的鲁布鲁克(William of Rubruck)也前往了蒙古并在那里同蒙古人同吃同住了一年,对这座草原大帝国有了近距离的观察。他记述道:"他们生产最好的丝绸,而他们是从他们的一座城市得到丝人之名。有人告诉我说,该地区有一个城市,城墙是银子筑成,城楼是金子。该国领土内有许多省,大部分还没有臣服于蒙古人,他们和印度之间隔着海洋。这些……人身材矮小,他们说话中发

---

① 柏朗嘉宾、鲁布鲁克:《柏朗嘉宾蒙古行纪 鲁布鲁克东行纪》,耿昇、何高济译,北京:中华书局,1985年,第23页。
② 柏朗嘉宾、鲁布鲁克:《柏朗嘉宾蒙古行纪 鲁布鲁克东行纪》,耿昇、何高济译,北京:中华书局,1985年,第39页。
③ 柏朗嘉宾、鲁布鲁克:《柏朗嘉宾蒙古行纪 鲁布鲁克东行纪》,耿昇、何高济译,北京:中华书局,1985年,第39页。
④ 柏朗嘉宾、鲁布鲁克:《柏朗嘉宾蒙古行纪 鲁布鲁克东行纪》,耿昇、何高济译,北京:中华书局,1985年,第39页。

强鼻音,而且和所有东方人一样,长着小眼睛。"①他还写道:"他们是各种工艺的能工巧匠,他们的医师很熟悉草药的性能,熟练地按脉诊断;但他们不用利尿剂,也不知道检查小便。这是我亲眼所见。"②在鲁布鲁克和柏朗嘉宾之后,到了14世纪,意大利商人马可·波罗的中国游记仍然传承着富庶东方的想象。因此,门多萨的晚明乌托邦想象在一定程度上继承了业已存在于欧洲文化传统中的中国记忆。

此外,生活在前现代的欧洲人之所以能够认可门多萨的晚明乌托邦想象,除却传统记忆的传承外,还有一个因素不容小视,那就是在门多萨所处的16世纪,中国和欧洲之间的交通仍然十分闭塞。门多萨作为访华使团的特使之一要抵达大明王朝,需要历经艰难险阻和长途跋涉。他们一行从西班牙南部港口出发一路向西航行穿越漫无边际的大西洋,驶向墨西哥的阿卡普尔卡港口(Acapulco)。彼时的墨西哥已经沦为了西班牙的殖民地,阿卡普尔卡港就是大航海时期西班牙人往来于欧洲和中国、日本、菲律宾等亚洲国家的重要交通枢纽站。欧洲的商人和教士通常在此停留等待季风的到来,再跟随马尼拉大帆船启程前往同是西班牙殖民地的菲律宾首府马尼拉,之后再从马尼拉前往中国的福建或广州,至此才能成功抵达中国。但遗憾的是,出于一些不便透露的原因,门多萨最终还是未能抵达大明王朝。事实上,直到16世纪,到访过中国的欧洲人仍然是凤毛麟角,如曾在日本成功宣教的耶稣会士沙勿略纵然历经千难万险,同样也未能如愿踏上中国大陆的土地,最终病逝于广州附近的上川岛。由于亚欧大陆之间的天然地理屏障,中世纪的欧洲人对中国的认知仍然停留在模糊阶段,生活在门多萨时代的欧洲人主要是通过想象来认识这座千年古国的。显然,面对一种从未触摸过的遥远的异质文明,基于共享的文化编码建构而成的他者形象,无疑更容易被同一个文化体系中的社会

---

① 柏朗嘉宾、鲁布鲁克:《柏朗嘉宾蒙古行纪 鲁布鲁克东行纪》,耿昇、何高济译,北京:中华书局,1985年,第254页。
② 柏朗嘉宾、鲁布鲁克:《柏朗嘉宾蒙古行纪 鲁布鲁克东行纪》,耿昇、何高济译,北京:中华书局,1985年,第254页。

成员所识别、解码和接受。

探讨至此，我们通过对欧洲关于中国的话语模式进行知识考古发现，门多萨的中国形象传承了自古希腊和古罗马时期以来的理想化书写立场，以及中世纪以来对于东方他者的相对开放和包容的审视姿态。因此，正是门多萨的中国乌托邦想象中蕴含的共享文化编码触发了同时期欧洲读者的集体回忆，使得作者与读者之间产生一种共情效应，这也是乌托邦式的中国形象能够成为记忆的情感媒介的必要条件之一。此外，门多萨所处的时代正值文艺复兴时期，彼时基督教人文主义精神的兴起无疑为欧洲大众接纳一种在器物社会和制度建设上比自我都更为先进的异教他者奠定了一种相对宽容的人文氛围，这也使得人们接受这种乌托邦式的中国形象成为一种可能。不容忽视，在历史的漫长进程中，中国并非总是以一种理想化的形象合法存在于欧洲视域之下的，如大约从乾隆中后期起，欧洲对中国的审视就从中世纪和前现代时期的钦佩和赞赏转向了鄙夷和蔑视。

第二节 共享的历史编码：资本全球化进程中的"白银帝国"

门多萨的中国乌托邦想象不仅蕴含着彼时欧洲共同的文化符号体系，还潜藏着16世纪欧洲共享的历史编码。尽管虚构性是文学的特性之一，但虚构而成的文本也有折射历史的一面，并且也正是门多萨的中国书写对其所处时代特征的再现性，让《中华大帝国史》在同时代的欧洲知识分子中更容易产生共鸣。特别是笔者注意到，现下汉语学人对乌托邦式的中国形象的解读，普遍停留在了话语机制和心理演绎的分析上，而忽视了对具体历史经验的考辨。因此，以前人思考中的遗留问题为基点，我们不妨从宏观历史语境出发来探究门多萨的晚明乌托邦想象对彼时世界秩序的再现性。其中，本节的"宏观历史语境"具体指涉的是16世纪大明王朝和西班牙所处的特定社会历史背景，以及彼时彼地的中西双方遭遇的

第十章 乌托邦式的中国形象在16世纪欧洲视域下的合法化进程 263

交际性历史语境。鉴于本书文献部分已得出结论——门多萨塑造了一个在器物社会和政治制度上都优越于同时代欧洲的异质文明,本节就从物质世界和制度建设两个维度来探讨晚明乌托邦想象与宏观历史语境之间的同构性。

我们的思考需要再次回溯到16世纪并对彼时的资本全球化进程予以近距离审视。那时的大明王朝除与邻国进行传统朝贡贸易外,还参与到了与西班牙和葡萄牙等欧洲国家,以及日本和菲律宾等亚洲国家的远程贸易之中。中国在大量出口丝织品、香料、稀有金属、茶叶和瓷器等商品的同时,也少量进口海外土特产。其中,海运又是那时远程贸易的重要物流通道,如澳门和福建就是中国连接世界各地的重要海运中心。因此,我们不妨就以这两个重要的商贸地为切入点来认识大明王朝在16世纪资本全球化初级阶段进程中的角色及其在彼时世界秩序中所处的地位。

早在16世纪初,葡萄牙商队就来到了广州城外请求通商,但遭到了大明王朝的严词拒绝。《明实录》有载:"佛郎机国差使臣加必丹末等贡方物请封,并给勘合。广东镇抚等官以海南诸番无谓佛郎机者,况使者无本国文书,未可信,乃留其使以请。下礼部议处。得旨:令谕还国,其方物给与之。"①此处的佛郎机国指的是葡萄牙,佛郎机源自对"Frank"(法兰克)音译的误读。②尽管明廷多次下令拒绝与佛郎机通商,但葡萄牙人却一直没有放弃使用各种手段打开中国的商路,如贿赂广东官员,甚至还抢占过广东东莞的屯门岛并导致葡萄牙人在广州被捕入狱。然而,这仍然没有打消葡萄牙人的执念。大约从1557年起,葡萄牙人终于在中国澳门寻得了一块据点并在那里建房并企图长期驻扎下去。

从那时起,葡萄牙人就以中国的澳门为商贸基地和物流中心逐渐控制了多条国际商线,如中国澳门——暹罗(今泰国)——马六甲(今马来西

---

① 《明实录》(卷一五八),台北:"中央研究院"历史语言研究所,1962年,第3022页。
② 参见戴裔煊:《〈明史·佛郎机传〉笺正》,北京:中国社会科学出版社,1984年,第1页。

亚)——果阿(今印度卧亚)——里斯本(葡萄牙首都)①与此同时,频繁的商贸活动也使澳门从一个默默无闻的港口城市,跃升为了明清时期连接世界的海上外贸中心之一。在这些商路上,葡萄牙人把从印度运来的商品连同原产于拉美的白银一道运抵中国澳门进行交易。他们把上述货物销售掉,再用这笔货款和从拉美殖民地搜刮来的白银从中国购进商品,如丝绸、棉布、香料以及各种稀有金属等紧俏货品。之后,他们再以高价把这些炙手可热的中国商品转手卖到日本并赚取大量白银,然后带着这些白银回到印度果阿再来进货。显然,葡萄牙人在商路上的每一个环节都通过差价赚取了高额利润。然而,在此贸易链中获利的不仅仅是葡商,随着中国商品的大量外销,白银也源源不断地流入了中国。需指出的是,在上述商业循环过程中,流通的白银不再仅仅是一种用于支付的货币符号了,而已经演变成了货币资本,自此,16世纪进入了资本全球化的初级阶段。

此外,西班牙商人也不甘落后,他们通过马尼拉大帆船航线,也积极参与到了16世纪下半叶的资本全球化进程之中。1565年,奥古斯丁修会的修士乌达内塔(Andrés de Urdaneta)带领圣佩德罗号帆船从菲律宾返航墨西哥的阿卡普尔卡港,开辟了连接亚洲与拉丁美洲和欧洲大陆的海上贸易航线,由此成功突破了意大利人和葡萄牙人的商业封锁。这条新航线从地处西班牙南部的安达卢西亚(Andalucía)的港口出发,一路向西避开非洲和地中海,穿越大西洋绕道美洲,并中途停靠在新西班牙的阿卡普尔卡港。他们以此地为中转站等待季风到来,乘大帆船前往亚洲的菲律宾,并在那里与来自中国的商船进行交易。

明清时期,西班牙人利用殖民地菲律宾的地理位置优势与中国的福建等沿海地区频繁开展贸易。中国的商船来到马尼拉,西班牙人则用从美洲获取的白银购买中国的畅销商品,如瓷器、丝绸、棉布、稀有金属、茶叶等,之后再把这些货物运到美洲。每当载满中国货物的马尼拉大帆船

---

① 参见陈炎:《澳门港在近代海上丝绸之路中的特殊地位和影响——兼论中西文化交流和相互影响》,载陈炎:《海上丝绸之路与中外文化交流》,北京:北京大学出版社,2002年,第190—195页。

停靠在墨西哥港口阿卡普尔卡时,商人们就会举办大集,紧俏的中国货很快被当地人一抢而空。这些商品中的一部分在美洲市场就已出售而空,另一部分则运往了宗主国西班牙并在那里继续销售。之后,西班牙人把从美洲赚取的银元再次用于采购中国的热销商品,货币资本就这样再次流入了市场。这就是风靡于16世纪和17世纪的"马尼拉大帆船"航线。与此同时,福建的月港(今海澄)作为明清时期"马尼拉大帆船"航线中的重要一环,通过与菲律宾的长期私人贸易迅速从一个默默无闻的小渔镇跃升为远近闻名的富庶之地。直至明中期,月港凭借其繁华富庶早就以"小苏杭"著称于世。①

事实上,除澳门和福建的月港外,浙江和广东省的多座沿海城市都是大明王朝的重要外贸海运中心。通过这些港口,物美价廉的中国商品源源不断地被输送到了世界各地并赢得了海外市场,中国成为全球贸易网上的一条重要供货链。彼时的国际贸易又广泛使用白银进行结算,这就使得白银源源不断地流回了中国。可见,白银作为货币资本在这些商路循环过程中再现了16世纪资本全球化的雏形。其中,大明王朝凭借长期的对外贸易顺差吸纳了大量的货币资本,成为名副其实的"白银帝国",正如樊树志在《晚明史:1573—1644》中所指出的,这也是晚明时期国际贸易的显著特点之一。②

我们不妨再来细读一份16世纪的西文史料,这是一个葡萄牙人在1590年写给菲利普二世的奏折。其译成中文是:"如果陛下批准西印度与中国通航,那么西班牙王国的银币将全部流入中国;因为中国是如此之大,出售的货物之多,以至于无论我们携带多少银币前往,都会被中国全部吸收掉。"③这段史料披露了16世纪的欧洲人对于长期处于对华贸易

---

① 梁兆阳修,蔡国祯等纂:《海澄县志》(卷十九),明崇祯六年刻本,第12页。
② 参见樊树志:《晚明史:1573—1644》(上)(第二版),上海:复旦大学出版社,2016年,第57页。
③ Emma Helen Blair, James Alexander Robertson, *The Philippine Islands*, 1493—1898, *Volume VII*, Charleston SC: BiblioLife, 2008, p.134.

逆差的极度焦虑,同时,也再次佐证了晚明在全球贸易秩序中的优势地位,甚至是资本掌控地位。

此外,经济学者也关注到了这一现象,如中国经济史专家全汉昇曾对"白银帝国"对资本的吸纳能力进行了估算并指出,在16世纪的全球海外贸易中,"美洲白银中的一半甚至更多都流入了中国"①。此外,德国学者贡德·弗兰克在《白银资本——重视经济全球化中的东方》中也对明清海外贸易交往中的白银流通数据进行了估算,并得出结论:"明代中国占有全世界白银产量的四分之一至三分之一,并且这些白银是货币形态的资本。"②尽管这组估算难免在一定程度上与史实存在出入,但却反映出一个事实,即大明王朝在资本全球化进程初级阶段占据了优势,甚至是中心地位。由此,我们也发现了门多萨的晚明乌托邦想象与其所处历史进程之间的契合点。基于此,笔者提出了一种学理性判断:门多萨塑造的理想化中国形象实际上是以夸张的修辞再现了16世纪资本全球化进程中的世界秩序与中国优势。

至此,我们探讨了中西双方所处的交际性语境对门多萨的中国想象之间的同构性。让我们的思考不妨再递进一层并对双方的国内局势予以横向比较,以进一步探究他者的晚明乌托邦想象对中西方平行历史语境的客观再现。首先,让我们把研究视域转向西班牙,史学界普遍认为菲利普二世统治时期西班牙达到了古代社会的鼎盛时期。然而,门多萨的《中华大帝国史》成书于16世纪80年代,彼时的西班牙处于菲利普二世统治后期,西班牙的国势已由盛转衰。特别是1588年无敌舰队惨败给了英国海军,这一事件也成为菲利普二世统治下的西班牙走向没落的风向标。16世纪下半叶,西班牙王室就多次宣布了破产。如1557年,菲利普二世之父查理五世(Charles V, 1500—1558)统治末期的西班牙就发生了第一

---

① 全汉昇:《明清间美洲白银的输入中国》,载全汉昇:《中国经济史论丛》(第一册),香港:香港中文大学新亚书院、新亚研究所,1972年,第445—446页。
② Gunder Frank, *Reorient: Global Economy in the Asian Age*, Berkeley and Los Angeles: University of California Press, 1998, pp. 125—130.

次国家财政破产,因此,菲利普二世从其父手中继承的西班牙在经济上已是满目疮痍,何况在他在位期间的1576年和1594年,又遭遇了两次国家财政破产。①

除王室破产外,在16世纪的西班牙,又发生了一场前所未有的"价格革命"。这场危机的源头还要追溯到15世纪,西班牙人抵达美洲,在那里建立了殖民统治并掠夺了大量的白银。他们把这笔财富大量用于购买奢侈品,而并没有用于投入再生产,这就使得西班牙错失了发展工商业的天赐良机。西班牙人沉浸在物质享受的同时,远远没想到他们即将触发一场横扫整个欧洲的经济危机。市场上流通的白银数量大幅度增加,导致银价在欧洲市场上的大幅度贬值,由此引发了通货膨胀及一系列的市场波动,并导致了物价高涨和原材料短缺,这就是所谓的"价格革命"。与此同时,彼时的西班牙正处于"黄金时代",一方面人口增长速度快,另一方面经济危机中的伊比利亚半岛又遭遇着物资供应不足和物价飞涨,甚至粮食的产量根本无法满足人口的需求,最终就导致了大饥荒。② 正如费尔南·布罗代尔(Fernand Braudel)在《地中海与菲利普二世时代的地中海世界》中所指出的:"16世纪的经济形势并不总是对城市有利。饥饿和疫情沉痛地打击着城市。由于运输缓慢和运费昂贵,以及收成丰歉无常,所有城市和郊区一年到头都有挨饿的危险。稍微有点额外负担就会把城市压垮。"③

彼时的西班牙不仅在经济上举步维艰,还卷入了连绵不断的内征外战之中,这无疑加剧了伊比利亚半岛的危机。对内,从1567年至1579年,菲利普二世为了肃清异端势力,不惜使用武力和宗教法庭等各种手段严苛地镇压西班牙境内的摩尔人叛乱。尽管最终平息了这场叛乱,却损

---

① 参见费尔南·布罗代尔:《地中海与菲利普二世时代的地中海世界》(第二卷),吴模信译,北京:商务印书馆,2013年,第27—34页。
② 参见费尔南·布罗代尔:《地中海与菲利普二世时代的地中海世界》(第二卷),吴模信译,北京:商务印书馆,2013年,第30页。
③ 费尔南·布罗代尔:《地中海与菲利普二世时代的地中海世界》(第一卷),唐家龙、曾培耿等译,吴模信校,北京:商务印书馆,2013年,第476页。

失了大量的人力和物力,使得西班牙王国元气大伤。对外,他又与法国、英国、葡萄牙和奥斯曼帝国相继陷入战争的旋涡之中。战争耗费了大量军费开支,增加了西班牙的财政负担,这对本已是千疮百孔的社会而言更是雪上加霜,社会动荡进一步加剧。门多萨就生活在这样一个内忧外患的时代。

探讨至此,让我们的审视再转向同时期的大明王朝,其正处于"万历中兴"时期。"兴"得益于张居正改革等因素,国库收入大增,商品经济空前繁荣,明廷严厉整顿了吏治,社会呈现出了阶段性的欣欣向荣之象。然而,不可否认,"万历中兴"下也潜藏着多重社会危机。那一时期连绵不断的对外征战和对内平息叛乱引发了社会动荡,正如樊树志在《晚明史:1573—1644》中所述:"万历一朝最引人关注的大事,除了张居正和万历新政外,莫过于万历三大征,即平定宁夏哮拜叛乱,东征御倭援朝,平定播州杨应龙叛乱。这三场重大军事行动在西北、东北和西南几乎同时展开。"①尽管这些军事行动最终以获胜告终,但却消耗了大量的人力、物力和财力并带来了社会动荡。此外,晚明的政治没落和官场腐败也已是众人皆知的历史。

然而,尽管"万历中兴"并非太平盛世,但大明王朝通过海外贸易参与到资本全球化进程之中,从全世界的商线中吸纳了巨额货币资本并傲居于世界经贸秩序中的中心地位,这也是不争的事实。相比之下,同时期的西班牙不仅与中国保持了长年贸易逆差,还深陷于全面危机之中。因此,通过对16世纪中西方所处的交际性语境和平行性语境进行分析,我们再次钩沉出了潜藏于门多萨之晚明乌托邦想象中的时代编码。基于此,本书提出了一种学术观点:门多萨对中国器物社会的理想化形塑以夸张的手法再现了彼时彼地的世界秩序。一方面,他者的乌托邦想象投射出了中国在资本全球化进程中的优势,甚至是中心地位;另一方面,门多萨对晚明社会的夸张的理想化重现也是对西班牙正在遭遇的全面危机语境的

---

① 樊树志:《晚明史:1573—1644》(上)(第二版),上海:复旦大学出版社,2016年,第385页。

一种镜像折射,这也隐喻了困境中的欧洲人对所处困境的集体焦虑以及对富足与和平生活的集体渴望。①

第三节　共享的思想史进程:现代性萌芽的南欧续写

让我们的思考继续前行:既然个人记忆是通过社会协商和对话上升为一个社会群体之共享文化记忆的,在16世纪的欧洲,大众读者承认门多萨的"另一种中国形象"的过程,是否也受到了彼时彼地思想史进程的自律性策动？特别是那一时期,在剧烈的社会变革和动荡中欧洲正在从古代社会迈向现代社会。在这种特定的历史语境下,门多萨的"另一种中国形象"是否也承载了彼时欧洲思想史进程中的现代性历史编码？

一、伊拉斯谟和莫尔与16世纪欧洲的现代性进程

要回答上述问题,我们就需要先来厘清什么是"现代性"。简言之,首先,现代性是一种世俗化的过程。正如列奥·施特劳斯(Leo Straus)所述:"现代性是一种世俗化了的圣经信仰。"②黑格尔也指出:"现代性的本质就是世俗化了的基督性。"③因此,宗教的世俗化过程就被视作一种理性化过程,也就是用人类的理性判断取代宗教法庭和神的意志的过程。其次,现代性又是以自由意志为载体的。近代哲学家对欧洲现代性中的自由意志作出了不同的诠释,如康德认为自由意志是通过道德自由来体现的,人是衡量一切事物的尺度,人可以依靠理性和自由意志来为自然和道德立法。又如,卢梭和孟德斯鸠提倡的自由意志指涉的是政治学意义上的自由。因此,理性和自由意志就成为现代性萌芽的标志。与此同时,

---

① 参见高博:《全球史视域下的〈中华大帝国史〉:在资本全球化进程中重塑他者的晚明乌托邦》,《文化杂志》,2023年第119期,第155页。
② 列奥·施特劳斯:《现代性的三次浪潮》,丁耘译,载刘小枫编:《苏格拉底问题与现代性》,北京:华夏出版社,2008年,第32页。
③ 列奥·施特劳斯:《现代性的三次浪潮》,丁耘译,载刘小枫编:《苏格拉底问题与现代性》,北京:华夏出版社,2008年,第39页。

理性和自由意志也是摆脱教会的掌控和束缚,建立独立于教会的世俗化社会的思想基础,这两者共同构成了推动欧洲现代化进程的重要思想驱力。

我们的研究视域需要再次回到16世纪的欧洲,那是门多萨编写《中华大帝国史》的时代,也是一个承上启下的时代,整个欧洲在剧烈的社会变革中承受着精神洗礼。与此同时,动荡和变革也激发了哲学家对时代的反思。我们不妨聚焦于那一时期涌现出的两位思想巨匠,一位是荷兰的伊拉斯谟,另一位是英国的托马斯·莫尔。这两位思想家对那个时代的反思在欧洲思想史上产生了深远的文化辐射力,就让我们以此为逻辑切入点,对欧洲思想史进程中的现代性予以回溯。

伊拉斯谟和莫尔都生活在16世纪,彼时的欧洲除经历了文艺复兴运动外,还卷入了如火如荼的"宗教改革"大潮之中。然而,宗教改革并非一场纯粹意义上的宗教论战,而是借助于宗教发起的一场矛头直指罗马天主教廷的政治和社会运动。这场运动之所以要披上宗教的外衣,与16世纪特定的历史语境密不可分。中世纪的欧洲笼罩在基督教的统治之下,这就决定了任何一个利益集团想要获得支持并实现其政治目的,就需要依托宗教来完成。

随着宗教改革运动在全欧洲愈演愈烈,罗马天主教廷作为回击迅速发起了"反宗教改革运动",这两股势力随之在欧洲大陆上展开了愈演愈烈的博弈。鹿特丹的伊拉斯谟就是亲历这场"宗教改革"的思想家之一,他在《格言集》中提出了一种"基督的哲学"。他指出,"基督的哲学"是一种完全不同于哲学家们的原则和世俗的哲学,也是所有哲学中唯一给人们带来幸福的哲学。① 此处的"哲学家们"指的是经院哲学家,因此,"基督的哲学"实际上是一种对立于经院神学的哲学。事实上,在文艺复兴时期,经院派哲学已经走向了没落,并受到以伊拉斯谟为代表的基督教人文

---

① Cornelis Augustin, *Erasmus: His Life, Works and Influence*, New York: University of Toronto Press, 1991, p.161.

主义者的批判。伊拉斯谟认为,经院哲学阻碍了人与神之间的联系,阻碍了人们感悟到神的存在和认识神的真谛,而"基督的哲学"在本质上注重的是人的生命和幸福,基督不再是严厉和冷酷的而是慈爱的呈现,是父亲,是牧羊人,而非暴君和强盗,他要做的是救赎,而不是把他人贬低为奴。[1] 换言之,伊拉斯谟在批判经院哲学的同时构建了"基督哲学",他把经院哲学从形而上学之中剥离开来,使之成为一种面向世俗生活人性的哲学。从这一理念出发,伊拉斯谟进一步扩展了他的宗教思想。首先,他反对罗马天主教会主张的"修道主义",也就是反对必须通过隐居避世和苦修才能了解上帝的教义。然而,他并不是反对所有的宗教仪式,他承认和尊重那些基督教的基本宗教仪式,如洗礼、布道、祈祷和斋戒等,他批判的是因过度关注仪式而忽视了纯粹的精神信仰。[2] 因此,我们也可以理解为,伊拉斯谟对于宗教的追求,是比较倾向于一种纯粹精神性的,而并非那种烦琐的仪式与避世的苦修行为。

其次,在反对宗教教条主义的问题上,伊拉斯谟认为神服务于人,人与神在世俗社会中是具有同构性的,并且人可以通过理性来领悟上帝的圣谕。这就涉及人的自由意志问题。事实上,伊拉斯谟的这个观点仍然是在抵抗传统的经院神学。中世纪神学思想普遍认为人没有自由意志,人只不过是上帝意志的表征,而以伊拉斯谟为代表的基督教人文主义者则反对这种观念。伊拉斯谟既忠实于天主教,也相信人类的价值观、创造性和道德都来自人的自由意识,但是,他并不否认上帝,相反,他对上帝给予人的自由意识给予了充分肯定。[3] 也因此,伊拉斯谟被誉为"基督教人文主义者"。换言之,他是在忠于基督教的前提下展开的人文主义思考。

此外,伊拉斯谟在宗教改革中还有一项重要贡献,即他重新把《新约》

---

[1] 参见 John C. Olin, *Christian Humanism and the Reformation: Selected Writings of Erasmus*, New York: Fordham University Press, 1975, p.115。

[2] 参见 Oskar Piest, *Ten Colloquies of Erasmus*, New York: Liberal Arts Press, 1957, p.160。

[3] 参见 Desiderius Erasmus, Martin Luther, *Discourse on Free Will*, London, New York: Continuum, 1995, p.687。

从古希腊文翻译成拉丁文,还用拉丁文作了注释。既然"基督的哲学"能引领人们找到幸福,重译古希腊文的《新约》就为抵达和复兴"基督的哲学"提供了一条有效路径。这项翻译工程意义深远,一方面,重译《新约》是伊拉斯谟对经院神学的一种抵抗。他翻译的拉丁文《新约》一经问世,人们就将之与圣哲罗姆的译本进行了比较,并指出伊拉斯谟纠正了当时通行的《新约》拉丁文本中的许多错误,更为忠实地再现了古希腊文原版《新约》。另一方面,伊拉斯谟还运用了人文主义语言学方法论来研究古典作品,开辟了一种全新的《圣经》注释学方法。他坚信只要通过理性阅读《圣经》,就可以靠近上帝并了解上帝的真意,而并非一定需要教士作为中介才能与上帝进行沟通,如其所述:"《圣经》能够向你展示基督的圣灵、话语、伤痛、衰亡和成长,其将耶稣的形象充分地展现出来,只要你睁眼审视。"①

探讨至此,让我们对伊拉斯谟关于时代的思考予以总结。他主张"基督的哲学",反对僵化的经院哲学、修道主义和宗教教条主义,提倡人的自由意志。因此,西方现代性精神萌芽在伊拉斯谟那里,被客观外化为了宗教宽容和自由意志。特别是他的宗教宽容思想对西方的思想史进程产生了强大的文化影响力,如耶稣会在16世纪和17世纪来到中国布道并开始实施"适应策略",如果我们从思想史上进行溯源,就可追溯到伊拉斯谟的宗教宽容理念。此外,伊拉斯谟基督教人文精神在16世纪和17世纪还从欧洲北部辐射到了最南端的西班牙,从塞万提斯的不朽名著《堂吉诃德》中我们就可知微见著,如《愚人颂》和《堂吉诃德》在主题上就具有同构性,两部作品在赞颂"疯狂"的背后都隐喻了回归古典,恢复传统道德和复兴基督教的真义。

思考至此,让我们的思考再转向同时期的另一位思想巨匠——托马斯·莫尔。他生于1478年,卒于1535年,那时的英国农民正在遭受封建

---

① John C. Olin, *Christian Humanism and the Reformation: Selected Writings of Erasmus*, New York: Fordham University Press, 1975, p. 92.

统治集团和新兴资产阶级的双重压迫。特别是随着新兴资本主义生产关系在欧洲的发展壮大,农民成为资产阶级资本原始积累过程中的牺牲品。莫尔本人就亲历了羊吃人的"圈地运动",并目睹了农民被迫与土地分离后流向城市沦为工厂劳动力的凄苦与无助。这场运动给英国社会带来的巨大冲击力引起了莫尔的关注,他把对英国社会现实的思考融入了对后世影响极深的《乌托邦》之中。

《乌托邦》由两部分组成:第一部分是对英国社会现状的批评,他认为私有制才是导致社会不公的根源。事实上,对私有制的批判也是这部作品的核心主张之一,如其所述:"只有废除私有制,财富才能得到公正的分配,人类才能享有福利。"①第二部分中莫尔设想出了一套理想的社会制度,作为社会弊端的解决方案。其中,他提出了公有制以及政教分离的提议,即教士不该拥有世俗权力和染指国家权力,他还提倡美德和社会教育,呼唤理性,等等。这些主张在16世纪的欧洲具有一定的进步性,特别是他在资本主义萌芽方兴未艾的历史阶段就意识到了私有制给社会带来的弊端,并提出了公有制代替私有制的大胆设想。

然而,莫尔的人文主义主张仍然无法摆脱时代的局限性。莫尔与伊拉斯谟思想中的共性在于,他们都是在忠诚于基督教的前提下开启的人文主义思考,这有别于现代意义上的人文主义。如在莫尔的设想中,乌托邦岛上人人都是基督徒:"乌托邦的人们听见我们提及基督的名字,他的教义,他的品德,他的奇迹。他们还听到我们谈及许多殉道者具有令人惊异的坚贞不屈的精神……他们是多么愿意接受基督教。这也许是由于上帝那不可思议的灵感,或者是由于他们认为基督教最接近在他们中间普遍流行的信仰。"②又如,莫尔还提倡按照基督教的伦理观来制定社会美德的标准,他所提倡的理性也"首先是在人们身上燃起的对上帝的敬爱","其次,理性劝告并敦促我们尽量避免忧虑,充满快乐地生活"。③也因

---

① 托马斯·莫尔:《乌托邦》,戴镏龄译,北京:商务印书馆,1959年,第56页。
② 托马斯·莫尔:《乌托邦》,戴镏龄译,北京:商务印书馆,1959年,第114页。
③ 托马斯·莫尔:《乌托邦》,戴镏龄译,北京:商务印书馆,1959年,第83页。

此,莫尔和伊拉斯谟都被称作"基督教人文主义者"。

二、门多萨理想化社会制度想象中的现代性

尽管门多萨从未在《中华大帝国史》中提及莫尔和《乌托邦》,但我们仍可以洞察到这两部作品在主题上的互文性。诚然,《中华大帝国史》出版于16世纪末,《乌托邦》问世于16世纪初,两部作品在时间跨度上相隔了七十余年,并且两位作者在地理位置上也相距甚远,分别身处于欧洲的南部和北部。首先,尽管这两部文本在时空上并不存在交集,但他们都书写于大动荡和大变革时期。在16世纪初期,英国资本主义生产关系方兴未艾,圈地运动对社会带来的巨大冲击力就是莫尔书写《乌托邦》的直接驱动力。与此同时,16世纪末的西班牙也正处于全面危机之中,不仅国内爆发了价格革命,导致财政困难,西班牙还与欧洲多国陷入了战争的旋涡。可见,莫尔和门多萨的书写都诞生于危机时代,并且作为对其所处时代的反思,他们都对理想的社会制度提出了设想。只不过莫尔把完美社会制度的设想投放到了一个基督教化的乌托邦岛之上,而门多萨则把理想型社会的想象置于一个更为遥远的异质文明——大明王朝之中。如莫尔指出,乌托邦没有穷人,没有乞丐,"一切为公有"①。门多萨也在《中华大帝国史》中多次把大明王朝想象成了一个没有乞丐的理想型社会,并从制度层面杜绝了这种不良的社会现象,如其所述:"皇帝及其朝廷颁布诏令,禁止穷人在街道上,也不得在祭拜偶像的庙宇里行乞。如果有穷人在街上乞讨,一律严惩不贷,若市民和居民向行乞者施舍,则罪加一等。他们还指派了一名官员专门负责管理穷人和收容乞丐。"②

其次,在对理想社会制度的建构中,莫尔对私有制进行了严厉批判,并提出了公有制这样一种具有超越时代的提议。与此同时,门多萨向彼

---

① 托马斯·莫尔:《乌托邦》,戴镏龄译,北京:商务印书馆,1959年,第53页。
② 参见 Juan González de Mendoza, *Historia de las cosas mas notables, ritos y costumbres, del gran Reyno de la China, como por relacion de Religiosos y otras personas que han estado en el dicho Reyno*, Madrid: Querino Gerardo, 1586, p.42。

时的欧洲读者介绍了大明王朝实施的一整套比同时代欧洲更先进的社会制度,如监察制度、社会福利制度、科举制度和户籍制度等。尽管莫尔和门多萨对理想型社会制度进行想象的具体内容不同,但这两部作品都是作者对时代危机作出的一种理性回应,这也正是彼时欧洲思想史进程中现代性精神萌芽的历史折射。

笔者还注意到,门多萨塑造的理想化社会首先是一种世俗化的社会,即一种与宗教分离开来的社会。在他者的凝视下,中华大帝国实施了一系列完善的社会制度,覆盖了平民百姓和官僚阶层,保障了整个社会的长治久安。一方面,大明帝国针对官员施行严苛的监察制度,以确保官员们执法公正和政治清明。另一方面,大明帝国还推行科举制,为平民阶层开通了阶层上升的社会通道,还针对社会弱势群体出台了国家福利制度,专门用于救济贫苦人士和无家可归者。门多萨以他者视域展现出了异质文化的先进社会治理模式,投射出了文艺复兴和宗教改革思潮中泛滥的理性和自由之光。

探讨至此,让我们的思考继续前行并进一步探寻门多萨对晚明社会制度的理想化建构中潜藏着的"现代性"萌芽。其中,门多萨在《中华大帝国史》中就反复指出,中国在制度建设的诸多方面都是"值得同时代欧洲效仿的"[①]。尽管在他之前的欧洲传教士在他们书写的中国行纪中也记述了中国的社会制度,但未对一种异质文明给予过如此充分的肯定。特别是中世纪的欧洲在思想上受到基督教的严苛掌控,这就意味着对一种异质文明予以充分肯定和赞誉并非易事。在笔者看来,这恰恰是《中华大帝国史》中潜藏的现代性精神之萌芽,换言之,他把中世纪欧洲对中国的器物崇拜提升到了制度层面。其中,门多萨对大明王朝的社会福利制度、监察制和科举制都进行了专门描写。对此,笔者不禁反思:大明王朝的社会制度为什么引发了一个欧洲传教士如此高度的关注和盛赞?彼时的欧

---

① 参见 Juan González de Mendoza, *Historia de las cosas mas notables, ritos y costumbres, del gran Reyno de la China, como por relacion de Religiosos y otras personas que han estado en el dicho Reyno*, Madrid: Querino Gerardo, 1586, p.71.

洲思想史进程又是否对门多萨的书写立场产生了某种建构性？

我们不妨基于门多萨的原著善典来对上述问题予以进一步解析。首先，我们先来关注门多萨笔下的"皇家医院制度"，他使用的西班牙语原文表述是"hospital"（医院）。本书第五章对这个问题已有论述，这是明廷对流浪汉施行的一种社会福利制度。皇家医院由皇帝出资兴建，专门用于收留无家可归者。沦落街头的闲汉在那里得到了充分妥善的安置，他们不仅衣食无忧，还可以豢养家畜用以谋生，甚至皇帝还派遣官员对医院的工作情况进行定期巡视。与此同时，让我们再对同时期欧洲对待流浪者的举措予以横向审视，中世纪欧洲人的想象边界上拓展出了一种新的人文景观——"愚人船"（Narrenschiff）。这一命名可追溯到亚尔古的英雄传奇，即希腊神话中追随伊阿宋到海外寻找金羊毛的英雄。① 然而，愚人船不是存在于文学作品中的一种想象，而是真实存在于文艺复兴时期的一种社会现象。疯人们被驱赶出所在的城镇并被托付给过往的商船，船只又把疯癫之人从一个城镇摆渡到另一个城镇，那些承运疯人的船就被称作"愚人船"。对于这段历史，福柯在《疯癫与文明：理性时代的疯癫史》中进行了详细考据，我们来细读他的观点：

> 这种放逐疯人的习俗在德国尤为常见。15世纪上半叶，纽伦堡有63个疯子登记在册，其中31人被驱逐。其后五十年间，据记载至少有21人被迫出走。这些仅仅是被市政当局逮捕的疯人。他们通常被交给船工。1399年，在法兰克福，海员受命带走了一个赤身裸体在街巷中游走的疯人。15世纪初，美因茨以同样的方式驱逐了一个疯人罪犯。有时，水手们刚刚承诺下来，转身便又把这些招惹麻烦的乘客打发上岸。法兰克福有一个铁匠两次被逐，但又两次返回，直到最后被送到克罗茨纳赫。欧洲的许多城市肯定经常看到"愚人船"

---

① 伊阿宋是希腊语 Iάσων/Iάσovaς 和拉丁语 Easun 的音译。

驶入他们的港口。①

可见,在中世纪晚期,欧洲对于疯癫人士并没有出台相关的社会福利政策,而是把他们送上"愚人船"打发走了。到了16世纪,欧洲对流浪汉的举措发生了一些变化,他们用关禁闭替代了"愚人船"。在欧洲诸国之中,法国和英国是较早对无家可归者实施关禁闭的国家。早在1532年,巴黎高等法院就下令收容乞丐,把每两个乞丐拷在一起并强迫他们到下水道去干最脏最累的工作。甚至到了1657年,法国还签发了一条法令予以明文规定,不准任何人出于任何情况在巴黎市区或教区乞讨。换言之,即便是伤残或患病无法外出工作,也一律不准行乞。初犯者将会遭受鞭刑,男性再犯者将被发配去划船做苦役,女性要被驱逐出所在地。②

1575年,英国也出台了收容和救济流浪汉和穷人的法令,并规定在每个郡都要建立一座教养院。起初,这是一种半公立性质的设施,运营资金一部分来自税收,另一部分来自私人捐资。但这种模式在实际运营中难以奏效,因此,几年后法令就允许不需要官方批准,私人就可以出资兴建教养院。到了17世纪初,英国官方又对教养院进行了大规模整顿。政府对教养院组织收容人员从事的劳动内容进行了规定,并给每个教养院指派了一名法官,对于遣送到教养院的人选,法官有最终决定权。到了17世纪下半叶,英国政府又进一步加强了对教养院的管理,委任了专门的治安官来监督教养院的财务工作。1656年,英国国王还下令开设了总医院,专门用于收容乞丐和闲汉。③

欧洲诸国也纷纷效仿英法两国,相继大兴教养院和总医院,因此,"大禁闭"横扫了17世纪的欧洲,其收容直指社会闲散人员。然而,正如福柯

---

① 米歇尔·福柯:《疯癫与文明:理性时代的疯癫史》(修订译本),刘北成、杨远婴译,北京:生活·读书·新知三联书店,2019年,第11页。
② 参见米歇尔·福柯:《疯癫与文明:理性时代的疯癫史》(修订译本),刘北成、杨远婴译,北京:生活·读书·新知三联书店,2019年,第47—48页。
③ 参见米歇尔·福柯:《疯癫与文明:理性时代的疯癫史》(修订译本),刘北成、杨远婴译,北京:生活·读书·新知三联书店,2019年,第43—45页。

所指出的,所谓的"大禁闭"在本质上是一种治安手段,"这是自文艺复兴以来为消灭失业和行乞而采取的各种重大措施中的最后一招"①。如前所述,伊比利亚半岛从16世纪下半叶起就遭遇了严重的经济危机,随之而来的是通货膨胀,物资短缺,失业和工资骤降。与此同时,西班牙的经济危机也在欧洲各国引发了连锁反应,贫困和混乱在整个欧洲蔓延开来。在这样一种特殊的宏观历史语境下对"大禁闭"的社会性功能重新审视,我们不难发现,用关禁闭和强制劳动来消灭街头流浪汉的措施在客观上缓解了16世纪和17世纪的经济危机。首先,政府通过收容闲汉有效防范了发生社会骚乱。其次,政府对流浪汉实施强制劳动,为社会提供了大量的廉价劳动力,这在一定程度上推动了经济复苏,如英国的第一批教养院就是在经历了一次经济大萧条后兴建起来的。最后,从中世纪欧洲的伦理观来看,贪婪和懒惰被认为是人类最大的罪孽之一,这就在道德层面上赋予了"大禁闭"合法性。

然而,与大明王朝推行的皇家医院制度相比,同时代的欧洲针对街头乞丐和闲汉的举措就显得似乎不那么"文明"了。从"愚人船"到"大禁闭",欧洲各国对无家可归者要么是放逐,要么是关禁闭并强制劳动。这些都不是福利制度,而是一种强制性的社会治安手段。相比之下,在门多萨的想象中,大明王朝在对待街头闲汉问题上却秉承了一种更为人性化的态度,即国家出资建立皇家救助医院用于收养和救济穷困人士。显然,这是一种切实的福利制度,而并不是简单粗暴的治安手段。

事实上,门多萨关于皇家救助医院的想象也并非空穴来风,我们从明代历史中可以探寻到其原型。如前所述,门多萨并未在《中华大帝国史》中标注引文出处,这无疑为我们考证他的参考文献以及对参考文献的改写问题增加了难度。不过,门多萨曾在《中华大帝国史》中指出,拉达在福州购买了一批当地的中文书籍并运回了菲律宾,还找当地华人翻译成了

---

① 参见米歇尔·福柯:《疯癫与文明:理性时代的疯癫史》(修订译本),刘北成、杨远婴译,北京:生活·读书·新知三联书店,2019年,第47页。

西班牙语,这批史料成为他的著述参考文献之一。① 尽管这批图书至今仍然下落不明,但我们可以肯定的是,门多萨对于中国的了解并非全部来源于欧洲传教士的中国报道,他也通过翻译阅读过一些中国书籍,其中涉及了中国的历史、地理、文化、习俗等各个方面的内容,那些汉籍就是1575年拉达在福州市面上买到的一些常见书籍。

明朝初年,朱元璋为了体恤民情创建了养济院制度,专门用于收养社会弱势群体。只不过养济院在实际运营中出现了很多问题,在朱元璋去世后就逐渐没落了。特别是财政困难和官吏贪污舞弊使得养济院的运行偏离了其创立的初衷。本书第五章第二节对此已有详细考辨,故不再展开赘述。因此,尽管门多萨记述的皇家医院制度夸大了大明王朝的社保制度的社会功效,但这也在一定程度上代表了明代的具体历史经验,如明代实施的养济院制度。这表明彼时的中国已经建立了一种社会福利制度,专门用于收容乞丐和贫困的无家可归者。相比之下,在同时代的欧洲,施舍乞丐主要还是一种私人或教会的慈善行为,而尚未上升到制度层面。可见,门多萨所盛赞的他者的社会制度之先进性,恰恰折射出了彼时的欧洲在对待弱势群体上的制度漏洞。此外,门多萨能够充分肯定一种异质文明在制度建设上的优越性,这在受基督教严苛掌控的中世纪欧洲无疑是一种具有超越时代性的书写姿态。这种书写立场是欧洲前现代时期理性和自由意志以及文化宽容的一种客观外化和欧洲现代性精神萌芽的表征。

其次,门多萨还对明朝的科举制进行了专门描写。其中,他指出:"文武官员都有老爷的称号,有的是因为文采过人,有的是因为武功超常,也有的是皇帝亲赐,这些人所受到的尊崇是有区别的。所有的阁臣、总督、巡抚都是通过考试获得老爷称号的,而将领、市令、地方法官、侍郎大多是

---

① Juan González de Mendoza, *Historia de las cosas mas notables, ritos y costumbres, del gran Reyno de la China, como por relacion de Religiosos y otras personas que han estado en el dicho Reyno*, Madrid: Querino Gerardo, 1586, pp. 91—92.

由皇帝赏赐的,因为他们曾对皇帝作出了贡献。"①他还记述道:"尽管这两类具有头衔的人都享受着自由自在的生活和贵族的荣誉,但没有通过考试获得老爷称号的人那般荣耀。"②

科举制的兴起打破了古代社会固化的社会阶层,使得普通百姓通过读书也可以突破固化的社会阶层并有机会参与国家治理。在此意义上,科举制在中国传统社会的历史进程中发挥了一定的积极作用。诚然,在同时代的欧洲,社会阶层也并非完全僵化的,大学教育在中世纪已经成为中下阶层向上层社会流动的重要途径。欧洲大学的前身可追溯到中世纪早期由基督徒创建的修道院,其作为一种隐修组织,具有经济实体和信仰教育的双重作用。然而,随着时间的推移,修道院的工作重心发生了转移,愈发专注于祈祷、忏悔和隐修等宗教活动,传授知识的功能反而越来越淡化了。因此,这就需要一种新型机构来重新承担起社会教育的职能,在这样一种历史背景下,大约在12世纪就出现了一种新的社会团体组织——大学。然而,大学在开设初期还是受教会严格控制的,并且具有较强的职业导向性,中世纪大学以培养神职人员、政府官员、医生和律师为己任。相应地,大学的学科设置也是以形而上学、神学、法学和医学为主,尚未认识到人文学科的重要性。③ 直到文艺复兴运动的兴起才为欧洲的大学注入了人文主义思想,并在中世纪的欧洲掀起了一场学术复兴,欧洲的各个大学也趁势加速了世俗化进程。文艺复兴运动和宗教改革推动了欧洲的政教分离进程,这也使得大学逐渐摆脱了教会的控制而主要服务于世俗政权。此外,文艺复兴之前的大学讲授的科目较为单一和固化,而

---

① Juan González de Mendoza, *Historia de las cosas mas notables, ritos y costumbres, del gran Reyno de la China, como por relacion de Religiosos y otras personas que han estado en el dicho Reyno*, Madrid: Querino Gerardo, 1586, p.85.

② Juan González de Mendoza, *Historia de las cosas mas notables, ritos y costumbres, del gran Reyno de la China, como por relacion de Religiosos y otras personas que han estado en el dicho Reyno*, Madrid: Querino Gerardo, 1586, p.85.

③ 参见 R.B.沃纳姆编:《新编剑桥世界近代史·3·反宗教改革运动和价格革命:1559—1610》,中国社会科学院世界历史研究所组译,北京:中国社会科学出版社,1999年,第568页。

第十章 乌托邦式的中国形象在16世纪欧洲视域下的合法化进程

随着人文主义思潮席卷了整个欧洲,大学增设了文学和艺术以及自然科学等新兴学科。欧洲中世纪大学的改革折射出的是以人为本和文化宽容的理念,这也正是现代性萌芽的具象化呈现。

探讨至此,我们不妨来反思门多萨理想化重现中国科举制背后的文化隐喻。首先,这位西班牙学人借助明代盛行的科举制向欧洲读者展现了一种服务于世俗政权而非教权的官员选拔制度,即皇帝通过层层选拔,从社会各个阶层中挑选德才兼备之人委以重任。其次,他对科举制的关注和盛赞还折射出了另一层意涵,即选拔人才的标准是唯才是举而并不拘泥于经院教条主义,正如门多萨所述的那样,文采出众和武功卓越之人,无论出身贵贱,都可在科举考试中脱颖而出。[①] 因此,倘若我们栖居于16世纪欧洲的现代化进程中审视,门多萨对中国科举制的理想化再现隐喻了他对世俗化和以人为本的社会制度的憧憬。最后,门多萨还用大量的篇幅向欧洲读者介绍了大明王朝的监察制度,这是一种对官僚阶层实施的严苛的监管机制,并且他认为正是得益于此,大明王朝才享有了政治清明。与此同时,门多萨还避讳了晚明的政治没落和百姓疾苦,甚至把大明王朝的阴暗面也改写成了令人羡慕的美好。在此,笔者不禁再度提出疑问:这种理想化的异国想象是否也与作者所处的政治生态环境形成了某种同构性?如前所述,16世纪的欧洲经历的诸多重大历史事件之一就是宗教改革运动,这场依托于宗教信仰的政治变革的矛头直指天主教会。事实上,天主教会腐败和对百姓的盘剥与日俱增也是引爆这场运动的直接原因。菲利普二世统治下的西班牙作为虔诚的天主教国家坚决捍卫罗马天主教会的威严和统治,毅然决然地加入了针对宗教改革的反制联盟,史称"反宗教改革运动"。为此,西班牙在伊比利亚半岛上大肆使用宗教裁判所等严苛手段,对"新教徒"进行镇压。其中,布罗代尔认为,西班牙境内所谓的"新教徒"并不同于信奉路德教义的信徒,他们基本上是

[①] Juan González de Mendoza, *Historia de las cosas mas notables, ritos y costumbres, del gran Reyno de la China, como por relacion de Religiosos y otras personas que han estado en el dicho Reyno*, Madrid: Querino Gerardo, 1586, p.85.

"根源于西班牙的精神运动者,并且与路德教义没有关联"①。但无论西班牙的"新教徒"是否与路德教义有着直接的关联,菲利普二世一律使用宗教裁判所等严苛的手段对宗教异端分子进行了镇压,这也是西班牙中世纪历史上的一段暗黑时期。这场运动对人们的思想进行了长期压制,宗教裁判所肆意逮捕异端分子甚至施以酷刑,在审理案件过程中缺少权力监管,为政治腐败的滋生提供了温床。

诚然,西班牙也拥有监察机制,具体职能由监察专员机构来执行,目的在于制约政府滥用职权。但不同于中国古代监察机构的是,西班牙的监察专员是一个没有实权的机构,监察专员是通过为公民发声或公民投诉来履行监察职能的。而公民投诉作为一项对政府权力的监察机制诞生于欧洲中世纪,早在13世纪初的英国就已经形成了向国王行使请愿权的惯例。② 然而,在宗教裁判所盛行的时代,权力失控,监察制度更是名存实亡,这也是西班牙中世纪历史上政治最黑暗的时刻。因此,从门多萨所处的特定时代背景来审视,他对明代监察制度的特别关注与夸张式再现是对中世纪教会腐败不满的一种隐喻性表达,同时也隐含了对公权力进行制约的某种政治无意识。而在16世纪封建集权统治下的西班牙,这无疑是一种具有现代性意识的文化立场。

第四节 在乌托邦和意识形态之间重构"另一种中国形象"

如前所述,门多萨是在意识形态与乌托邦的两极张力之间重塑晚明的,并且意识形态统摄了乌托邦并承载了作者意图和文本意图。探讨至

---

① 费尔南·布罗代尔:《地中海与菲利普二世时代的地中海世界》(第一卷),唐家龙、曾培耿等译,吴模信校,北京:商务印书馆,2013年,第489页。
② 参见安东尼奥·罗维拉·赫克托·罗梅罗:《西班牙监察专员制度的功能和形式——在中国、法国、西班牙人权权益保护制度论坛上的发言》,田涵译,《信访与社会矛盾问题研究》,2019年第6期,第102—103页。

第十章　乌托邦式的中国形象在 16 世纪欧洲视域下的合法化进程　283

此,笔者不免继续追问:门多萨为什么采用这种委婉迂回的叙事结构来实现教化文本的教化目的?换言之,在他的中国书写中,为什么是意识形态统摄了乌托邦,而不是乌托邦统摄了意识形态?他的"升级的同一化身份认同模式"又是如何被 16 世纪的欧洲读者承认,并最终升华为一种欧洲关于中国的文化记忆的?

对于上述问题,本书从历史与记忆文本的同构性出发提出了另一种解释路径:门多萨以委婉迂回的叙事方式塑造的"另一种中国形象",实际上投射出的是 16 世纪欧洲视域下的一种升级的身份认同模式,用来应对彼时更为复杂多样的世界秩序。具体言之,中国、日本和拉美印第安文化在 16 世纪欧洲视域下被建构成了不同的异质文化形态。其中,大明王朝被虚构成了一种"物丰神空"的有待救赎的他者形象,拉美土著被虚构为一种落后愚昧的蛮人他者形象,日本人则被塑造成了一种野蛮跋扈和好战的他者形象。

其中,笔者注意到,门多萨至少在《中华大帝国史》中四次建构了这种野蛮跋扈和好战的日本他者形象。我们来细读原文:"日本人过得不像他们的邻居中国那样富裕,这并不是因为他们的土地贫瘠,事实上,他们的土地十分肥沃,而是因为他们不去耕作,却一心扑在备战上。"①"日本人天生就爱偷抢,他们之间也相互偷抢。"②"日本人素有好战的名声,扰得邻国们整日也跟着担惊受怕。"③"日本人虽然有智慧,但人们认

---

①　Juan González de Mendoza, *Historia de las cosas mas notables, ritos y costumbres, del gran Reyno de la China, sabidas assi por los libros de los mesmos Chinas como por relacion de Religiosos y otras personas que han estado en el dicho Reyno*, Madrid: Querino Gerardo, 1586, p. 335.

②　Juan González de Mendoza, *Historia de las cosas mas notables, ritos y costumbres, del gran Reyno de la China, sabidas assi por los libros de los mesmos Chinas como por relacion de Religiosos y otras personas que han estado en el dicho Reyno*, Madrid: Querino Gerardo, 1586, p. 336.

③　Juan González de Mendoza, *Historia de las cosas mas notables, ritos y costumbres, del gran Reyno de la China, sabidas assi por los libros de los mesmos Chinas como por relacion de Religiosos y otras personas que han estado en el dicho Reyno*, Madrid: Querino Gerardo, 1586, p. 337.

为他们好战、好掠夺,总是作恶。"①这种跋扈好战的蛮人他者形象无疑为异教徒皈依增加了难度,尽管如此,耶稣会士沙勿略仍然在日本成功开教。正如门多萨在《中华大帝国史》中对沙勿略称赞的那样:"沙勿略以极大的热情专注于在日本的皈依工作,他的宣教以及他圣洁的生活作为表率对他的工作起到了至关重要的作用。时至今日,日本人都承认,除了感恩上帝外,还要感恩沙勿略,因为是他让他们得到洗礼并从中受益。"②

相比之下,门多萨在读本中反复建构了一种与野蛮跋扈的日本他者截然相反的中国他者形象,即一个有着高度文明、热爱和平的富庶的大明王朝形象,如其所述:"这个帝国里发生的很多事情都清楚地表明中国人的睿智和伟大,也印证了统治者在管理国家上的智慧。"③在此,门多萨所述的"智慧"指的就是和平胜过战争的理念,如其所述,"中国的法律规定不准出国打仗"④,因为"这对他们没有益处,反而有害。他们一致请求皇帝召回他在邻国的军队,并认为这一举措会使他成为一个明君,国家也会

---

① Juan González de Mendoza, *Historia de las cosas mas notables, ritos y costumbres, del gran Reyno de la China, sabidas assi por los libros de los mesmos Chinas como por relacion de Religiosos y otras personas que han estado en el dicho Reyno*, Madrid: Querino Gerardo, 1586, p. 338.

② Juan González de Mendoza, *Historia de las cosas mas notables, ritos y costumbres, del gran Reyno de la China, sabidas assi por los libros de los mesmos Chinas como por relacion de Religiosos y otras personas que han estado en el dicho Reyno*, Madrid: Querino Gerardo, 1586, p. 337.

③ Juan González de Mendoza, *Historia de las cosas mas notables, ritos y costumbres, del gran Reyno de la China, sabidas assi por los libros de los mesmos Chinas como por relacion de Religiosos y otras personas que han estado en el dicho Reyno*, Madrid: Querino Gerardo, 1586, p. 61.

④ Juan González de Mendoza, *Historia de las cosas mas notables, ritos y costumbres, del gran Reyno de la China, sabidas assi por los libros de los mesmos Chinas como por relacion de Religiosos y otras personas que han estado en el dicho Reyno*, Madrid: Querino Gerardo, 1586, p. 61.

更富有、更安全、更和平"①。此外,门多萨还在读本中详细记述了大明王朝的监察制度、科举制、养济院制度和户籍管理制度等,还明确指出这是值得欧洲人学习的。如前所述,门多萨对大明帝国严苛的户籍管理制度就予以了充分肯定:"中国异教徒们除秉公办案以外,还采取一些预防措施和其他一些值得效仿的办法。"②又如,在记述大明王朝的吏治时,门多萨也明确指出:"中国人有一些好经验值得我们效仿,我来举两个例子。首先,他们升官靠的是能力和政绩,不靠贿赂和关系。谁也不能在其出生地任巡抚或省市的总督和法官,据说,这样做是为了避免因亲情和友情导致的处事不公。"③

探讨至此,倘若我们把门多萨建构的尚武跋扈的日本人形象与文明知理的中国人形象并置于作者的神圣化意图下重新审视,不免发现门多萨所用的理想化中国书写策略实际上隐喻了前往中国传播福音的可行性。他通过建构两种截然不同的东方他者形象,引发了读者的自律性反思:难以教化的日本人都已经成功地被耶稣会士教化皈依了,难道在高度文明和知理的大明王朝开展布道,还会比在日本更难吗?如此看来,较之于野蛮化的中国他者形象,理想化的中国形象显然更利于实现门多萨的神圣化目的。

诚然,文明本无高低贵贱之分,也没有先进和落后之分,这些分类都是人为想象和建构的结果。在此,无论是"物丰神空"的中国形象,还是落后的拉美土著形象,又或是野蛮好战的日本形象,这些合法存在于中世纪

---

① Juan González de Mendoza, *Historia de las cosas mas notables, ritos y costumbres, del gran Reyno de la China, sabidas assi por los libros de los mesmos Chinas como por relacion de Religiosos y otras personas que han estado en el dicho Reyno*, Madrid: Querino Gerardo, 1586, p. 62.

② Juan González de Mendoza, *Historia de las cosas mas notables, ritos y costumbres, del gran Reyno de la China, como por relacion de Religiosos y otras personas que han estado en el dicho Reyno*, Madrid: Querino Gerardo, 1586, p. 71.

③ Juan González de Mendoza, *Historia de las cosas mas notables, ritos y costumbres, del gran Reyno de la China, como por relacion de Religiosos y otras personas que han estado en el dicho Reyno*, Madrid: Querino Gerardo, 1586, pp. 83, 333.

晚期和前现代时期欧洲视域下的他者形象都是从基督教价值观出发塑造而成的异质文化形象,其凸显的无疑都是欧洲文化的优越性。在那一历史阶段,欧洲文化基本上等同于基督教文化,因此,其表征都是基督教文化的优越性。

在门多萨的凝视下,大明王朝在器物社会和制度建设上都超越了同时代的欧洲,在这种形势下,西班牙已无法用对待拉美和菲律宾土著以及日本人的经验来对待大明王朝。因此,门多萨提出了一种升级的文化模式用以面对升级的世界秩序,把大明王朝虚构成了一个"物丰神空"的亟待精神救赎的"半文明化"他者形象。诚然,在门多萨的新文化模式中,中国他者的想象并非纯粹虚构而成的,也是具有一定的纪实性的。其中,他以夸张的修辞塑造的富庶强大、和谐的晚明形象就是对16世纪世界秩序中的中国优势的一种诗性重现,这就是"物丰"的他者中国形象的原型。彼时的大明王朝以"白银帝国"享誉世界,其通过海外贸易吸纳了来自全世界的白银资本,在资本全球化进程初始阶段雄踞于中心地位。与此同时,门多萨凝视下的中国还正值"万历中兴",正处于大明王朝的鼎盛时期。此外,明朝实施的科举制、监察制和养济院等社会制度,也被当时的欧洲知识分子视作一种先进的社会治理方式。相比之下,同时代的欧洲则陷入了经济危机,特别是西班牙更是深处内忧外患的多重困境之中,不但国内物价飞涨,连殖民地的物资也要依赖中国供应,教会的腐败也成为"宗教改革"运动的直接导火索。

面对在器物社会和制度建设上都明显处于优势地位的大明王朝,门多萨通过圣化想象虚构了一种"神空"的有待救赎的他者之中国形象。显然,从思想根源上追溯,这种虚构而成的他者之精神世界的生成导源于基督教价值观。在这样一种审视立场下,异教徒被视作缺乏理性且亟待救赎的迷途他者。又何况,征服异端和皈依非基督教地区的异教徒也正是门多萨所处时代历经的"反宗教改革"运动的目标所在。作为"反宗教改革"的成果之一,耶稣会在16世纪诞生了,大量的耶稣会士前往了亚洲开拓新教区,其中,他们就成功使日本教徒皈依。1585年,第一个日本使团

第十章 乌托邦式的中国形象在16世纪欧洲视域下的合法化进程 287

到访欧洲,还受到了罗马天主教皇的亲自接待并被授予荣誉市民的称号。此外,16世纪的西班牙远征队在拉美等地的军事征服也总是伴随着精神皈依。正是这种浓郁的宗教氛围自律性策动了有待精神救赎的异质他者形象在16世纪欧洲的生成和合法化过程。尽管乌托邦式的中国想象占据了《中华大帝国史》的绝大部分篇幅,但门多萨的书写目的却并非要赞美大明王朝的优越性,而在于使异质文明皈依。只不过这种教化意图被编码进了乌托邦式的晚明叙事之中,他利用夸张的修辞把彼时的欧洲读者引入了一种东方伊甸园式的诗性空间并激发了共情效应。与此同时,他又以情感为媒介植入了意识形态化或者是神圣化的中国想象,由此淡化了意识形态寻唤给读者带来的强行嵌入感,并增强了文本的阅读性。最终,在诗性自觉之中,读者与作者完成了社会协商对话的过程,读者自律性地承认了这种新型的中国形象。

探讨至此,本书提出了一条16世纪欧洲视域下关于中国的文化记忆的合法化路径(如图10.1所示):他者视域下的"物丰神空"的中国形象是在乌托邦和意识形态(神圣化)的两极张力之间建构而成的。其中,乌托邦化的中国形象发挥了记忆的情感媒介作用,通过激发读者的诗性自觉实现教化目的,意识形态化(神圣化)的中国形象则承载了记忆的内核。

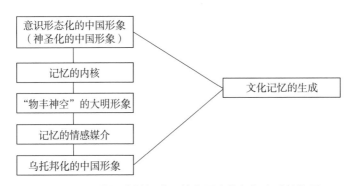

图10.1 16世纪欧洲视域下的中国文化记忆生成结构图

需指出的是,当我们探讨身份认同或文化认同时,我们的关注点似乎更多地聚焦在事实和理性上。这也正是本章前述三节所探讨的议题,16

世纪欧洲共享的文化记忆、共同的历史和思想进程铸造了欧洲关于中国的集体记忆,他者视域下的中国的记忆生成过程也是"我们"这一社会群体的自我身份认同加固的过程。然而,无论是对异质文化形象的集体认同,还是对自我身份认同的巩固都不是一个强制完成的过程,而是一种"诗性自觉"的过程①,并且这种诗性自觉又是以情感认同为媒介得以实现的。换言之,文化记忆的内核是在共情效应中获得某个社会群体的承认的。一种异质文化形象要被"我们"所承认依赖的并不是嵌入式的意识形态施压,而是在诗性自觉中悄然完成的。因此,本书受到文化记忆理论的启发,对门多萨所采用的委婉迂回的叙事结构进行了重新解释:乌托邦式的中国形象占据了《中华大帝国史》的绝大部分篇幅,但承载作者和文本意图的却是意识形态化的中国形象。在笔者看来,这正是门多萨叙事手法的巧妙之处,他借助大量乌托邦式的中国想象激发了共情效应,最终以情感认同为媒介实现了教化目的。

---

① 参见赵静蓉:《文化创伤建构中的媒介记忆策略》,《江海学刊》,2021 年第 4 期,第 235—236 页。

第十一章 门多萨的"另一种中国形象"对历史进程的建构性

当下海内外学人主要是从社会历史背景对门多萨的中国想象的建构性出发对《中华大帝国史》进行解读的。为此,本章把记忆文本对历史的反向建构性带入对海外中国形象的诠释之中,目的是探究"另一种中国形象"对历史进程的自律性策动,这也是被当下学人所普遍忽视的一个研究视域。其中,第一节探讨的是《中华大帝国史》对中西关系进程的影响,第二节关注这部文献对中西翻译史进程的贡献,第三节论述了门多萨之书对欧洲知识分子的文化影响力。

第一节 16世纪欧洲视域下的和平提议:《中华大帝国史》对中西关系进程的贡献

我们不妨对本书文献部分得出的结论予以回顾:门多萨在16世纪的欧洲视域下塑造了一种"物丰神空"的半文明化中国形象,笔者称之为"神圣东方主义"凝视下的"另一种中国形象"。在他者的审视下,大明王朝富庶强大并且拥有先进的社会制度,但在精神上却亟待救赎。通过虚构这种半文明化的异质形象,作者在语言层面完成了对中华大帝国的精神规训,这也是他对异质文明进行教化的一种隐喻性表达。倘若我们立足于彼时彼地的历史语境对这种书写立场进行重新审视,就会意识到这种类型的中国形象实际上投射出的是中西双边关系进程中的一种和平立场。

如前所述,自哥伦布抵达美洲大陆后,西班牙人对拉美原住民采取了武装征服和教化并举的外交策略。与此同时,西班牙人把拉美印第安人塑造成了一种蛮人他者形象,如哥伦布在美洲航海日记中记述道:"他们是长着一只眼的人,还有一些人长着像狗一样的脸。他们捉住入侵者就要食之,割断其喉咙,饮其血。""土著人总是衣不附体。"[①]不可否认,在哥伦布抵达美洲之际,也有不少欧洲学者建构了理想化的美洲形象,但这种乌托邦式的美洲记忆在历史长河的冲刷中被边缘化了,并没有成为16世纪欧洲关于美洲的主流记忆。面对这种"蛮人他者",西班牙人主要采用了武力的方式推进同一化进程,如多明我会修士巴托洛梅·德拉斯·卡萨斯曾于1542年向西班牙国王菲利普二世呈献过一部《西印度毁灭述略》,其中就通篇揭露了西班牙人在征服拉美过程中的种种暴行以及给当地文化带来的毁灭性打击。[②] 基于此,本书提出了一种学术观点:在彼时彼地的历史语境下,相对于西班牙人塑造的拉美蛮人他者形象,门多萨虚构的"半文明化"的大明形象是为了应对升级的世界秩序而采取的一种升级的文化模式。

门多萨在《献词》中曾明确指出,他是应时任西印度院院长之邀约利用访华大使的机会记录其所见所闻的,他在回程后会向西印度院院长详细汇报大明王朝的详细情况以供西班牙最高当局制定对华政策之用。[③]因此,《中华大帝国史》实际上是一部严肃的约稿文学而并非闲情杂记,其

---

① Rafael Acosta de Arriba, *Diario de a bordo del primer viaje de Cristóbal Colón*, Madrid: Editorial Verbum, 2016, pp. 79, 138.

② Bartolomé de las Casas, *Breve relacion de la destruccion de las Indias Occidentales*, Sevilla: Juan F. Hurtel, 1821.

③ 参见 Juan González de Mendoza, *Historia de las cosas mas notables, ritos y costumbres, del gran Reyno de la China, como por relacion de Religiosos y otras personas que han estado en el dicho Reyno*, Madrid: Querino Gerardo, 1586, p. 11.

约稿人就是时任西印度院院长,而这一机构是负责制定西班牙海外殖民政策及相关事务的最高权力机关。在16世纪,中西交通仍然十分闭塞,只有个别传教士到访过中国,以至于大部分欧洲人对中国的认知都是建立在想象之上的。因此,以16世纪的西班牙访华大使视角编著而成的《中华大帝国史》就更为弥足珍贵,这部读本为彼时的西班牙最高统治当局提供了急需的关于中国的国情报道。其中,门多萨为这部文本的隐含读者——西班牙最高统治当局再现的大明帝国,不仅幅员辽阔,富庶强大,还拥有优越的社会制度。而相比之下,同时代的西班牙却正深陷于经济危机和战争的泥潭之中。因此,在全球史视域下审视,门多萨对大明王朝的诗性重构是对彼时的世界秩序和中国优势的一种历史再现,与此同时,也正是一个强大和富庶的中国他者形象在客观上遏制了西班牙及其他欧洲国家对大明王朝发起武装冲突的计划。如前所述,在16世纪的西班牙朝野之上盛行着用武力来征服中国的呼声。在这样的历史语境下审视,《中华大帝国史》的西班牙语原著善典中秉承的鲜明同一化意图隐喻了对待中国的一种和平呼声。

事实上,西班牙人在海外的野蛮征服行为在举国上下招致了强烈不满,如前所述,多明我会修士巴托洛梅·德拉斯·卡萨斯向西班牙国王菲利普二世进献过一部《西印度毁灭述略》,就是劝诫国王能够下令制止这种残暴的行为。尽管西班牙国王对此置之不理,但他的谏言同样反映出了一种和平呼声,因为并不是所有的西班牙利益集团都赞成关于中国的和平提议。如前所述,在门多萨所处的16世纪末期,西班牙朝野之上主要盛行两种针对大明王朝的外交策略:武装征服和和平教化。西班牙国王菲利普二世在这两种提议之间举棋不定,最终,他也并未明确表态支持或反对其中的任何一种提案,只是指出他需要更多关于中国的文献报道才能作出决策。《中华大帝国史》正是在这种形势下应运而生的。尽管笔者尚未找到相关证据证实,门多萨的中国报道对菲利普二世制定对华政策产生了直接影响,但门多萨在整部读本中塑造了一个在器物社会和政治制度上都优越于同时代欧洲的异质文明形象,这在客观上遏制了西班牙的武装入侵计划,菲利普二世最终也没有下令武装入侵大明王朝。在这样的历史语境下解读,门多萨在塑造"另一种中国形象"中融入的鲜明教化意图的确代表了一种关于中国的和平主张。

　　遗憾的是,门多萨的访华计划最终以失败告终,但利玛窦和庞迪我(Diego de Pantoja)完成了前人的遗愿,他们不但成功抵达了中国,还深入学习中国文化并提出了"适应策略"。诚然,"适应策略"的创始人是耶稣会修士沙勿略。1549年,沙勿略抵达了日本。在布道过程中,他发现阻碍传播基督福音的最大障碍在于彼时的日本有大量的佛教徒,如果他们不能在教义上驳倒佛教信条,就难以使日本人皈依基督教。为此,沙勿略提出要在日本传播福音,修士本人就必须有一定的学识和修养,并提议派往日本的教士必须是读过书的修士。耶稣会采纳了沙勿略的建议,从此,派往日本的修士候选人必须经由耶稣会的创始人之一罗耀拉本人的审核与批准。此外,鉴于日本文化十分注重伦理和道德,沙勿略指出,派往日本的教士也必须洁身自爱,在道德方面严于律己。沙勿略认为,教士唯有适应当地的文化习俗,才能成功传播基督福音,这就是"适应策略"的核心主张。①

　　沙勿略于1552年登陆中国上川岛,这里距离广州约30海里。他想以此岛为据点在整个大明王朝展开福音布道,然而,他不久就身患重病并在同年年底病逝于上川岛。沙勿略临终也未能如愿踏上中国大陆,但他提出的"适应策略"被后辈教士传承了下去并在大明王朝成功践行,如同是耶稣会士的庞迪我在16世纪80年代初就成功进入了中国大陆地区。他努力融入中国社会,想让自己成为一个儒生。庞迪我不但学会了汉语,还穿汉服并遵守中国礼仪。他还注重结交士大夫,赠送给中国官员很多新奇的西洋礼品,以博得官僚贵族阶层的认可与接纳。② 值得一提的是,

---

① 参见张铠:《庞迪我与中国——耶稣会"适应"策略研究》,郑州:大象出版社,2009年,第86—87页。
② 参见张铠:《庞迪我与中国——耶稣会"适应"策略研究》,郑州:大象出版社,2009年,第115—126页。

对庞迪我提供帮助最大的非徐光启莫属。庞迪我用中文书写了《七克》,徐光启对全书进行了通篇润色,并作诗一首《克罪七德箴赞》以示对该书的充分肯定。在华传教团的会长、意大利耶稣会修士龙华民(Niccolo Longobardi)曾对利玛窦和庞迪我的"适应策略"提出了尖锐批判,徐光启在《辨学章疏》中为庞迪我进行了辩护。此外,彼时的中国知识分子中有不少人都与庞迪我有着较深的交往,如李之藻、孙元化等人,他们受到庞迪我的影响对基督教产生了浓厚兴趣。①

在门多萨之后的传教士成功抵达中国并在那里开启了福音布道,这在客观上是门多萨之和平主张的一种续写。只不过门多萨对中华大帝国的神圣化想象仍然停留在设想阶段,后人则以实际行动实现了他对异质文明的神圣化想象。基于此,《中华大帝国史》对于中西关系史进程的意义在于,其在客观上遏制了西班牙武装入侵中国的呼声,也激发了其后的教士前往中国的热情,并在一定程度上助力了16世纪的基督教东扩进程。

第二节 他者的"金蛇王权"想象:《中华大帝国史》对中西翻译史进程的贡献

《中华大帝国史》为16世纪的欧洲读者翻译和介绍了中国文化,其中,门多萨在文本中3次提及"龙",并将其视作代表中国文化的符号。事实上,如何把龙从汉语语境转码到印欧语境是困扰了中外译者几个世纪的翻译难题。鉴于龙在不同文化语境中的不可通约性,一部分学者主张使用音译法,如李奭学对中国龙的翻译史进行了详细爬梳,并提出用汉语拼音"long"来翻译"中国龙"的观点。② 另一种观点主张使用意译法,这

---

① 参见张铠:《庞迪我与中国——耶稣会"适应"策略研究》,郑州:大象出版社,2009年,第128—132页。
② 参见李奭学:《西秦饮渭水,东洛荐河图——我所知道的"龙"字欧译的始末》,载李奭学:《中外文学关系论稿》,台北:联经出版事业股份有限公司,2015年,第465—466页。

主要适用于欧洲中世纪和前现代时期,那一时期传教士就使用了意译的转码方法把中国龙翻译为拉丁文"serpens"(蛇)。如方济会士鄂多立克(Odoric of Pordenone)的《鄂多立克东游记》(*The Eastern Parts of the World Described by Friar Odoric*)、博克舍(Charles R. Boxer)的《十六世纪中国南部行纪》、门多萨的《中华大帝国史》、利玛窦的《中国开教史》(*Storia dell'Introduczione del Cristianesimo in Cina*)以及利玛窦和罗明坚的《葡汉词典》(*Dicionário Portugués-Chinés*),上述文献无一例外把中国龙转码为"serpens"(蛇)。① 李奭学对传教士使用的这种意译方法进行了如下解读:"鄂多立克大概在欧文中难以觅得龙的影子,故而懵懂下乃以蛇代之;或是他们仅知龙为神物,但与欧龙不同,故而不敢也难以拉丁文的'draco'或其复数形式'draconis'记下传世。"②

其中,针对"龙"在1580年出版的《葡汉词典》中被翻译为葡萄牙语"serpens"(蛇)的问题,李奭学作出了如下解读:

> 字典中龙字出现两次,亦即定义了两次。第一次简直无从下笔,可从当页手迹特别混乱看出。利、罗二人当然找不出龙的葡文对等字,懵懂下只好从《韩非子·说难》或许慎《说文解字》一类古籍,粗略将之归于"蟲"(bicho/bichinho)属,然后再如前此西班牙人门多萨《中华大帝国史》里所述听闻,加上蛇(serpens)字以为说明。最后形成的是一个复合字——"蟲蛇"或"似蛇之大蟲"(bicha-serpens)。这个名词或字,当系此书上欧人首次以欧语成就的"中国龙"的译法。如此欧译,在某一意义上表现出利、罗二公亦如艾儒略,深知欧洲于中国龙之为物也,"向无斯说",否则,他们不至于左支右绌,在传译上笨拙至此。话说回来,中国也有龙演化自巨蛇或蟒的传说,何况二者形态相近,是以《葡汉辞典》二度定义时,干脆单挑一字,就以葡文的

---

① 参见李奭学:《西秦饮渭水,东洛荐河图——我所知道的"龙"字欧译的始末》,载李奭学:《中外文学关系论稿》,台北:联经出版事业股份有限公司,2015年,第455—456页。
② 参见李奭学:《西秦饮渭水,东洛荐河图——我所知道的"龙"字欧译的始末》,载李奭学:《中外文学关系论稿》,台北:联经出版事业股份有限公司,2015年,第446页。

蛇字"serpens"说之。①

可见,汉语学者已经关注到了早期传教士在欧洲语境下使用"蛇"来翻译中国龙的跨文化转码现象,笔者把这组跨语际文化符号简称为"serpiente(蛇)—中国龙"。然而,前辈学人尚未从学理上厘清的一个深层问题是:从14世纪的《鄂多立克东游记》到16世纪门多萨的《中华大帝国史》,传教士们用serpiente(蛇)来转码中国龙,这仅仅是出于中国龙和欧洲蛇在外形上的相似性而做出的一种类比性描述,还是他们面对异质文化间的不可通约性,而采用的一种跨文化交际策略?事实上,"相似性"(resemblance)是作为一种认识类型存在于16世纪欧洲人的认知之中的。福柯在《事物的秩序:人文学科考古学》(*The Order of Things: An Archaeology of the Human Sciences*)一书中曾指出:

> 一直到16世纪的末叶,相似性(resemblance)在西方文化知识中起到了创建性的作用。正是相似性在很大程度上引导着文本的注释(exegesis)与解释(interpretation);也正是相似性组织了符号的运作,使事物知识的呈现与遮蔽成为可能,并控制着表征(representing)这些事物的艺术。②

让我们的思考不妨继续前行:"serpiente(蛇)—中国龙"这组错位的跨文化转码符号在中世纪的欧洲视域下表征了何种意涵?其又折射出了彼时欧洲对中国文化的何种审视立场,是钦佩还是鄙夷?我们如何诠释这组文化符号在16世纪欧洲视域下被他者审视的合法化过程?鉴于笔者多年来对门多萨的《中华大帝国史》的研究与释读,我们不妨就以门多萨的"serpiente dorada(金蛇)—中国国王"这组跨语际转码符号为逻辑出发点,对这组问题进行重新诠释。

---

① 李奭学:《西秦饮渭水,东洛荐河图——我所知道的"龙"字欧译的始末》,载李奭学:《中外文学关系论稿》,台北:联经出版事业股份有限公司,2015年,第456页。
② Michel Foucault, *The Order of Things: An Archaeology of the Human Sciences*, London: Routledge Press, 2002, p.19.

其中,笔者注意到,"金蛇王权"想象在"1586 马德里西班牙语修订本"中共出现了三次。第一处是在该读本的第一部分第三卷第八章第 65 页,其译成汉语是:

> 有 12 位内阁大臣在宫廷内掌管着朝廷的日常事务。大殿金碧辉煌,殿内摆放着 13 把交椅。其中,6 把是金椅,6 把是银椅,外形高贵巧妙。第 13 把尤为奢华,还镶嵌了许多名贵的宝石,位于其他两把椅子中间。金椅上方还有一顶绣着国王徽章的锦缎华盖。如前所述,那是用金线绣成的蛇纹饰(Estan bondadas las armas del Rey, que son, como se ha dicho, unas serpientes texidas con hilo de oro)。若国王缺席,内阁首辅大臣就坐这把最为尊贵的椅子,但若国王出席(尽管他很少出席),首辅就坐国王右手第一把和最上面的那把金椅。①

第二处是在第二部分第一卷第十七章第 165 页:"巡抚安坐在一顶鎏金的象牙轿子之上,锦缎帷帘上绣着盘结的蛇。如前所述,这是国王的徽章(Las armas del Rey que son unas serpientes enlazadas)。"②第三处是在第二部分第二卷第七章第 240 页:"巡抚安坐于一把用象牙和黄金制成

---

① Juan González de Mendoza, *Historia de las cosas mas notables, ritos y costumbres, del gran Reyno de la China, como por relacion de Religiosos y otras personas que han estado en el dicho Reyno*, Madrid: Querino Gerardo, 1586, p.65. 需指出的是,本书中凡是未经标注的译文均是笔者自译,翻译的原本是"1586 马德里西班牙语修订本"《中华大帝国史》。笔者在翻译的过程中还参考了两位前辈译者——何高济和孙家堃翻译的中译本。其中,两位前辈学人都把门多萨在 16 世纪的西班牙语语境下的原文表述"rey"(国王)翻译成了"皇帝"。此外,孙家堃还把门多萨的原文表述"serpiente"翻译成了"大龙"。显然,两位译者在上述两处译文中都使用了归化的翻译策略,并通过意译转码纠正了门多萨对中国传统文化的误读与误译。然而,笔者在此处中则使用了异化策略并延续了门多萨的误读和误译,以此向汉语读者再现了 16 世纪欧洲知识分子对中国文化的原始审视立场。两部中译本版本信息参见门多萨:《中华大帝国史》,何高济译,北京:中华书局,1998 年;胡安·冈萨雷斯·德·门多萨:《中华大帝国史》,孙家堃译,北京:中央编译出版社,2009 年。

② Juan González de Mendoza, *Historia de las cosas mas notables, ritos y costumbres, del gran Reyno de la China, como por relacion de Religiosos y otras personas que han estado en el dicho Reyno*, Madrid: Querino Gerardo, 1586, p.165.

第十一章 门多萨的"另一种中国形象"对历史进程的建构性 297

的极为华贵的椅子上,上端的瑰丽的华盖上绣着一种盘成一团的蛇纹饰,那是国王的徽章(Las armas del Rey, que son, como ya hemos dicho, unas serpientes enlazadas)。"① 由于汉语和西班牙语的不可通约性,笔者在上述三段译文中分别标注了门多萨对"蛇"的相关西班牙语原文书写。

基于上述文献,我们解读到,门多萨在16世纪西班牙语的语言系统中为本体"蛇"(serpiente)嫁接了一个新的喻体——中国国王(rey),从而形成了一个扩大了的意义系统,并在他者视域下建构出了一组文化符号"金蛇——中国国王"。因此,笔者将其简称为他者关于中国的"金蛇王权"想象。② 不容忽视,这组跨语际符号结构隐含了作者对中国文化的明显误读与误译。首先,门多萨对龙与蛇在明代中国的文化内涵产生了误读。《中华大帝国史》是在16世纪80年代编写而成的,门多萨以他者视域形塑出的"中华大帝国"之原型正值大明万历年间。③ 在彼时彼地的历时性汉语语境中,龙才是大明皇帝独享的权力符号。其次,明代中国的最高权力拥有者是皇帝(emperador),而并非门多萨所述的"国王"(rey)。需指出的是,对于门多萨的多重跨文化错位转码,本书选择了异化的翻译策略,并沿袭了他对中国文化的误读与误译,目的是把中世纪欧洲对中国文化的集体审视立场尽可能忠实地重现在汉语读者的视域之下。

释读至此,笔者不禁追问:这组错位的转码符号是门多萨的原创还是对前人的传承?如果是后者,门多萨想象的原型又是什么?门多萨是否在原型的基础上进行了文化改写?带着这组疑问,让我们的思考穿越历

---

① Juan González de Mendoza, *Historia de las cosas mas notables, ritos y costumbres, del gran Reyno de la China, como por relacion de Religiosos y otras personas que han estado en el dicho Reyno*, Madrid: Querino Gerardo, 1586, p.240.

② 参见高博:《重构门多萨的"金蛇王权"想象——论16世纪中西关系史的形象塑造》,《文史哲》,2023年第6期,第154页。

③ 笔者在此处引用了门多萨的西班牙语原文表述"Gran Reino de la China"。需指出的是,其直译到汉语本是"伟大的中国王国"。显然,门多萨在此把大明帝国误读和误译为了"大明王国"。鉴于此,何高济和孙家堃译本纠正了门多萨的文化误读,并把"Gran Reino de la China"翻译成"中华大帝国"。笔者在此延续了前辈学人的归化之转码策略,此处的"中华大帝国"指的就是大明王朝。

史的长河并继续向前追溯。在此,笔者需重申的是,《中华大帝国史》遭遇的学界诟病之一就是没有对引用文献进行注释,他仅在文本中提及他的著述主要参考了拉达和克鲁士等人的中国报道。但笔者通过对这些中国报道进行考辨,并未发现有关"金蛇王权"的记述。诚然,门多萨的参考文献不仅限于拉达和克鲁士等人的中国行纪。除文字记忆外,曾经造访过中国的传教士留下的口述记忆也为门多萨的中国叙事提供了重要资料。1580年,菲利普二世向中国派出使团时,马林作为使团的成员曾与门多萨同船前往墨西哥,并在那里滞留了10个月,门多萨有机会向马林请教中国问题。这些口述内容也成为门多萨日后著述的参考来源,但这些资料已很难进行考辨。

因此,笔者需要继续向前追溯并从欧洲的集体记忆中探寻门多萨之"金蛇王权"想象的原型。笔者注意到,法国方济各会修士威廉·凡·鲁布鲁克(William of Rubruck)在1252年受法国国王路易九世派遣出使蒙古。《鲁布鲁克东行记》(*The Journey of William of Rubruck to the Eastern Parts of the World*)[1]中描述了大汗宫殿柱子上缠绕的金蛇,我们来细读原文:

> 巴黎的匠人威廉为他(大汗)制作了一株巨大的银树,在它的根部是四只银狮,通有管道,能喷出白色的马奶。树内有四根管子,通到银树的顶端,从顶端向下弯曲,每根上都有金蛇(gilded serpent)纹饰,蛇尾缠绕树身。[2]

由于汉语和英语的不可通约性,笔者在上述译文中标注了原文献中的英文书写是"gilded serpent",其译成汉语是"金蛇"。

到了14世纪,马可·波罗的中国游记延续了鲁布鲁克的东方想象,

---

[1] 本文选用的是 William Woodville Rockhill 于 1900 年直接从拉丁文译成英文的版本。

[2] William of Rubruck, *The Journey of William of Rubruck to the Eastern Parts of the World*, 1253—55, trans. William Woodville Rockhill, London: Hayklut Society, 1900, p.208.

其中也记述了蒙古大汗的宫殿里伫立着金蛇缠绕着的柱子①。让我们继续细读文献：

> 纪尧姆向我们描述了鞑靼语的用法；他从纪尧姆·奥尔夫佛尔的儿子那儿得知，后者为蒙古制作了一棵大银树，在它的脚下还有四只银狮子，每只狮子都有一条管道，母乳从那里流出。四个隐藏在树上的烟斗，一直向上爬到顶部，然后从那里向下流淌，每根上都有金色的蛇（serpens dorés），蛇的尾巴围绕着树干。②

上述文献译自摩勒和伯希和编著的法语本。其中，"金色的蛇"的法语原文是"serpens dorés"。

可见，早在 13 世纪，在欧洲关于东方的集体记忆之中，"金蛇"就与"国王的权力"之间存在着一种模糊的表征关系。而到了 16 世纪末期，门多萨根据之前的传教士的蒙古记忆创造出了一种新的跨文化符号"金蛇—中国国王"，并明确了"金蛇"是中国国王的权力符号。反思至此，让我们再回到之前的问题：门多萨为何在西班牙语语境下用蛇而非龙来代表大明皇帝的权力符号？这仅仅是出于龙和蛇的相似性而做出的一种类比性描述，还是作者通过文化调适而使用的一种跨语际转码策略？

如前所述，门多萨终其一生也未能如愿踏上中国的土地，因此，他凝视下的"金蛇王权"并非对亲眼见到的异质文化符号的重现。事实上，门多萨对中国文化的想象是以前人教士对中国的报道为原型的。在笔者看来，他发挥作者主体性对前人文献进行筛选、转述和再编的过程也是一场跨语际转码的历险之旅。基于此，笔者提出了一种新的学理性判断："金蛇—中国国王"的符号结构既不是门多萨的草率误读，也并非简单的类比性描述的结果，而是跨文化交际策略的一种符号化再现。探讨至此，让我

---

① Marco Polo, *The Description of the world*, trans. Arthur Christopher Moule, Paul Pelliot, London: George Routledge & Sons Limited, 1938, p. 405. 摩勒和伯希和本是国际学界公认的《马可·波罗寰宇记》在 20 世纪发行的标准本。因此，本书以该本为研究底本。

② Marco Polo, *The Description of the world*, trans. Arthur Christopher Moule, Paul Pelliot, London: George Routledge & Sons Limited, 1938, p. 405.

们的思考继续前行:"serpiente dorada(金蛇)—中国国王"这组文化符号在16世纪的欧洲视域下究竟有了何种文化意涵?它代表了彼时欧洲对中国文化的何种审视姿态,是尊重还是鄙弃?我们又该如何重构这组符号被他者审视的合法化过程?这也是《中华大帝国史》学术史以及中国龙的欧译史中的遗留问题。

尽管门多萨曾三次在《中华大帝国史》中指出,蛇是中国国王的徽章,但我们并无法从文本内部解读出他对中国文化的审视立场。因此,我们需要从文本外部来寻找答案。笔者注意到,世界上第一部西班牙语单语词典《卡斯蒂利亚语或西班牙语宝鉴》(Tesoro de la Lengua Castellana, o Española),是第一部用西班牙语来定义西班牙语词汇的词典,也是欧洲第一部通俗语言的单语词典。该辞书在1611年在西班牙的首都马德里出版,并由塞巴斯蒂安·德·科瓦路瓦斯·奥洛斯科编著(Sebastián de Covarrubias Orozco),以下简称为《西班牙语宝鉴》。《中华大帝国史》的首版问世于1585年,而这部辞书出版于1601年。门多萨在编写中国报道之时,该辞书尚未问世。然而,这部词典首次在西班牙语语境下对"dragón"(龙)和"serpiente"(蛇)的喻体进行了凝练,这为解答本书的问题提供了可靠的文献参考。

让我们对这部词典的释义予以细读。词典指出,西班牙语 dragón 是能指,其所指是"龙"这一物种,如其所述:"龙是存活多年的蛇,因而体形硕大,据说龙生有翅和爪。"[1] 此外,"龙"作为本体拥有多层寓意。首先,"龙"象征着戍守的姿态,如词典所述:"罗马军团的旌旗上就绘有龙的图案,这象征着罗马统帅君临万物,正如史诗《奥维德》第七卷中的诗句所述:大地上孕育着凶悍的不眠之龙。"此外,"龙还是帕拉斯女神用以保守贞洁所持的圣物。在赫斯珀里得斯的果园里,也有一条巨龙在守卫金苹果"[2]。其

---

[1] Sebastián de Covarrubias Orozco, *Tesoro de la Lengua Castellana, o Española*, 1611, usoz 6948, Biblioteca Nacional de España, p. 329.

[2] Sebastián de Covarrubias Orozco, *Tesoro de la Lengua Castellana, o Española*, 1611, usoz 6948, Biblioteca Nacional de España, p. 329.

次,龙还象征着贪婪,如词典所述:"民间自古就有这种说法:要想成为一条蛇或龙蛇,就要先吞掉许多条蛇。要想成为皇帝或统辖世界的君王,就必须吞噬掉许多国王和王子——成为王中王和人中人,所以,龙代表了贪念之意。"①

此外,词典还给予"龙"两个喻体。首先,"龙是魔鬼的代名词,如《启示录》第12章中就多次记述了米迦勒同他的使者们与龙的争战"②。其次,"龙还被视作抵抗教会和上帝臣民的暴君、君主、皇帝、国王。对此,赫内布拉尔多在他的《诗歌集》第73首中作出了如下描述:你敲碎龙头,让它成了埃塞俄比亚人民的菜肴。"③值得关注的是,这两个负面喻体给予了"龙"某种禁忌符号的文化底色。让我们对"龙"的喻体予以凝练,在16世纪的西班牙语语境下,"龙"是魔鬼的代名词,还象征着抵抗教会和上帝臣民的暴君、君主、皇帝、国王。

这部词典还指出,西班牙语"serpiente"是能指,其所指是"蛇"这一物种,如其所述:"通常我们把一种想象中长着翅膀和巨大脚爪的长虫称作蛇,所有蛇类都属于地上爬行科目。我们称之为蛇,是因为所有蛇类都是在地上爬行。"④需指出的是,该词典仅给出了"蛇"一层寓意,即蛇刁滑善骗,是魔鬼的附庸。我们来细读词典的释义:"人类的公敌把蛇这种野兽当成了对抗人类的工具,假扮成蛇骗过了圣母。《圣经》(和合本)中《创世记》第三章指出:"在上帝创造的所有野兽中,蛇是最刁滑的动物。耶和华也对蛇诅咒道:你既然做了这事,就要受到比所有牲畜和野兽更严苛的诅

---

① Sebastián de Covarrubias Orozco, *Tesoro de la Lengua Castellana, o Española*, 1611, usoz 6948, Biblioteca Nacional de España, p. 329.
② Sebastián de Covarrubias Orozco, *Tesoro de la Lengua Castellana o Española*, 1611, usoz 6948, Biblioteca Nacional de España, p. 329.
③ Sebastián de Covarrubias Orozco, *Tesoro de la Lengua Castellana o Española*, 1611, usoz 6948, Biblioteca Nacional de España, p. 329.
④ Sebastián de Covarrubias Orozco, *Tesoro de la Lengua Castellana o Española*, 1611, usoz 6948, Biblioteca Nacional de España, p. 27.

咒,你要用肚子行走,毕生吃土。"①

释读至此,让我们对 16 世纪西班牙语语境中的"龙"与"蛇"的意涵予以凝练。首先,"蛇"的寓意较为单一,而"龙"的意涵则具有多重性和复杂性。其次,两者都有负面寓意,如蛇象征着贪婪奸诈,蛇还是魔鬼的附庸。与此同时,龙也是魔鬼的代名词,并且龙还表征着反对教会和上帝臣民的异族暴君、君主、皇帝、国王。探讨至此,笔者不禁质疑:既然龙和蛇在彼时的西班牙语语境下都具有负面意涵,特别是他们都是魔鬼的代名词,门多萨为何使用"蛇"来对"中国龙"进行转码?他为何以他者视域建构了关于中国的"金蛇王权"而不是"金龙王权"想象?对于这一问题,现下汉语学人普遍认为,这是由于彼时的欧洲知识分子找寻不到更为适当的翻译方法而采取的一种权宜之策,此举颇有两害相权取其轻之意。正如李奭学所解释的那样,早期传教士之所以不敢用欧龙来直译中国龙,正是因为他们在中世纪的欧洲语境中认识到了欧龙与中国龙在文化上的不可通约性,以及"龙"在彼时彼地欧洲语境下的负面文化冲击力。② 那么,我们根据前人的观点进一步演绎出的推论是:"serpiente(蛇)—中国龙"这组错位的文化转码符号在中世纪欧洲被合法化审视的过程,隐喻了彼时的欧洲对中国文化示以充分尊重的审视姿态,而由此衍生出的文化符号"serpiente dorada(金蛇)—中国国王"则延续了欧洲对中国文化的尊重立场,这也是笔者在前期研究中得出的结论。③

然而,随着笔者对《中华大帝国史》的不断深入释读与思考,对前期的解释路径提出了疑问。问题的关键在于,在门多萨所处的历时性西班牙语语境下,蛇是贪婪奸诈和魔鬼的代名词,这就使得蛇对 16 世纪欧洲读者产生的负面文化冲击力丝毫不逊色于欧洲的恶龙形象,从而消解了"两

---

① Sebastián de Covarrubias Orozco, *Tesoro de la Lengua Castellana o Española*, 1611, usoz 6948, Biblioteca Nacional de España, p. 27.
② 李奭学:《西秦饮渭水,东洛荐河图——我所知道的"龙"字欧译的始末》,载李奭学:《中外文学关系论稿》,台北:联经出版事业股份有限公司,2015 年,第 456 页。
③ 高博:《金蛇王权与中国想象:在多重历史维度中重塑晚明》,《上海交通大学学报(哲学社会科学版)》,2023 年第 31 卷第 7 期,第 115 页。

害相权取其轻"的解释立场之合法性。由此,我们也难以演绎出"金蛇王权"隐喻了欧洲对中国文化之尊重的推论。对此,我们不妨换一种思维方式并继续提出疑问:倘若汉语语境下的"龙"从大明王朝旅行到16世纪末期的伊比利亚半岛,并被直译为西班牙语的"龙"(dragón),彼时的欧洲读者是否能自觉地在"欧洲龙"(dragón)和"中国皇帝"之间搭建起可通约性?显然,答案是否定的。因为根据同时期出版的第一部西班牙语单语词典所示,龙的喻体是异族暴君和魔鬼,这才是合法存在于16世纪西班牙语语境下,甚至是欧洲集体记忆中的文化符号。换言之,如果门多萨使用直译的方法把"中国龙"直接转码为"欧洲龙",则很可能向同时期的欧洲读者塑造出一种与欧洲为敌的中国暴君形象。在笔者看来,这才正是解构"金蛇王权"想象的关键所在。为此,本章对门多萨用"欧洲蛇"来翻译"中国龙"的合法性提出了另一种解释:巨龙是以反基督教的异族暴君之代名词存在于16世纪欧洲文化的集体记忆之中的,而建构一种抵抗欧洲文化的中国暴君形象背离了《中华大帝国史》中通篇呈现的婉转迂回的神圣化书写立场。这才是彼时欧洲知识分子摒弃用欧洲巨龙来建构中国最高权力符号的直接原因。换言之,门多萨在16世纪的西班牙语语境中,选择用"蛇"来建构大明皇帝的权力符号,这并非导源于对中国文化的尊重,而是对《中华大帝国史》书写立场的一种符号化再现。而门多萨的神圣化书写立场又是对16世纪反宗教改革运动及其引发的基督教东扩进程的一种历史再现,同时,这也是以他者视域对彼时彼地的中西关系史的一次形象重建。①

第三节 关于理论部分的总结:"另一种中国形象"的解构与重构

本书第二编理论部分对门多萨塑造的"另一种中国形象"进行了解构

---

① 参见高博:《重构门多萨的"金蛇王权"想象——论16世纪中西关系史的形象塑造》,《文史哲》,2023年第6期,第161页。

性批评,并重构了这种新型的中国形象升华为16世纪的欧洲文化记忆的过程。尽管门多萨塑造的"另一种中国形象"以他者视域向彼时的欧洲读者展开了一幅繁花簇锦的乌托邦画卷,但这种想象仍然是建构在基督教的教义之上的,其凸显的是欧洲文化的优越性。特别是"另一种中国形象"具象化呈现为一种以他者视域塑造而成的"物丰神空"且有待救赎的大明形象。自中世纪以来,基督教一直被视作摆脱蒙昧的理性工具。直到16世纪,宗教改革运动横扫了整个欧洲,打击了罗马天主教的权威,传统的基督教世界变得四分五裂。对此,教宗很快组织起了"反宗教改革联盟"来捍卫权威和正统性,其新目标就是使异端皈依,救赎迷途的众生以及前往非基督教国家进行宣教布道。在这样的一种时代背景之下,天主教创立了诸多分支,其中,最活跃的一支就是耶稣会,其目标就是前往世界各地传播福音并使那里的异教徒皈依。西班牙就是反宗教改革联盟中的重要一员并坚定地维护天主教权威,也正是这样的一种特定的历史语境和文化立场,孕育了门多萨对中国的"神圣东方主义"的书写姿态。异教的大明王朝被虚构成了物质丰腴却在精神上有待救赎的半文明化的异质文化形象,作者利用这种虚构而成的他者形象在语言层面完成了对异质的大明王朝的精神规训,由此向《中华大帝国史》的隐含读者——西班牙统治阶层提出了前往大明王朝宣教布道的呼声。

通过第一编文献部分的文本细读,我们认识到,门多萨是以他者视域在意识形态和乌托邦的两极张力之间重构晚明的。在此,在16世纪的欧洲视域下的意识形态化的中国形象指涉的就是神圣化的中国形象。本书把门多萨在"神圣东方主义"凝视下的"另一种中国形象"视作一个记忆文本,最终,该记忆文本借助社会协商对话从作者的个人记忆升华为16世纪欧洲的一种集体记忆和文化记忆。在这一过程中,乌托邦式的中国形象作为记忆的情感媒介,为彼时的欧洲大众读者打开了历史想象的空间,并营造了一种集体欢腾的氛围,最终让读者在诗性自觉中抵达了记忆的理论内核,也就是意识形态化(神圣化)的中国形象。事实上,这种意识形态化(神圣化)的中国形象才体现了作者的真实意图和文本意图,即使大明王朝皈依。只不过门多萨把他的真实意图巧妙地融入乌托邦式的异国想象之中,从而为彼时的欧洲读者开启了一种文学想象的空间。这既增强了读者的阅读感,又淡化了意识形态规训带来的心理压抑感。诚然,较之于说教式的意识形态嵌入,门多萨采用的这种委婉迂回的叙事模式更有利于推进"另一种中国形象"的社会化进程。事实上,这也正是门多萨的书写目的所在,即说服西班牙统治阶层允许前往大明王朝宣教。不容忽视,在门多萨所处的时代,并非所有人都赞同采用和平的方式与大明王朝相处,如西班牙驻菲律宾的殖民当局就极力主张像对待拉美土著那样采取军事入侵的策略。

此外,门多萨塑造的"另一种中国形象"中的乌托邦式想象之所以能成为记忆的情感媒介是因为:首先,他者的晚明乌托邦想象中被编码进入了彼时欧洲共享的仰慕中国的文化传统。其次,乌托邦式的中国想象也是对16世纪全球经贸秩序的一种历史重现,彼时的大明王朝以"白银帝国"著称,通过海外贸易吸纳了来自全世界的白银,雄踞于当时世界经贸秩序的中心地位,这构成了他者之富庶中国想象的事实内核。最后,彼时的欧洲正处于文艺复兴时期和现代性萌芽进程之中,基督教人文主义精神提供了相对宽容的文化空间,这就为欧洲人接纳一个在诸多方面都优越于基督教世界的异教国度提供了人文积淀。

本书第二编理论部分不仅关注历史进程对"另一种中国形象"被他者审视的合法化过程的建构性,还探讨了"另一种中国形象"对历史进程的反向形塑性。首先,门多萨塑造富庶强大的中国形象就在一定程度上遏制了西班牙殖民者军事入侵大明王朝的计划。显然,在16世纪欧洲的那种剑拔弩张的历史语境下,较之彼时的西班牙朝堂之上风行的武装进攻提案,门多萨在整部文本中凸显的神圣化意图堪称一种"和平呼声"。其次,门多萨还对诸多中国文化负载词进行了跨文化转码,这也为我们研究中西翻译史进程提供了有价值的参考文献。最后,《中华大帝国史》还在16世纪和17世纪的欧洲知识分子阶层产生了巨大的文化影响力,以至于门多萨笔下的"另一种中国形象"成为彼时欧洲人书写中国的参考范本。

不容忽视,门多萨在16世纪欧洲视域下塑造的"另一种中国形象"在整个欧洲的中国形象流变进程中起到了承上启下的作用。首先,在16世纪,神圣化的中国想象抵达了巅峰。换言之,我们以16世纪为时间节点进行审视,在此前和此后,神圣化的中国想象削弱了,又或是不及16世纪的神圣化想象那般浓重。其次,同样以16世纪为时间节点,在此之前,乌托邦式的中国形象占据了中世纪欧洲的文化记忆;而在此之后,这种类型的中国形象逐渐在欧洲视域下丧失了合法性。大约从18世纪下半叶开始,欧洲对中国文化的审视立场则明显从肯定转为否定,从赞扬转为鄙夷。基于此,本书提出了一种学理性判断:唯有在16世纪,神圣化和乌托邦化的中国想象有机地结合在了一起,形成一种关于中国的新的审视立场,本书称之为"神圣东方主义"。16世纪是人类文明进程中的一个承上启下的阶段,欧洲正在从古代社会迈向现代社会,这是一个重要的历史转折期,也正是这样一个大变革和大发展的时代,孕育了这种独特的关于中国的审视立场和他者视域下的中国形象。

结论与讨论

五个世纪以来,《中华大帝国史》一直在国际学术界有着重要的文化影响力。然而多年来,汉语学人一直对这部文献存在着误读。特别是当门多萨的中国书写从16世纪的西班牙语语境转码到汉语语境后,西班牙语原著善典中凸显的神圣化意图被淡化了,以至于我们以为门多萨对中国文化秉承的是一种充分肯定的书写立场,他的文本目的就在于赞美这座千年古国。为此,本书第二章对《中华大帝国史》的早期西班牙语版本进行了考辨并指出,"1586马德里西班牙语修订本"才是门多萨本人认可的最终修订本,因此,本书也以该本为研究底本。基于对该本的文本细读,文献部分得出结论,门多萨是在乌托邦和意识形态的两极张力之间以他者视域重构晚明形象的,而并非如当下学人所普遍认同的那样,认为他塑造了一种以乌托邦为主的中国形象。其中,本书探讨的16世纪的欧洲视域下的意识形态化的中国形象指涉的就是神圣化的中国形象,并且也正是这种神圣化的他者之中国形象统摄了乌托邦式的中国形象,并承载了文本的教化目的。因此,本书把门多萨塑造的这种类型的中国形象称为他者视域下的"另一种中国形象",这是16世纪欧洲视域下关于大明王朝的一种"神圣东方主义"的审视立场。

当下学人普遍认为门多萨塑造的这种中国形象的创新之处在于,他把对中国的器物崇拜提升到了制度层面。然而,本书基于对门多萨之原著善典的文本细读,对他塑造的"另一种中国形象"在欧洲现代性进程中的里程碑意义提出了新的学理性判断。第一,门多萨把乌托邦式的异域想象融入了意识形态化的异国想象之中,从而形成了一种委婉迂回的叙事结构,并借此实现了文本的教化意图。诚然,尽管在他之前的传教士也塑造了理想化的中国形象,并且在一定程度上也呈现出了神圣化中华大帝国想象的一面,但门多萨则通过夸张的修辞和想象同时进一步强化了这两种类型的异国想象。特别是这两种异国想象在16世纪的欧洲同时抵达了巅峰,两者巧妙地融合在了一起,形成了一种新的中国想象模式。换言之,以16世纪为时间节点,在此之前和之后,神圣化的中国想象都不及16世纪的浓重。与此同时,从17世纪和18世纪起,欧洲关于中国的乌托邦想象消弭了,甚至有的学者提出这样一种观点,大约从乾隆中晚期开始,欧洲对中国的审视立场从肯定转向了否定。① 以此为逻辑基点,本书提出了一个概念——"神圣东方主义",这指的是合法存在于16世纪欧洲视域下对中国文化的一种审视立场。"神圣东方主义"把乌托邦和神圣化想象有机地融合在了一起,最终形成了彼时欧洲关于中国的一种集体记忆。其中,乌托邦式的异国形象起到了情感媒介的作用,神圣化的异国形象构成了记忆的内核。借助情感媒介,乌托邦式的异国想象把彼时的

---

① 参见 Greogory Blue,"China and Western Social Thought in the Modern Period", in T. Brook and G. Blue eds., *China and Historical Capitalism Genealogies of Sinological Knowledge*, London: Cambridge University Press, 1999, p. 70.

欧洲读者引入了一种诗性想象的空间,在诗性自觉中激发了读者的共情效应,并由此实现了文本的教化意图。

第二,门多萨塑造的"另一种中国形象"代表了一种新的文化模式,这是 16 世纪日趋复杂的世界形势孕育出的一种新的文化形态。一方面,16 世纪的西班牙殖民者把拉美土著虚构成了"野蛮他者";另一方面,他们又把富庶强大且享有先进社会制度的大明王朝视作一种半文明化的"有待救赎的他者"。面对这两种不同文化形态的他者,西班牙人采取了不同的应对策略。其中,西班牙远征队对拉美大肆军事入侵和野蛮掠夺,而对于后者,我们已经洞察到《中华大帝国史》的通篇都凸显了一种鲜明的教化立场。这相对于武装进攻而言,无疑是一种和平立场。不容忽视,在门多萨所处的时代,西班牙统治集团在对华策略上存在着分歧,一种推崇军事进攻,另一种则坚持和平通商和开教主张,但最终历史还是选择了后者的和平提议。与此同时,也正是大明王朝在 16 世纪世界秩序中所处的中心地位及其富庶、强大、和谐的大国形象在一定程度上遏制了西班牙远征军的武装入侵计划。

以文献研究的结论为理论基点,让我们的思考再递进一层:门多萨以他者视域塑造的"另一种中国形象"为什么能得到 16 世纪和 17 世纪欧洲大众读者的承认,并升华为彼时欧洲关于中国的一种文化记忆?为此,我们把社会记忆理论带入了理论部分,以缓解当下比较文学形象学研究中的理论贫困化现象。本书的理论部分从文化记忆理论出发,对门多萨的"另一种中国形象"被他者审视的合法化过程提出了一种新的解释路径:门多萨在《中华大帝国史》中采用的委婉迂回的叙事结构为 16 世纪的欧洲读者打开了历史想象的通道。其中,他借助营造伊甸园式的晚明人文和自然景观引导读者进入了一种诗性场域,又在乌托邦式的异域想象之中巧妙地融入了意识形态化(神圣化)的中国形象,最终,他在读者的诗性自觉中悄然实现了教化目的。在这一过程中,意识形态化(神圣化)的中国形象构成了门多萨的个人中国记忆中的理论内核。诚然,记忆的内核要得到大众读者的承认需要情感媒介。在个人记忆升华为社会记忆的过

第十一章 门多萨的"另一种中国形象"对历史进程的建构性 309

程中,门多萨的晚明乌托邦想象就发挥了情感媒介的功能。

诚然,乌托邦式的中国形象要成功发挥情感媒介的作用并在16世纪的欧洲读者中触发共情效应,同样需要建立在那一社会成员共享的理论内核和事实内核基础之上。首先,中国是以理想之地的形象存在于中世纪欧洲的集体记忆之中的,正如意大利商人马可·波罗讲述的那样,那里遍地黄金和香料,鸟语花香,繁花簇锦。因此,东方仰慕传统就成为中世纪以来欧洲的共享文化编码。其次,大明王朝在16世纪的资本全球化进程中处于中心地位,他吸纳了全世界的白银资本并以"白银帝国"雄踞一方,这构成了彼时欧洲共享的历史编码,也是他者之晚明乌托邦想象中的事实内核。最后,中世纪的欧洲处在基督教的严苛掌控之下,门多萨生活在16世纪下半叶,恰逢新旧世界更迭之际,宗教改革运动瓦解了罗马天主教的权威,传统的基督教世界变得四分五裂,文艺复兴运动又横扫了整个欧洲,基督教人文主义精神和宗教宽容思想为彼时的欧洲接纳一种优越的异质文明提供了人文基奠。在多重因素的统合性作用下,乌托邦式的中国形象在彼时的欧洲大众之中引发了共情效应,最终让读者在诗性自觉中抵达了记忆的内核,并接受了这种"神圣东方主义"凝视下的"另一种中国形象"。

另外,门多萨塑造的意识形态化(神圣化)的中国形象之所以能成为16世纪欧洲人集体记忆的理论内核,其中一个重要因素就是其体现了16世纪欧洲的时代精神。横扫16世纪欧洲的两大重要历史事件就是"宗教改革"和"反宗教改革"运动。其中,西班牙就是"反宗教改革"联盟的重要成员之一,其目标就是使异教徒皈依,救赎迷途的众生。作为"反宗教改革"的重要举措之一,天主教创立了诸多分支修会,目的就是使非基督教地区的异教徒皈依,耶稣会就是其中最具活力的一支。耶稣会修士沙勿略就是在这样一种社会历史背景下前往中国布道的,尽管他最终未能如愿进入中国大陆,但他的先驱之举以及他在日本的成功开教激励了之后的传教士前往中国的信心,并且门多萨也在《中华大帝国史》中提到,沙勿略在日本的成功之举鼓舞了他。因此,门多萨塑造的意识形态化(神圣化)的中国形象及其秉承的教化意图实际上折射出了作者亲历的"反宗教改革"运动的时代精神,即在东方的非基督教地区开拓新教区和使异教徒皈依。此外,《中华大帝国史》中凸显的神圣化意图还再现了16世纪西班牙统治阶层的一种对华政策。如前所述,当时西班牙朝堂之上风行着两种对华主张:一是武装进攻,二是推行教化。如此看来,门多萨的教化主张可被视作一种和平提议。尽管我们尚且无法证实门多萨是在借助《中华大帝国史》替相关利益集团向西班牙国王菲利普二世谏言,采取教化的方式向中华大帝国实行扩张,但他借助委婉迂回的叙事结构展现出的教化意图,以文学的方式重现了这段鲜为人知的剑拔弩张的中西关系史进程。最终,菲利普二世并没有下令军事征服大明王朝,正如历史向我们展现的那样,在门多萨之后,利玛窦和罗明坚、庞迪我等传教士陆续抵达中国,开启了中西交流的新阶段。

5个世纪以来,《中华大帝国史》一直没有停止过再版。门多萨塑造的中国形象被不断地重复和现时化再现的过程表明,这位生活在16世纪的西班牙学人以他者视域塑造的"另一种中国形象",已经上升为了欧洲关于中国的一种文化记忆,其在不同的时空场域和不同的文化语境下不断地被人们回忆、改写、研究和谈论。本书作为一项探索性研究,仅选取了16世纪作为一个时间段重构了门多萨的个人中国记忆升华为16世纪欧洲的社会记忆的过程,这主要是考虑到16世纪是门多萨之书的出版高峰期。在笔者未来的研究中,我们将把视域拓展至5个世纪的历史长河之中,并基于《中华大帝国史》的出版史继续探讨这部文献作为一部记忆文本从16世纪问世到21世纪一直被不断地予以现时化再现的原因。特别是笔者注意到,最近一版的西班牙语读本是在2022年由西班牙皇家语言学院院士胡安·希尔主编完成的,并在西班牙的首都马德里出版刊印。[①] 为此,笔者不禁试问:欧洲为何选择把5个世纪以前欧洲的中国记

---

① 参见 Juan González de Mendoza, *Historia de las cosas más notables, ritos y costumbres, del gran reino de la China*, Madrid: Fundación José Antonio de Castro, 2022。

忆保存至今？换言之，今日之欧洲为什么选择传承而不是遗忘掉那段集体记忆？门多萨之书是如何成为一部经典之作被不断地回忆和再版的？门多萨塑造的中国形象对于当下的中西关系进程又有着何种现实意义？此外，笔者还注意到，现下海内外出版的《中华大帝国史》的中文全译本仅有两部，一部由何高济翻译完成，另一部由孙家堃翻译完成，本书仅对两部中译本的版本源流进行了考辨。在笔者未来的研究中，我们还将对这两部中译本进行翻译批评研究。关于这部16世纪欧洲的经典中国书写，还有诸多问题等待我们予以深入探讨，如《中华大帝国史》对16世纪和17世纪的欧洲知识分子产生了什么样的影响？其与同时代欧洲的文学作品之间具有何种互文性？门多萨为何最终放弃了前往大明王朝而中途折返？拉达在福州购买了哪些中文书籍？以及门多萨是如何利用这批中文书籍来编著《中华大帝国史》的？《中华大帝国史》问世于16世纪，这是欧洲现代进程中的一个承上启下的重要历史阶段，门多萨的"另一种中国形象"在"西方的中国形象"的流变进程中是否也起到了承上启下的作用？这些疑问有待我们在后续研究中继续探讨。

参考书目

1.《中华大帝国史》多语言版本：

Juan González de Mendoza, *Historia de las cosas mas notables, ritos y costumbres, del gran Reyno de la China, como por relacion de Religiosos y otras personas que an estado en el dicho Reyno*, Roma: Vicencio Accolti, 1585.

Juan González de Mendoza, *Historia de las cosas mas notables, ritos y costumbres, del gran Reyno de la China, como por relacion de Religiosos y otras personas que an estado en el dicho Reyno*, Valencia: Viuda de Pedro Huete, 1585.

Juan González de Mendoza, *Historia de las cosas mas notables, ritos y costumbres, del gran Reyno de la China, sabidas assi por los libros de los mesmos Chinas, como por relacion de Religiosos y otras personas que han estado en el dicho Reyno*, Madrid: Querino Gerardo, 1586.

Juan González de Mendoza, *Historia de las cosas mas notables, ritos y costumbres del gran Reyno de la China, sabidas assi por los libros de los mesmos Chinas, como por relacion de Religiosos, y otras personas que han estado en el dicho Reyno*, Barcelona: Jaume Cendrad, 1586.

Juan González de Mendoza, *Historia de las cosas mas notables, ritos y costumbres del gran Reyno de la China, sabidas assi por los libros de los mesmos Chinas, como por relacion de Religiosos, y otras personas que *han estado en el dicho Reyno*, Madrid: Pedro Madrigal, 1586.

Juan González de Mendoza, *Itinerario y compendio de las cosas notables que ay desde España hasta el Reyno de la China, y de la China a España, boluiendo por la India Oriental, despues de auer dado buelta, a casi todo el Mundo*, Lisboa: Phelippe el Real, 1586.

Juan González de Mendoza, *Histoire du Grand Royaume de la Chine Situé Aux Indes Orientales*, trans. Luc de la Porte, Paris: Ieremie Perier, 1588.

Juan González de Mendoza, *The historie of the great and mightie kingdome of China, and the situation thereof: Togither with the great riches, huge citties, politike gouernement, and rare inventions in the same*, trans. Robert Parke, London: I. Wolfe Edward White, 1588.

Juan González de Mendoza, *The History of the Great and Mighty Kingdom of China and the Situation Thereof*, trans. Robert Parke, ed. Sir George T. Staunton, London: The Hakluyt Society, 1853—1854.

Juan González de Mendoza, *The History of the Kingdom of China*, Beijing, 1940, (出版社不详).

Juan González de Mendoza, *Historia de las cosas más notables, ritos y costumbres del gran Reino de la China*, ed. P. Félix García, Madrid: M. Aguilar, 1944.

Juan González de Mendoza, *The History of the Great and Mighty Kingdom of China and the Situation Thereof*, trans. Robert Parke, ed. Sir George T. Staunton, New York: Burt Franklin, 1970.

Juan González de Mendoza, *Historia del Gran Reino de la China*, Madrid: Polifemo, 1990.

Juan González de Mendoza, *Historia del Gran Reino de la China*, Madrid: Miraguano, 2008.

Bernardino de Escalante, Juan González de Mendoza, Fernán Mendes Pinto, *Viajes y croónicas de China en los Siglos de Oro*, eds. María José Vega, Lara Vilá, Córdoba: Almuzara, 2009.

Juan González de Mendoza, *Historia de las cosas mas notables, ritos y costumbres, del gran reyno de la China: sabidas assi por los libros de los mesmos Chinas, como por relacion de religiosos y otras personas que an estado en el dicho reyno*, USA:

Sabin Americana,2012.

Juan González de Mendoza, *Historia del gran reino de la China*, Madrid：Miraguano，2013.

Juan González de Mendoza, *Historia de las cosas mas notables，ritos y costumbres，del gran reyno de la China：sabidas assi por los libros de los mesmos Chinas，como por relacion de religiosos y otras personas que an estado en el dicho reyno*, Sydney：Wentworth Press，2018.

Juan González de Mendoza, *Historia de las cosas más notables，ritos y costumbres，del gran reino de la China*, Madrid：Fundación José Antonio de Castro, 2022.

2. 中文参考书目：

C. R. 博克舍编注：《十六世纪中国南部行纪》，何高济译，北京：中华书局，2019年。

E. 迪尔凯姆：《社会学方法的准则》，狄玉明译，北京：商务印书馆，1995年。

R. B. 沃纳姆编：《新编剑桥世界近代史·3·反宗教改革运动和价格革命：1559—1610》，中国社会科学院世界历史研究所组译，北京：中国社会科学出版社，1999年。

阿尔伯特·吉拉特：《西班牙人口》，载 E. E. 里奇、C. H. 威尔逊主编：《剑桥欧洲经济史(第四卷)16世纪、17世纪不断扩张的欧洲经济》，张锦冬、钟和、晏波译，北京：经济科学出版社，2003年。

阿莱达·阿斯曼：《回忆空间：文化记忆的形式和变迁》，潘璐译，北京：北京大学出版社，2016年。

阿莱达·阿斯曼：《记忆中的历史：从个人经历到公共演示》，袁斯乔译，南京：南京大学出版社，2017年。

爱德华·W. 萨义德：《东方学》，王宇根译，北京：生活·读书·新知三联书店，2007年。

安东尼奥·罗维拉、赫米托·罗梅罗：《西班牙监察专员制度的功能和形式——在中国、法国、西班牙人民权益保护制度论坛上的发言》，田涵译，《信访与社会矛盾问题研究》，2019年第6期，第102—108页。

巴托洛梅·德拉斯·卡萨斯：《西印度毁灭述略》，孙家堃译，北京：商务印书馆，2009年。

柏朗嘉宾、鲁布鲁克：《柏朗嘉宾蒙古行纪 鲁布鲁克东行纪》，耿昇、何高济译，北京：

中华书局,1985年。

陈炎:《澳门港在近代海上丝绸之路中的特殊地位和影响——兼论中西文化交流和相互影响》,载陈炎:《海上丝绸之路与中外文化交流》,北京:北京大学出版社,2002年。

戴裔煊:《〈明史·佛郎机传〉笺正》,北京:中国社会科学出版社,1984年。

丁华东:《档案与社会记忆研究》,北京:人民出版社,2016年。

恩斯特·卡西尔:《人论:人类文化哲学导引》,甘阳译,上海:上海译文出版社,2013年。

樊树志:《江南市镇:传统的变革》,上海:复旦大学出版社,2005年。

樊树志:《晚明史:1573—1644》(上)(第二版),上海:复旦大学出版社,2016年。

范金民、夏维中:《苏州地区社会经济史(明清卷)》,南京:南京大学出版社,1993年。

费尔南·布罗代尔:《地中海与菲利普二世时代的地中海世界》(第二卷),吴模信译,北京:商务印书馆,2013年。

费尔南·布罗代尔:《地中海与菲利普二世时代的地中海世界》(第一卷),唐家龙、曾培耿等译,吴模信校,北京:商务印书馆,2013年。

冯梦龙编著:《三言·醒世恒言》,张明高校注,北京:中华书局,2014年。

冯亚琳、阿斯特莉特·埃尔主编:《文化记忆理论读本》,余传玲等译,北京:北京大学出版社,2012年。

冯亚琳等:《德语文学中的文化记忆与民族价值观》,北京:中国社会科学出版社,2013年。

高博:《金蛇王权与中国想象:在多重历史维度中重塑晚明》,《上海交通大学学报(哲学社会科学版)》,2023年第31卷第7期,第109—121页。

高博:《全球史视域下的〈中华大帝国史〉:在资本全球化进程中重塑他者的晚明乌托邦》,《文化杂志》,2023年第119期,第140—155页。

高博:《〈中华大帝国史〉首版、善本和中译本源流考述》,《图书馆杂志》,2019年第2期,第95—104页。

高博:《〈中华大帝国史〉英译本、中译本和西班牙语本考辨》,《图书馆杂志》,2020年第12期,第144—154页。

高博:《重构门多萨的"金蛇王权"想象——论16世纪中西关系史的形象塑造》,《文史哲》,2023年第6期,第153—161页。

高寿仙:《明代北京三种物价资料的整理与分析》,载《明史研究》(第9辑),合肥:黄山书社,2005年,第94—116页。

高岩:《〈中华大帝国史〉中的中国形象——兼论十六世纪伊比利亚作家笔下的中国形象》,北京:北京大学外国语学院硕士论文,2005年。

高宇灏:《前利玛窦时代欧洲人的中国意象——以门多萨〈中华大帝国史〉为中心》,长春:东北师范大学历史系硕士论文,2015年。

戈岱司编:《希腊拉丁作家远东古文献辑录》,耿昇译,北京:中华书局,1987年。

贡德·弗兰克:《白银资本——重视经济全球化中的东方》,刘北成译,北京:中央编译出版社,2000年。

汉斯-格奥尔格·伽达默尔:《诠释学I:真理与方法》(修订译本),洪汉鼎译,北京:商务印书馆,2010年。

赫胥黎:《天演论》,严复译,北京:北京理工大学出版社,2010年。

胡安·冈萨雷斯·德·门多萨:《中华大帝国史》,孙家堃译,北京:北京联合出版公司,2013年。

胡安·冈萨雷斯·德·门多萨:《中华大帝国史》,孙家堃译,北京:中央编译出版社,2009年。

胡安·冈萨雷斯·德·门多萨:《中华大帝国史》,孙家堃译,南京:译林出版社,2011年。

胡安·冈萨雷斯·德·门多萨:《中华大帝国史》,孙家堃译,南京:译林出版社,2014年。

金寿福:《论古代西亚和北非文明中的几种回忆模式》,《史学理论研究》,2004年第2期,第79—86页。

卡尔·曼海姆:《意识形态与乌托邦》,黎鸣、李书崇译,北京:商务印书馆,2000年。

李华、杨钊、张习孔主编:《吴晗文集》(第一卷),北京:北京出版社,1988年。

李奭学:《中外文学关系论稿》,台北:联经出版事业股份有限公司,2015年。

列奥·施特劳斯:《现代性的三次浪潮》,丁耘译,载刘小枫编:《苏格拉底问题与现代性》,彭磊、丁耘等译,北京:华夏出版社,2008年。

刘建国:《文艺复兴时期西欧文艺繁荣的原因》,《人文杂志》,1988年第2期,第116—121页。

刘捷:《明末通俗类书与西方早期中国志的书写》,《民俗研究》,2014年第3期,第35—42页。

刘亚秋:《从集体记忆到个体记忆:对社会记忆研究的一个反思》,《社会》,2010年第5期,第217—242页。

马丁·海德格尔:《存在与时间》,陈嘉映、王庆节合译,北京:生活·读书·新知三联书店,1987年。

门多萨:《中华大帝国史》,何高济译,北京:中华书局,1998年。

门多萨:《中华大帝国史》,何高济译,北京:中华书局,2013年。

孟华:《文字论》,济南:山东教育出版社,2008年。

孟华主编:《比较文学形象学》,北京:北京大学出版社,2001年。

米歇尔·福柯:《疯癫与文明:理性时代的疯癫史》(修订译本),刘北成、杨远婴译,北京:生活·读书·新知三联书店,2019年。

摩尔:《乌托邦》,刘麟生译,上海:商务印书馆,1935年。

莫里斯·哈布瓦赫:《论集体记忆》,毕然、郭金华译,上海:上海人民出版社,2002年。

培根:《新工具》,许宝骙译,北京:商务印书馆,1984年。

祁和平:《当代西方文化记忆理论研究》,北京:中国社会科学出版社,2023年。

全汉昇:《明清间美洲白银的输入中国》,载全汉昇:《中国经济史论丛》(第一册),香港:香港中文大学新亚书院、新亚研究所,1972年。

商传:《走进晚明》,北京:商务印书馆,2014年。

沈榜编著:《宛署杂记》,北京:北京古籍出版社,1980年。

《明实录》(卷八),台北:"中央研究院"历史语言研究所,1962年。

《明实录》(卷二百六十三),台北:"中央研究院"历史语言研究所,1962年。

《明实录》(卷一五八),台北:"中央研究院"历史语言研究所,1964年。

孙德忠:《社会记忆论》,武汉:湖北人民出版社,2006年。

汤开建:《明隆万之际粤东巨盗林凤事迹详考——以刘尧诲〈督抚疏议〉中林凤史料为中心》,《历史研究》,2012年第6期,第43—65页。

唐纳德·F.拉赫:《欧洲形成中的亚洲第一卷·发现的世纪》,周云龙等译,北京:人民出版社,2013年。

托马斯·莫尔:《乌托邦》,戴镏龄译,北京:商务印书馆,1959年。

万明:《万历援朝之战与明后期政治态势》,《中国史研究》,2001年第2期,第119—134页。

王宁:《东方主义、后殖民主义和文化霸权主义批判——爱德华·赛义德的后殖民主义理论剖析》,《北京大学学报(哲学社会科学版)》,1995年第2期,第54—62页。

王晓德:《古典传统与欧洲人对美洲的早期认知》,《世界历史》,2023年第3期,第55—72页。

王晓平:《"以中国形象为方法"的方法论问题——评周宁跨文化研究系列论著》,《文艺研究》,2012年第10期,第151—157页。

王兴亚:《明代养济院研究》,《郑州大学学报(哲学社会科学版)》,1989年第3期,第49—60页。

吴鸿谊:《十六世纪葡西旅行者眼中的"大明"——一个民族志的视角》,台北:台湾大学文学院历史学系硕士论文,2015年。

吴孟雪:《从门多萨的〈大中华帝国史〉看欧洲早期汉学和中国明代社会》(上篇),《中国文化研究》,1996年第1期,第127—132页。

吴孟雪:《从门多萨的〈大中华帝国史〉看欧洲早期汉学和中国明代社会》(下篇),《中国文化研究》,1996年第2期,第120—125页。

休·托马斯:《无止境的世界:腓力二世的西班牙和历史上第一个"日不落帝国"》,陈丽译,上海:上海教育出版社,2020年。

扬·阿斯曼:《文化记忆:早期高级文化中的文字、回忆和政治身份》,金寿福、黄晓晨译,北京:北京大学出版社,2015年。

扬·阿斯曼:《宗教与文化记忆》,黄亚平译,北京:商务印书馆,2018年。

杨乃乔:《后殖民主义还是新殖民主义?——兼论从殖民主义文学批评到东方主义的崛起》,《人文杂志》,1999年第1期,第131—137页。

杨一凡:《明大诰研究》,南京:江苏人民出版社,1988年。

张俊华:《社会记忆研究的发展趋势之探讨》,《北京大学学报(哲学社会科学版)》,2014年第5期,第130—141页。

张铠:《16世纪欧洲人的中国观——门多萨及其〈中华大帝国史〉》,载黄时鉴主编:《东西交流论谭》,上海:上海文艺出版社,1998年。

张铠:《庞迪我与中国——耶稣会"适应"策略研究》,郑州:大象出版社,2009年。

张灵:《西班牙人笔下的明代福州——〈中华大帝国史〉福州部分解读》,《福建史志》,2020年第5期,第61—66页。

张民服:《明代人口分布对社会经济的影响》,《史学集刊》,2006年第3期,第27—33页。

张廷玉等:《明史》,北京:中华书局,1974年。

赵静蓉:《文化记忆与身份认同》,北京:生活·读书·新知三联书店,2015年。

赵欣、计翔翔:《〈中华大帝国史〉与英国汉学》,《外国问题研究》,2010年第2期,第56—61页。

赵翼:《廿二史札记》,北京:北京市中国书店,1987年。

赵振江、滕威:《中外文学交流史·中国—西班牙语国家卷》,济南:山东教育出版社,2015年。

周宁:《跨文化形象学:思路、出路或末路》,《东南学术》,2014年第1期,第83—90页。

周宁:《跨文化研究:以中国形象为方法》,北京:商务印书馆,2011年。

周宁:《另一种东方主义:超越后殖民主义文化批判》,《厦门大学学报(哲学社会科学版)》,2004年第6期,第5—13页。

周宁:《天朝遥远——西方的中国形象研究》(上卷),北京:北京大学出版社,2006年。

周宁、宋炳辉:《西方的中国形象研究——关于形象学学科领域与研究范型的对话》,《中国比较文学》,2005年第2期,第148—161页。

邹雅艳:《16世纪末期西方视野中的中国形象——以门多萨〈中华大帝国史〉为例》,《南开学报(哲学社会科学版)》,2017年第1期,第43—50页。

古籍刻本:

陈子龙等编:《明经世文编》,明崇祯平露堂刻本。

韩浚修、张应武等纂:《嘉定县志》(卷二),明万历刻本。

黄光升:《昭代典则》,万历二十八年周日校万卷楼刻本。

李善长、刘基:《大明律集解附例》,清光绪三十四年修订法律馆刻本。

梁兆阳修,蔡国祯等纂:《海澄县志》,明崇祯六年刻本。

龙文彬:《明会要》,清光绪十三年永怀堂刻本。

吕坤:《实政录》,万历二十六年赵文炳刻本。

田艺蘅:《留青日札》,明万历三十七年刻本。

徐一夔:《始丰稿》(卷一),清光绪二十至二十六年钱塘丁氏嘉惠堂刻本武林往哲遗著本。

许慎撰,段玉裁注:《说文解字注》,上海:上海古籍出版社,1981年。

朱元璋:《大诰三编》,明洪武内府刻本。

朱元璋:《御制大诰》,明洪武内府刻本。

3. 外文参考书目:

Aleida Assmann, *Erinnerungsräume, Formen und Wandlungen des kulturellen Gedächtnisses*, München: C. H. Beck, 1999.

Aristotle, *The Art of Rhetoric*, New York: Harper Press, 2012.

Bartolomé de las Casas, *Breve relacion de la destruccion de las Indias Occidentales*, Sevilla: Juan F. Hurtel, 1821.

Bernardino de Escalante, Juan González de Mendoza, Fernán Mendes Pinto, *Viajes y crónicas de China en los Siglos de Oro*, eds. María José Vega, Lara Vilá, Córdoba: Almuzara, 2009.

Carlos Sanz, *Primitivas relaciones de España con Asia y Oceanía*, Madrid: Librería General, 1958, pp. 386—397.

Carmen Y. Hsu, "La imagen humanística del gran reino chino de Juan González de Mendoza", *The Bulletin of Hispanic Studies*, vol. 87, No. 2, 2010, p. 187.

Charles R. Boxer, *The Portuguese Seaborne Empire*, New York: Alfred A. Knof, 1969, p. 63.

Cicero, *Retorica ad Herennium*, New York: Harper Press, 1954.

Cipriano Muñoz y Manzano, conde de la Viñaza. *Escritos de los portugueses y castellanos referentes a las lenguas de China y el Japón: estudio bibliográfico*, Madrid: M. Gomes, 1892, p. 46.

Cornelis Augustin, *Erasmus: His Life, Works and Influence*, New York: University of Toronto Press, 1991, p. 161.

Cristobal Perez Pastor, *La imprenta en Medina del Campo*, Madrid: 1895, pp. 271—281. In Donald F. Lach, *Asia in the Making of Europe*, Chicago and London: University of Chicago Press, 1994, vol. 1, book 2, p. 396.

Desiderius Erasmus, Martin Luther, *Discourse on Free Will*, London, New York: Continuum, 1995.

Diego Sola, *La formación de un paradigma de Oriente en la Europa moderna: la Historia del Gran Reino de la China de González de Mendoza J*, PhD Thesis, Barcelona: Faculty of History of University of Barcelona, 2016.

Dolors Folch, "Cómo se escribió un gran libro: Historia de las cosas más notables del reino de la China, de González de Mendoza", *Album Asia. Del siglo XXI al siglo XV*, Barcelona: Casa Asia, 2005, pp. 587—592.

Dolors Folch, "Martín de Rada's Book Collection", *Sinologia Hispanica, China Studies Review*, vol. 6, No. 1, 2018, pp. 1—26.

Domingo de Salazar, "Carta del obispo de Manila Domingo de Salazar al Rey Felipe II", 18 de junio de 1583, Patronato 25, 8 y 74, 22, Archivo General de Indias.

Donald. F. Lach, *Asia in the Making of Europe*, Chicago and London: University of Chicago Press, 1994.

Edward S. Casey, "Public memory in the making—ethics and place in the wake of 9/11", http://edwardscasey. com/wp-content/uploads/2010/12/public-memory-in-the-making. pdf (17, October, 2024).

Edward W. Said,"Orientalism Reconsidered", *Race & Class*, vol. 27, No. 2, 1985, p. 2.

Emma Helen Blair, Alexander Robertson James, *The Philippine Islands*, 1493—1898, *Volume VII*, Charleston SC: BiblioLife, 2008, p. 134.

Felipe II, 1577, Patronato, 24, R. 37. , Archivo General de Indias, in P. Torres y Lanzas eds. , *Catálogo de los documentos relativos a las Islas Filipinas existentes en el Archivo de Indias de Sevilla*, Tomo II, Barcelona: Compañía General de Tabacos de Filipinas, 1926, p. 49.

Fernand Braudel,*El Mediterráneo y el mundo mediterráneo en la época de Felipe II*, trans. Mario Monteforte Toledo, Wenceslao Roces, Vicente Simón, México D. F. : Fondo de Cultura Económica, 1953.

Francis Bacon,*Novum organum*, Oxford: Clarendon Press, 2008.

Francisco de Sande, "Carta a Felipe II del Gobernador de Filipinas, doctor Sande. Da cuenta de su llegada y accidentes de su viaje; de la falta que hay allí de todo, y habla de Religiosos, minas, de la China, Mindanao, Borneo, etc", 7 de junio de 1576, Aud. de Filipinas, 6, Archivo General de Indias.

Francisco Vidal,*El papel, libros y librerías en China durante el siglo XVI*, Madrid: Talles Gráficas González, 1944, p. 16.

Friedrich Wilhelm Nietzsche, *On the Genealogy of Morality*, ed. Keith Ansell-Pearson, trans. Carol Diethe, Cambridge: Cambridge University Press, 1994.

Friedrich Wilhelm Nietzsche, "On the Uses and Disadvantages of History for Life",in Daniel Breazeale ed. , *Untimely Meditation*, trans. R. J. Hollingdale,Cambridge: Cambridge University Press, 1997, p. 62.

Gaspar da Cruz, "Certain Reports of China",in Charles R. Boxer ed. , *South China in the Sixteenth Century* (1550 — 1575), London and New York: Routledge, 2010, pp. 45—240.

George Staunton, *An Authentic Account of an Embassy from the King of Great Britain to the Emperor of China*, Philadelphia: Printed for R. Campbell by J. Bioren, 1799.

Gunder Frank, *Reorient: Global Economy in the Asian Age*, Berkeley and Los Angeles: University of California Press, 1998.

Ismael Artiga, "La empresa de China, profecías, mesianismo monárquico y expansión en el Pacífico en Historia de las coss más notables, ritos y costumbres, del gran Reyno de la China, de Juan González de Mendoza", *Romance Quarterly*, vol. 58, 2011, pp. 165—179.

Jacob Burckhardt, *The Civilization of the Renaissance in Italy*, trans. S. G. C. Middlemore, New York: New American Library, 1961.

Jan Assmann, *Cultural Memory and Early Civilization. Writing, Remembrance, and Political Imagination*, Cambridge: Cambridge University Press, 2011.

Jan Assmann, *Religion and cultural memory: Ten Studies*, trans. Rodney Livingstone, Stanford, CA: Stanford University Press, 2000.

John B. Thompson, *Ideology and Modern Culture*, Cambridge: Policy Press, 1992.

John C. Olin, *Christian Humanism and the Reformation: Selected Writings of Erasmus*, New York: Fordham University Press, 1975.

Karl Mannheim, *Ideology and Utopia: An Introduction to the Sociology of Knowledge*, London and Henley: Routledge & Kegan Paul, 1979.

Lara Vilá, *Viajes y crónicas de China en los Siglos de Oro*, Córdoba: Almuzara, 2009, pp. 99—100.

Luke Clossey, *Salvation and Globalization in the Early Jesuit Missions*, New York: Cambridge University Press, 2008, p. 256.

Marco Polo, *The description of the world*, trans. Arthur Christopher Moule, Paul Pelliot, London: George Routledge & Sons Limited, 1938.

Martín de Rada, *Relaçion Verdadera de las cosas del Reyno de Taibin, por otro nombre china, y del viaje que a el hizo el muy Reverendo padre fray martin de Rada, provinçial que fue de la orden del glorioso Doctor de la yglesia San*

Agustin. *Que lo vio y anduvo en la provinçia de Hocquien*, *año de 1575 hecha por el mesmo*, https://arxiu-web. upf. edu/asia/projectes/che/s16/radapar. htm（2 March, 2024）.

Maurice Halbwachs, *On Collective Memory*. ed. & trans. Lewis A. Coser, Chicago and London: University of Chicago Press, 1992.

Maurice Halbwachs, *The collective memory*, ed. & trans. Francis J. Ditter and Vida Yazdi Ditter, intro. Mary Douglas, New York: Harper and Row, 1980.

Michel Foucault, *The Order of Things: An Archaeology of the Human Sciences*, London: Routledge, 2002.

Miquel de Luarca, *Verdadera relación de la grandeza del reino de China con las cosas más notables de allá*（1575）, Mss/2902, Biblioteca Nacional de España.

Nina Lamal, Jamie Cumby, and Helmer J. Helmers, *Print and Power in Early Modern Europe*（1500—1800）, http://www. jstor. org/stable/10. 1163/j. ctv1v7zbf2（22, February, 2024）.

Oskar Piest, *Ten Colloquies of Erasmus*, New York: Liberal Arts Press, 1957.

Real Academia Española, https://dle. rae. es/demonio（31 march, 2024）.

Ronnie Po-Chia Hsia, "Back from the Reformation", in John H. Arnold ed. , *The Oxford Handbook of Medieval Christianity*, Oxford: Oxford University Press, 2014, p. 533.

Thomas More, *Libellus vere aureus, nec minus salutaris quam festivus, de optimo rei publicae statu de que noua Insula Utopia*, Belgium: Arte the odorice Martini, 1516.

William of Rubruck, *The Journey of William of Rubruck to the Eastern Parts of the World*, *1253—55*, trans. Rockhill, William Woodville, London: Hayklut Society, 1900.

William S. Atwell, "International Bullion Flows and the Chinese Economy Circa 1530—1650", *Past & Present*, No. 95, 1982, pp. 68—90.

Zhang Kai, *Diego de Pantoja y China*, trans. Luo Huiling, Madrid: Editorial Popular, 2018, pp. 8—10.

"北大比较文学与世界文学研究丛书"已出目录

张 辉 主编

《理想世界及其裂隙——华兹华斯叙事诗研究》* / 秦立彦 著